상업용 AI 음악 제작

최이진 지음

노하우
도서출판

최이진의
상업용 AI 음악제작

초판 발행 2026년 3월 25일

지은이 최이진

출판 노하우
기획 EJ Enter
편집 덕디자인
진행 Hyuneum

주소 서울시 관악구 행운1길
전화 02)888-0991
팩스 02)871-0995

등록번호 제320-2008-6호
홈페이지 hyuneum.com

ISBN 978-89-94404-64-6
값 33,000원

ⓒ 최이진 2026

Thanks to readers

AI Music Production Course

인생을 바꾸는 한 권의 책!

멀티 출판 부문 1위!
독자 여러분! 고맙습니다.

세상을 살다 보면
차라리 죽고만 싶을 만큼
힘들고, 괴로울 때가 있습니다.

하지만, 누가 봐도
힘들고, 괴로워 보이는 사람들은
오히려 그 속에서 피와 땀을 흘려가며
가슴속 깊이 전해지는 감동을 만들어냅니다.

도서출판 노하우는
힘들게 공부하는 사람들과
함께하는 작은 디딤돌이 되겠습니다.

힘들고, 괴로울 때
내가 세상의 빛이 될 수 있다는
꿈과 희망을 품고 열심히 공부하세요
멈추지 않는다면, 꿈은 반드시 이루어집니다.

그 곁에 도서출판 노하우가 함께 하겠습니다

고맙습니다.

Contents

PART 1
언어가 소리가 되는
첫 번째 접점

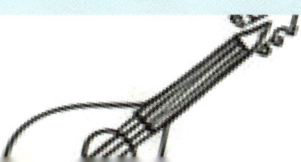

PART 2
음악에 인격과 질감을
부여하는 기술

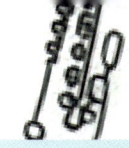

PART 3
완성도를 결정짓는
1%의 정밀함

PART 4
창작을 넘어
확산과 비즈니스로

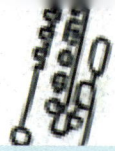

글자로 읽고 영상으로 체감하는 입체적 학습

서적의 이론적 깊이와 영상의 직관적 실습을 하나로 결합하여 독학의 한계를 극복합니다. 텍스트만으로 부족한 사운드의 질감과 영상 시청 시 발생할 수 있는 기술적 오해를 동시에 해결함으로써, 개인 교습을 받는 듯한 입체적 학습 효과를 선사합니다. 오른쪽 QR 코드를 스캔하거나 유튜브에서 최이진을 검색하여 활자가 역동적인 실무 영상으로 전환되는 독보적인 학습 현장을 직접 확인해보세요.

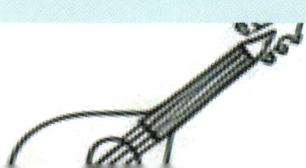

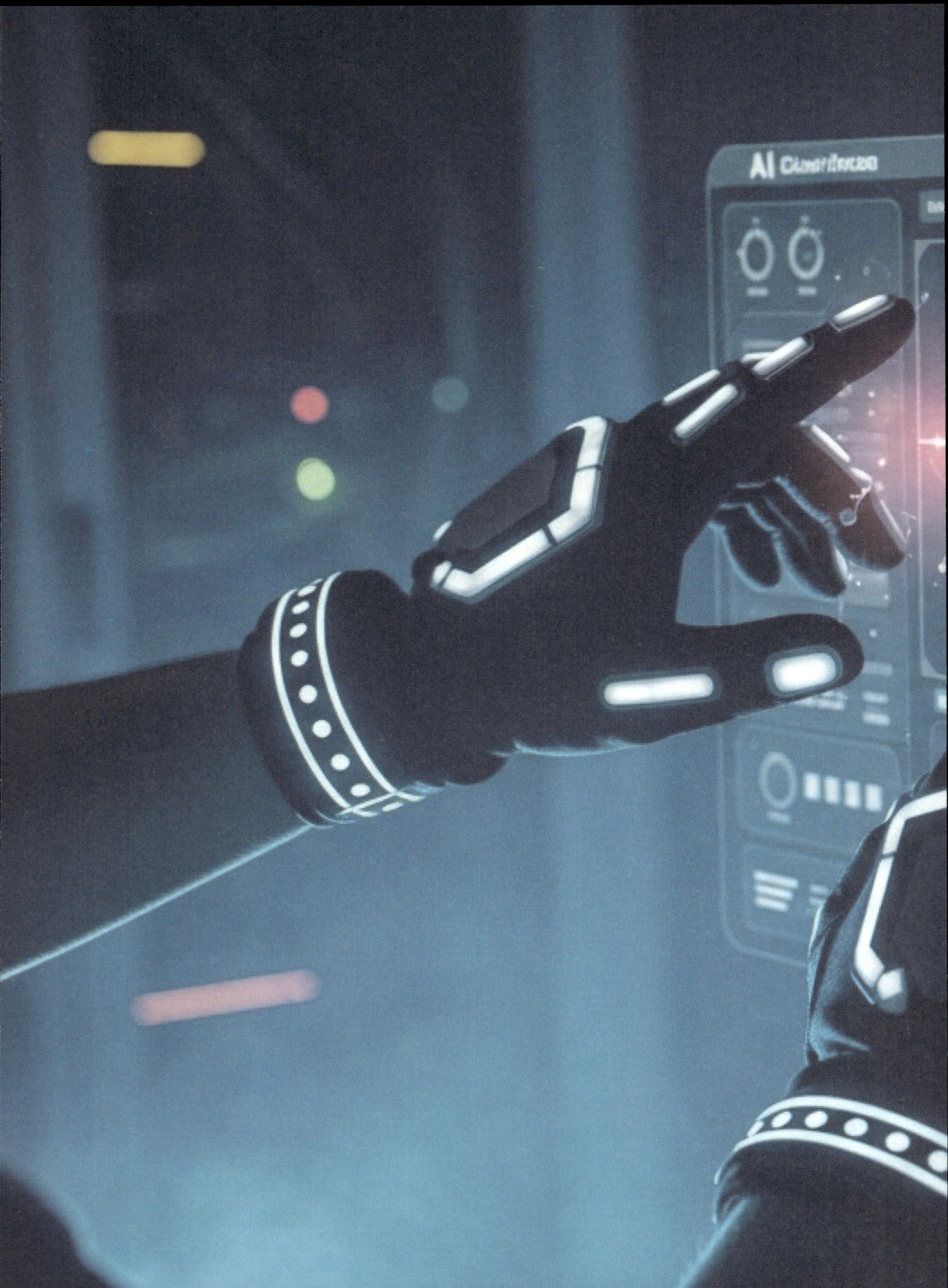
AI

언어가 소리가 되는
첫 번째 접점

인공지능 음악의 시대, 창작의 도구는 악기에서 '언어'로, 악보는 '데이터'로 진화했습니다.

이곳에서는 상상을 소리로 치환하는 가장 근본적인 과정을 다룹니다. 한 줄의 문장이 음악의 영감이 되고, 정교한 설계도가 곡의 골조를 세우는 흐름을 경험하게 될 것입니다.

또한, 텍스트를 넘어 실제 세상의 소리를 디지털 자산으로 이식하는 법을 배웁니다. 이제 여러분은 단순히 음악을 만드는 사용자를 넘어, 소리의 데이터를 설계하고 지휘하는 '사운드 아키텍트'로서 첫발을 내딛게 될 것입니다.

01 상업용 AI 음악의 이해

재료와 완성의 기준

'생성'에서 '활용'으로

1. 음악 제작 패러다임의 거대한 전환

음악의 역사는 인간이 소리를 어떻게 통제하고 기록하느냐에 따라 진화해 왔습니다. 인류가 처음 소리를 기호로 박제한 '악보의 발명'이 제1차 혁명이었다면, 연주라는 일회적 사건을 저장 가능한 상품으로 만든 '녹음 기술'은 제2차 혁명이었습니다. 이후 20세기 후반, 컴퓨터를 통해 소리를 디지털 단위로 쪼개고 가공하게 된 'DAW(Digital Audio Workstation)'의 보급은 제3차 혁명인 디지털 민주화를 불러왔습니다. 이제 우리는 그 모든 과정을 뛰어넘어 알고리즘이 스스로 음악의 초안을 제시하는 제4차 혁명인 '생성형 AI의 시대'에 진입했습니다.

과거의 프로듀서는 무(無)의 상태에서 음표를 하나씩 일구는 '경작자(Farmer)'의 고통을 감내해야 했습니다. 하지만 현재의 프로듀서는 AI라는 거대한 엔진이 1초에 수천 곡씩 쏟아내는 음악적 데이터의 숲속에서 상업적으로 가치 있는 목재를 선별하고, 이를 정교하게 깎아 건축물을 완성하는 '건축가(Architect)'이자 '디렉터(Director)'로 그 정체성이 완전히 변모했습니다. 이는 창작의 가치가 '노동의 양'에서 '판단의 질'로 이동했음을 시사합니다.

2. 'AI 생성 음악' 과 '상업용 AI 음악' 의 개념적 분리

시중의 대중적인 AI 플랫폼(Suno, Udio, Stable Audio 등)이 출력하는 3분 내외의 오디오 파일을 우리는 편의상 'AI 음악'이라고 부릅니다. 그러나 상업적 비즈니스 현장에서 이를 그대로 사용하는 것은 매우 위험한 발상입니다. 실무자들은 AI의 결과물을 결코 '완성본'으로 보지 않으며, 이를 '가공되지 않은 원석(Raw Material)' 혹은 '확률적 조합물'로 규정합니다.

이 원석이 '상업용 AI 음악'이라는 보석으로 승격되기 위해서는 다음의 네 가지 엄격한 차원의 필터를 통과해야만 합니다.

① 심리적 의도와 맥락적 설계 (Contextual Design)

상업 음악은 예술가의 자아를 실현하는 도구가 아닙니다. 그것은 철저히 '비즈니스 목적 달성'을 위해 기능해야 합니다. AI는 화성학적 패턴(어떤 코드 뒤에 어떤 음이 올 확률이 높은가)은 완벽히 복제하지만, 해당 음악이 놓일 사회적, 심리적 맥락을 전혀 이해하지 못합니다.

- **감정적 뉘앙스의 한계**: AI는 브랜드의 신뢰도를 소구해야 하는 금융 광고와 활기찬 에너지를 전달해야 하는 에너지 드링크 광고의 미세한 톤 차이를 데이터 수치로만 파악합니다. 인간은 그 사이의 '미묘한 질감'을 조절하여 청취자의 무의식을 자극합니다.
- **시간적 동기화**: 영상의 특정 프레임에서 제품의 장점이 극대화될 때, 소리가 함께 터져 나와야 하는 '미키 마우싱(Mickey Mousing)' 기법이나 강조점 배치는 AI가 자율적으로 수행하기 가장 어려운 영역입니다.

② 기술적 무결성 (Technical Stability)과 엔지니어링 표준

AI 음악 생성은 신경망 내부의 복잡한 확률적 계산의 산물입니다. 이 과정에서 인간의 귀로는 당장 감지하기 어려운 미세한 기술적 결함이 반드시 발생합니다.

- **디지털 아티팩트(Artifacts)**: 생성 과정에서 발생하는 불필요한 고주파 노이즈, 혹은 위상이 꼬여 발생하는 소리의 답답함.
- **라우드니스(Loudness) 규격**: 방송이나 스트리밍 플랫폼은 각기 다른 음압 표준(EBU R128, -14 LUFS 등)을 요구합니다. AI의 출력물은 대개 이러한 표준을 무시한 채 과압축되어 있어, 실제 매체에 송출될 때 소리가 깨지거나 급격히 작아지는 사고를 유발합니다.

③ 권리 관계의 정당성 (Legal Validity)과 자산 가치의 확보

기업에 있어 음악은 단순한 소리가 아닌 '무형 자산'입니다. 현재 전 세계 법률 시스템은 AI가 단독으로 생성한 창작물에 대해 저작권을 인정하지 않거나 매우 협소하게 해석합니다.

- **리스크 관리**: 저작권이 확보되지 않은 AI 음악을 캠페인에 사용했다가 경쟁사가 동일한 음악을 무단으로 사용한다면, 기업은 법적 대응을 할 수 없으며 이는 브랜드 정체성의 심각한 훼손으로 이어집니다.
- **인간의 기여(Human Input)**: 제작자가 DAW 상에서 곡을 해체하고, 새로운 멜로디를 입히며, 독창적인 믹싱 기법을 적용하는 '후반 작업'은 이 음악에 인간의 창작권이 부여되는 유일한 통로입니다.

④ 사운드의 공간감과 배치 (Spatial Audio)

상업용 음악은 다른 사운드 요소(성우, 효과음)와 공존해야 합니다. AI는 음악 자체를 풍성하게 만드는 데만 집중하여 정작 중요한 성우의 목소리가 들어갈 '주파수적 공간'을 남겨두지 않습니다. 상업용 제작자는 이퀄라이저(EQ)와 스테레오 이미징 기술을 통해 음악의 중앙을 비워내고 메시지가 전달될 길을 열어주는 전문적인 공정을 수행합니다.

3. '첫인상의 함정' 과 실무적 결함의 유형

많은 입문자가 AI 음악의 화려한 사운드에 속아 이를 즉시 완성품으로 착각합니다. 이를 '첫인상의 함정(The Trap of First Impression)'이라 부릅니다. 실제 실무 현장에서 AI 음악이 거절되는 구체적인 사례들을 통해 그 한계를 명확히 짚어보겠습니다.

① 주파수 점유와 마스킹 현상 (Frequency Masking)

AI는 듣기 좋은 소리를 만들기 위해 저역(Bass)과 고역(Treble)을 과하게 부스팅합니다.
- **문제**: 이 음악 위에 광고 내레이션을 얹으면, 목소리의 명료도가 급격히 떨어집니다.
- **비유**: 이는 화려한 색감의 배경지에 같은 색의 펜으로 글씨를 쓰는 것과 같습니다. 상업용 음악은 배경으로서의 본분을 지키기 위해 의도적으로 소리의 색을 빼는 과정이 필요합니다.

② 비정형적인 엔딩과 페이드아웃의 부재

AI는 음악을 마디(Bar) 단위로 마칩니다.

- **문제:** 영상 로고가 나타나는 29.5초 지점에서 정확히 음악의 잔향이 사라져야 하는데, AI 음악은 28초에 끝나거나 31초까지 이어져 영상의 리듬을 파괴합니다.
- **실무:** 제작자는 리버브 테일(Reverb Tail)을 인위적으로 연장하거나 마지막 음의 파형을 잘라내어 영상의 종결점과 0.01초 단위로 일치시키는 작업을 수행합니다.

③ 청각적 피로도 (Ear Fatigue)의 누적

AI 음악은 대개 짧은 루프(Loop)의 반복을 기반으로 합니다.

- **문제:** 15초 광고라면 문제가 없으나 10분짜리 기업 홍보 영상이나 게임 음악으로 사용될 경우, 변주가 부족한 AI 특유의 소리 패턴은 청취자에게 심각한 심리적 피로를 유발합니다.
- **해결:** 제작자는 곡의 중간중간 악기 구성을 바꾸거나(Arrangement), 의도적인 노이즈를 섞어 사운드에 생동감을 부여합니다.

4. 상업용 AI 음악 제작자의 새로운 역할론: 디렉팅과 큐레이션

이제 제작자는 악기를 직접 연주하거나 미디(MIDI) 노트를 하나하나 찍는 물리적 노동에서 자유로워졌습니다. 그 대신 더 높은 차원의 역량이 요구됩니다.

① 비판적 큐레이션 (Critical Curation)

AI가 제안한 수백 개의 초안 중, 특정 프로젝트의 브랜드 가이드를 완벽히 충족하면서도 기술적 결함이 가장 적은 소스를 선별해내는 능력입니다. 이는 단순한 취향의 문제를 넘어 '산업적 안목'을 필요로 합니다.

② 구조적 재구성 (Structural Reconstruction)

AI가 생성한 파편화된 섹션(Verse, Chorus, Bridge)들을 해체하고, 영상의 서사 구조(도입-전개-위기-절정-결말)에 맞춰 재배치하는 능력입니다. AI는 음악적 전개는 알지만, 영상의 서사는 알지 못하기 때문입니다.

③ 하이브리드 워크플로우 (Hybrid Workflow)

AI가 생성한 베이스 라인 위에 실제 기타 연주를 얹거나 AI가 만든 보컬 멜로디를 샘플링하여 전혀 새로운 악기로 변환하는 등 '기술과 인간의 조화'를 이끌어내는 능력이 최고의 가치를 창출합니다.

5. 가치는 '통제' 와 '책임' 에서 탄생한다

상업용 AI 음악의 최종 정의는 다음과 같습니다.

> "AI라는 강력한 엔진을 활용하되, 인간 프로듀서가 비즈니스 목적에 부합하도록 기술적·법적·예술적 통제를 가하여 완성한 고품질의 사운드 자산."

AI가 생성한 음악을 그대로 사용하는 것은 '요리'가 아니라 '냉동식품을 데우는 것'입니다. 반면, 상업용 AI 음악은 AI가 제공한 최상의 식재료를 바탕으로 제작자가 자신의 노하우라는 양념을 치고, 정밀하게 불 조절을 하여 완성한 '셰프의 창작 요리'입니다.

이제 단순히 '생성 버튼'을 누르는 사용자가 아니라, 소리의 모든 물리적·심리적 요소를 장악하고 통제하는 '차세대 음악 프로듀서'로서의 첫걸음을 떼야 합니다. 상업적 가치는 AI의 계산이 멈춘 바로 그 지점, 인간의 고민이 시작되는 지점에서 탄생한다는 사실을 잊지 말아야 합니다.

전문가용 실무 체크리스트

- **브랜드 적합성**: 음악의 톤과 매너가 브랜드의 핵심 키워드 3가지와 일치하는가?
- **기술적 무결성**: 무음 구간에서 험(Hum) 노이즈나 틱(Tick) 사운드가 감지되지 않는가?
- **주파수 공간**: 1kHz~4kHz 사이의 '목소리 대역'이 음악에 의해 가려지지 않는가?
- **엔딩 처리**: 영상 로고와 음악의 종결음이 0.1초 단위로 싱크가 맞는가?
- **권리 증명**: 후반 작업 과정을 DAW로 남겨 창작적 기여도를 증명할 준비가 되었는가?

왜 DAW로 다시 가져가야 하는가?

1. 생성형 AI의 한계: '확률' 은 '완성' 을 보장하지 않는다

생성형 AI는 기본적으로 방대한 데이터를 바탕으로 다음에 올 가장 적절한 신호(Signal)를 예측하는 확률 모델입니다. 이 모델은 '음악적으로 그럴싸한 결과물'을 내놓는 데는 탁월하지만, '특정 프로젝트의 정교한 요구사항'을 충족시키는 데는 태생적인 한계를 가집니다. 많은 초보 제작자가 AI 플랫폼의 출력 버튼을 '완성 버튼'으로 착각하지만, 전문가들에게 그것은 '이제 편집을 시작해도 좋다는 신호'일 뿐입니다.

AI가 생성한 음악을 그대로 납품하거나 사용하는 것은 마치 정밀한 설계도 없이 지어진 건물을 분양하는 것과 같습니다. 외관은 그럴듯해 보일지 몰라도, 배관(주파수), 전기(다이내믹), 마감(엔딩) 등 내부의 수많은 결함이 실무 과정에서 하나둘씩 터져 나오게 됩니다.

2. 법적 방어권 확보: '인간의 창작적 기여' 라는 물리적 증거

비즈니스 환경에서 음악은 단순한 예술이 아닌 '독점적 권리를 가진 자산'입니다. 현재 전 세계 저작권법의 흐름은 "인간의 창의적 개입이 없는 AI 생성물은 저작권을 가질 수 없다"는 원칙으로 수렴하고 있습니다.

① 저작권의 공백과 기업의 리스크

기업이 막대한 자산과 마케팅 예산을 투여한 브랜드 음악이 저작권의 보호를 받지 못한다면 어떤 일이 벌어질까요? 경쟁 업체가 해당 음악을 자신의 광고에 그대로 사용하거나 원곡의 이미지를 훼손하는 패러디물에 사용해도 법적으로 방어할 수 있는 수단이 거의 없습니다. 이는 브랜드 정체성에 있어 시한폭탄과도 같습니다.

② DAW 작업 데이터: 유일한 법적 증명서

후반 작업을 위해 AI 음악을 DAW(Logic Pro, Cubase Pro, Ableton Live 등)로 가져오는 행위는 단순한 보정 그 이상의 의미를 가집니다.

- **구조적 변형:** 원곡의 마디를 자르고 붙여 새로운 구성을 만드는 행위.
- **악기 추가(Layering):** AI 소스 위에 실제 악기나 가상 악기를 덧입히는 행위.
- **창의적 믹싱:** 특정 주파수를 강조하거나 고유한 공간감을 부여하는 엔지니어링 행위.

이러한 과정이 담긴 DAW 프로젝트 파일은 "이 결과물은 AI의 생성을 바탕으로 인간이 창의적으로 가공한 2차적 저작물 혹은 공동 창작물이다"라는 사실을 증명하는 가장 강력한 물리적 증거가 됩니다.

3. 기술적 정교화: 상업용 오디오의 표준 규격 충족

AI 플랫폼이 출력하는 오디오 파일의 품질은 상업용 표준에 부합하지 않는 경우가 많습니다. 전문가들이 후반 작업에서 반드시 수행해야 하는 기술적 과업은 다음과 같습니다.

① 음압 표준(Loudness)과 다이내믹 레인지 보정

각 매체(TV 광고, 유튜브, 스포티파이, 게임 엔진 등)는 요구하는 음압 표준이 모두 다릅니다.

- **문제:** AI는 일괄적으로 소리를 크게 키우는(Hard Clipping) 특성이 있어 실제 매체 송출 시 소리가 찌그러지거나 플랫폼의 자체 제어 시스템에 의해 소리가 너무 작게 들리는 역효과를 냅니다.
- **해결:** 후반 작업을 통해 각 매체의 타겟 라우드니스(예: 유튜브 -14 LUFS)에 맞춰 음압을 재설계하고, 음악의 숨통을 틔워주는 다이내믹 레인지 확보 과정을 거쳐야 합니다.

② 주파수 마스킹(Frequency Masking) 해결

상업 음악은 절대 혼자 재생되지 않습니다. 항상 성우의 내레이션, 현장음, 효과음과 섞입니다.

- **문제:** AI 음악은 소리를 풍성하게 보이기 위해 500Hz~3kHz 대역(인간의 목소리가 가장 잘 들리는 대역)을 꽉 채워서 생성합니다.
- **해결:** DAW에서 이퀄라이저(EQ)를 사용하여 해당 대역을 미세하게 깎아내야 합니다. 이를 통해 목소리는 명료해지고 음악은 배경으로서 더 세련되게 들리는 '상업적 밸런스'를 확보하게 됩니다.

4. 실무적 유연성: 클라이언트의 변덕에 대응하는 힘

상업 음악 제작에서 가장 흔히 발생하는 상황은 '수정 요청'입니다. "여기서 드럼만 좀 빠졌으면 좋겠어요", "마지막에 3초만 늘려주세요" 같은 요청에 AI 생성물 그대로는 대응이 어렵습니다.

① 스템(Stem) 분리와 제어력 확보

DAW로 음악을 가져와 후반 작업을 한다는 것은 음악을 구성 요소별(드럼, 베이스, 멜로디, 보컬 등)로 분리하여 통제권 아래에 두는 것을 의미합니다.

- **워크플로우:** 최신 AI 분리 기술을 활용해 트랙을 나누고, 이를 DAW에 배치하면 클라이언트의 어떠한 수정 요청에도 즉각적으로 대응할 수 있습니다. 이는 제작자의 전문성과 서비스 신뢰도를 결정짓는 핵심 요소입니다.

② 시간적 동기화(Syncing)의 정밀도

광고나 영상 콘텐츠는 프레임 단위로 움직입니다. 29.97fps의 영상에서 중요한 장면 전환이 일어날 때 음악의 박자나 임팩트가 어긋나면 시청자는 본능적으로 거부감을 느낍니다.

AI는 0.1초 단위의 싱크를 맞출 수 없으므로, 인간 제작자가 타임라인 위에서 오디오 파형을 미세하게 늘리거나 잘라내어 시각적 정보와 청각적 정보의 완벽한 결합을 만들어내야 합니다.

5. 사운드 아이덴티티의 완성: 인공적 질감의 제거

AI 음악에는 특유의 '차갑고 딱딱한 디지털 질감'이 존재합니다. 이는 데이터를 학습하고 생성하는 과정에서 발생하는 고유의 잡음이나 위상의 왜곡 때문입니다. 전문가들은 이를 'AI 냄새'라고 부르기도 합니다.

후반 작업의 핵심 목표 중 하나는 이 인공적인 질감을 지우고, 실제 악기가 연주되는 듯한 '공간적 깊이감'과 '따뜻한 아날로그 질감'을 입히는 것입니다.

- **방법:** 세츄레이션(Saturation) 플러그인을 통한 배음 추가, 가상 공간을 재설계하는 리버브(Reverb) 적용, 실제 연주 샘플의 레이어링 등을 통해 청취자가 AI가 만든 음악임을 눈치채지 못하게 하는 '감성적 마감'을 수행합니다.

6. 후반 작업은 제작자의 '책임감' 이다

결국 AI 음악을 DAW로 가져오는 행위는 단순히 소리를 좋게 만드는 것을 넘어, 이 음악에 대해 제작자가 '기술적, 법적 책임을 지겠다'는 의지의 표현입니다.

AI가 생성한 결과물을 그대로 내놓는 것은 '배달 음식을 포장도 뜯지 않고 손님에게 내놓는 것'과 같습니다. 하지만 후반 작업을 거친 상업용 AI 음악은 AI가 제공한 최상의 식재료를 바탕으로 제작자가 자신의 철학과 기술이라는 양념을 더해 완성한 '셰프의 요리'입니다.

상업용 AI 음악 시장에서 승리하는 사람은 가장 좋은 프롬프트를 쓰는 사람이 아니라 AI가 내놓은 불완전한 결과물을 DAW 위에서 가장 완벽하게 통제하고 가공하는 사람입니다. 여러분의 가치는 생성 버튼이 아닌, DAW의 페이더와 노브를 만지는 그 손길에서 결정됩니다.

- **스템 분리**: AI 결과물을 최소 4개 이상의 스템으로 분리하였는가?
- **라우드니스 검전**: 타겟 플랫폼의 음압 표준(-14 LUFS 등)을 준수하고 있는가?
- **주파수 청소**: 20Hz 이하의 불필요한 초저역대 노이즈를 컷(High-pass Filter)했는가?
- **보이스 공간 확보**: 내레이션이 들어갈 자리에 다이내믹 EQ나 사이드체인 처리를 했는가?
- **종결부 처리**: 페이드아웃이나 엔딩 임팩트가 영상의 마지막 프레임과 일치하는가?

상업 현장에서 선택받는 음악의 5가지 기준

1. 상업 음악의 본질: '감상'에서 '기능'으로의 전환

상업 현장에서 음악은 독립적인 예술 작품으로 존재하지 않습니다. 그것은 영상, 브랜드 이미지, 사용자 경험(UX)이라는 거대한 퍼즐의 한 조각입니다. AI는 화려한 멜로디를 만드는 데 능숙하지만, 그 음악이 전체 시스템 안에서 어떤 '기능'을 수행해야 하는지는 알지 못합니다.

현장에서 선택받는 음악은 '귀를 사로잡는 음악'이 아니라 '문제를 일으키지 않는 음악'입니다. 가장 핵심적인 실무 기준 5가지는 다음과 같습니다.

2. 기준 ①: 볼륨의 안정성과 인지적 밸런스 (Audio Consistency)

상업 음악에서 가장 빈번하게 발생하는 기술적 거절 사유는 '불안정한 다이내믹'입니다. AI는 곡의 전개에 따라 볼륨을 극단적으로 키우거나 줄이는 경향이 있는데, 이는 실무 환경에서 치명적입니다.

다이내믹 레인지의 역설

- **문제**: AI가 생성한 음악이 후렴구에서 갑자기 커지면, 함께 재생되는 내레이션이나 성우의 목소리를 완전히 덮어버립니다. 시청자는 메시지를 놓치게 되고, 광고주는 즉시 음악 수정을 요구합니다.

- **실무 기술:** 제작자는 DAW에서 컴프레서(Compressor)와 리미터(Limiter)를 활용하여 음압의 평균치(RMS)를 일정하게 유지해야 합니다. 특히 오토메이션(Automation) 기술을 사용하여 내레이션이 나오는 구간의 음악 볼륨을 실시간으로 낮추는 '덕킹(Ducking)' 처리가 필수입니다.

3. 기준 ②: 주파수의 조화와 '가청 공간' 의 확보 (Spectral Balance)

음악은 주파수라는 한정된 공간을 나누어 씁니다. AI는 이 공간을 효율적으로 배분하는 법을 모릅니다.

목소리를 위한 '주파수 고속도로' 만들기

인간의 목소리는 주로 1kHz에서 4kHz 사이의 중고역대에 집중되어 있습니다. AI 음악이 이 대역의 악기(신디사이저, 기타, 스네어 드럼 등)를 과하게 배치하면 목소리와 음악이 뒤섞여 '진흙탕 소리(Muddy Sound)'가 됩니다.

- **실무 기술:** 제작자는 이퀄라이저(EQ)를 통해 음악 트랙의 2kHz 부근을 의도적으로 깎아내야 합니다. 이는 음악의 에너지는 유지하면서 목소리가 지나갈 '고속도로'를 닦아주는 전문적인 공정입니다.

4. 기준 ③: 반복 재생의 지속성과 청각적 피로도 (Ear Fatigue Management)

상업용 배경음악(BGM)은 사용자가 의식하지 못하는 사이에 감정을 고조시켜야 합니다. 음악이 지나치게 개성적이거나 자극적이면 오히려 방해가 됩니다.

'무난함' 이라는 최고의 전략

AI는 짧은 시간에 강한 인상을 주기 위해 자극적인 고음역대 소리나 반복적인 패턴을 자주 사용합니다.

- **문제:** 같은 곡을 1시간 내내 틀어야 하는 매장 음악이나 장시간 플레이하는 게임 배경음악의 경우 이러한 자극은 사용자에게 두통과 짜증을 유발합니다.
- **실무 기술:** 제작자는 로우 패스 필터(Low Pass Filter)를 사용하여 귀를 찌르는 고음역대의 날카로움을 다듬고, 8마디나 16마디 단위로 미세한 악기 구성을 변화시켜 뇌가 '지루함'과 '자극' 사이에서 평온함을 느끼도록 설계해야 합니다.

5. 기준 ④: 시간적 동기화와 완벽한 종결 (Timing & Ending)

영상 콘텐츠는 프레임 단위로 움직입니다. 음악의 끝이 영상의 끝과 어긋나는 순간, 콘텐츠의 완성도는 바닥으로 추락합니다.

'디지털 컷' 의 함정과 리버브 테일 처리

AI 음악은 대개 박자에 맞춰 툭 끊기듯 끝납니다.

- **문제:** 영상은 멋지게 로고가 나오며 사라지는데, 음악 잔향(Reverb Tail)이 비자연스럽게 잘리면 시청자는 기술적 오류로 인식합니다.
- **실무 기술:** 제작자는 DAW에서 음악의 마지막 박자를 뒤로 밀거나 인위적으로 리버브(Reverb)와 딜레이(Delay)를 추가하여 음악이 공기 중으로 자연스럽게 흩어지도록 '꼬리'를 만들어줘야 합니다. 이것이 상업용 마감의 정점입니다.

6. 기준 ⑤: 매체별 최적화와 라우드니스 표준 (Loudness Normalization)

스마트폰 스피커에서 들리는 소리와 극장 스피커에서 들리는 소리는 완전히 달라야 합니다.

플랫폼 표준에 대한 이해

유튜브, 스포티파이, TV 방송국은 각기 다른 음압 규격을 가지고 있습니다.

- **문제:** AI 출력물을 그대로 올리면 플랫폼의 자동 보정 시스템이 소리를 강제로 줄여버려 경쟁사의 음악보다 훨씬 힘없고 작게 들리게 됩니다.
- **실무 기술:** 제작자는 라우드니스 미터(Loudness Meter)를 상시 모니터링하며, 최종 출력물이 해당 플랫폼의 표준에 '딱 맞게' 최적화되도록 마스터링해야 합니다.

7. 상업적 가치는 '디테일' 의 총합이다

상업 현장에서 선택받는 음악은 '가장 화려한 음악'이 아니라, '영상의 메시지를 방해하지 않으면서도 기술적 결함이 전혀 없는 음악'입니다. AI는 훌륭한 '재료'를 제공하지만, 그 재료를 씻고, 썰고, 적절한 온도로 익혀 손님상에 올리는 것은 오직 인간 제작자의 몫입니다.

DAW를 통해 앞서 제시한 다섯 가지 기준을 적용하는 과정은 AI 생성물에 상업적 가치를 부여하는 단계라 할 수 있습니다. 디테일한 보정과 정교한 마무리 작업이 이루어지지 않는다면, 어떤 AI 음악도 상업 시장에서 경쟁력을 확보하기는 어렵습니다.

- **다이내믹**: 전체 곡에서 가장 큰 소리와 작은 소리의 차이가 6dB 이내로 안정적인가?
- **주파수 여백**: 내레이션 대역(1~3kHz)을 음악이 침범하고 있지는 않은가?
- **피로도**: 3회 이상 연속 반복해서 들었을 때 귀를 찌르는 특정 악기가 없는가?
- **엔딩 싱크**: 영상의 마지막 프레임과 음악의 잔향이 끝나는 지점이 일치하는가?
- **규격 확인**: 타겟 매체의 라우드니스 표준을 준수하였는가?

AI를 파트너로 삼는 구체적인 방법론

1. '대립'에서 '공생'으로: 기술을 바라보는 새로운 눈

음악 산업의 역사 속에서 새로운 기술의 등장은 언제나 '기존 직업군의 위기'와 '새로운 창작 방식의 탄생'이라는 양면성을 띠어 왔습니다. 신디사이저가 처음 등장했을 때 연주자들은 일자리를 걱정했고, 샘플링 기술이 나왔을 때 작곡가들은 도덕적 해이를 논했습니다. 그러나 지금 우리는 그 모든 도구를 활용해 더 풍부한 음악적 우주를 만들고 있습니다.

AI 역시 마찬가지입니다. 이제 제작자는 AI를 나의 일자리를 위협하는 '경쟁자'가 아니라, 내가 지휘하는 '무한한 에너지를 가진 어시스턴트 오케스트라'로 정의해야 합니다. 이 관점의 전환이 이루어질 때 비로소 우리는 생성 버튼 뒤에 숨겨진 진정한 상업적 잠재력을 통제할 수 있게 됩니다.

2. 상업용 AI 음악 제작의 4단계 워크플로우 (The Professional Protocol)

상업 현장에서 시간을 단축하면서도 최상의 퀄리티를 뽑아내기 위한 표준 작업 절차는 다음과 같습니다.

[1단계] 정밀 프롬프팅과 '시드(Seed)' 발굴

프롬프트는 단순한 명령어 이상으로 곡의 '유전자(DNA)'를 결정하는 설계도입니다.

- **추상적 지시 배제**: "슬픈 음악 만들어줘" 같은 추상적인 접근은 상업 현장에서 무용지물입니다. 대신 "80년대 아날로그 신디사이저의 따뜻한 패드 사운드, 110BPM의 정제된 로파이 비트, 감성적인 첼로 선율"과 같이 악기론적, 기술적 용어를 사용해야 합니다.
- **레퍼런스 분석**: 클라이언트가 원하는 곡의 '레퍼런스'가 있다면, 그 곡의 템포, 조성, 악기 구성을 분석하여 키워드로 변환하는 능력이 필요합니다. 이것이 전문가의 프롬프팅입니다.

[2단계] 다중 생성과 비판적 필터링 (The Audition)

AI의 강점은 '물량'에 있습니다. 전문가들은 한두 번의 생성으로 만족하지 않습니다.

- **배리에이션 생성**: 같은 프롬프트 내에서도 시드 값을 달리하여 최소 10~20개의 초안을 추출합니다.
- **섹션별 가치 판단**: 곡 전체가 완벽할 필요는 없습니다. "A안의 드럼 루프가 좋다", "B안의 피아노 선율이 훌륭하다"는 식의 부분적 발췌를 전제로 청취합니다. 상업 제작자는 여기서 '어떤 부분이 영상의 킬링 포인트에 쓰일 수 있는가'를 본능적으로 식별해야 합니다.

[3단계] 스템(Stem) 분리와 DAW 이식

AI가 내놓은 통파일(Full Mix)은 수정이 불가능한 닫힌 구조입니다. 이를 열린 구조로 바꾸는 것이 프로의 공정입니다.

- **AI 분리 도구 활용**: 최신 오디오 분리 기술을 사용하여 드럼, 베이스, 보컬, 기타 악기들을 개별 트랙으로 추출합니다.
- **DAW 배치**: 추출된 스템 파일들을 DAW의 타임라인에 올립니다. 이때 AI가 계산하지 못한 미세한 엇박자를 그리드(Grid)에 맞게 퀀타이즈(Quantize)하거나 불필요한 노이즈 구간을 잘라내는 정밀 작업을 수행합니다.

[4단계] 인간의 창의적 덧칠 (Hybrid Layering)

AI가 만든 골조 위에 인간의 체온을 입히는 단계입니다.

- **악기 추가(Overdubbing)**: AI가 만든 베이스 라인이 너무 단조롭다면, 실제 가상악기를 활용해 리듬감 있는 베이스를 덧입힙니다.

- **사운드 디자인:** 영상의 중요한 장면에 맞춰 리버스(Reverse) 효과를 주거나 필터 스윕 (Filter Sweep)을 통해 긴장감을 고조시키는 장치를 추가합니다. 이 과정에서 곡은 비로소 '저작물'로서의 독창성을 획득합니다.

3. AI 협업의 고도화: 장르별 최적화 전략

모든 장르에 동일한 AI 활용법을 적용할 수는 없습니다. 상업용 음악의 주요 카테고리에 따른 전문 가이드를 제시합니다.

① 광고 및 홍보 영상 (Commercial BGM)

광고는 1초의 오차도 허용하지 않습니다.

- **전략:** AI로는 전반적인 무드(Mood)와 텍스처(Texture)를 생성하는 데 집중하고, 영상의 '컷 전환에 따른 음악적 변화(Impact)는 DAW에서 샘플 편집을 통해 인위적으로 만듭니다.
- **팁:** AI에게 '엠비언트(Ambient)' 성향의 곡을 만들게 한 뒤, 그 위에 강력한 비트를 수동으로 얹으면 세련된 느낌을 줄 수 있습니다.

② 게임 배경음악 (Game Audio)

게임 음악은 '무한 루프(Looping)'가 핵심입니다.

- **전략:** AI는 곡의 끝맺음을 자연스럽게 처리하지 못하는 경우가 많습니다. 제작자는 곡의 시작 부분과 끝 부분이 주파수와 위상 면에서 완벽히 일치하도록 연결하는 '심리스 루프 (Seamless Loop)' 작업을 후반 작업에서 수행해야 합니다.

4. 클라이언트 커뮤니케이션: AI를 설득의 도구로 활용하기

제작자가 AI를 사용하는 목적 중 하나는 클라이언트와의 '커뮤니케이션 비용'을 줄이는 데 있습니다.

- **빠른 시안 제출:** 예전에는 한 곡의 데모를 만드는 데 며칠이 걸렸지만, 이제는 미팅 현장에서 실시간으로 서너 가지 무드의 시안을 들려줄 수 있습니다.
- **수정의 유연성:** "조금 더 밝게"라는 모호한 요청에 당황하지 않고, 프롬프트를 미세 조정하여 즉각적인 피드백을 수용하는 모습은 프로페셔널한 인상을 남깁니다. 단, 이때 "이것은 AI가 다 했다"는 인상보다는 "나의 기술적 통제하에 AI가 보조하고 있다"는 신뢰를 주는 것이 중요합니다.

5. 제작자의 윤리와 책임: '도구'에 매몰되지 않는 법

분량이 늘어나고 기술이 발전할수록 제작자가 경계해야 할 것은 '나태함'입니다. 생성 버튼이 주는 편리함에 취해 검증되지 않은 소리를 그대로 시장에 내놓는 행위는 본인의 커리어뿐만 아니라 산업 전체의 가치를 깎아먹는 일입니다.

- **최종 승인권자로서의 자각**: AI가 만든 모든 소리의 책임은 결국 제작자에게 있습니다. 기술적 결함, 저작권 리스크, 예술적 수준에 대한 모든 화살은 AI가 아닌 '인간'에게 향한다는 사실을 명심합니다.
- **지속적인 학습**: AI 기술은 매주 변합니다. 새로운 알고리즘과 플러그인을 학습하는 속도가 곧 몸값이 되는 시대입니다.

6. 미래의 프로듀서는 '통합자(Integrator)'다

상업용 AI 음악 시장에서 살아남는 유일한 방법은 기술을 부정하는 것이 아니라 누구보다 깊게 그 기술의 밑바닥까지 이해하고 활용하는 것입니다. AI는 여러분의 상상력을 실현해주는 가장 빠르고 충성스러운 노예입니다.

프롬프트를 입력하고, DAW에서 파형을 자르고, 믹싱 노브를 돌리는 그 모든 과정이 결합될 때 비로소 '기계의 계산'이 '인간의 예술'로 승화됩니다. 이제 단순한 작곡가를 넘어, 기술과 예술의 경계에서 최적의 가치를 뽑아내는 '오디오 자산 관리자'이자 '사운드 디렉터'로서 현장에 임해야 합니다.

> ### 실무 워크플로우 체크리스트
>
> - **프롬프트 고도화**: 장르 뿐만 아니라 악기, BPM, 질감 키워드를 5개 이상 포함했는가?
> - **소스의 다각화**: 최소 10개 이상의 배리에이션 중 최적의 섹션들을 골라냈는가?
> - **하이브리드**: AI 소스 외에 직접 추가한 악기나 효과음이 최소 20% 이상 포함되었는가?
> - **싱크 정밀도**: 영상의 주요 컷과 음악의 포인트가 1프레임 오차 없이 일치하는가?
> - **리스크 검토**: 사용된 소스가 특정 유명 곡과 지나치게 유사하지 않은지 확인했는가?

AI와 함께 성장하는 크리에이터의 자세

1. 기술적 해일과 창작의 임계점: 우리는 어디에 서 있는가

우리는 지금 인류 역사상 가장 기이하고도 혁명적인 창작의 시대를 지나고 있습니다. 과거의 기술 혁신이 인간의 '손'을 편하게 해주는 도구의 진화였다면, 생성형 AI는 인간의 '사고'와 '직관'의 일부를 대행하려 합니다. 음악 산업의 최전선에서 활동하는 크리에이터들에게 작금의 변화는 거대한 해일과 같습니다. 누군가는 이 해일에 휩쓸려 자신의 정체성을 잃어버릴까 두려워하며 냉소적인 태도를 보이지만, 진정한 프로페셔널은 이 파도의 높이와 속도를 측정하여 더 먼 바다로 나아갈 동력으로 삼습니다.

이 책을 통해 우리가 반복해서 확인한 진리는 명확합니다. AI는 음악의 '생성(Generation)'을 자동화할 수 있지만, 그 음악에 '생명(Meaning)'을 불어넣고 비즈니스적 '책임(Liability)'을 지는 것은 여전히 인간의 고유 영역이라는 점입니다. 이제 도구의 숙련도를 넘어 기술과 인간의 협업이 만들어낼 새로운 산업 지형도와 그 안에서 우리가 취해야 할 전략적 포지션을 심층적으로 조망해 보겠습니다.

2. 미래 음악 산업의 구조적 변동과 새로운 비즈니스 기회

① 초개인화된 실시간 상업 음악 시장 (Hyper-Personalized Audio)

과거의 상업 음악이 불특정 다수를 향한 '일대다(One-to-Many)' 방식의 매스 미디어 중심이었다면, 미래는 개개인의 맥락에 반응하는 '일대일(One-to-One)' 오디오의 시대로 변모할 것입니다.

- **적응형 오디오 시스템(Adaptive Audio Engine):** 사용자의 심박수, 현재 날씨, 앱 내 이동 경로, 심지어 구매 이력에 반응하여 실시간으로 코드 진행과 악기 구성이 변하는 음악 체계가 보편화될 것입니다.
- **기회의 창:** 이러한 시스템을 설계하는 것은 단순한 작곡을 넘어선 영역입니다. 음악적 지식과 데이터 로직을 동시에 이해하는 '오디오 시스템 아키텍트'라는 새로운 고부가가치 직군이 탄생할 것입니다.

② 창작 공정의 미시적 분업화

AI로 인해 제작의 속도가 빨라지면서 역설적으로 공정은 더욱 세분화될 것입니다.

- **AI 소스 큐레이터**: 수천 개의 AI 결과물 중 상업적 가치가 있는 '원석'만을 골라내는 안목을 파는 전문가.
- **프롬프트 음향 설계사**: 특정 브랜드의 정체성을 소리로 치환하기 위해 고도로 정밀한 명령어 세트를 구축하는 전문가.
- **포스트 프로덕션 마스터**: AI가 만든 불완전한 파형을 인간의 귀에 맞게 물리적으로 보정하고 마감하는 엔지니어.

이제 '작곡가'라는 하나의 명칭은 사라지고, 각 공정의 스페셜리스트들이 협업하는 구조가 정착될 것입니다.

3. 크리에이터의 3대 생존 전략: 기술, 감성, 그리고 리스크 관리

① 기술적 문해력(Tech Literacy)의 수직적 확장

AI 기술은 매달, 아니 매주 진화합니다. 어제의 기술에 안주하는 순간, 크리에이터의 몸값은 하락합니다.

- **지속적 학습 프로토콜**: 새로운 알고리즘이 등장했을 때 그것을 단순히 '사용'해보는 것을 넘어 그것이 기존 DAW(Digital Audio Workstation) 환경과 어떻게 충돌하고 결합되는지 기술적으로 분석해야 합니다.
- **도구의 지배**: 기술에 대한 공포는 대개 무지에서 기인합니다. 신경망의 작동 원리와 샘플링 레이트의 상관관계를 이해할 때, 우리는 AI를 무서운 경쟁자가 아닌 '말 잘 듣는 오케스트라'로 부릴 수 있게 됩니다.

② 데이터의 바다에서 '인간미'를 추출하는 법

AI가 완벽한 대칭과 정교한 화성을 구현할수록 인간은 본능적으로 '의도된 불완전함'에 열광하게 될 것입니다.

- **휴먼 그루브(Human Groove)의 삽입**: AI가 만든 기계적인 박자 위에 미세한 박자 밀기(Dragging)와 당기기(Pushing)를 적용하는 능력, 의도적인 아날로그 노이즈를 섞어 따뜻함을 부여하는 감각은 오직 인간만이 할 수 있는 '감성적 터치'입니다.
- **서사적 설득력**: 음악은 소리의 집합이 아니라 '이야기'입니다. 클라이언트가 원하는 브랜드의 서사를 음악적 기승전결로 치환하여 설명하고 설득하는 능력은 AI가 결코 흉내 낼 수 없는 제작자의 고유 자산입니다.

③ 법적·윤리적 거버넌스의 선제적 확보

상업적 성공의 마지막 문턱은 언제나 '권리'의 문제입니다.

- **저작권의 방어:** AI 생성물을 그대로 사용하는 나태함은 추후 저작권 분쟁이나 소유권 부재라는 부메랑으로 돌아옵니다. 제작자는 자신의 후반 작업 공정을 데이터로 기록하여 '인간의 창작적 기여도'를 법적으로 증명할 수 있는 시스템을 스스로 갖춰야 합니다.
- **윤리적 필터링:** 학습 데이터의 오염이나 표절 리스크를 사전에 감지하는 귀와 기술적 도구를 갖추는 것이 프로의 필수 소양입니다.

4. 버튼을 누르는 자와 핸들을 잡는 자

AI가 음악을 만드는 시대일수록 음악을 완성하는 인간의 가치는 더욱 귀해집니다. AI가 쏟아내는 수만 개의 소리 중 단 하나의 보석을 찾아내고, 그것을 0.1초 단위로 깎고 다듬어 클라이언트의 실무 테이블 위에 올리는 행위는 전문 직업 의식이 필요합니다. DAW 위에서 보낸 고독한 시간들, 완벽한 싱크를 위해 수백 번을 되돌려 본 영상 프레임들, 주파수 1dB의 차이를 느끼기 위해 닫았던 눈꺼풀의 떨림은 데이터가 복제할 수 없는 여러분만의 역사입니다.

미래의 음악 산업은 기술을 두려워하는 자가 아니라 기술을 지휘봉 삼아 세상을 울리는 '뉴타입 프로듀서'들의 무대가 될 것입니다. 그 무대의 주인공은 바로 이 변화를 받아들이고 행동에 옮기는 여러분입니다.

> **실무 마인드셋**
>
> - **AI를 신뢰하되 결코 맹신하지 마라:** AI는 훌륭한 비서일 뿐, 최종 승인권자는 당신이다.
> - **도구보다 목적에 집중하라:** 클라이언트는 당신이 어떤 AI를 썼는지 궁금해하지 않는다. 오직 그 소리가 문제를 해결했는가에 집중하라.
> - **자신만의 프리셋을 구축하라:** AI 소스를 가공하며 얻은 당신만의 이펙트 체인과 편집 방식이 강력한 진입장벽이 된다.
> - **권리 보호가 곧 생존이다:** 창작적 기여를 증명하지 못하는 음악은 자산이 아니라 부채다.
> - **창작의 본질을 잊지 마라:** 기술은 파도처럼 변하지만, 진정성 있는 소리에 반응하는 인간의 심장은 변하지 않는다.

02 AI로 광고 음악 만들기

프롬프트 한 줄로 완성하는 Simple 모드

상업용 AI 음악의 재정의

우리가 처음 AI 음악 플랫폼의 'Create' 버튼을 눌렀을 때 마주하는 가장 지배적인 감정은 대개 '경이로움'입니다. 불과 몇 초 전까지만 해도 존재하지 않았던 멜로디, 정교한 화성, 리얼한 리듬, 그리고 소름 돋을 정도로 인간에 가까운 보컬까지 갖춰진 곡이 탄생하는 순간은 그 자체로 마법과 같습니다. 일반적인 사용자라면 이 결과물에 충분히 만족할 것입니다. 스마트폰 화면 안에서 재생되는 그럴싸한 사운드에 취해 곧장 자신의 SNS 배경음악으로 사용하거나 개인적인 소장용으로 남겨두는 것, 그것이 지금까지 우리가 AI 음악을 소비해온 전형적인 방식이었습니다.

하지만 사운드 디렉터의 진짜 일은 바로 이 '경이로움'이 끝나는 지점에서 시작됩니다. 상업용 AI 음악이라는 세계는 단순히 AI로 생성한 오디오 결과물 그 자체를 의미하지 않습니다. 그것은 AI가 내놓은 거친 원석(Raw material)이 실제 작업 현장에서 사용 가능한 상태인지 냉철하게 판단하고, 불필요한 노이즈와 과잉된 요소를 과감히 정리하며, 전문적인 보정과 엔지니어링을 거쳐 최종 콘텐츠의 목적에 부합하도록 이식하는 '프로덕션의 전 과정'을 의미합니다.

이 과정에 진입하기 위해 우리는 가장 먼저 '음악을 감상하는 청자의 눈을 버려야 합니다. 청자는 음악을 통해 감동을 느끼고 개인적인 취향에 침잠하지만, 사운드 디렉터는 '음악을 도구로 사용하는 설계자의 눈을 가져야 합니다. 설계자에게 음악은 아름다운 예술품이기 이전에 특정 문제를 해결하거나 메시지를 전달하기 위한 정밀한 부품이기 때문입니다.

상업 현장에서 음악은 예술적 독창성보다 '목적에 부합하는 기능성'이 절대적으로 우선시됩니다. 우리는 흔히 "좋은 음악은 어디에나 어울린다"고 말하지만, 프로의 세계에서는 그렇지 않습니다. 단순히 귀에 듣기 좋은 멜로디의 노래와 단 15초라는 짧은 광고 시간 동안 소비자의 뇌리에 브랜드 이미지를 박아 넣어야 하는 광고 음악은 설계 단계부터 완전히 다른 논리를 가집니다.

예를 들어, 어떤 곡이 음악적으로는 훌륭한 기승전결을 갖추고 있더라도 광고 영상의 클라이맥스 부분에서 성우의 내레이션 주파수 대역을 침범한다면 그 음악은 상업적으로 '실패한 음악'이 됩니다. 혹은 게임의 배경음악이 지나치게 화려하여 플레이어의 집중력을 흐트러뜨린다면 그 또한 폐기 대상입니다.

결국 사운드 디렉터에게 필요한 역량은 'AI가 준 선물을 어떻게 하면 가장 효율적인 도구로 깎아낼 것인가'를 결정하는 안목입니다. 감상의 영역에서는 '무엇이 느껴지는가'가 중요하지만, 기능의 영역에서는 '이 음악이 영상의 메시지를 방해하지 않는가?', '특정 브랜드의 색깔을 청각적으로 완벽히 대변하는가?'라는 지극히 현실적이고 기술적인 질문에 답할 수 있어야 합니다.

이제 우리는 AI를 작곡가가 아닌, 나의 지시를 수행하는 '최고급 사운드 소스 공급업자'로 재정의해야 합니다. 그리고 그가 가져온 재료를 바탕으로 상업적 가치를 지닌 하나의 '제품'을 만들어가는 설계자의 여정을 시작할 것입니다.

'완성품'이라는 착각과 '원석'이라는 본질

수노(Suno)와 같은 생성형 AI가 내놓은 결과물을 처음 재생했을 때, 우리는 마치 완성된 CD를 듣는 것 같은 착각에 빠집니다. 드럼의 킥 소리는 단단하고, 보컬의 리버브는 환상적이며, 악기들의 밸런스도 훌륭해 보입니다.

이 지점에서 많은 이들이 "이미 완성되었는데 무엇을 더 손댄다는 말인가?"라는 의문을 품습니다. 그러나 프로의 세계에서 이 결과물은 결코 완성품이 아닙니다. 그것은 단지 훌륭한 성질을 지닌 '원석(Raw Material)'일 뿐입니다.

우리가 AI 음악을 완성품이 아닌 원석으로 보아야 하는 이유는 크게 세 가지의 결정적인 결함 때문입니다.

첫째, '맥락의 부재' 입니다. AI는 음악의 '형태'는 완벽하게 흉내 내지만, 그 음악이 놓일 '상황'은 이해하지 못합니다. 예를 들어, 슬픈 장면의 배경음악을 생성했을 때 AI는 슬픈 감정의 전형적인 코드 진행을 보여줍니다. 하지만 그 슬픔이 주인공의 고독을 표현하는 절제된 슬픔인지, 아니면 상실의 고통을 터뜨리는 격정적인 슬픔인지에 대한 미세한 연출적 조절은 불가능합니다. 사운드 디렉터는 AI가 가져온 이 '슬픈 소리'라는 원석을 깎아 특정 장면에 맞는 '정교한 감정의 도구'로 재조합해야 합니다.

둘째, '구조적 불안정성' 입니다. 생성형 AI는 확률에 기반하여 다음 음을 예측합니다. 이 과정에서 때때로 화성학적으로는 무리가 없으나 서사적으로는 뜬금없는 전개를 보이곤 합니다. 갑자기 튀어나오는 악기 솔로나 부자연스럽게 반복되는 리듬 패턴은 감상용으로는 흥미로울지 몰라도 편집의 효율성을 중시하는 상업 현장에서는 치명적인 결함이 됩니다. 디렉터는 이 구조를 해체하고 DAW의 타임라인 위에서 상업적 서사에 맞게 다시 배열해야 합니다.

셋째, '기술적 밀도의 한계' 입니다. AI 음악은 대개 스테레오 믹스 파일 하나로 제공됩니다. 이는 모든 악기가 이미 하나로 버무려진 상태임을 의미합니다. 겉으로 보기엔 화려하지만, 특정 악기의 볼륨만 줄이거나 주파수를 세밀하게 조정하기에는 유연성이 현저히 떨어집니다. 특히 AI가 생성하는 과정에서 발생하는 보이지 않는 디지털 노이즈(Artifacts)나 과도하게 압축된 파형은 후반 작업에서 이펙터를 걸었을 때 소리가 깨지는 원인이 되기도 합니다.

결국, 사운드 디렉터에게 생성된 AI 음악은 '가능성의 집합체'입니다. "이 곡의 보컬 톤은 훌륭하니 가져가되 드럼 비트는 너무 복잡하니 DAW에서 내가 새로 찍자"라거나 "전체적인 무드는 좋지만 인트로가 너무 기니 4마디를 잘라내자"라는 판단이 서야 합니다.

원석은 그 자체로 빛나지 않습니다. 연마사의 손길을 거쳐야 보석이 되듯, AI가 던져준 데이터 덩어리는 사운드 디렉터의 냉철한 분석과 편집 기술을 거쳐야만 비로소 시장에서 거래될 수 있는 '상품'으로서의 가치를 갖게 됩니다. 우리는 이제 이 화려한 착각에서 벗어나 데이터 속에 숨겨진 진정한 가치를 찾아내어 가공하는 법을 배워야 합니다.

실무적 생존 조건

AI 음악을 생성한 직후, 우리는 매력적인 멜로디에 취해 곧장 마스터 파일로 출력하고 싶은 유혹에 빠집니다. 하지만 프로페셔널 사운드 디렉터에게 이 단계의 음원은 아직 '시장에 내놓을 수 없는 상품'입니다. AI 음악을 그대로 상업용 프로젝트에 투입하는 것은 안전장치 없이 고속도로를 달리는 것과 같습니다. 우리가 로직 프로나 큐베이스라는 전문 DAW(Digital Audio Workstation)를 반드시 거쳐야 하는 이유는 단순히 음질을 좋게 만들기 위함이 아니라 법적, 실무적 생존 조건을 충족하기 위함입니다.

첫째, 저작권의 방어막 형성과 '인간의 개입' 증명

현재 전 세계 저작권법의 공통된 원칙은 '창작자의 인간적 창작 행위'가 없는 결과물에는 저작권을 부여하지 않는다는 점입니다. AI가 100% 생성한 곡은 법적으로 '공공재'에 가까운 취급을 받을 위험이 있으며, 누군가 이를 무단으로 사용하더라도 방어하기가 매우 까다롭습니다.

하지만 사운드 디렉터가 DAW에서 곡의 구조를 재배치하고, 특정 대역의 주파수를 깎아내며, 새로운 가상 악기를 얹거나 인간의 의도가 담긴 이펙팅(Effecting)을 가하는 순간 상황은 반전됩니다. 이 과정은 '인간에 의한 창조적 가공'으로 인정받아 해당 음원이 법적 보호를 받을 수 있는 '저작물'로서의 지위를 획득하는 근거가 됩니다. 즉, DAW에서의 작업은 나의 권리를 지키기 위한 가장 강력한 법적 증거를 남기는 행위입니다.

둘째, 기술적 규격(Standard)의 준수와 플랫폼 최적화

상업용 음악은 TV, 유튜브, 넷플릭스, 모바일 게임 등 저마다 다른 기술적 표준을 요구받습니다. AI는 이러한 플랫폼별 규격을 전혀 이해하지 못합니다.

- **라우드니스(Loudness) 규격**: 각 플랫폼은 소리의 크기 표준(LUFS)을 정해두고 있습니다. 이를 맞추지 못한 AI 음원은 송출 과정에서 소리가 강제로 줄어들어 멍청하게 들리거나, 반대로 너무 커서 소리가 깨지는 현상을 초래합니다.
- **주파수 응답의 균형**: AI 음원은 종종 저역대가 너무 비대하거나 고역대가 날카로운 불균형을 보입니다. DAW의 정밀한 EQ와 컴프레서를 거치지 않은 소리는 작은 스마트폰 스피커나 저가형 이어폰에서 심각한 왜곡을 일으킵니다.

셋째, 실무적 유연성 확보: '비우기' 와 '채우기'
상업 음악은 혼자 존재하지 않습니다. 영상의 내레이션, 게임의 효과음과 공존해야 합니다. AI가 생성한 오디오 파일은 대개 모든 주파수 대역이 꽉 찬 '포화 상태'입니다.

- **여백의 설계**: DAW를 통해 성우의 목소리가 들어갈 자리를 주파수적으로 비워주어야 합니다(Frequency Masking 방지).
- **구조적 편집**: 영상의 호흡에 맞춰 인트로를 늘리거나 특정 구간의 에너지를 낮추는 등의 작업은 오직 DAW의 타임라인 위에서만 정교하게 이루어질 수 있습니다.

결국 DAW 실습은 선택이 아닌 필수입니다. AI가 제안한 아이디어에 인간의 전략적 판단을 입히는 것, 그것이 무책임한 'AI 생성물'을 신뢰받는 '상업적 제품'으로 탈바꿈시키는 유일한 길입니다. 우리는 이제 DAW라는 도구를 통해 AI가 미처 채우지 못한 2%의 공백을 메우고, 어떤 환경에서도 완벽하게 작동하는 사운드를 설계하는 법을 배울 것입니다.

거절되지 않는 음악의 조건

사운드 디렉터로서 우리가 가져야 할 최종적인 목표는 '세상에서 가장 아름다운 음악'을 만드는 것이 아닙니다. 우리의 진짜 목표는 '어떤 현장에서도 거절되지 않는 음악'을 만드는 것입니다. 상업 현장에서 음악이 채택되느냐 마느냐는 예술적 취향보다 지극히 현실적이고 기술적인 기준에 의해 결정됩니다.

단순히 AI가 생성해준 무작위의 결과물 중에서 하나를 고르는 것이 아니라, 다음의 4가지 엄격한 기준을 통과한 소스만을 선별하여 DAW로 가져가야 합니다. 이 기준은 곧 여러분의 음악이 상업적 가치를 지녔는지를 증명하는 척도가 됩니다.

① 다른 요소를 침범하지 않는 '여백' 이 있는가?

상업용 음악은 대개 영상, 내레이션, 효과음과 동시에 재생됩니다. 특히 광고나 교육 콘텐츠의 경우, 성우의 목소리가 얼마나 명확하게 전달되느냐가 음악의 퀄리티보다 훨씬 중요합니다. AI 음악은 종종 모든 악기가 화려하게 자기주장을 하는 '꽉 찬 소리'를 내놓습니다. 하지만 프로 디렉터는 성우의 목소리 대역(주로 1kHz~4kHz)을 비워줄 수 있는 소스, 즉 주파수적 여백이 있는 소스를 고릅니다. 만약 여백이 없다면 DAW에서 특정 대역을 깎아낼(Carving) 계획을 미리 세워야 합니다. 목소리를 가리는 음악은 그 자체로 상업적 '불량품'이기 때문입니다.

② 특정 구간이 유독 튀거나 돌출되지 않는가?

AI는 음악의 '기승전결'을 화려하게 만드는 데 능숙합니다. 하지만 때때로 배경음악으로 깔려야 할 곡에서 갑자기 드럼의 킥이 너무 크게 강조되거나 날카로운 신디사이저가 튀어나오기도 합니다. 이러한 에너지의 불균형은 시청자의 몰입을 방해합니다. 배경음악(BGM)은 콘텐츠의 무드를 유지해주는 '공기'와 같아야 합니다. 특정 악기가 갑자기 시선을 강탈하는 구간이 있다면, 이는 후반 작업에서 컴프레서(Compressor)나 오토메이션(Automation)으로 반드시 제어해야 할 대상입니다. 처음부터 구조적으로 너무 튀는 구간이 많은 소스는 편집 효율을 떨어뜨리므로 과감히 제외하는 안목이 필요합니다.

③ 시작과 끝이 명확하고 편집이 용이한가?

상업용 영상 편집에서 가장 고통스러운 순간 중 하나는 음악의 끝이 모호할 때입니다. AI는 종종 페이드아웃(Fade-out)으로 무책임하게 음악을 끝내거나 박자에 맞지 않는 지점에서 소리를 멈춥니다. 현장에서는 로고가 등장하는 타이밍에 맞춰 음악이 강력한 임팩트로 끝나거나(Hard Ending), 여운을 남기며 자연스럽게 사라져야 합니다. 또한, 인트로 역시 영상의 첫인상을 결정 짓기 때문에 편집자가 자르기 편한 명확한 마디 단위로 구성되어 있는지가 중요합니다. 구조적으로 시작과 끝이 불분명한 소스는 아무리 멜로디가 좋아도 실무에서는 '사용 불가' 판정을 받게 됩니다.

④ 용도와 환경을 고려한 길이와 구조인가?

15초 광고용 음악과 1시간짜리 게임 배경음악은 설계부터 달라야 합니다.

- **영상 음악**: 장면 전환에 맞춰 에너지가 변화할 수 있는 구간(Section)이 나뉘어 있는가?
- **반복 재생**: 수십 번 반복해서 들어도 청각적 피로감이 느껴지지 않는 단순하면서도 세련된 구조인가?
- **플랫폼 최적화**: 작은 스마트폰 스피커에서도 핵심 멜로디가 묻히지 않고 들릴 수 있는 소리인가?

AI는 우리가 이 음악을 어디에 쓸지 모른 채 소리를 던져줍니다. 그 소리에 '용도'라는 이름표를 붙이고, 그 용도에 맞게 길이를 조절하거나 마디를 재배치하는 것, 그것이 바로 사운드 디렉터가 DAW에서 수행해야 할 핵심 임무입니다.

디렉터의 체크리스트

여기까지 도달한 여러분은 이제 '음악을 만드는 사람'에서 '사운드를 설계하는 디렉터'로 한 단계 성장했습니다. 수노(Suno)라는 강력한 AI 엔진을 가동하여 실제 소스를 뽑아내기 전, 우리가 학습한 복잡한 이론들을 실전에서 즉각적으로 꺼내 쓸 수 있도록 4가지 핵심 체크리스트로 정리해 보겠습니다. 이 리스트는 여러분이 DAW에서 '삽질'하는 시간을 줄여주고, 결과물의 상업적 가치를 보장하는 최소한의 안전장치가 될 것입니다.

체크리스트 1: "이 소스는 '재료' 로서의 충분한 여백을 가졌는가?"
가장 먼저 확인해야 할 것은 '편집 가능성'입니다. AI가 내놓은 소리가 이미 너무 화려하고 모든 주파수 대역이 꽉 차 있다면, 그것은 감상용으로는 훌륭할지 몰라도 디렉터에게는 나쁜 재료입니다.

- 성우의 목소리나 효과음이 들어갈 '자리'가 비어 있는가?
- DAW에서 내가 악기를 추가했을 때 소리가 뭉개지지 않을 만큼 담백한가?

- **디렉터의 지침**: 지나치게 완벽한 편곡보다는 오히려 조금 비어 있는 듯한 느낌의 소스를 고르는 용기가 필요합니다. 부족한 부분은 DAW에서 채우면 되지만, 넘치는 부분을 자연스럽게 깎아내는 것은 훨씬 고된 작업이기 때문입니다.

체크리스트 2: "구조적 결함이 편집으로 해결 가능한 수준인가?"

AI는 인간의 논리를 완벽히 이해하지 못합니다. 생성된 음원을 들으며 다음의 결함 유무를 냉철하게 판단해야 합니다.

- 박자가 갑자기 빨라지거나 느려지는 '리듬 드리프트'가 심하지 않은가? (DAW에서 템포 보정 가능한 범위인가?)
- 멜로디 전개가 뜬금없이 바뀌어 감정의 흐름을 깨뜨리지는 않는가?
- **디렉터의 지침**: 사소한 잡음이나 톤의 불균형은 이펙터로 수정할 수 있지만, 근본적으로 뒤틀린 리듬이나 엉망인 화성은 편집 효율을 극도로 떨어뜨립니다. '고쳐 쓸 수 있는 수준'의 결함인지를 판단하는 것이 실력입니다.

체크리스트 3: "시작과 끝이 명확한 서사 구조를 가졌는가?"

상업용 음악의 핵심은 타이밍이며, 영상 편집자가 타임라인에 배치했을 때 혼란이 없어야 합니다.

- 인트로가 명확하여 영상의 시작과 일치시키기 쉬운가?
- 아웃트로가 페이드아웃이 아닌 확실한 마침표(Hard Ending)를 찍어주는가?
- **디렉터의 지침**: 광고 로고 등이 배치되는 2~3초 내외의 엔딩 구간을 고려해 소스를 선택하는 것이 바람직합니다. 마무리가 불분명한 음악은 실무 활용에 제약이 따릅니다.

체크리스트 4: "법적·기술적 규격을 충족할 준비가 되었는가?"

음악이 실제 배포 및 사용 환경에서 요구되는 조건을 충족하는지 검토할 필요가 있습니다.

- 인간의 의도적 가공(DAW 작업)을 거쳐 저작물로서 보호받을 계획이 서 있는가?
- 유튜브, 모바일 게임 등 타겟 플랫폼의 음량 표준을 맞출 수 있는 헤드룸이 있는가?
- **디렉터의 지침**: AI 결과물을 그대로 쓰는 '게으른 창작'은 법적 보호를 포기하는 것과 같습니다. DAW에서의 한 단계를 반드시 거치겠다는 의지가 상업적 신뢰도를 만듭니다.

광고 음악을 만들기 전, 반드시 정할 것

음악을 만들기 전에 가장 먼저 결정해야 할 것은 음악 자체가 아니라 용도입니다. 용도가 명확하면, 자연스럽게 음악의 방향과 톤도 정해집니다. 예를 들어, 동네 카페가 인스타그램 릴스에 올릴 15초짜리 홍보 영상 음악을 만든다고 가정해 보겠습니다. 시끄럽거나 과도하게 눈에 띌 필요가 없고, 빠르거나 극적인 전개도 필요하지 않습니다. 따뜻하고 편안한 느낌이면 충분합니다. 많은 초보자가 이 단계를 건너뛰곤 합니다. 그 결과, 음악을 만든 뒤에 "어딘가 안 맞는 느낌" 때문에 반복해서 수정하는 상황에 놓이기 쉽습니다. 용도를 먼저 정하면, 짧은 시간 안에 목적에 맞는 음악을 만들어낼 수 있습니다. 이 기준이 명확할수록, 이후 생성 과정과 편집 과정이 훨씬 수월해집니다.

01 Suno Simple 모드 사용하기

01 suno.com에 접속한 뒤 ① Sign in 버튼을 클릭합니다. Apple, Discord, Facebook, Google, Microsoft ② 계정 중 하나를 선택해 간편하게 로그인할 수 있습니다.

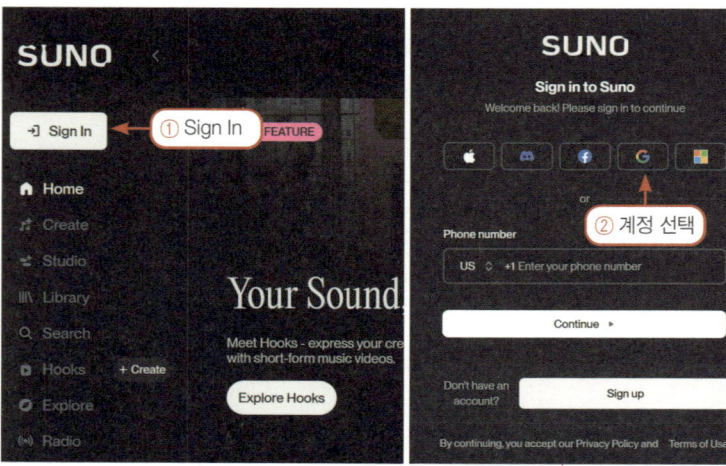

02 음악 제작을 시작하려면 사이드 메뉴에서 Create를 선택합니다. 사이드 메뉴는 음악 편집을 위한 Studio, 곡 관리를 위한 Library, 곡 검색을 위한 Search, 영상 제작을 위한 Hooks, 그리고 시스템 알림을 확인할 수 있는 Notifications 등으로 구성되어 있습니다.

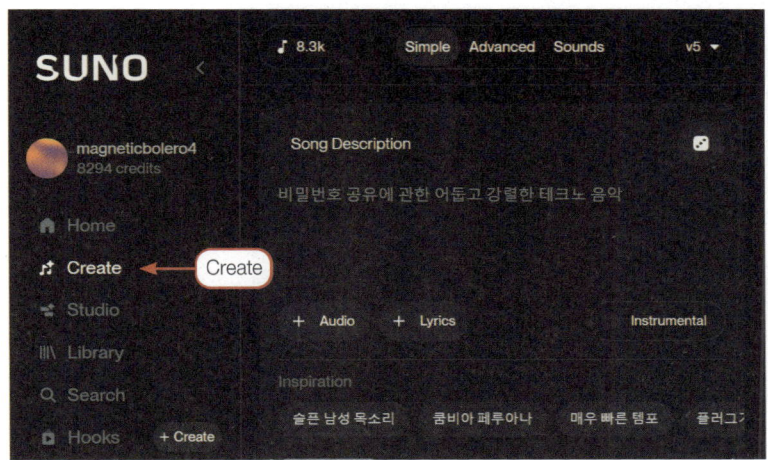

03 Create를 선택하면 메뉴 오른쪽에 음악 생성을 위한 Create 패널이 열리며, 그 옆에는 생성된 음악이 나열되는 Workspace 영역이 표시됩니다. Workspace에서 곡을 선택하면 오른쪽에 곡의 세부 정보를 확인할 수 있는 속성 패널이 열립니다. 메뉴, Create 패널, Workspace, 속성 패널은 각각 1-4 키를 사용하여 열거나 닫을 수 있습니다.

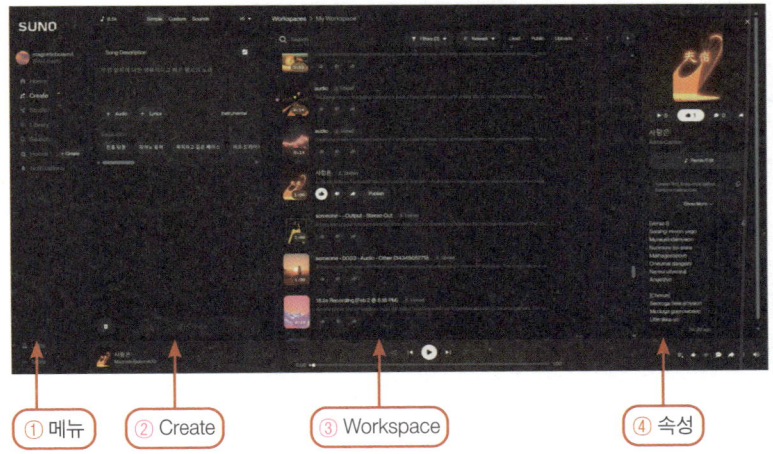

① 메뉴 ② Create ③ Workspace ④ 속성

04 Suno는 음악을 제작하는 방식으로 Simple과 Advanced 두 가지 모드를 제공합니다. 프롬프트 한 줄만으로 음악을 만들 수 있는 ② Simple 방식을 선택합니다.

05 Song Description 입력칸에 만들고 싶은 곡에 대한 설명을 입력합니다. 영문 입력을 권장하지만, 한글로 입력해도 무방합니다. 예를 들어, "따뜻한 어쿠스틱 연주곡, 아늑한 카페 분위기, 차분하고 친근한 느낌" 과 같이 입력할 수 있습니다. 이 한 줄의 프롬프트만으로도 음악의 분위기와 방향이 정해집니다.

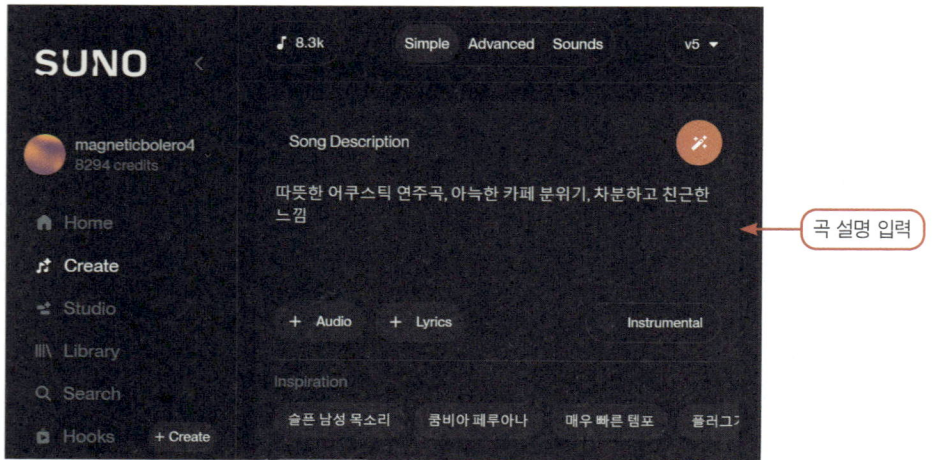

06 Create 버튼을 클릭하면 입력한 프롬프트를 바탕으로 곡이 생성됩니다. 기본적으로 는 보컬이 포함되는 경우가 많지만, 광고 음악에서는 보컬이 없는 연주곡이 활용도가 높기 때문에 Instrumental 옵션을 켜서 반드시 연주곡으로 제작되도록 설정할 수 있습니다.

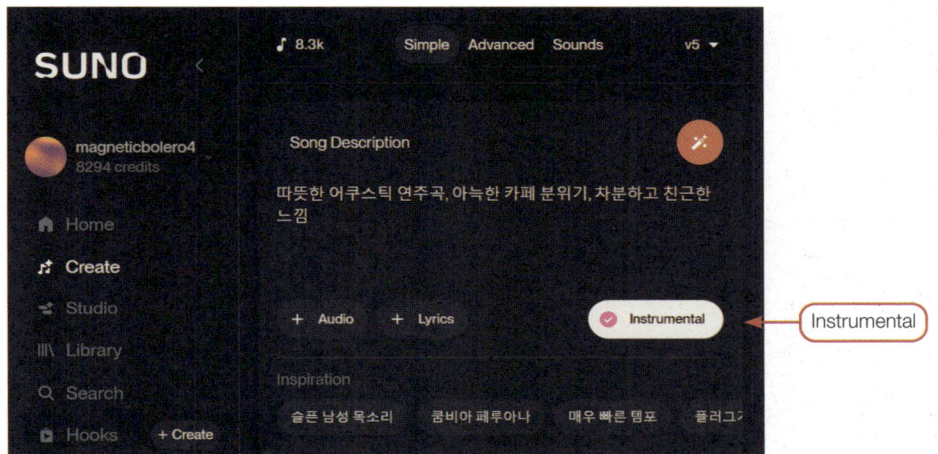

07 설정이 완료되면 ① Create 버튼을 눌러 음악을 생성할 수 있습니다. 무료 플랜에서는 하루에 ② 50 Credits가 제공되며, 한 번 생성할 때 두 곡씩 만들어지고, 10 Credits 이 차감됩니다. 즉, 하루에 계정당 5번까지 음악 생성을 시도할 수 있습니다.

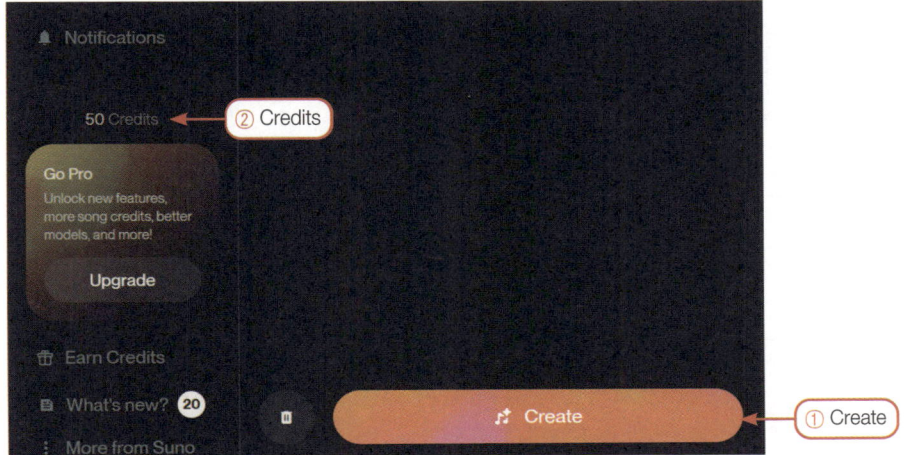

08 생성된 두 곡은 앨범 이미지의 재생 버튼을 클릭하여 바로 들어볼 수 있습니다. 이 때 "더 멋있어 보이는 곡" 보다는 광고나 홍보 영상 등 사용 목적에 자연스럽게 어울리는 곡을 선택하는 것이 중요합니다.

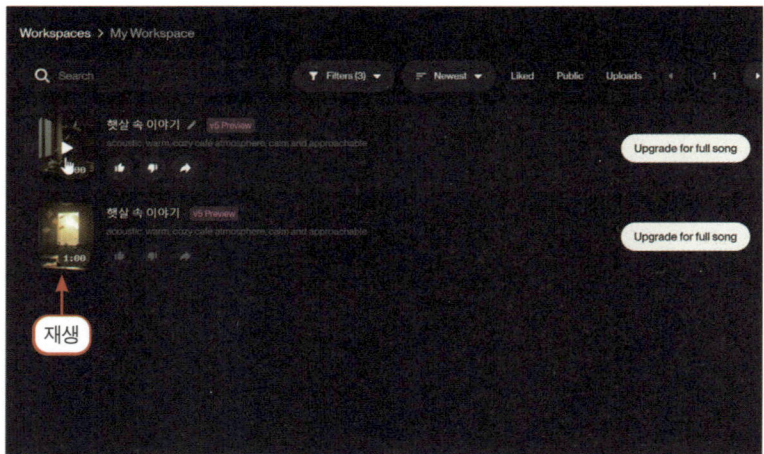

광고 목적의 음악을 선택할 때는 다음과 같은 질문을 스스로에게 던져보는 것이 좋습니다.

● **영상의 분위기를 방해하지 않는가?**
음악이 튀거나 주의를 분산시키지 않고, 영상 속 장면과 자연스럽게 어울리는지 확인합니다.

● **반복해서 들어도 피곤하지 않은가?**
짧은 영상이 여러 번 재생될 수 있으므로, 반복 청취에도 부담 없는지 살펴봅니다.

● **첫 소절이 너무 튀지 않는가?**
시작 부분이 갑자기 강하게 등장하면 시청자가 음악에만 주의를 뺏길 수 있습니다.

이 질문들에 가장 무난하게 "그렇다" 라고 답할 수 있는 곡을 선택합니다. 이 단계에서는 감동이나 독창성보다 안정감과 활용성이 우선입니다. 이 과정을 통해 단순히 "좋아 보이는 곡" 을 고르는 것이 아니라, 실제 영상에서 자연스럽게 사용할 수 있는 음악을 선택하는 경험을 쌓게 됩니다.

09 두 곡 모두 마음에 들지 않거나 아쉬운 부분이 있다면, Song Description에 해당 내용을 추가하거나 수정한 뒤, Create 버튼을 눌러 음악 생성을 다시 시도합니다. 이 과정을 반복하면 원하는 분위기와 영상에 맞는 음악을 점점 더 정교하게 만들 수 있습니다.

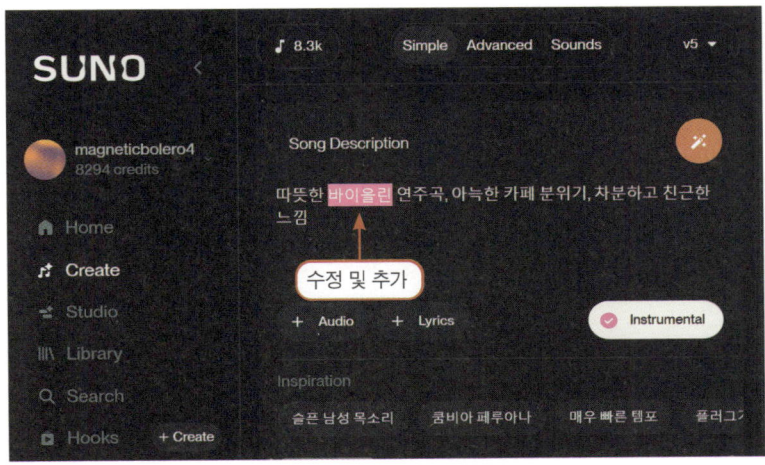

10 마음에 드는 곡이 생성되면, 오른쪽에 ① 점 세 개(…) 로 표시되는 메뉴를 클릭하거나 마우스 오른쪽 버튼을 눌러 단축 메뉴를 열고, ② Download의 MP3 Audio를 선택해 파일을 다운로드합니다. WAV 파일은 유료 플랜에서만 제공되지만, 광고 영상이나 SNS 콘텐츠 용도로는 MP3 음질만으로도 충분히 활용할 수 있습니다.

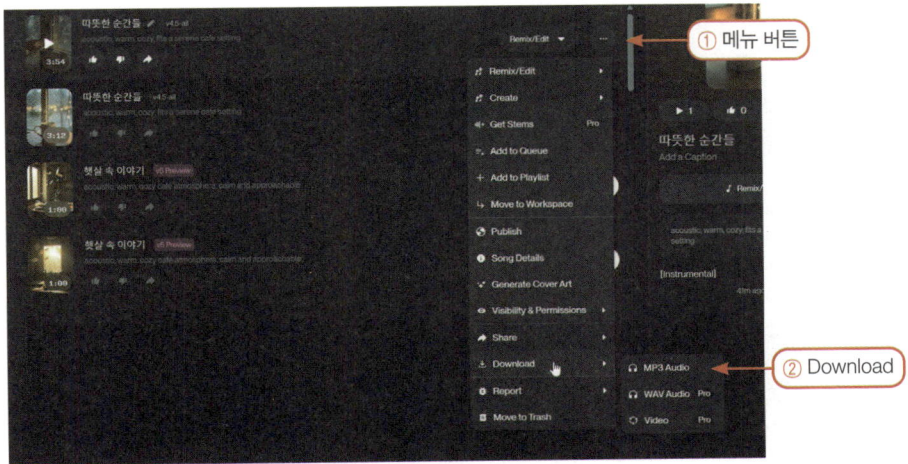

02 광고 길이로 편집하기

01 편집 작업은 어떤 DAW를 사용해도 무방하지만, 실습은 초보자가 비교적 쉽게 접근할 수 있는 Logic Pro를 기준으로 진행합니다. 작업 흐름은 Cubase Pro에서도 거의 동일하게 적용할 수 있으므로 충분히 응용할 수 있습니다. 먼저 Logic Pro를 실행한 뒤, 비어 있는 프로젝트를 더블 클릭하여 새 프로젝트를 만듭니다.

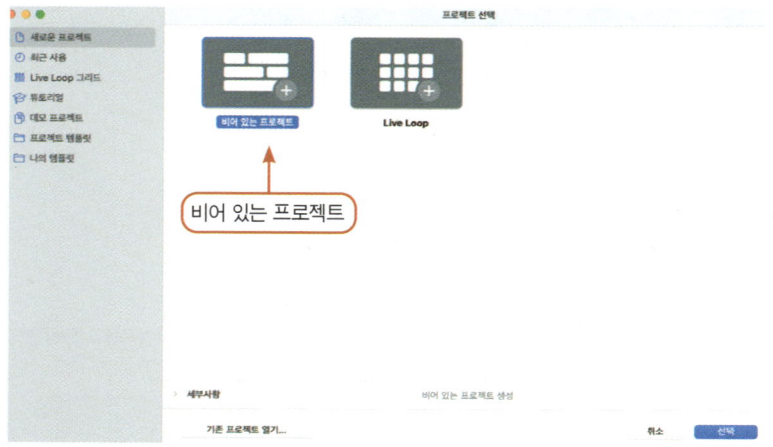

02 새로운 트랙 생성 창이 열립니다. Suno에서 만든 음악을 편집할 예정이므로 트랙 종류는 크게 중요하지 않지만, 여기서는 오디오 트랙을 더블 클릭하여 생성합니다.

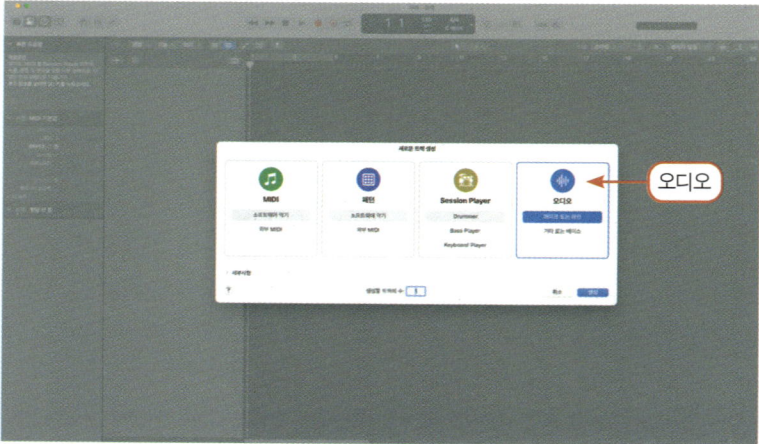

03 수노에서 생성된 음악은 프로젝트 템포와 정확히 일치하지 않는 경우가 많습니다. 원활한 작업을 위해 트랜스포트 패널의 템포 항목에서 '유지' 를 클릭한 뒤 '조정-프로젝트 템포 조정' 을 선택합니다.

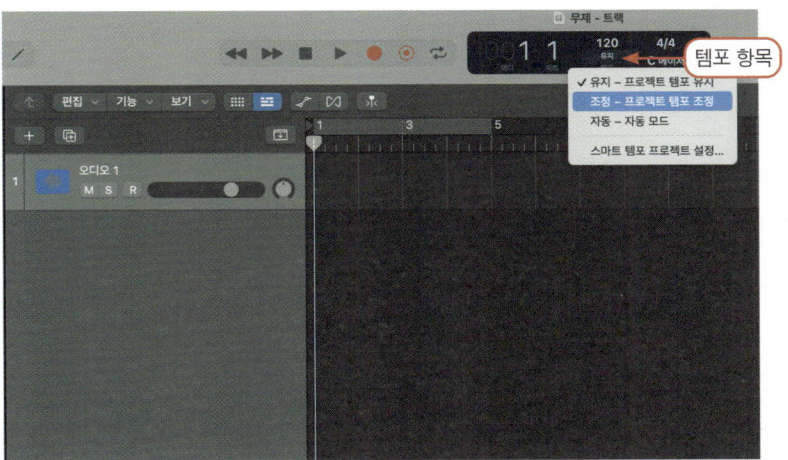

◆ '유지' 는 오디오 파일이 프로젝트 템포에 따라 늘어나거나 줄어들지 않도록 유지합니다.
◆ '조정' 을 선택하면, 오디오의 원래 길이를 기준으로 프로젝트 템포가 변경됩니다.

04 Finder를 열고 수노에서 다운로드한 오디오 파일을 프로젝트 영역으로 드래그합니다. 가져오기와 함께 분석 과정이 잠시 진행됩니다.

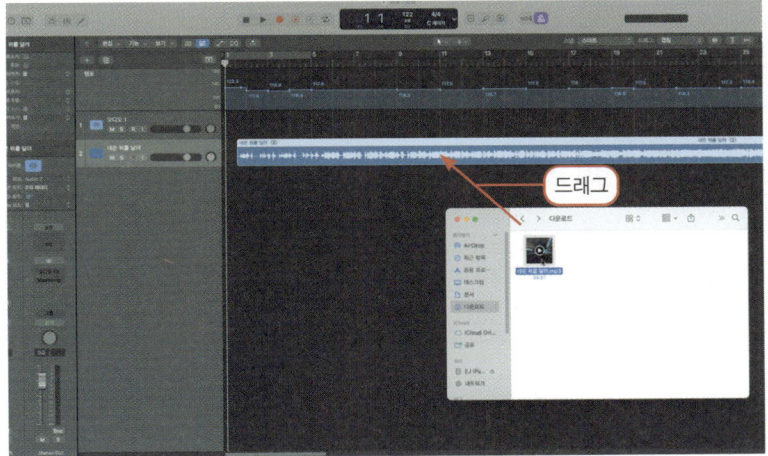

05 템포를 정밀하게 편집할 수 있는 스마트 템포 편집기 실행 여부를 묻는 창이 나타납니다. 여기서는 '보지 않음' 을 선택합니다.

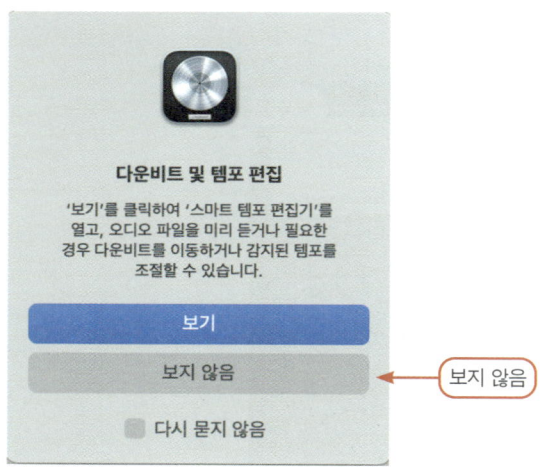

06 도구 바의 디스플레이 영역에 있는 표시 모드 버튼을 클릭하여 메뉴를 엽니다. 여기서 '비트 및 시간' 또는 '시간' 을 선택하여 시간이 표시되도록 설정합니다.

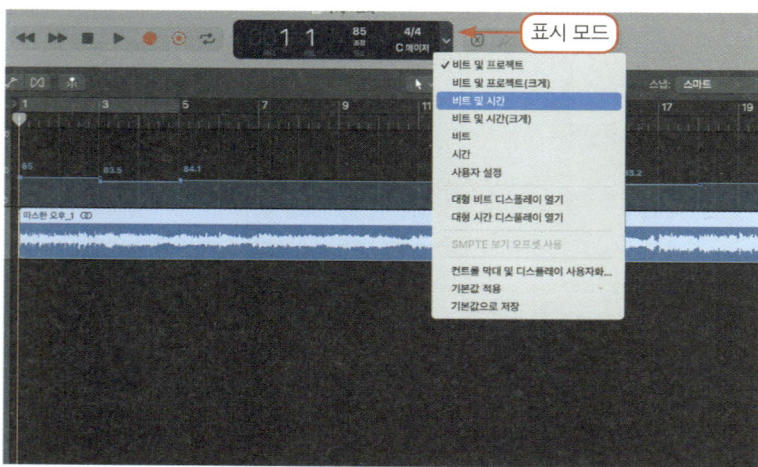

07 시간은 시:분:초 단위로 표시됩니다. 마디 단위가 표시되는 룰러 라인을 클릭하거나 드래그하여 재생헤드가 약 15초 지점에 위치하도록 설정합니다. 쇼츠와 릴스 영상의 기본 단위가 15초로 플랫폼에서 가장 활용도가 높은 길이이기 때문이지만, 작업 목적에 따라 필요한 타임 지점을 선택해도 무방합니다.

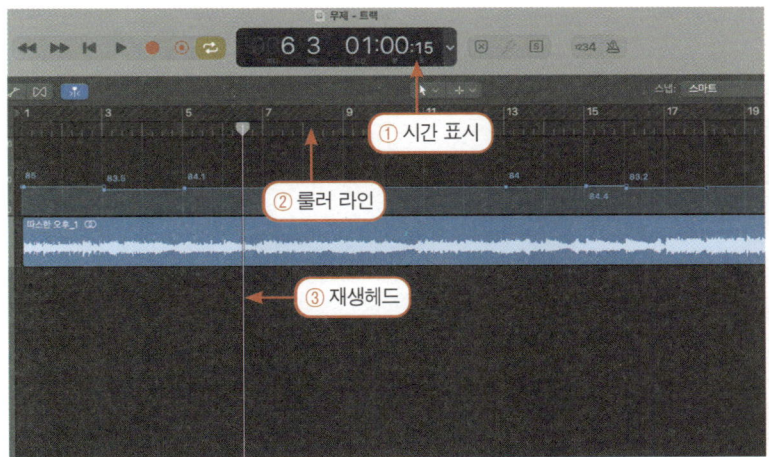

08 룰러 라인 상단을 드래그하여 재생헤드가 위치한 지점까지 ① 사이클 영역을 설정합니다. 이렇게 하면 약 15초 길이의 사이클 구간이 만들어집니다. 이때 스냅 기능이 활성화되어 있으면 미세한 길이 조정이 어려울 수 있으므로, ② 스냅 기능을 꺼 둡니다.

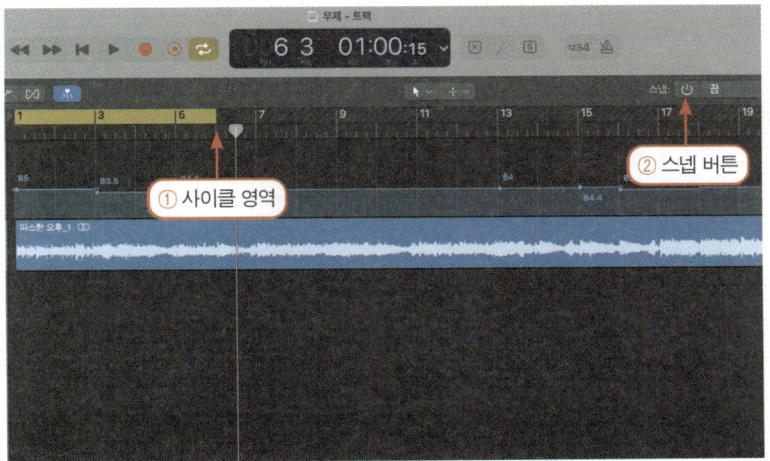

09 사이클 구간은 반복 재생되는 범위입니다. 스페이스 바 키를 눌러 음악을 들으면서, 사이클 영역을 앞뒤로 드래그해 적절한 구간을 찾아봅니다. 일반적으로 음악은 8마디 단위로 구성 변화가 생기는 경우가 많으므로, 8마디 간격으로 들어보는 것이 도움이 됩니다. 이때 갑자기 악기가 튀지 않고, 분위기가 안정적이며, 중간에서 잘라 사용해도 어색하지 않은 구간을 선택하는 것이 핵심입니다.

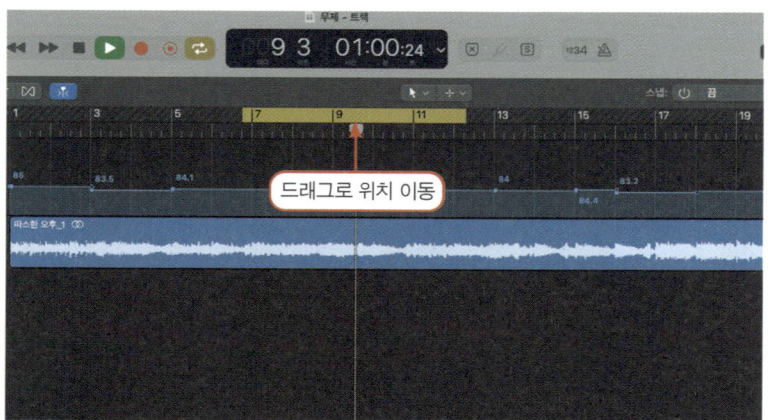

10 필요에 따라 사이클 구간의 시작과 끝을 드래그해 범위를 조정합니다. 가장 마음에 드는 구간을 찾았다면 오디오 클립을 선택한 뒤, opt+cmd+T 키를 누르거나 마우스 오른쪽 버튼을 클릭해 단축 메뉴를 열고, 분할 메뉴의 로케이터로 분할을 선택하여 자릅니다.

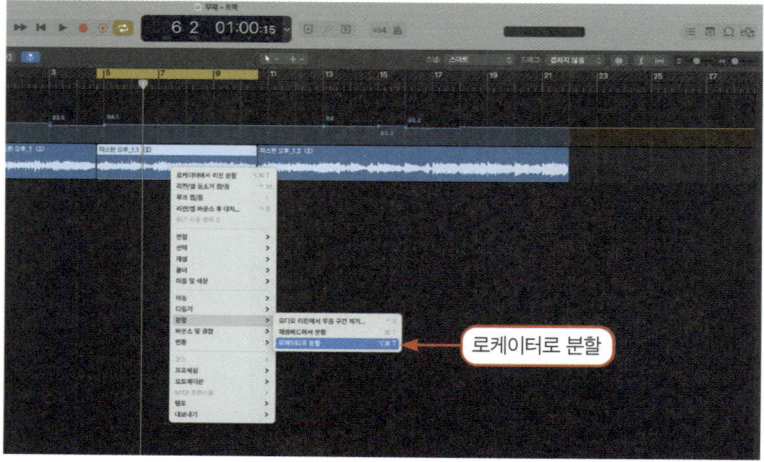

11 소리가 갑자기 시작되면 영상과 함께 사용할 때 이질감이 생깁니다. 이를 자연스럽게 해결하는 가장 간단한 방법이 페이드 인입니다. 페이드 인을 적용하면 음악이 서서히 시작되어 영상의 첫 장면과 부드럽게 어울리게 됩니다. Logic Pro 메뉴의 설정에서 일반을 선택합니다.

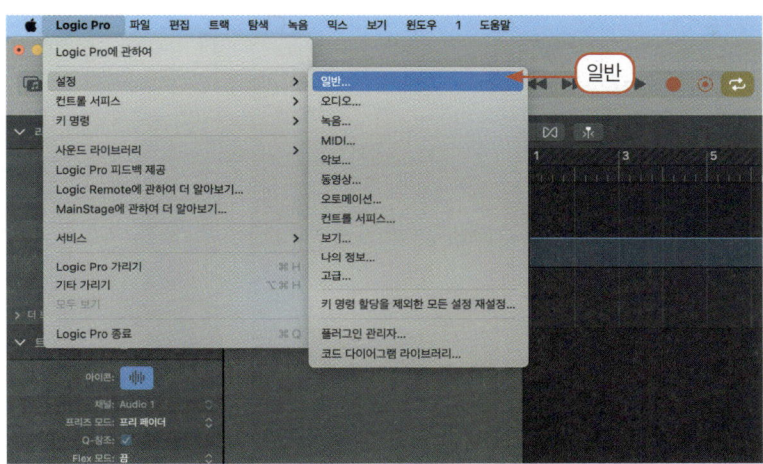

12 로직의 기본 환경을 설정하는 창이 열립니다. ① 편집 탭을 선택한 뒤, ② 페이드 도구 클릭 구역 옵션을 체크합니다. 이 옵션을 활성화하면 오디오 클립의 모서리에서 바로 페이드 인·아웃을 조절할 수 있어 작업이 훨씬 편리해집니다.

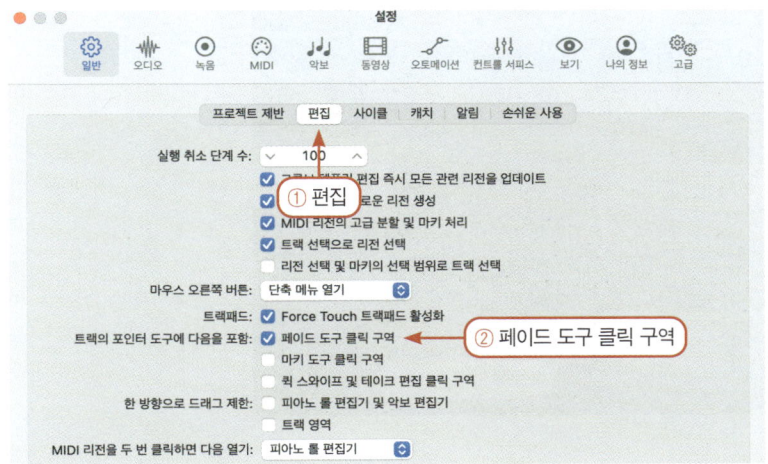

13 오디오 클립의 ① 왼쪽 상단 모서리를 드래그하면 페이드 인을 적용할 수 있습니다. 시작이 갑작스럽지 않도록 약 0.5초에서 1초 정도를 기준으로 설정합니다. 이어서 오른쪽 상단 모서리를 드래그해 ② 페이드 아웃을 적용하면, 음악이 자연스럽게 마무리됩니다. 이러한 간단한 처리만으로도 영상과 함께 사용할 때의 이질감을 크게 줄일 수 있습니다.

14 편집이 끝났다면 Cmd+B 키를 누르거나, 파일 메뉴의 바운스에서 프로젝트 또는 섹션을 선택해 파일을 내보냅니다.

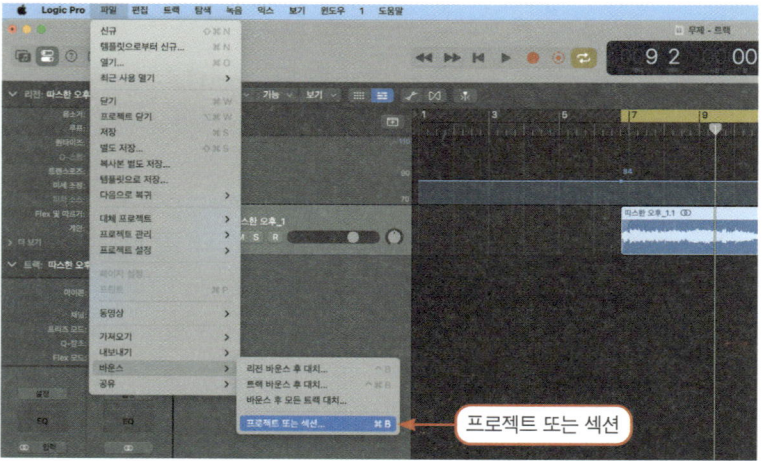

15 파일 형식을 선택할 수 있는 바운스 창이 열립니다. 원본 음악이 MP3 파일이기 때문에 AIFF나 WAVE 같은 비압축 포맷으로 내보낸다고 해서 음질이 더 좋아지지는 않습니다. 광고나 SNS 영상용 음악으로는 MP3 음질만으로도 충분하므로, MP3 옵션을 선택한 뒤 확인을 눌러 내보냅니다.

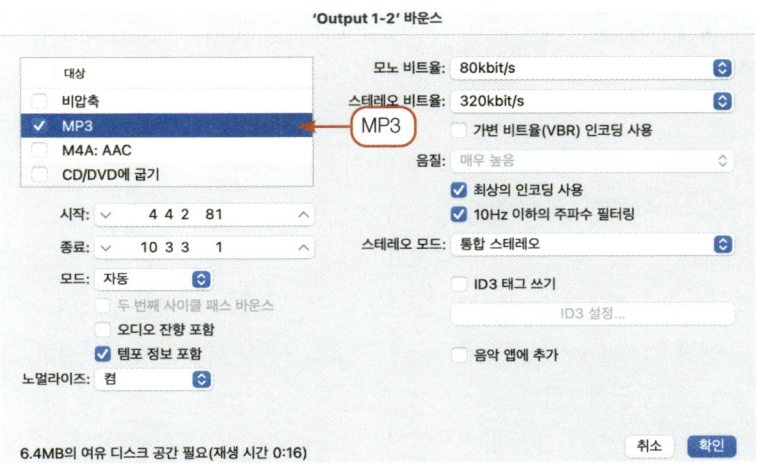

16 파일이 저장될 위치를 선택하는 창이 열립니다. ① 파일 이름은 나중에 쉽게 구분할 수 있도록 알아보기 쉬운 이름으로 입력합니다. 설정을 확인한 뒤 ② 바운스 버튼을 클릭하면 모든 작업이 완료됩니다.

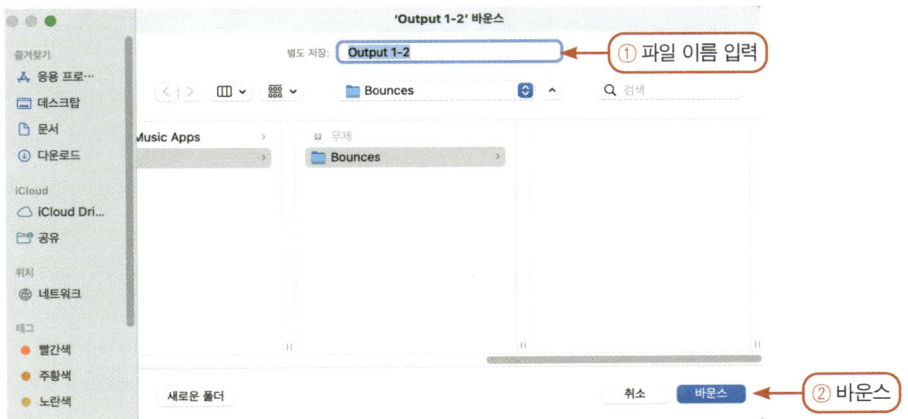

실제 광고 영상에 사용한다고 가정해 보기

1. 음악과 영상의 조화: 시각적 투영

Suno의 Simple Mode를 통해 생성된 결과물을 DAW에서 15초 규격으로 조정한 작업물은 단순한 음원 데이터를 넘어섭니다. 이는 실제 광고 현장에 투입되었을 때 브랜드의 이미지를 결정짓는 핵심적인 요소가 됩니다. 결과물의 가치를 객관적으로 평가하기 위해서는 가상의 광고 영상을 설정하고 이를 음악과 결합해 보는 시뮬레이션 과정이 필수적입니다.

예를 들어, 프리미엄 커피 브랜드의 TV 광고를 가정할 수 있습니다. 화면에는 갓 볶은 원두 위로 뜨거운 물이 나선형을 그리며 떨어지는 저속 촬영 장면이 흐릅니다. 몽글몽글하게 피어오르는 하얀 김 뒤로 햇살이 내리쬐는 아늑한 매장 전경이 비치고, 마지막 3초 구간에서는 브랜드 로고와 함께 '오늘을 깨우는 가장 깊은 향기'라는 문구가 정갈하게 나타납니다. 제작된 15초의 음악이 이러한 시각적 흐름 속에서 커피의 온기, 매장의 조도, 그리고 브랜드 메시지의 무게감과 조화롭게 공명하는지 확인하는 과정이 필요합니다.

2. 광고 음악의 본질: 지향해야 할 '투명성'

광고 음악이 영상보다 앞서 나가거나 청각적 주의를 과도하게 끌지 않는다면, 이는 상업 음악의 핵심적인 기준을 충족한 것으로 간주합니다. 광고 음악의 성패는 선율의 화려함이 아니라, 파편화된 영상의 컷들을 하나의 분위기로 매끄럽게 묶어주는 결합력에 달려 있기 때문입니다.

시청자가 음악의 선율 자체에 집중하는 대신 영상 속 제품의 질감과 메시지에 온전히 몰입하게 된다면, 그 음악은 보이지 않는 곳에서 제 역할을 완벽하게 수행하고 있는 것입니다. 상업용 음악에서 가장 이상적인 상태는 '음악이 거의 의식되지 않는 순간'입니다. 음악의 존재감이 흐릿하다는 것은 실패가 아니며, 오히려 영상과 브랜드를 돋보이게 만드는 전략적 그림자 역할을 충실히 해냈음을 의미합니다. 이것이 '자아를 표현하는' 감상용 음악과 '가치를 전달하는' 상업용 음악을 가르는 결정적인 차이점입니다.

3. 15초 규격의 미학: 구간별 기능 점검

상업 광고의 표준인 15초는 매우 치밀한 설계가 필요한 시간 단위입니다. 실무적 관점에서 작업물을 검토하기 위한 세 가지 구조적 기준은 다음과 같습니다.

- **도입부(0~2초)의 훅(Hook):** 시청자가 광고에 대한 주의를 돌리기 전, 찰나의 순간에 브랜드의 인상을 각인시킬 수 있는 청각적 장치가 존재하는지 확인합니다.
- **전개부(3~12초)의 조화(Harmony):** 성우의 나레이션이나 자막 정보가 전달될 공간을 충분히 확보하고 있는지 점검합니다. 음악의 에너지가 메시지의 전달력을 억제하지 않는 것이 중요합니다.
- **종결부(13~15초)의 잔향(Lingering):** 브랜드 로고가 등장하는 시점에 음악이 자연스럽게 수렴하거나 임팩트 있게 종결하며 브랜드의 여운을 남기는지 평가합니다.

4. 비움을 통한 공간의 완성

AI 도구는 종종 사용자의 예상보다 훨씬 풍성하고 복잡한 사운드를 생성합니다. 그러나 프로페셔널의 작업물은 '무엇을 더 채울 것인가'가 아니라 '무엇을 덜어낼 것인가'를 고민하는 지점에서 완성됩니다.

광고 미디어는 음악 외에도 모델의 음성, 현장 효과음(SFX), 그리고 시청자의 집중력이라는 한정된 자원을 공유합니다. 작업된 음악이 이러한 요소들이 배치될 자리를 미리 마련해 둔 '청각적 여유'를 확보하고 있는지 점검해야 합니다 저음역대가 과도하여 성우의 전달력을 흐리지는 않는지, 혹은 날카로운 고음이 시청자의 청각적 피로도를 높이지 않는지 확인하는 섬세한 조정이 퀄리티의 차이를 만듭니다.

5. 프롬프트 한 줄이 결정하는 브랜드의 온도

결국 Simple Mode를 활용한 실습의 목적은 단순한 AI 활용 기술 습득에 있지 않습니다. 프롬프트 한 줄로 시작된 선율이 어떻게 특정 공간의 분위기를 정의하고, 브랜드의 온도를 설정하며, 최종적으로 소비자의 심리적 기제를 움직이는지 그 설계 과정을 경험하는 데 목적이 있습니다.

이 과정을 통해 완성된 15초의 결과물은 단순한 오디오 데이터가 아니라, 누군가의 영상을 완성하고 브랜드 이미지를 구축하는 강력한 비즈니스 솔루션으로 기능합니다. 이러한 상업적 통찰을 바탕으로, 실제 DAW 환경에서 소리를 깎고 다듬는 미세 조정 작업을 진행해야 합니다.

흔히 발생하는 문제와 해결법

1 음악의 과잉: 멜로디가 영상을 압도할 때

작업 중 가장 자주 마주치는 문제는 음악이 영상의 존재감을 넘어설 정도로 '튀는' 경우입니다. 멜로디가 지나치게 감정적이거나 특정 악기의 자기주장이 강하면, 광고 영상과 음악이 조화를 이루지 못하고 겉도는 느낌을 줍니다. 이러한 현상은 주로 프롬프트에 담긴 감정의 밀도가 너무 높을 때 발생합니다.

이런 경우에는 DAW의 편집 기술로 해결하려 하기보다, Suno의 프롬프트 단계로 돌아가 설명 문구를 재조정하는 것이 훨씬 효율적입니다. 예를 들어 'Emotional', 'Dramatic', 'Passionate'와 같이 감정의 진폭이 큰 단어들을 과감히 제거하는 것만으로도 음악의 성격은 한결 차분해집니다. 상업 음악에서는 때로 '훌륭한 선율'보다 '안정적인 배경'이 더 높은 가치를 지닌다는 점을 기억해야 합니다.

2 음악의 결핍: 분위기는 맞지만 생동감이 부족할 때

반대로 음악이 지나치게 밋밋하여 영상에 활력을 불어넣지 못하는 경우도 존재합니다. 전체적인 분위기는 적절하지만 리듬의 흐름이 정체되어 영상이 지루하게 느껴지는 상황입니다. 이때는 장르나 스타일을 통째로 바꾸기보다, 음악에 미세한 움직임을 더해주는 단어들을 보강하는 전략이 효과적입니다.

예를 들어 'Gentle rhythm', 'Light groove', 'Subtle pulse'와 같이 작고 일정한 움직임을 암시하는 단어를 추가해 봅니다. 이는 음악의 기본 골격은 유지하면서도 내부에 미묘한 리듬감을 부여하여, 과하지 않으면서도 세련된 생동감을 영상에 전달합니다.

3 프롬프트의 미학: 단순함과 반복의 힘

이 과정에서 핵심적인 사실은 AI 모델이 프롬프트의 작은 변화에도 매우 민감하게 반응한다는 점입니다. 많은 학습자가 설명 문구를 길고 복잡하게 작성해야 정교한 결과가 나올 것이라 오해하지만, 실제로는 단어 하나를 더하거나 빼는 단순한 행위가 결과물의 질감을 완전히 바꿉니다.

따라서 한 번의 시도로 완벽한 프롬프트를 완성하려는 강박에서 벗어날 필요가 있습니다. 짧은 수정과 반복적인 생성을 통해 음악을 조금씩 원하는 방향으로 유도하는 것이 가장 현실적이고 전문적인 접근 방식입니다. AI와의 협업은 일방적인 지시가 아니라, 미세한 조율을 통해 최적의 균형점을 찾아가는 과정임을 이해하는 것이 중요합니다.

응용 연습

① 업종 교체: 키워드에 따른 AI의 해석 변화 관찰

앞서 제작한 음악 설정을 기본 골격으로 유지하면서, 업종을 나타내는 핵심 키워드만을 변경하여 음악의 변화를 관찰합니다. 음악의 길이와 구조적 틀은 고정한 채, 설명 문구 속 업종 키워드만을 교체함으로써 AI가 각 산업군을 어떻게 청각적으로 정의하는지 체감하는 과정입니다.

예를 들어, 기존의 '카페' 설정을 다음과 같이 전환해 볼 수 있습니다.

- 베이커리(Bakery): 따뜻하고 포근하며 달콤한 시각적 이미지를 투영합니다. 부드러운 터치의 피아노와 가벼운 스트링을 강조하여 갓 구운 빵의 온기를 표현합니다.
- 플라워 샵(Flower Shop): 섬세하고 은은한 분위기를 지향합니다. 하프나 플루트와 같이 맑고 투명한 악기 톤을 사용하여 꽃의 생동감과 향기를 암시합니다.
- 라이프스타일 브랜드(Lifestyle Brand): 깔끔하고 정제된 미니멀리즘을 추구합니다. 리듬과 악기의 배치를 간결하게 구성하여 모던하고 세련된 브랜드 이미지를 구축합니다.

동일한 '따뜻한 연주곡'이라는 조건 안에서도 업종 키워드의 변화는 음악의 뉘앙스, 사용 악기, 리듬의 강조점을 극적으로 변화시킵니다. 이는 단어 한 줄의 변화만으로도 AI가 음악적 문맥을 재해석하는 방식을 깊이 있게 이해할 수 있는 기회가 됩니다. 단순히 좋은 곡을 얻는 것이 목적이 아니라, AI가 정보를 우선순위에 따라 해석하는 메커니즘을 감각적으로 익히는 것이 이 연습의 핵심입니다.

② 분위기 전환: 단어 하나가 바꾸는 영상의 온도

타겟 업종은 그대로 유지한 채, 음악의 정서를 결정짓는 형용사만을 교체해 봅니다. 프롬프트 내에서 분위기를 묘사하는 단어를 상반되거나 차이가 분명한 단어로 변경해 보는 방식입니다.

- Cozy → Fresh
- Calm → Bright
- Warm → Clean

동일한 영상 소스라 할지라도 배경에 흐르는 음악의 분위기에 따라 영상 전체의 인상은 완전히 달라집니다. 'Cozy'라는 단어가 포함된 음악이 흐를 때 아늑하고 편안한 공간으로 느껴지던 카페 영상은, 'Bright'라는 단어가 적용된 음악 위에서 활기차고 긍정적인 브랜드의 에너지를 발산하는 공간으로 탈바꿈합니다.

- **Cozy**: 안락하고 밀도 높은 정서를 전달하며 시청자가 영상 속 공간에 깊이 몰입하도록 돕습니다.
- **Fresh**: 깔끔하고 산뜻한 분위기를 조성하여 시선을 끌되, 브랜드 메시지를 방해하지 않는 세련된 배경이 됩니다.
- **Bright**: 경쾌하고 밝은 리듬감을 부여하여 영상 전체에 긍정적인 활력을 불어넣습니다.

③ 비교와 평가 방법: 분석적 청취의 중요성

응용 연습의 궁극적인 목적은 단순히 단 하나의 정답을 찾는 것이 아닙니다. 프롬프트의 변화가 음악적 결과물로 치환되는 과정을 추적하고, 이를 통해 AI를 제어하는 감각을 고도화하는데 있습니다. 이를 위해 다음과 같은 평가 기준을 적용합니다.

- **차이의 인지와 감각의 확장**: 업종과 분위기별로 생성된 곡들을 번갈아 청취하며 미세한 질감의 차이를 포착합니다. 어떤 단어가 선율의 높낮이를 바꾸었는지, 혹은 악기의 배치를 밀도 있게 만들었는지 그 인과관계를 파악하는 것이 중요합니다.
- **조화와 지속성 확인**: 음악이 영상의 흐름을 방해하지 않고 자연스럽게 어우러지는지, 그리고 광고의 특성상 반복 재생 시에도 청각적 피로감이 발생하지 않는지 확인합니다.
- **데이터의 기록**: 특정 단어가 어떤 음악적 특징으로 연결되었는지 기록하는 습관은 향후 작업에서 시행착오를 줄여주는 귀중한 자산이 됩니다.

비슷한 느낌의 결과물들을 비교할 때는 두 곡을 번갈아 재생하며 변화가 발생하는 구체적인 지점에 집중해야 합니다. 변화의 포인트를 청각적으로 정밀하게 감지하는 훈련이 필요하기 때문입니다. 만약 AI의 반응이 예상과 다르다면, 프롬프트 내의 형용사나 감정 묘사 단어를 미세하게 조정하며 결과의 추이를 지속적으로 관찰합니다.

실습을 마무리하며 반드시 기억해야 할 사실은 '듣기 좋은 음악'을 만드는 것보다 '실제 사용 가능한 음악'을 만드는 것이 훨씬 중요하다는 점입니다. 상업적 가치를 지닌 음악은 화려한 예술성보다 목적에 부합하는 기능성에서 그 품질이 결정됩니다.

1. AI 음악은 가공을 위한 '재료' 입니다

Suno와 같은 도구를 통해 생성된 음악은 그 자체로 최종 완성품이 아닙니다. AI가 제공하는 결과물은 창작을 위한 훌륭한 '원재료'일 뿐이며, 이를 사용자의 의도에 맞게 직접 편집하고 다듬는 과정이 필수적입니다. DAW를 활용하여 불필요한 구간을 삭제하고, 15초라는 규격에 맞춰 시작과 끝을 정교하게 제어할 때 비로소 해당 음원은 상업용 음악으로서의 생명력을 얻게 됩니다.

2. 상업 음악은 완벽한 '배경' 입니다

영상 콘텐츠의 주인공은 화면 속의 제품과 메시지이며, 음악은 이를 돋보이게 만드는 조력자 역할을 수행합니다. 음악이 영상의 서사를 압도하거나 시청자의 시선을 가로채지 않도록 주의해야 합니다. 영상 뒤에서 공기처럼 자연스럽게 흐르며 전체적인 분위기를 하나로 묶어주는 '투명한 음악'이 상업적으로 가장 성공적인 음악임을 잊지 말아야 합니다.

3. 짧고 안정적인 것이 곧 '정답' 입니다

광고 음악은 짧은 시간 안에 신뢰감을 전달해야 하므로, 반복 재생에도 청각적 부담이 없고 영상의 호흡과 일치하는 안정적인 구조를 갖추어야 합니다. 실험적이고 난해한 전개보다는 시청자가 익숙하게 받아들일 수 있는 조화로운 선율이 광고용으로 더욱 적합합니다. 15초라는 짧은 시간 안에서 확실한 인상을 남기되, 그 과정이 매끄럽고 안정적이어야 브랜드의 신뢰도 또한 상승합니다.

위의 세 가지 기준을 작업의 중심에 두고 실습을 이어간다면, 복잡해 보이던 상업용 AI 음악 제작 과정이 훨씬 수월하고 명확해질 것입니다. 기술은 도구일 뿐이며, 그 도구를 통해 어떤 가치를 창출할지는 제작자의 안목과 디렉팅에 달려 있습니다. 이번 과정을 통해 익힌 감각이 여러분의 향후 콘텐츠 제작에 강력한 비즈니스 솔루션이 되기를 기대합니다.

 **가사와 구조를 가진 음악 만들기**

Advanced 모드로 노래 만들기

소리를 부르는 언어

생성형 AI에게 음악을 요청하는 행위는 본질적으로 '언어적 입력'을 '청각적 출력'으로 변환하는 과정입니다. 이때 우리가 입력창에 기입하는 텍스트는 단순한 설명문이 아니라, 소리의 물리적 성질과 정서적 무드를 결정하는 정교한 설계 코드(Code)가 되어야 합니다. 사운드 디렉터에게 요구되는 첫 번째 역량은 일상의 추상적인 언어를 AI가 이해할 수 있는 기술적이고 구체적인 '사운드 디스크립터(Sound Descriptor)'로 치환하는 능력입니다

■ 언어의 위계 설계: 우선순위에 따른 배치

AI 모델은 입력된 텍스트를 모두 동일한 비중으로 처리하지 않습니다. 효율적인 디렉팅을 위해서는 AI가 소리를 구축해 나가는 논리적 순서에 맞춰 언어를 배치해야 합니다. 이를 '언어의 위계'라고 하며, 다음과 같은 순서로 작성할 때 의도에 가장 근접한 결과물을 얻을 수 있습니다.

1단계: 장르와 시대적 배경 (The Core Identity)
가장 먼저 정의해야 할 것은 곡의 근간이 되는 장르입니다.

'Lo-fi Hip Hop', 'Cinematic Orchestral', '80s Synthwave' 등 명확한 장르 명칭은 AI에게 해당 음악에 사용될 기본 악기 구성과 리듬 패턴을 지시하는 역할을 합니다. 장르를 명시하지 않은 채 분위기만 설명하는 것은 설계도 없이 건물을 지으라는 것과 같습니다.

2단계: 악기 구성과 질감 (Instrumental Texture)

장르가 결정되었다면, 그 장르 내에서 어떤 소리가 주인공이 될지 지정해야 합니다. 'Warm Rhodes Piano', 'Crunchy Electric Guitar', 'Deep Sub Bass'와 같이 악기 명칭 앞에 그 소리의 질감을 나타내는 형용사를 결합하는 것이 효과적입니다. 단순히 'Piano'라고 입력하기보다 소리의 온도와 질감을 명시할 때, 비로소 상업용 소스에 걸맞은 입체적인 사운드가 출력됩니다.

3단계: 템포와 리듬의 성격 (Rhythmic Character)

음악의 속도감과 리듬의 복잡도를 정의합니다. '120 BPM', 'Steady 4/4 Beat', 'Syncopated Rhythm' 등 수치나 기술적 용어를 활용하면 더욱 정밀한 제어가 가능합니다. 상업 광고처럼 호흡이 빠른 영상일수록 리듬의 성격을 명확히 규정하여 편집의 용이성을 확보해야 합니다.

4단계: 정서적 무드와 공간감 (Mood & Space)

마지막으로 곡의 온도를 결정하는 정서적 키워드를 추가합니다. 'Ethereal', 'Aggressive', 'Melancholy' 등의 단어는 소리의 잔향(Reverb) 크기나 주파수의 강조 지점을 결정합니다. 이때 추상적인 단어보다는 'Hall Reverb', 'Dry Sound' 등 공간의 크기를 짐작할 수 있는 물리적인 표현을 병행하는 것이 좋습니다.

■ 모호함의 제거: 추상에서 구체로의 전환

입문 디렉터들이 가장 흔히 범하는 실수는 AI에게 감정적인 호소를 하는 것입니다. "슬프고 아름다운 가을 저녁 같은 음악"이라는 표현은 인간에게는 풍부한 영감을 주지만, 데이터로 소리를 생성하는 AI에게는 지극히 모호한 정보입니다.

AI는 '슬픔'이라는 감정을 이해하는 것이 아니라, '슬픔'이라는 태그와 연결된 '낮은 BPM', '단조(Minor Key)의 코드 진행', '첼로와 같은 낮은 음역대의 현악기'를 조합할 뿐입니다. 따라서 디렉터는 자신의 감정을 음악적 용어로 번역하여 전달해야 합니다.

- AS-IS: "세련되고 도시적인 느낌의 음악"
- TO-BE: "Minimalist Deep House, Clean Electric Piano, Sophisticated Bassline, 124 BPM"

이처럼 언어를 구체화할수록 우연에 의한 결과물은 줄어들고, 디렉터의 통제 아래 놓인 '설계된 소리'가 탄생합니다. 명확한 언어적 지시는 후반 작업에서의 수정 시간을 비약적으로 단축하며, 클라이언트의 요구 사항을 소리에 정확히 투영하는 가장 빠른 길입니다.

■ 사운드 디스크립터의 조합 전략: 충돌과 조화

상업용 음악 작업 시 때로는 이질적인 키워드를 조합하여 독특한 브랜드 이미지를 창출해야 할 때가 있습니다. 예를 들어 'Classic Cello'와 'Glitchy Electronic Beat'를 조합하면 현대적인 기술력과 전통적인 신뢰감을 동시에 전달하는 복합적인 사운드가 완성됩니다.

이러한 조합 과정에서 디렉터는 키워드 간의 '주도권'을 설정해야 합니다. 프롬프트의 앞쪽에 위치한 단어일수록 AI가 더 강한 가중치를 부여하기 때문입니다. 만약 클래식한 느낌이 강조되어야 한다면 첼로를 앞세우고, 전형성을 탈피한 실험적인 사운드가 핵심이라면 글리치(Glitch) 효과를 먼저 기입해야 합니다.

■ 언어의 한계를 넘는 디렉팅의 태도

언어는 소리를 정의하는 강력한 도구이지만, 동시에 소리의 무한한 가능성을 제한하는 틀이 되기도 합니다. AI 음악 플랫폼에서 '소리를 부르는 언어'를 익힌다는 것은 단순히 명령어를 외우는 과정이 아닙니다. 그것은 소리의 성분을 분석하고, 그 성분에 해당하는 가장 적절한 이름을 찾아주는 과정입니다.

자신이 원하는 소리가 어떤 악기로 구성되어 있는지, 어떤 템포로 움직이는지, 그리고 어떤 주파수 대역이 강조되어 있는지를 언어로 정의할 수 있을 때 비로소 AI는 단순한 생성 도구에서 디렉터의 의도를 완벽히 수행하는 파트너로 진화합니다. 우리는 이제 이 정교한 언어 체계를 바탕으로, AI의 영감에 의존하지 않고 디렉터의 의지대로 소리를 출력해내는 실전 단계로 진입할 것입니다.

Simple 모드와 Advanced 모드의 차이

생성형 AI 음악 인터페이스는 크게 'Simple 모드'와 'Advanced 모드'로 분류됩니다. 이 두 모드를 가르는 결정적인 차이는 기술적 복잡도가 아니라, 디렉터가 소리에 개입할 수 있는 '권한의 범위'에 있습니다. 상업용 사운드 프로덕션의 세계로 진입한다는 것은 AI의 추천에 의존하는 수동적 태도를 버리고, 설계도에 따라 소리를 구축하는 능동적 통제권을 확보함을 의미합니다.

■ 주도권의 소재: 선택(Selection)인가, 설계(Design)인가

Simple 모드는 사용자가 입력한 포괄적인 키워드를 바탕으로 AI가 장르, 템포, 구조를 임의로 결정하여 출력하는 방식입니다. 이는 디렉터가 AI가 제시한 여러 선택지 중 하나를 고르는 '큐레이션'의 성격을 띱니다. 우연히 훌륭한 결과물을 만날 수는 있으나, 클라이언트의 구체적인 요구사항(예: "보컬 없이 30초 지점에서 고조될 것")을 반영하기에는 한계가 명확합니다.

반면 Advanced 모드는 가사(Lyrics), 스타일(Style), 그리고 곡의 구조(Title & Structure)를 사용자가 직접 분리하여 입력할 수 있는 환경을 제공합니다. 이는 AI의 우연성에 기대는 것이 아니라, 디렉터가 의도한 사운드 맵(Sound Map)에 따라 소리를 조립해 나가는 '엔지니어링'의 영역입니다. Advanced 모드를 선택하는 순간, 디렉터는 AI라는 블랙박스 내부를 들여다보고 구체적인 명령을 하달하는 '설계자'의 지위를 획득하게 됩니다.

■ 구조적 유연성: 마디의 통제와 서사의 설계

상업 광고 프로덕션에서 가장 중요한 요소는 초 단위의 '타이밍'입니다. Simple 모드가 한 번의 생성으로 곡의 기승전결을 무작위로 고정해버린다면, Advanced 모드는 디렉터가 곡의 진행 속도와 에너지를 직접 지정할 수 있는 도구를 제공합니다.

1. 섹션별 확장(Extend): Advanced 모드의 핵심 기능 중 하나는 특정 지점부터 곡을 확장해 나가는 능력입니다. 예를 들어, 인트로는 마음에 들지만 후렴구의 에너지가 부족할 경우, 인트로 부분만 고정한 채 그 뒤를 잇는 섹션의 스타일을 다시 정의하여 생성할 수 있습니다. 이는 음악의 서사를 디렉터의 의도대로 연장하거나 절단할 수 있는 강력한 유연성을 부여합니다.

2. 가사 배치를 통한 에너지 제어: 가사 입력창은 단순히 노랫말을 넣는 공간이 아닙니다. [Chorus], [Verse], [Bridge]와 같은 구조 기호를 사용하여 곡의 전개 방식을 AI에게 명령할 수 있습니다. 특정 구간에서 악기 구성을 풍성하게 만들거나 반대로 소리를 비워내는 등의 '다이내믹 설계'가 비로소 가능해집니다.

■ 예측 가능성의 확보: 비용과 시간의 효율성

프로의 현장에서 '우연'은 가장 큰 리스크입니다. Simple 모드는 원하는 소리를 얻기 위해 수십 번의 생성을 반복하게 만들며, 이는 시간과 비용의 낭비로 이어집니다. 하지만 Advanced 모드를 능숙하게 다루는 디렉터는 첫 번째 생성에서부터 의도한 결과물의 80% 이상을 확보할 수 있는 '예측 가능성'을 가집니다.

스타일 필드에 앞서 배운 '소리를 부르는 언어'를 정교하게 입력하고, 구조 기호를 통해 곡의 흐름을 미리 배치하면 AI는 디렉터가 설정한 가이드라인 내에서만 창의성을 발휘합니다. 이러한 제약 조건은 AI의 엉뚱한 돌출 행동을 방지하며, 상업적 규격에 부합하는 소스를 가장 빠른 경로로 도출해내는 실무적 효율성을 보장합니다.

■ 생성에서 제조로: 디렉터의 전문성 증명

결국 Advanced 모드를 학습한다는 것은 AI 음악을 단순한 '현상'에서 '제품'으로 탈바꿈시키는 과정을 배우는 것입니다. Simple 모드에서 출력된 음악은 디렉터의 개입이 최소화되어 있기에 저작권 방어나 고유한 브랜드 색깔을 주장하기가 어렵습니다. 그러나 Advanced 모드에서 가사를 직접 작성하고, 섹션을 나누어 확장하며, 특정 스타일 지시어를 통해 완성한 음악은 디렉터의 명확한 '창작적 의도'가 반영된 고유한 자산이 됩니다.

단순 사용자는 버튼 하나로 음악이 나오는 편리함에 안주하지만, 사운드 디렉터는 Advanced 모드라는 정교한 조종간을 통해 소리의 모든 마디를 장악해야 합니다. 이 주도권을 쥐었을 때 비로소 우리는 AI라는 파도를 제어하며 목적지인 '완성도 높은 상업 음원'에 도달할 수 있습니다. 이제 우리는 이 통제권을 활용하여, 음악에 생명력과 서사를 부여하는 가장 핵심적인 요소인 '가사'를 다루는 법으로 나아갈 것입니다.

가사가 들어가는 순간, 음악은 어떻게 달라지는가

생성형 AI 음악 작업에서 가사(Lyrics)를 입력하는 행위는 단순히 메시지를 전달할 텍스트를 제공하는 것 이상의 의미를 가집니다. AI에게 가사는 음악의 서사적 구조(Song Form)를 파악하고, 각 구간에 배치할 악기의 밀도와 에너지를 결정하는 가장 강력한 '설계 가이드'로 작용합니다. 가사가 포함되는 순간, 음악은 비정형적인 소리의 흐름에서 벗어나 명확한 목적지를 향해 움직이는 입체적인 서사물로 진화합니다.

■ 구조의 시각화: 가사가 결정하는 송폼(Song Form)

AI는 입력된 가사의 줄 바꿈과 문단 구성을 통해 곡의 마디 수와 전개 방식을 예측합니다. 가사가 없는 연주곡(Instrumental)의 경우 AI는 스타일 태그에 의존하여 무작위적인 전개를 보이기 쉬우나, 가사가 입력되면 이를 바탕으로 음악적 문법을 적용하기 시작합니다.

● **에너지의 분배와 섹션 설계**: [Verse], [Chorus], [Bridge]와 같은 구조 기호를 가사와 결합할 때 AI는 각 섹션에 적합한 편곡을 수행합니다. 예를 들어 [Chorus] 구간의 가사가 시작되면 AI는 드럼의 킥 소리를 키우거나 신디사이저 레이어를 추가하여 청각적 해방감을 부여합니다. 이는 디렉터가 별도의 복잡한 지시 없이도 곡의 고조감을 설계할 수 있음을 의미합니다.

● **박자와 호흡의 조절**: 가사의 글자 수와 음절의 길이는 멜로디의 리듬감을 직접적으로 결정합니다. 짧고 간결한 가사는 경쾌한 스타카토 위주의 선율을 유도하며, 길게 늘어지는 문장은 서정적이고 잔향이 긴 선율을 만들어냅니다. 디렉터는 가사를 배치하는 방식만으로도 음악의 호흡을 세밀하게 제어할 수 있습니다.

■ 보컬의 개입과 여백의 디렉팅: 화자의 등장

상업용 콘텐츠에서 보컬은 브랜드의 페르소나를 대변하는 가장 직관적인 도구입니다. 가사가 들어가는 순간 음악에는 '화자(Speaker)'가 등장하며, AI는 가사의 정서에 맞춰 보컬의 톤과 창법을 결정합니다. 이때 디렉터는 문장 부호나 단어의 선택을 통해 보컬의 섬세한 떨림이나 어택(Attack)감을 유도할 수 있습니다.

또한 가사는 소리를 비워내는 지표가 되기도 합니다. 가사 사이에 의도적인 공백(Space)을 두거나 특정 문장 뒤에 긴 여운을 남기도록 설계하면, AI는 그 공간을 악기의 솔로 연주나 잔향으로 채우며 청각적 환기 구간을 만들어냅니다. 이러한 '음악적 휴지기'는 시청자가 메시지를 곱씹어야 할 타이밍에 영상의 호흡을 방해하지 않도록 통제하는 역할을 하며, 영상과 음악이 유기적으로 공존하게 만듭니다.

■ 상업적 유용성: 메시지의 각인과 전략적 설계

광고 음악의 본질은 브랜드 메시지를 소비자의 뇌리에 각인시키는 데 있습니다. 가사는 멜로디라는 운반체에 실려 핵심 슬로건을 전달하는 역할을 합니다. 가사가 있는 음악은 청각적 정보에 언어적 정보를 결합하여 정보의 수용도를 높입니다.

디렉터는 AI가 가장 강한 에너지를 출력하는 [Chorus] 지점에 브랜드 네임이나 핵심 슬로건을 배치하여 정보의 밀도를 극대화해야 합니다. 가사는 음악이라는 추상적인 세계에 구체적인 '의미의 닻'을 내리는 작업이며, 이를 통해 시청자는 영상이 종료된 후에도 멜로디와 함께 브랜드의 메시지를 무의식적으로 흥얼거리게 됩니다.

■ 실무적 주의사항: 주파수 점유와 브랜드 보이스의 일관성

가사가 포함된 곡을 설계할 때 디렉터가 가장 주의해야 할 점은 '사운드의 포화'와 '톤의 일관성'입니다. 보컬은 인간의 청각이 가장 민감하게 반응하는 중음역대를 차지하며, AI 생성물은 악기와 보컬이 이미 합쳐진 상태로 제공되기에 사후 분리가 어렵습니다. 특히 여러 버전의 음원을 생성할 때 보컬의 음색이 미세하게 달라질 수 있으므로, 브랜드가 지향하는 특정 성별이나 음색의 질감을 스타일 태그에 명확히 명시하여 일관성을 유지해야 합니다.

따라서 보컬이 포함된 곡을 생성할 때는 스타일 태그에서 악기 구성을 비교적 간결하게 유지하여 보컬이 돋보일 공간을 미리 확보하는 지혜가 필요합니다. 결국 가사를 다루는 법을 익히는 것은 AI를 단순한 연주 도구에서 브랜드의 서사를 전달하는 '스토리텔러'로 진화시키는 과정이며, 이를 통해 텍스트를 완벽한 상업적 제품으로 치환하는 최종 단계에 도달하게 됩니다.

가사부터 준비해야 하는 이유

Advanced 모드의 시작은 장르나 스타일이 아닌 가사의 확정에서 출발해야 합니다. 가사는 추상적인 소리의 흐름에 물리적인 뼈대를 부여하는 가장 강력한 지표이기 때문입니다. 가사가 배제된 상태에서 생성된 음원은 AI에 의해 '비정형적인 분위기의 덩어리' 로 처리됩니다. 이는 시작과 끝의 경계가 모호하여 곡의 전개를 정교하게 제어하는 데 한계가 있습니다. 반면 가사가 입력되는 순간, 음악은 가사의 호흡을 따라 전개되어야 하는 '시간적 구조물' 로 재정의됩니다. 멜로디의 기점, 반복 구간의 위치, 전체적인 타임라인이 가사를 기준으로 정렬되기 시작하는 것입니다. 이때의 가사는 노랫말 이전에 곡의 설계도와 같습니다. 문장의 예술적 완성도보다 중요한 것은 AI가 음악의 서사적 흐름을 이해할 수 있는 구조적 단서를 제공하는 것입니다. 따라서 가사를 선제적으로 준비하는 행위는 소리의 불확실성을 제거하고, 디렉터의 의도가 투영된 정교한 결과물을 얻기 위한 실무적인 첫걸음이 됩니다.

01 ChatGPT로 가사 구조 만들기

01 가사를 만들기 전에 가장 먼저 해야 할 일은 기준을 낮추는 것입니다. 잘 쓴 문장, 감동적인 표현, 의미 있는 이야기는 지금 단계에서 필요하지 않습니다. 오히려 그런 욕심이 있으면 작업이 멈춥니다. 지금 필요한 가사는 AI가 이해할 수 있는 최소한의 재료일 뿐입니다. 문장이 아름다울 필요는 없고, 명확하기만 하면 충분합니다. 말이 되지 않아도 괜찮고, 반복적이어도 문제되지 않습니다.

가사를 준비할 때는 다음 세 가지 기준만 충족하면 됩니다.
● 문장이 반복될 수 있는 구조인지
● 한 줄이 너무 길지 않은지
● 소리 내어 읽었을 때 리듬이 느껴지는지

이 기준만 만족하면, 그 가사는 이미 음악 제작에 충분한 출발점이 됩니다. 이 단계에서는 "이게 노래 가사인가?" 라는 질문을 할 필요가 없습니다.

02   ChatGPT를 활용해 AI가 이해할 수 있는 최소한의 구조를 가진 가사를 만듭니다. 중요한 점은 문학적인 완성도가 아니라, AI가 음악의 흐름을 이해하고 멜로디와 구간을 자연스럽게 배치할 수 있는 간단하고 반복 가능한 형태를 만드는 것입니다.

예를 들어 목표가 "가볍고 긍정적인 일상, 반복 가능한 후렴" 이라면, ChatGPT에 다음과 같이 요청할 수 있습니다.

프롬프트 예시
가볍고 밝은 분위기의 가사를 만들어줘.
주제는 '일상에서 느끼는 소소한 행복' 이야.
햇살, 커피, 웃음 같은 소재를 담아줘. 단, 다음 조건을 지켜줘.
1. 반복되는 후렴구가 포함된 구조일 것.
2. 각 줄은 너무 길지 않으며 노래처럼 읽히는 리듬을 유지할 것.

이때 중요한 것은 문장의 완벽함이 아닙니다. 오히려 너무 잘 쓰인 문장은 초보자가 다음 단계에서 음악에 적용할 때 방해가 될 수 있습니다. 핵심은 AI가 구조를 이해할 수 있는 최소한의 기준을 충족하는 것입니다.

03   ChatGPT는 입력된 조건을 기반으로 최소한의 구조를 가진 가사를 만들어 줍니다. 물론 매번 결과는 조금씩 달라지므로, 아래 예시는 참고용일 뿐입니다.

제목: 오늘도 좋아

[Verse 1]
햇살이 눈에 스며와
커피 향에 웃음 번져가
작은 꽃길 따라 걸으면
오늘 하루 반짝이네, 와~

> [Pre-Chorus]
> 사소한 순간, 눈 감아봐
> 행복이 내 맘 속에 가득 차
>
> ...

이 단계에서 확인할 점은 후렴과 반복, 적절한 줄 길이와 노래처럼 읽히는 리듬입니다. 문장의 아름다움이나 감동은 우선순위가 아니며, AI가 음악을 구조적으로 이해할 수 있는 최소한의 기준을 충족하는지가 중요합니다.

이 과정을 통해 Advanced 모드에서 음악을 생성할 때, 멜로디와 구간 구조가 자연스럽게 잡히는 기반을 마련할 수 있습니다. DAW에서 열어보면 반복 구간과 전개, 인트로와 코러스 구간이 눈에 띄게 정리되어 있는 것을 확인할 수 있습니다.

04 ChatGPT가 만들어 준 가사를 그대로 사용할 수도 있지만, 음악으로 옮겼을 때 자연스럽게 흐르는지 확인하는 단계가 필요합니다.

1. 길이 확인
o 각 구절이 너무 길거나 짧으면 멜로디에 맞추기 어렵습니다.
o 1~2초 단위로 노래처럼 읽히는 리듬을 기준으로 줄 길이를 조정합니다.

2. 반복 구조 점검
o 후렴이나 반복되는 구절이 명확하게 존재하는지 확인합니다.
o 반복 구간이 너무 많으면 단조로워지고, 너무 적으면 곡의 중심이 흐려집니다.

3. 리듬과 연결 확인
o 한 줄씩 소리 내어 읽어 보며, 음악의 박자와 자연스럽게 맞는지 점검합니다.
o 읽을 때 끊기는 느낌이 있으면, 문장을 조금 다듬거나 연결어를 추가합니다.

이 과정을 통해 가사는 단순히 노랫말이 아니라, 곡 전체의 설계도로 기능하게 됩니다.

02 Suno Advanced 모드 사용하기

$\underline{01}$ suno.com에 접속한 뒤, Create 화면으로 이동합니다. 화면 상단에서 Advanced 모드를 선택하면, 곡 제작을 위한 다양한 옵션이 나타납니다. Advanced 모드에서는 Lyrics, Styles, More Options 등 여러 항목을 활용할 수 있으며, 이를 통해 가사를 기반으로 곡의 전체 구조와 분위기, 멜로디 및 악기 구성을 세부적으로 조정할 수 있습니다.

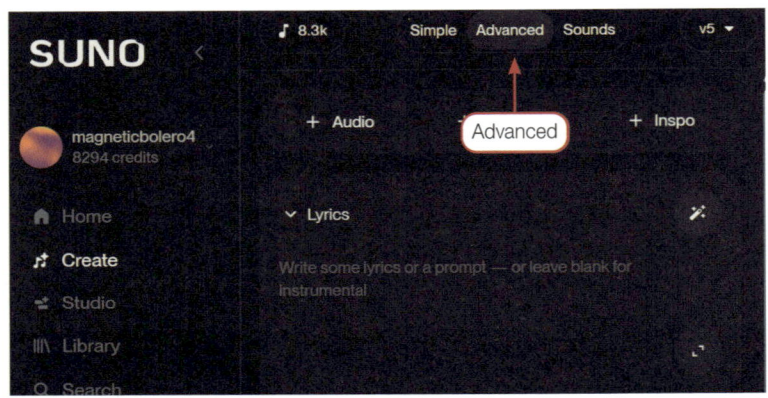

$\underline{02}$ Advanced 모드에서 가장 중요한 단계는 Lyrics 입력입니다. ChatGPT를 활용해 만든 가사를 드래그하여 Ctrl+C로 복사한 뒤, Lyrics 입력창에 Ctrl+V로 붙여 넣습니다. 자신이 직접 작성한 가사도 동일한 방식으로 사용할 수 있으며, 입력한 가사에 대한 저작권과 소유권은 사용자에게 그대로 유지됩니다.

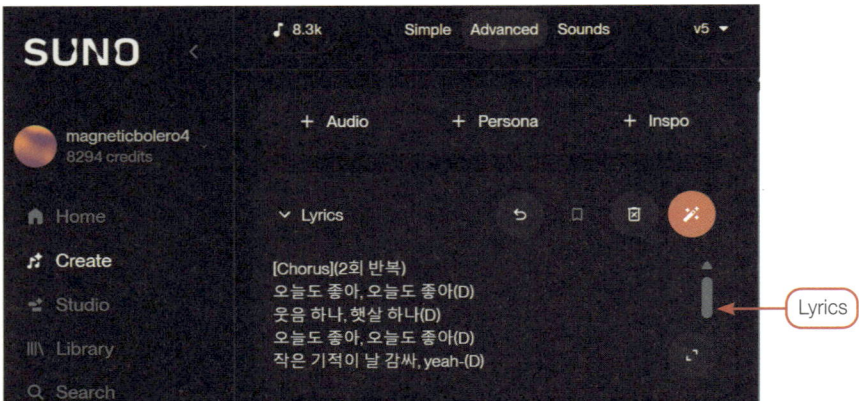

03 Styles 항목에서는 곡의 장르와 전반적인 사운드 색깔을 지정할 수 있습니다. 밝고 경쾌한 Pop 스타일, 잔잔한 Jazz 스타일 등 원하는 장르를 직접 입력하거나, Add 버튼을 통해 추천 스타일을 조합할 수 있습니다.

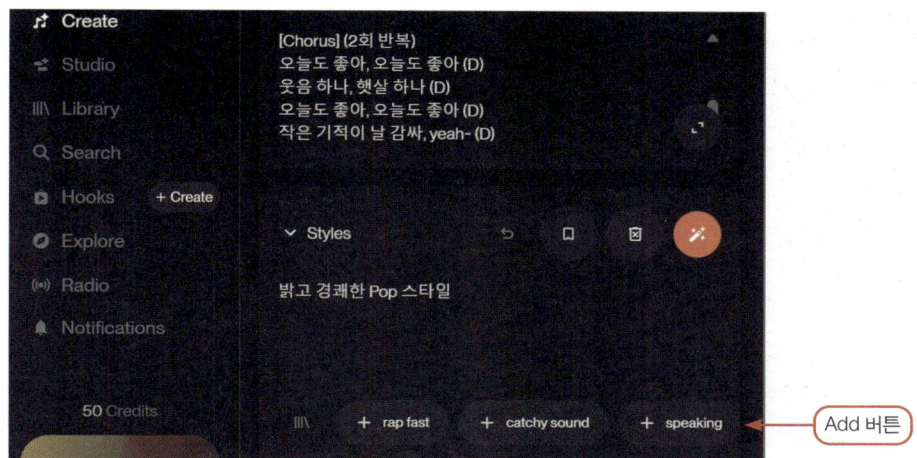

04 More Options에서는 곡의 보다 세부적인 요소를 조정할 수 있습니다. 먼저 Vocal Gender 항목에서는 가창 목소리의 성별을 선택할 수 있습니다. Male(남성)과 Female(여성)으로 곡의 분위기와 가사에 맞춰 적절한 성별을 선택하면 AI가 해당 보컬 톤에 맞춘 멜로디와 감정 표현을 구성합니다.

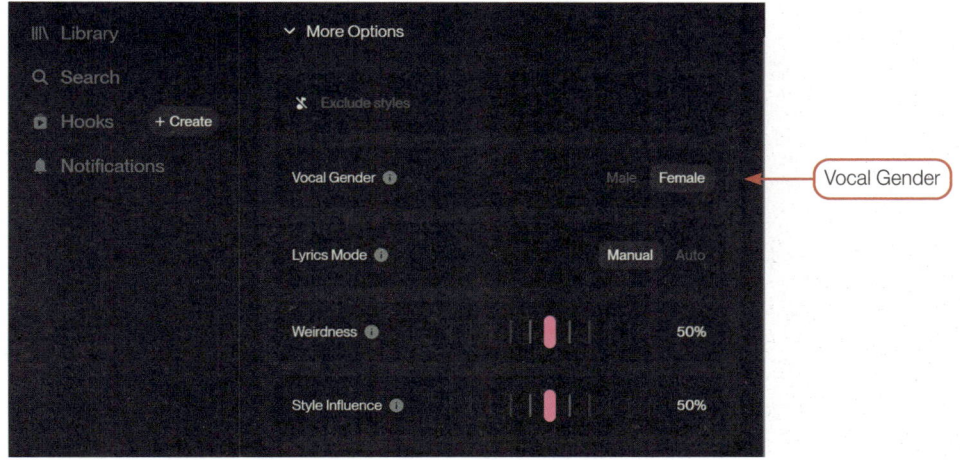

05 Lyrics Mode는 입력한 가사를 곡에 어떻게 반영할지를 결정하는 옵션입니다. Manual 은 Lyrics 입력창에 입력한 가사를 그대로 사용하며, Auto는 AI가 AI가 입력된 주제를 바탕으로 가사를 새롭게 생성하거나 보완합니다.

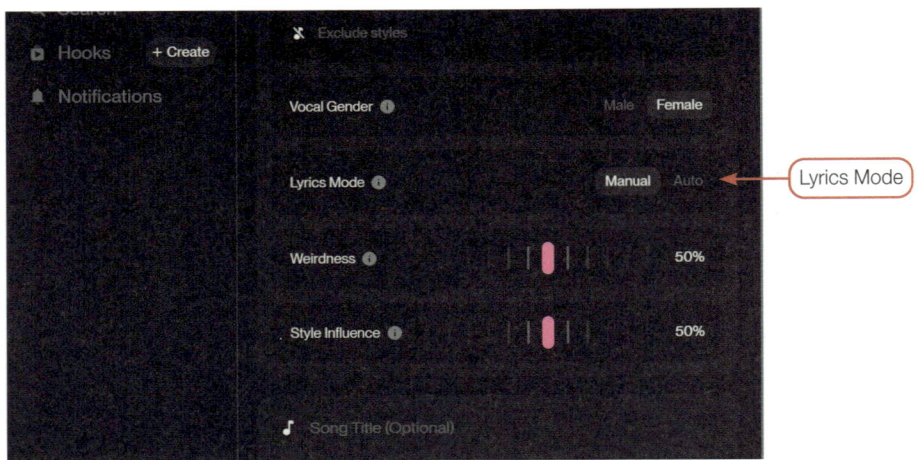

06 Weirdness는 곡의 독창성과 실험적 요소를 조절하는 항목입니다. 값이 높을수록 AI 가 예상치 못한 창의적인 멜로디와 구조를 생성하며, 낮을수록 안정적이고 전형적인 멜로디가 만들어집니다. 곡의 톤과 목적에 따라 적절한 수준으로 조절하면 곡에 개성을 부여 하면서도 AI가 생성하는 멜로디가 자연스럽게 연결되도록 할 수 있습니다.

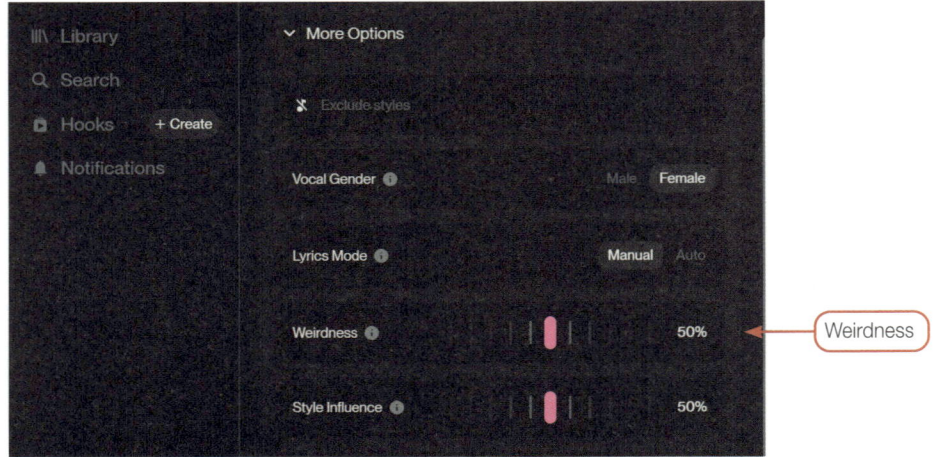

07 Style Influence는 선택한 Styles가 곡에 얼마나 영향을 미칠지를 결정하는 옵션입니다. 값이 높으면 스타일이 강하게 반영되어 곡의 장르적 특징이 두드러지고, 값이 낮으면 더 자유롭고 실험적인 음악 생성이 이루어집니다. Styles와 함께 적절히 조절하면 곡의 전체 분위기와 멜로디 톤을 세밀하게 컨트롤할 수 있습니다.

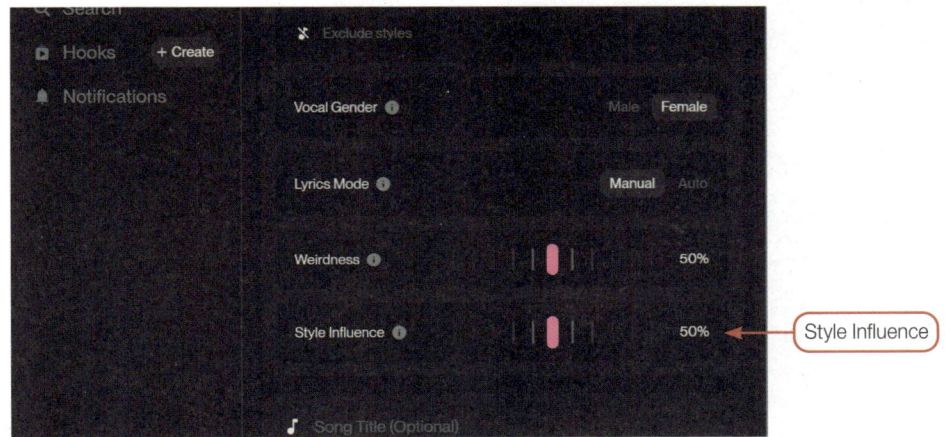

08 유료 플랜에서는 원하지 않는 음악 스타일을 미리 제외할 수 있는 Exclude styles 옵션을 사용할 수 있습니다. 생성된 곡에서 반드시 제외하고 싶은 스타일을 입력하면, 다시 생성할 때 보다 원하는 방향에 가까운 결과를 얻을 수 있습니다.

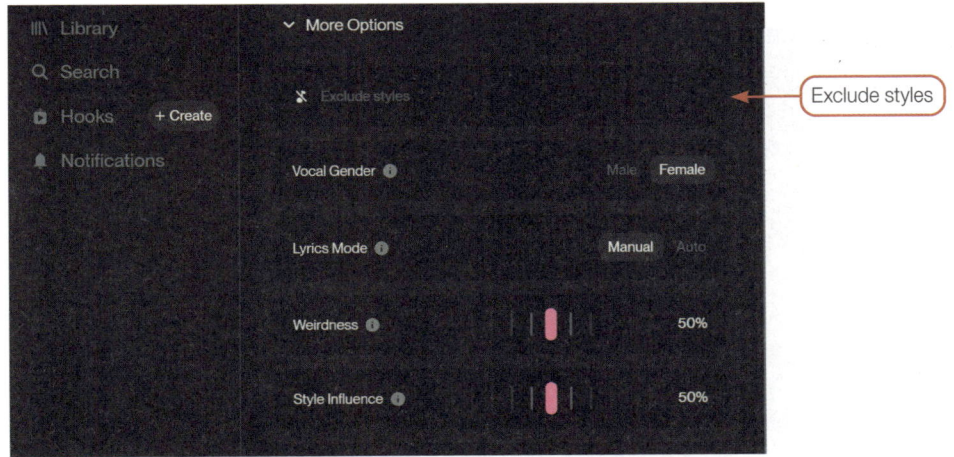

◆ 입문자는 무료 플랜을 충분히 사용해 본 후 구독 여부를 결정하는 것을 권장합니다.

09 Song Title은 생성될 곡의 제목을 입력하는 항목입니다. 입력하지 않으면 Lyrics에 작성한 제목이나 가사를 바탕으로 자동 생성되므로, 원하는 제목이 정확히 반영되었는지 확인하는 것이 좋습니다.

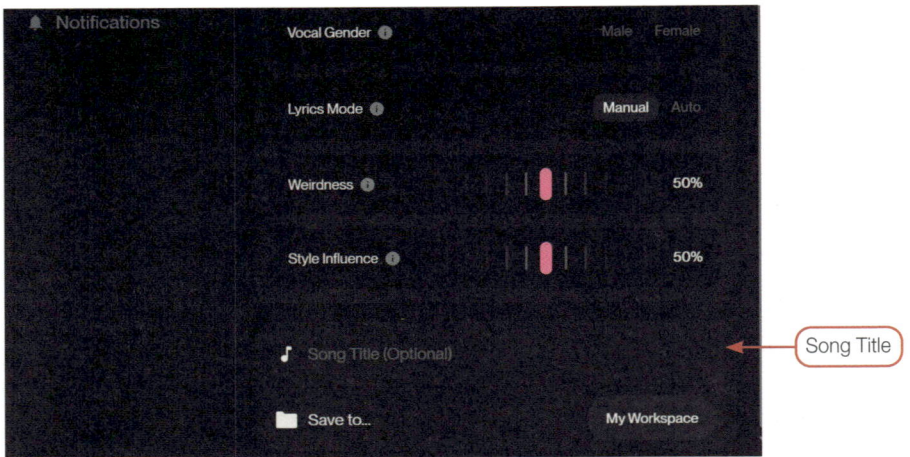

10 모든 설정이 완료되면, Create 버튼을 클릭하여 AI가 곡을 생성하도록 합니다. 생성된 곡을 재생하면서 가사와 멜로디가 자연스럽게 연결되는지, 반복 구간과 코러스, Verse 전개가 적절한지 확인합니다. 필요하면 Styles, More Options, 가사 등을 조정하고 다시 생성하여 원하는 결과를 얻을 수 있습니다.

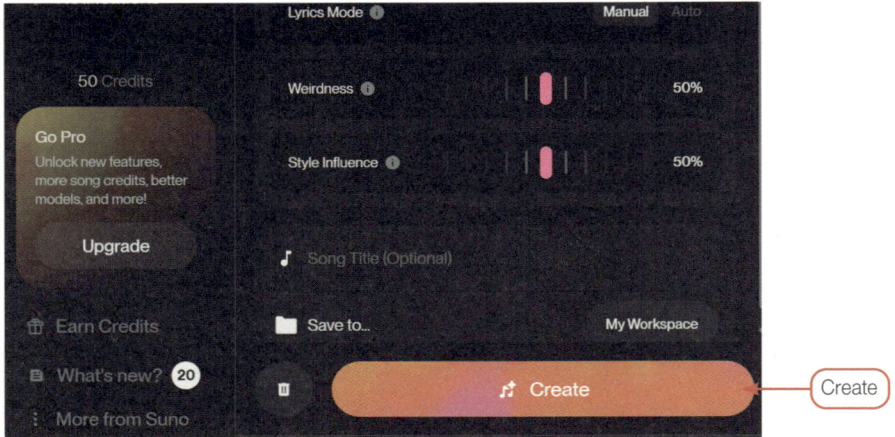

11 완성된 곡을 재생하여 전체 구조와 멜로디를 확인합니다. 이때 가사와 멜로디가 자연스럽게 연결되는지, 반복 구간과 코러스, Verse 전개가 적절한지 주의 깊게 살펴보는 것이 중요합니다. 곡의 흐름을 한 번에 파악하기보다는 각 구간을 나누어 반복해서 들어보며 세부적인 연결 상태를 점검하면 좋습니다. 필요하다면 Styles, More Options, 가사 등을 조정하고 다시 생성하여 원하는 결과를 얻도록 합니다.

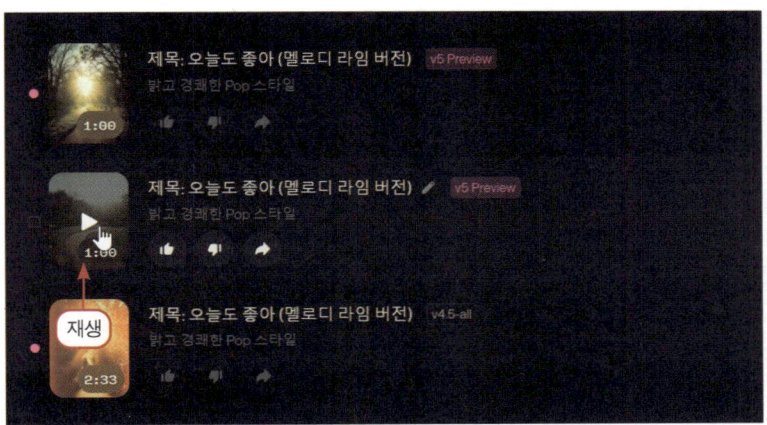

12 곡의 구조와 멜로디가 만족스럽게 완성되면, 마우스 오른쪽 버튼을 클릭하여 단축 메뉴를 연 후, Download에서 MP3 Audio를 선택하여 곡을 저장합니다. 저장된 파일은 로컬 환경에서 재생하거나 다른 프로젝트에 활용할 수 있으며, AI가 생성한 곡을 안전하게 보관하고 실습 결과물을 실제로 확인할 수 있습니다.

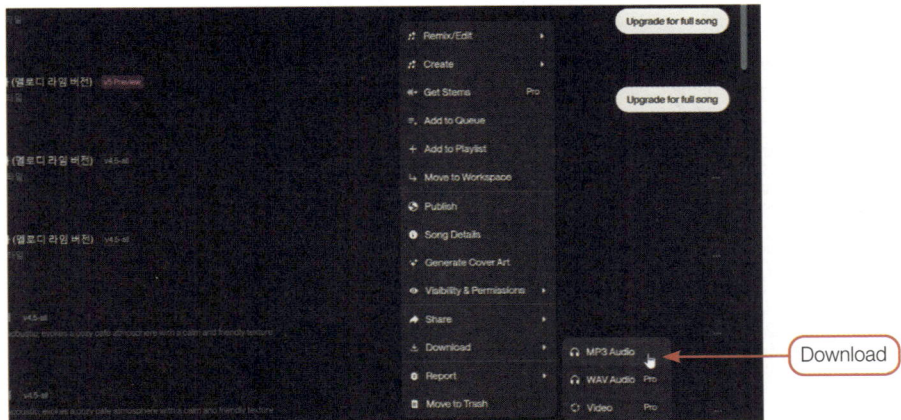

03 곡 구조 분석하기

01 Logic Pro에서 빈 프로젝트를 만들고, 템포 항목을 클릭하여 '템포 - 프로젝트 템포 조정' 으로 변경합니다. 그리고 Suno에서 다운 받은 MP3 파일을 프로젝트로 드래그 하여 가져다 놓습니다.

02 Suno에서 다운로드한 파일을 불러올 때마다 템포 모드를 변경하는 것이 번거롭다면, 프로젝트 템포 조정을 기본 값으로 설정할 수도 있습니다. 파일 메뉴의 프로젝트 설정 에서 스마트 템포를 선택하여 창을 엽니다.

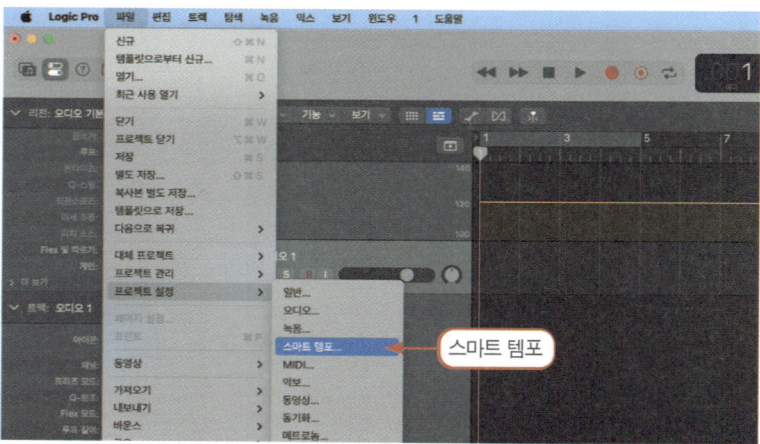

03 프로젝트 템포 모드에서 프로젝트 템포 조정을 선택합니다. 이 옵션은 오디오 파일을 프로젝트에 가져올 때 프로젝트 템포를 기준으로 오디오의 속도와 길이를 자동으로 맞추도록 하는 기능입니다.

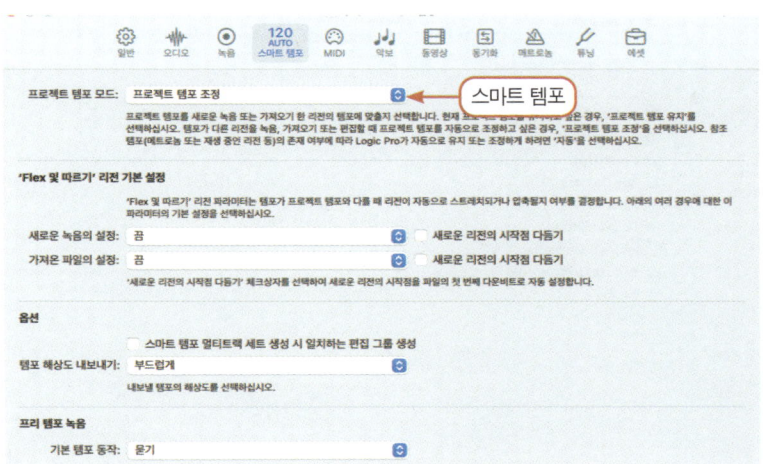

04 프로젝트 설정은 말 그대로 해당 프로젝트에만 적용되기 때문에 자주 사용한다면 템플릿으로 저장하는 것이 편리합니다. 프로젝트를 템플릿으로 저장하려면 파일 메뉴의 템플릿으로 저장을 선택합니다.

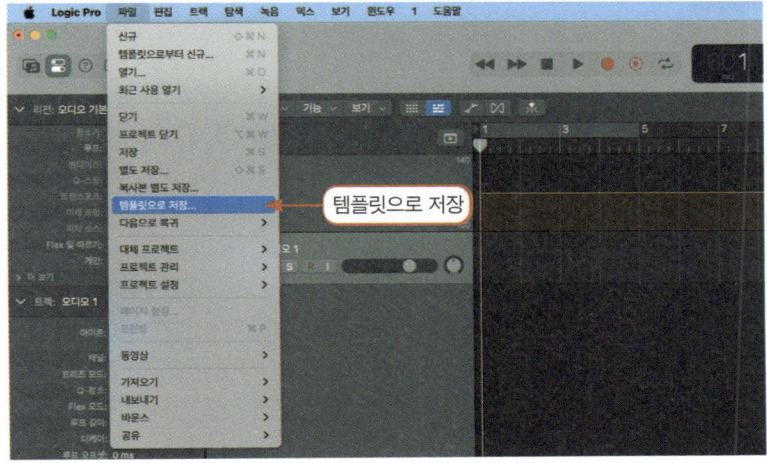

05 템플릿으로 저장을 선택하면 템플릿 저장 창이 열립니다. 이때 저장 위치는 그대로 유지한 상태에서 이후 구분하기 쉽도록 템플릿 이름만 명확하게 입력합니다.

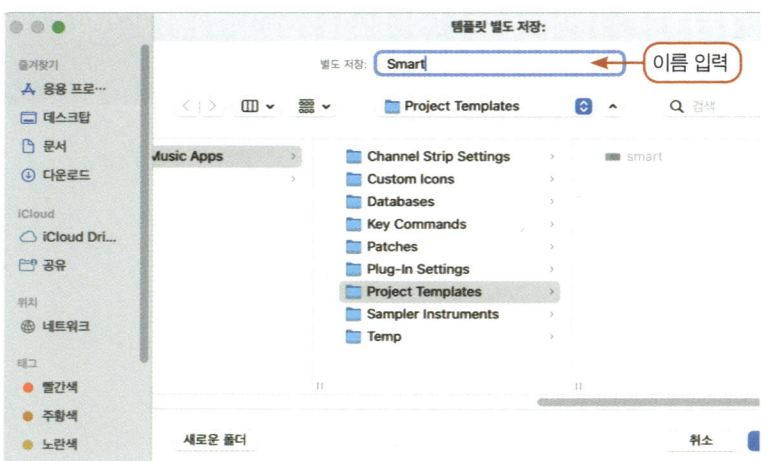

06 저장한 템플릿은 나의 템플릿 페이지에서 선택할 수 있으며, 해당 템플릿에 저장된 프로젝트 환경과 설정을 그대로 적용한 상태로 새 프로젝트를 시작할 수 있습니다.

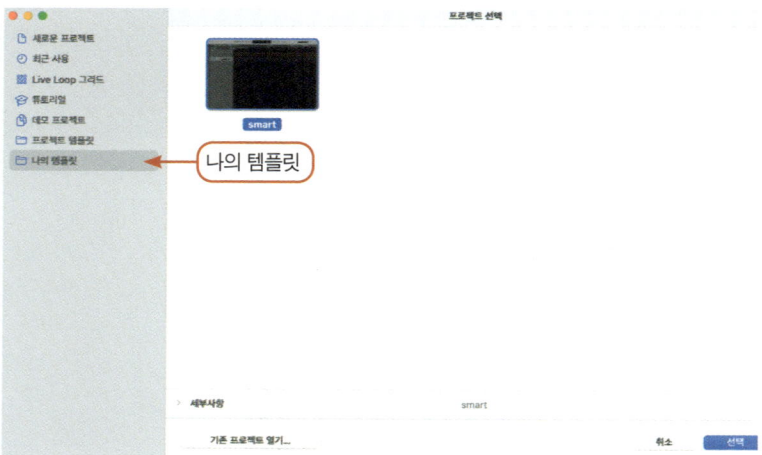

07 프로젝트에 오디오를 가져오면, 타임라인 상단에 템포 변화가 표시되는 영역이 함께 생성됩니다. 이 영역을 글로벌 트랙이라고 합니다. 글로벌 트랙에서 마우스 오른쪽 버튼을 클릭하면 표시할 트랙의 종류를 선택할 수 있는 메뉴가 열립니다. 여기서 편곡을 선택하여 엽니다.

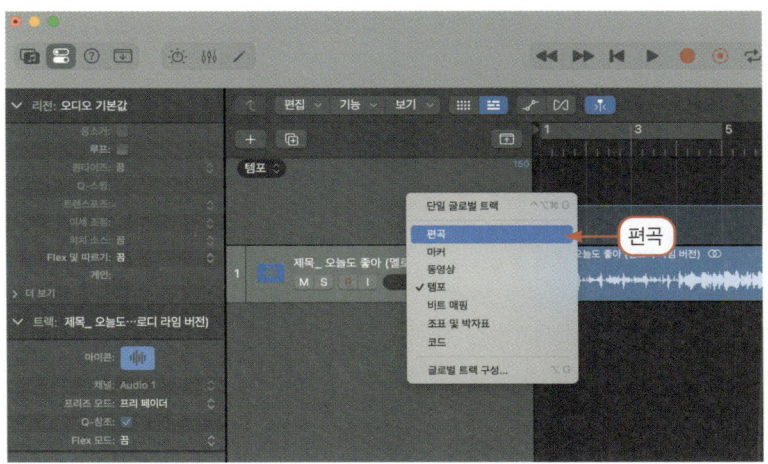

08 편곡 트랙에서는 곡의 구성 즉, 송 폼(Song Form)을 구간 단위로 만들 수 있습니다. 팝 음악의 대부분은 8마디 단위로 구성이 변화하지만, 모든 곡이 이 규칙을 따르는 것은 아닙니다. 생성 버튼(+)을 클릭하여 곡의 끝까지 편곡 섹션을 차례대로 추가합니다.

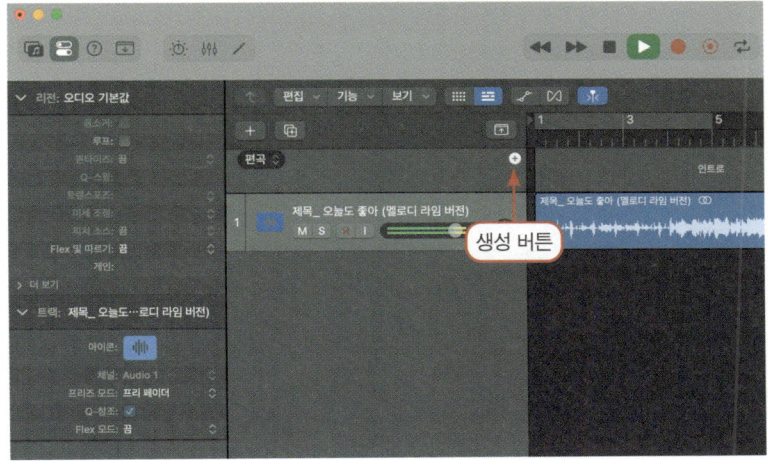

09 편곡 섹션은 기본적으로 인트로, 벌스, 코러스 순서로 각각 8마디 단위로 생성됩니다. 송 폼은 ChatGPT에서 가사를 만들 때 설정되어 있으므로, 음악을 재생하며 가사와 일치하지 않는 구간이 있다면 편곡 섹션 사이의 경계를 드래그해 마디 범위를 수정합니다.

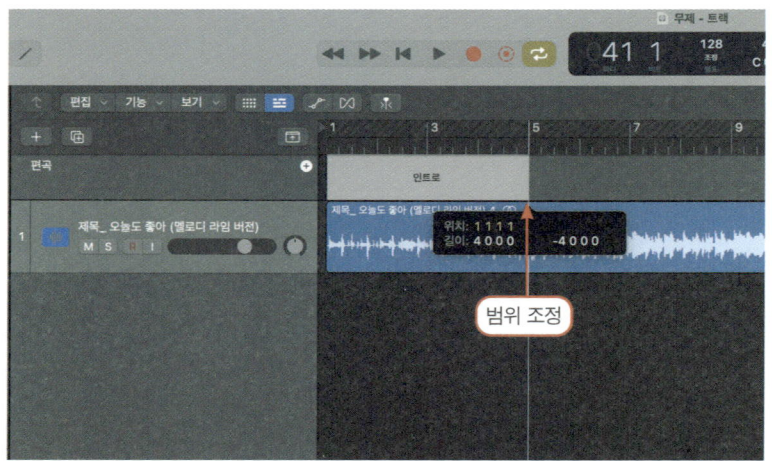

10 송 폼은 순서대로 자동 생성되기 때문에 곡의 실제 구조와 일치하지 않을 수 있습니다. 이 경우 이름을 클릭해 적절한 섹션으로 변경합니다. 인터루드, 브레이크, 프리코러스처럼 로직에서 기본으로 제공하지 않는 명칭은 이름 변경을 선택하여 수정합니다.

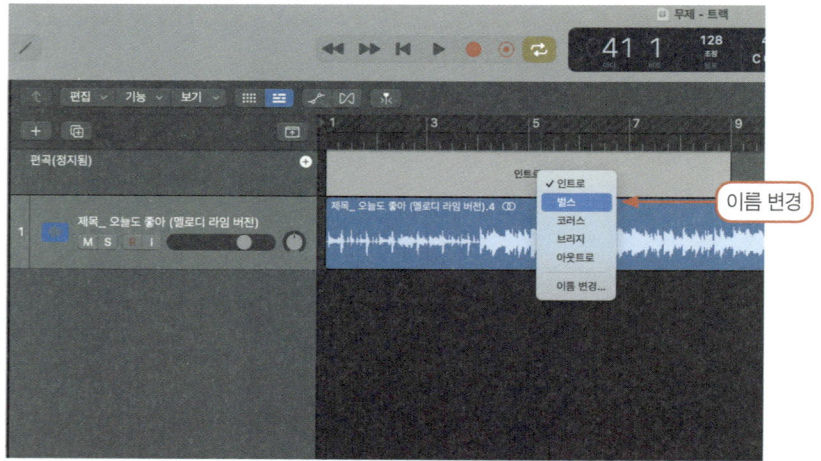

11 Suno에서 제작한 음악을 살펴보면, 대부분 전형적인 구조-인트로, 벌스, 코러스, 브리지, 아웃트로-를 따르고 있음을 알 수 있습니다. 하지만 곡을 현대적 스타일로 재구성할 때는 모든 섹션이 반드시 필요하지 않을 수 있습니다. 예를 들어, 인트로가 불필요하다고 판단되면, 인트로 섹션을 선택한 뒤 백스페이스 키를 눌러 해당 구간의 리전을 제거합니다. 인트로 섹션은 백스페이스 키를 한 번 더 눌러 삭제할 수 있습니다.

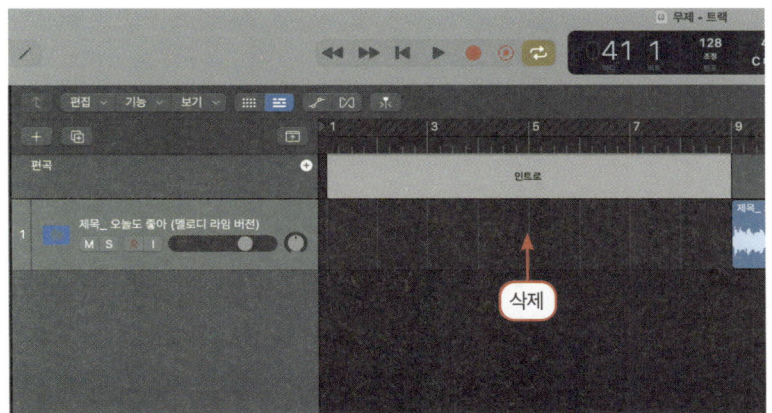

12 곡의 구성도 자유롭게 조정할 수 있습니다. 코러스 섹션을 드래그하여 시작 부분에 배치하거나, Option 키를 누른 상태로 드래그해 두 번 반복되도록 만들 수도 있습니다. 이렇게 편집된 곡은 상업적 용도로 활용할 수 있어, 현대적 스타일로 재구성한 결과물을 실제 프로젝트에 바로 적용할 수 있습니다.

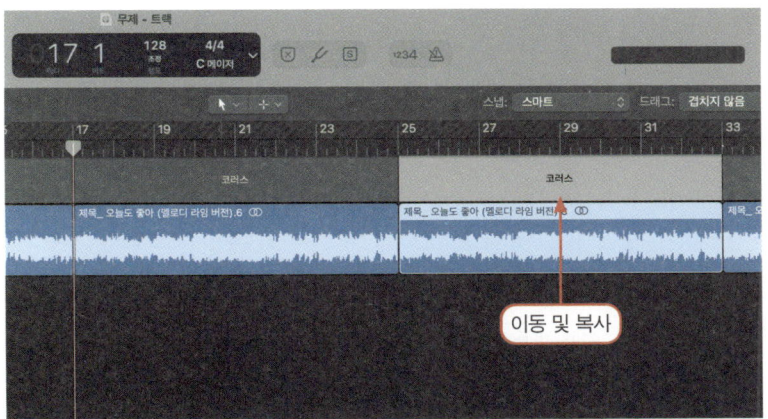

송 폼 이해하기

송 폼은 한 곡을 구성하는 여러 섹션의 배열과 그 역할을 의미합니다. 집을 지을 때 거실, 침실, 주방의 용도가 다르듯 음악도 각 구간마다 고유한 기능이 있습니다. 전통적인 팝 음악에서는 보통 한 섹션이 8마디 단위로 구성되며, 인트로(Intro, 전주) → 벌스 1(Verse, 절) → 벌스 2 → 코러스(Chorus, 후렴/사비) 순서로 배치되는 것이 전형적입니다. 대중음악에서 32마디 단위의 반복이 자주 쓰이는 이유는 청자가 리듬과 멜로디를 익숙하게 받아들여 안정감을 느끼기 때문입니다. 하지만 현대 음악에서는 이러한 정형화된 틀을 벗어나 창작자의 의도에 따라 반복 구조가 매우 다양하게 변형됩니다.

최근의 음악 구조는 청자의 주의를 끌기 위해 훨씬 입체적으로 변모했습니다. 곡의 중간에 분위기를 전환하는 간주(Interlude), 곡의 감정을 최고조로 끌어올리기 전의 징검다리인 프리-코러스(Pre-Chorus), 그리고 코러스 직전에 배치되어 긴장감을 해소하거나 반전시키는 브릿지(Bridge) 등이 추가됩니다. 특히 EDM 장르에서는 에너지를 완전히 비우는 브레이크다운(Breakdown), 긴장감을 극도로 높이는 빌드업(Build-up), 그리고 모든 에너지가 터져 나오는 드롭(Drop)을 중심으로 곡이 설계됩니다. 발라드와 같은 서정적인 곡에서는 아웃트로(Outro, 후주)를 길게 배치하여 가창의 여운을 악기 사운드로 마무리하며 깊은 인상을 남기기도 합니다.

섹션의 길이를 조절하는 것은 곡의 긴장감(Tension)과 이완(Release)을 조절하는 핵심 기술입니다. 반드시 8마디를 지킬 필요는 없습니다. 긴박한 전개를 위해 섹션을 2~4마디로 압축하거나, 웅장한 서사를 위해 16~32마디 이상으로 늘려 곡의 호흡을 조절할 수 있습니다. 즉, 송 폼은 고정된 규칙이 아니라 곡의 주제와 장르에 따라 유연하게 변화하는 생동감 있는 구조입니다. 따라서 다양한 곡을 듣고 각 구간이 바뀌는 지점의 특징을 감각적으로 익히는 것이 중요합니다.

특히 송 폼을 이해할 때 핵심은 '에너지의 고저차'를 파악하는 것입니다. 벌스에서 코러스로 넘어갈 때 악기가 하나씩 추가되거나 보컬의 에너지가 커지는 것은 청자에게 "이제 곧 중요한 부분이 나온다"는 신호를 주는 것과 같습니다. 송 폼을 배치할 때는 이 에너지의 흐름이 자연스럽게 상승하고 있는지 확인해야 합니다. 만약 코러스 뒤에 바로 또 다른 강렬한 코러스가 온다면 청자는 피로감을 느낄 수 있으므로, 이때 의도적으로 짧은 간주나 벌스를 배치하여 숨을 고를 시간을 주는 식의 심리적 설계가 필요합니다.

초보자가 송 폼의 경계선을 파악할 때 가장 유용한 청각적 신호는 드럼 필인(Fill-in)입니다. 드럼은 일정한 패턴을 반복하다가 구간이 바뀌기 직전 "두두둥-" 하는 식의 짧은 변화를 주어 다음 섹션이 시작됨을 알립니다. 필인이 끝나는 지점이 곧 새로운 섹션의 첫 박자가 되므로, 로직에서 가위 도구로 리전을 자를 때 이 필인의 끝점을 기준으로 삼으면 박자가 어긋나지 않습니다.

필인 연주

이러한 리듬의 변화와 더불어 보컬의 음역대가 높아지거나 가창의 에너지가 증폭되는 지점 역시 섹션 전환의 강력한 신호입니다. 대개 벌스(Verse)에서는 낮은 음역대로 담담하게 이야기를 전달하다가 코러스(Chorus)에 진입하며 폭발적인 고음이나 화려한 코러스를 배치하여 곡의 중심부임을 선언하기 때문입니다. 따라서 드럼의 타격감 있는 신호와 보컬의 선율적 변화를 동시에 감지한다면, 악보가 없는 AI 생성 곡이라도 정교하게 구간을 나누고 재배치할 수 있습니다.

로직과 같은 DAW 환경에서는 오디오 파형의 시각적 변화도 함께 관찰해야 합니다. 에너지가 작은 벌스 구간은 파형의 높낮이가 낮게 표시되지만, 에너지가 응축된 코러스 구간은 파형이 두꺼운 모양을 띱니다. 리전의 위치를 옮길 때 눈으로 보이는 파형의 부피 변화와 귀로 들리는 필인 신호를 결합하면, 별도의 설계도 없이도 곡의 구조를 정확하게 파악하고 재배치할 수 있습니다.

또한, 리전의 끝부분을 자를 때는 소리의 '잔향(Reverb)' 처리에 유의해야 합니다. 섹션을 물리적으로 자를 때 보컬이나 악기가 급격히 끊기면 부자연스러운 느낌을 주기 때문입니다. 이를 방지하기 위해 짧은 페이드 아웃(Fade-out)을 주거나 다음 섹션과 미세하게 겹치도록 배치하여 소리가 자연스럽게 연결되는 정교한 마무리가 필요합니다. 다만 필인이 생략되거나 섹션이 부드럽게 연결되는 곡도 있으므로, 이를 절대적인 규칙보다는 구간을 탐색하는 유연한 가이드라인으로 활용하는 것이 좋습니다.

응용 연습

곡을 제작한 후에는 가사와 곡 구조를 활용하여 다양한 버전을 만들어 보는 연습이 중요합니다. 곡 구조를 그대로 유지하면서 가사만 바꾸는 연습과 가사는 그대로 두고 곡의 스타일이나 분위기 지시를 바꿔 해석을 달리하는 연습을 통해, 곡을 다양하게 활용하는 방법을 익힐 수 있습니다.

① 가사만 바꿔보기

같은 곡 구조와 악기 설정을 유지한 채, 가사만 바꾸어 새로운 버전을 생성해 보는 연습입니다. 이를 통해 가사만으로도 곡의 성격과 분위기가 얼마나 달라지는지 확인할 수 있습니다.

먼저, 앞에서 제작한 곡의 설정은 그대로 유지하고, 원하는 부분을 선택하여 수정합니다. Lyrics 메뉴에서 Write Full Song을 선택하면, 입력한 가사를 기반으로 새롭게 생성할 수도 있습니다. 기존 멜로디와 구조는 유지되므로, 가사 변화가 곡에 미치는 영향을 쉽게 확인할 수 있습니다.

이 방법을 통해, 초보자는 가사 변경만으로 곡의 분위기와 감정 전달이 어떻게 달라지는지 직접 경험할 수 있습니다.

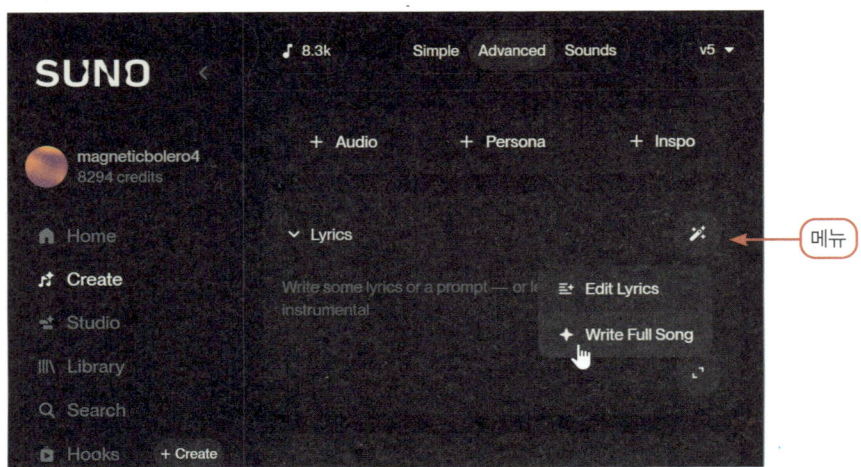

② 가사 해석 바꿔보기

곡의 스타일이나 분위기를 바꿔 곡 해석을 달리하는 연습입니다. 이를 통해 가사가 동일하더라도 멜로디와 편곡, 악기 구성 등 곡의 전체적인 느낌이 어떻게 달라지는지 확인할 수 있습니다.

먼저, More Options에서 Lyrics Mode를 Auto로 선택하고, 곡의 스타일이나 주제를 간단히 입력합니다. 예를 들어, "주제: 비 오는 밤, 고요하고 사색적인 분위기"와 같이 입력하면, Suno가 기존 가사에 맞춰 멜로디와 편곡을 새롭게 해석합니다.

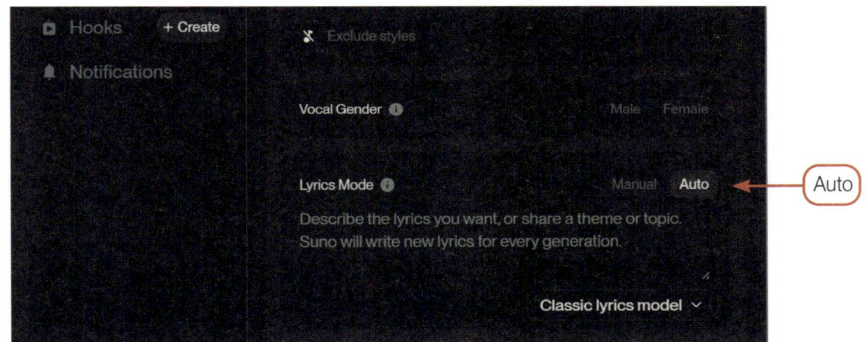

핵심 포인트

곡을 제작할 때 다음 세 가지 점을 항상 염두에 두어야 합니다.

● **첫째, 가사는 곡의 성격을 결정하는 명령값입니다.**
가사 하나만 바꿔도 곡의 분위기와 감정 전달이 달라질 수 있습니다. 특히 소리 나는 대로 텍스트를 교정하는 '사운드 튜닝'은 보컬 파형을 직접 제어하는 핵심 기술입니다.
● **둘째, Advanced 모드는 지시를 전달하는 도구입니다.**
More Options나 Lyrics Mode를 활용해 곡의 스타일과 해석을 원하는 방향으로 조정할 수 있습니다.
● **셋째, DAW는 AI의 한계를 넘어서는 조립대입니다.**
AI는 재료를 제공할 뿐이며, 최종적인 기승전결은 로직 실습에서처럼 섹션을 직접 자르고 붙이는 물리적 재배치를 거쳐야 비로소 창작자의 의도가 완벽히 반영된 곡이 탄생합니다.

하나의 음악으로 여러 버전 만들기

|

노래에 숨을 불어넣는 Extend

반복되는 음악의 현장

상업용 음악 작업에서 가장 자주 마주치는 상황은 새로운 곡을 처음부터 만들어야 하는 순간이 아닙니다. 이미 만들어진 음악을 다시 꺼내야 하는 순간입니다. 같은 음악이 어떤 날은 30초 광고로 쓰이고, 어떤 날은 15초로 줄어들며, 어떤 경우에는 인트로만 남긴 채 전혀 다른 영상에 사용되기도 합니다.

이 과정에서 음악은 자연스럽게 형태를 바꾸게 됩니다. 길이가 달라지고, 일부 구간이 교체되며, 분위기가 조금씩 조정됩니다. 상업 환경에서는 음악이 '한 번 완성되고 끝나는 결과물'로 남는 경우가 오히려 드뭅니다. 그럼에도 불구하고 많은 작업이 매번 새로 만드는 방식으로 반복됩니다. 기존 음악을 손보는 것보다 다시 만드는 것이 더 익숙하기 때문입니다. 하지만 이 방식은 시간이 쌓일수록 비효율로 이어집니다.

기존 음악을 확장하거나 일부만 교체해 문제를 해결하는 방식, 여러 AI 결과물을 하나의 상업용 음악으로 엮는 과정까지 AI 음악이 단발성 결과물이 아니라 반복적으로 활용 가능한 재료가 될 수 있음을 확인하게 됩니다.

왜 음악을 다시 만들어야 할까

처음 AI로 음악을 만들었을 때는 하나의 곡이 완성되는 것만으로도 충분히 만족스럽습니다. 하지만 상업 환경에서는 음악이 "완성되었다"는 이유만으로 그대로 사용되는 경우는 거의 없습니다. 실제 작업에서는 길이가 조금 길거나 짧다는 피드백이 오고, 특정 구간이 영상과 어울리지 않는다는 이야기가 나옵니다. 같은 음악을 다른 플랫폼에 맞게 써야 하는 상황도 자주 발생합니다.

이럴 때 가장 쉽게 떠오르는 선택은 음악을 처음부터 다시 만드는 것입니다. 하지만 이 방식은 생각보다 많은 문제를 만듭니다. 새로 만든 음악은 기존과 분위기가 미묘하게 달라질 수 있고, 처음 의도했던 톤이 사라지기도 합니다. 무엇보다 작업 시간이 계속 늘어나며, 수정이 반복될수록 전체 방향을 유지하기가 어려워집니다.

그래서 상업용 음악에서는 "다시 만들기"보다 이미 있는 음악을 어떻게 수정할 것인가가 더 중요해집니다. 음악을 다시 다룬다는 것은 곡 전체를 부정하는 일이 아니라 문제가 되는 지점만 정확히 짚어 해결하는 작업입니다. 길이가 문제라면 늘리거나 줄이고, 특정 구간이 튄다면 그 부분만 교체하며, 용도가 달라졌다면 구조를 다시 조합하는 방식으로 접근합니다.

많은 초보자는 이 단계에서 무엇을 바꿔야 할지 몰라 음악 전체를 의심합니다. 하지만 실제로 문제가 되는 경우는 대부분 일부 구간입니다. 음악의 시작이 영상과 맞지 않거나, 중간 전개가 갑자기 튀거나, 끝이 어색하게 끊기는 경우가 많습니다. 이런 문제를 발견하는 순간이 음악을 다시 만드는 시점이 아니라 다시 다루기 시작해야 하는 시점입니다.

이 방식은 결과물의 일관성을 유지하면서도 수정 요청에 빠르게 대응할 수 있게 해 줍니다. 음악을 처음부터 다시 만들지 않아도 충분히 다른 결과물을 만들어낼 수 있다는 점을 확인하게 될 것입니다.

목표와 결과물

최종 결과물은 단순히 생성된 하나의 새로운 곡이 아닙니다. 이미 만들어진 AI 음악을 기반으로 사용 용도에 맞게 구조를 조정하고, 필요한 일부를 교체하여 완성한 상업용 음원입니다. 처음부터 끝까지 무작위로 생성된 음악에 의존하는 것이 아니라 명확한 목적에 따라 기존 소스를 분석하고 전략적으로 재구성한 결과물을 만드는 것이 핵심입니다.

완성된 결과물은 보컬이 없는 연주곡 형태를 갖추며, 광고나 영상 콘텐츠의 배경음으로 반복 사용해도 청각적 피로감이 없어야 합니다. 길이는 하나로 고정하지 않고 15초와 30초 두 가지 버전으로 제작하여 매체 환경에 따라 유연하게 활용할 수 있도록 구성합니다. 동일한 테마의 음악이라도 목적에 따라 구조를 최적화하여 즉시 실무에 투입할 수 있는 상태를 만드는 과정에 집중합니다.

작업 과정에서는 단일 파일이 아닌 최소 두 개 이상의 AI 음악 결과물을 준비합니다. 각기 다른 매력을 가진 소스들 중에서 베스트 구간을 선별하고 이를 하나의 흐름으로 정교하게 조합합니다. 이 과정에서 어떤 구간을 유지하고 어느 부분을 과감히 교체할지에 대한 창작자의 주관적 판단이 끊임없이 요구됩니다. 기술적인 난이도보다 선택의 밀도가 훨씬 높아지는 작업이라 할 수 있습니다.

작업의 중심은 새로운 소리를 창조하는 것이 아니라, 이미 존재하는 소리를 어떻게 배치하고 설계할 것인가에 있습니다. 같은 재료를 사용하더라도 구간의 순서와 길이를 어떻게 정의하느냐에 따라 음악의 인상은 완전히 달라집니다. 이러한 배치의 기술은 사운드의 흐름을 제어하는 능력을 길러주며, 이는 곧 상업 음악의 완성도를 결정짓는 차이점이 됩니다.

이러한 제작 방식은 광고, 영상, 앱, 게임 등 실제 비즈니스 환경에서 즉각적인 경쟁력이 됩니다. 짧은 시간 안에 소비자에게 강렬한 인상을 남겨야 하는 상업 매체에서는 음악의 효율적인 배치가 무엇보다 중요하기 때문입니다. 소스를 분해하고 재조합하는 경험을 통해, 정해진 틀에 갇히지 않고 프로젝트의 요구사항에 기민하게 대응하는 실무 감각을 익히게 됩니다.

Suno 모델 이해하기

Suno에는 여러 가지 모델 옵션이 존재합니다. 초보자는 종종 "어떤 버전을 써야 더 좋은 음악이 나오는가"를 궁금해합니다. 하지만 상업용 음악 작업에서 더 중요한 질문은 다릅니다. 지금 하려는 작업에 이 모델이 적합한가를 판단하는 것이 핵심입니다.

1. Suno 모델 옵션의 기본 개념

Suno의 모델은 음악을 생성하는 AI의 세대이자 작업 성향을 결정하는 선택지로 이해할 수 있습니다. 모델이 업데이트될수록 한 번에 생성할 수 있는 음악의 길이가 늘어나고, 구조적으로 안정된 결과를 내는 방향으로 발전해 왔습니다. 중요한 점은 모델 옵션이 음악의 '퀄리티 순위'를 의미하지 않는다는 것입니다. 대신 생성 방식, 이후 편집의 용이성, 재사용 가능성에 영향을 미칩니다. 상업용 작업에서는 이 차이가 결과물보다 더 크게 작용하는 경우가 많습니다.

2. 모델 옵션과 생성 길이에 대한 이해

현재 Suno에서는 v4 pro, v4.5-all, v4.5 Pro, v4.5+ Pro, v5 Pro 모델이 제공됩니다. 무료 플랜 사용자는 v4.5-all 모델을 기본으로 사용하게 되며, 한 번에 최대 8분 분량의 대곡을 생성할 수 있어 활용도가 매우 높습니다. 다만 실제 생성 길이는 모델 이름뿐만 아니라 선택한 모드, 가사나 프롬프트의 내용, 생성 맥락에 따라 유동적으로 달라집니다. 따라서 상업용 음악 작업에서는 단순히 생성되는 길이에 치중하기보다, 이후 편집이나 Extend 작업을 고려했을 때 음악의 구조가 얼마나 여유 있게 구성되었는지를 중요하게 판단해야 합니다.

3. 실무에서 체감되는 구조 안정성의 차이

공식 설명에는 잘 드러나지 않지만, 실제로 작업을 반복해 보면 모델 옵션에 따라 구조적인 안정감에서 차이가 느껴집니다. 이전 세대의 결과물에서는 음악이 갑자기 끝나거나 전개가 자연스럽지 않은 경우가 상대적으로 많았습니다.

최근 모델로 갈수록 시작과 끝이 비교적 정돈되어 있으며, 반복해서 들어도 부담이 적은 구조를 만드는 경향이 있습니다. 상업용 음악에서는 이 점이 특히 중요합니다. 음악이 눈에 띄지 않고 콘텐츠 뒤에서 자연스럽게 작동해야 하기 때문입니다.

4. Extend 기능과 모델 옵션의 관계

Extend 기능은 기존 음악의 뒤에 새로운 구간을 덧붙이는 방식으로 작동합니다. 이때 선택한 모델 옵션에 따라 추가된 구간이 기존 음악과 얼마나 자연스럽게 이어지는지에서 차이가 발생합니다.

일반적으로 최신 모델일수록 Extend로 생성된 구간이 기존 음악의 톤과 리듬을 잘 유지합니다. 반대로 구조가 불안정한 결과물에서는 Extend 이후 분위기가 갑자기 달라지는 경우도 생깁니다. 이미 만들어진 음악을 확장하거나 재구성하는 작업이 목적이라면, 최근 모델 옵션을 선택하는 것이 작업 부담을 줄여 줍니다.

5. 프롬프트 반응에 대한 이해

모델 옵션이 업데이트될수록 프롬프트에 대한 반응이 비교적 안정적으로 느껴질 수 있습니다. 같은 설명을 입력해도 톤이나 분위기가 크게 벗어나지 않는 결과가 나오는 경우가 많습니다. 이 차이는 수치로 명확히 구분할 수 있는 요소는 아닙니다. 여러 번 작업을 반복하며 체감하게 되는 영역에 가깝습니다. 여기서 중요한 것은 프롬프트의 '정답'을 찾는 것이 아니라, 결과를 보고 판단하는 감각을 기르는 일입니다.

6. 실무 기준에서의 모델 선택 가이드

- **간단한 연습용 생성**: 어떤 모델 옵션도 무방
- **광고·영상용 BGM 제작**: 구조가 안정적인 최신 모델 권장
- **Extend를 활용한 재구성 작업**: 가장 최근 모델 옵션 권장

이 기준은 음악의 완성도를 보장하기 위한 것이 아니라, 수정과 편집이 수월한 결과물을 얻기 위한 선택 기준입니다.

7. 반드시 기억할 점

출간 시점 기준으로 Suno의 최신 모델은 V5 Pro입니다. 다만 AI 음악 도구의 특성상, 이후 더 높은 버전의 모델이 추가될 가능성은 충분히 존재합니다.

여기서 다룬 모델 설명은 특정 버전을 외우기 위한 것이 아닙니다. 작업 목적에 따라 어떤 기준으로 도구를 선택해야 하는지를 이해하는 데 의미가 있습니다. 어떤 모델을 쓰느냐보다 만들어진 음악을 어떻게 다루느냐가 더 중요합니다.

이미 만든 AI 음악을 확장해 다시 사용하는 작업

이번 프로젝트는 새로운 음악을 만드는 것으로 시작하지 않습니다. 이미 완성된 AI 음원 하나를 원천 소스로 삼아, 이를 다시 정교하게 다듬고 확장하는 작업부터 출발합니다. 이는 '생성' 중심이었던 앞선 실습들과 가장 큰 차별점이며, 이번 장의 핵심은 '연속성 있는 확장' 에 있습니다. 이 프로젝트에서는 하나의 음악이 이미 특정 용도로 사용된 상황을 가정합니다. 예를 들어 30초 분량의 영상 콘텐츠에 사용되던 음악이 있고, 같은 톤과 분위기를 유지한 채 15초 광고 버전이 추가로 필요한 상황입니다. 음악을 새로 만들 수는 있지만, 실무에서는 기존 음악을 기준으로 수정하는 경우가 훨씬 많습니다. 이때 중요한 것은 음악의 품질이 아니라, 기준을 어디에 둘 것인가입니다. 이미 사용 중인 음악의 분위기와 톤을 유지해야 하며, 확장되거나 추가되는 구간도 자연스럽게 이어져야 합니다. 따라서 이번 프로젝트에서는 기존 음악을 중심에 두고, 그 흐름을 깨지 않는 방향으로 작업을 진행합니다. 음악을 새로 만드는 대신, 이미 만들어진 결과물을 어떻게 확장하고 재구성할 것인지에 집중합니다.

01 Suno의 Extend 기능 활용하기

01 Suno의 ① Create 화면으로 이동합니다. Simple 및 Advanced 모드 선택 버튼 오른쪽에 ② 모델 버전이 표시됩니다. 최신 모델로 선택되어 있는지 확인합니다.

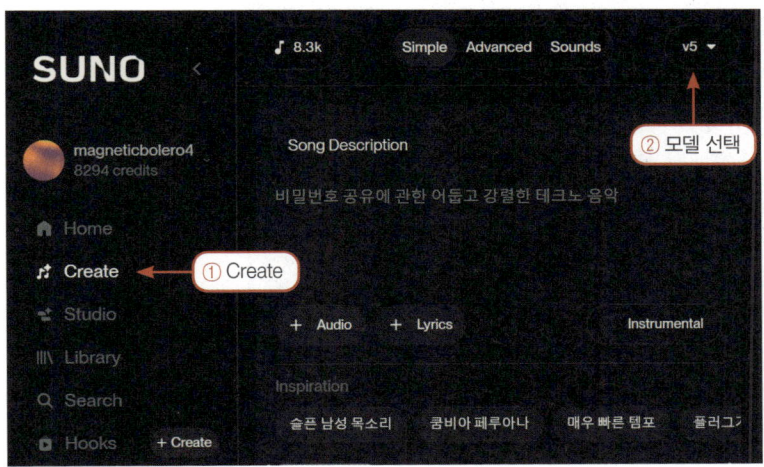

02 무료 플랜에서는 모델 선택이 제한되어 있지만, 상업용 음악 제작이 목적이라면 고해 상도 음원을 지원하고 구조적 안정성이 뛰어난 최신 모델을 추천합니다. 유료 플랜 사용 시 생성된 곡에 대한 완전한 상업적 권리를 가집니다.

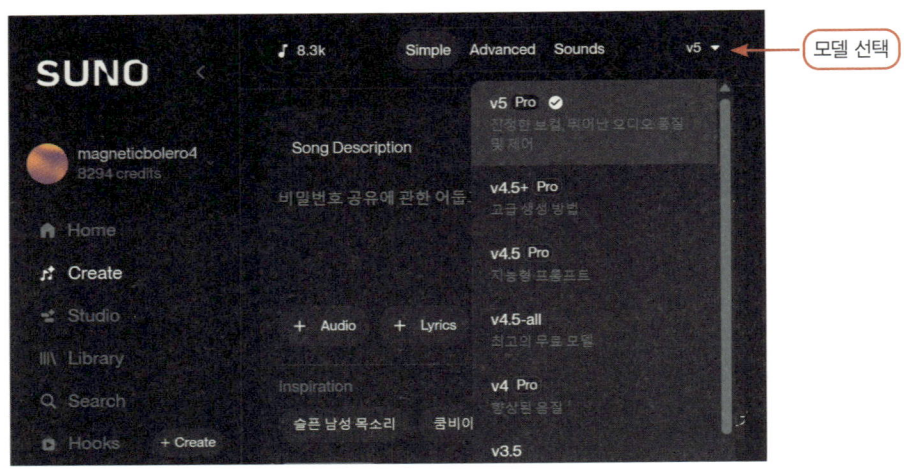

03 가사는 ChatGPT나 Gemini 등에서 만들어 복사해 와도 좋지만, Suno 내부에서도 동 일한 방식으로 수준 높은 가사를 생성할 수 있습니다. 매직 아이콘을 클릭하여 메뉴 를 열고, Write Full Song을 선택합니다.

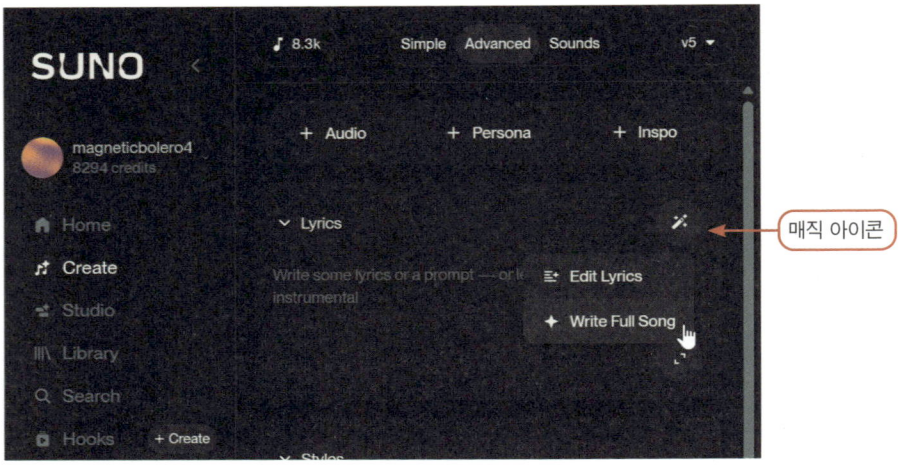

04 가사를 생성할 수 있는 전용 창이 열립니다. 아래 프롬프트 입력창에 ChatGPT나 Gemini를 사용하듯 원하는 가사의 주제나 스타일(예: "도심의 새벽, 차가운 신스팝 분위기")을 입력한 뒤, Write Lyrics 버튼을 클릭합니다.

Write Lyrics

05 입력한 프롬프트를 바탕으로 두 가지 버전의 가사가 생성됩니다. 내용을 확인한 뒤, 마음에 드는 가사의 Select This Option 버튼을 클릭하여 적용합니다.

Select This Option

06 Suno는 두 가지 가사 생성 모델을 제공합니다. 기본 설정인 Classic 모델로 생성한 결과가 마음에 들지 않는다면, ReMi 모델로 변경하여 다시 시도해 봅니다. 모델에 따라 가사의 분위기와 표현 방식이 달라져 새로운 느낌의 가사를 얻을 수 있습니다.

모델 선택

나에게 맞는 가사 생성 모델 선택하기

● **Classic 모델: "정석적인 노래를 원할 때"**

특징: 사용자가 입력한 내용을 최대한 충실히 반영하며, 팝이나 가요에서 흔히 듣는 전형적인 틀(1절-후렴-2절-후렴)을 잘 유지합니다.

장점: 가사의 흐름이 예측 가능하여 안정적입니다. 특히 DAW에서 마디를 나누어 편집할 때, 박자가 깔끔하게 맞아떨어지는 결과물을 얻기에 유리합니다.

추천: 음악 제작이 처음이거나 대중적이고 깔끔하게 정리된 곡을 만들고 싶을 때.

● **ReMi 모델: "신선하고 독특한 노래를 원할 때"**

특징: Suno의 최신 엔진으로 사용자의 아이디어를 바탕으로 예상치 못한 창의적인 문장이나 독창적인 전개를 보여줍니다.

장점: 뻔하지 않은 가사를 써주기 때문에 예술적인 느낌이 강합니다. 다만, 주제를 매우 과감하게 해석하여 다소 파격적인 가사가 나올 수도 있다는 점에 유의해야 합니다.

추천: 남들과는 다른 독창적인 곡을 원하거나 현대적이고 감각적인 가사를 담고 싶을 때.

07 가사가 완성되었다면, Style 입력창에 원하는 장르나 악기(예: 1980s New Wave, Synthpop, Analog Synthesizer)를 입력합니다. 매직 아이콘을 클릭하면, 입력한 키워드를 분석하여 최적의 악기 세팅과 편곡 방향을 상세한 설명문으로 구체화해 줍니다.

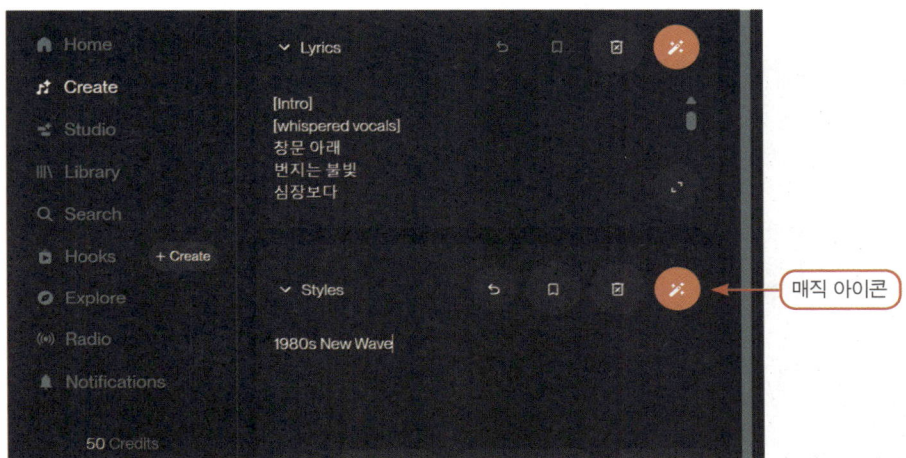

08 필요하다면 More Options의 ① Vocal Gender에서 보컬의 성별을 지정하거나 자동으로 생성된 ② 제목을 수정할 수도 있습니다. 모든 설정이 끝났다면 Create 버튼을 클릭하여 곡을 생성합니다.

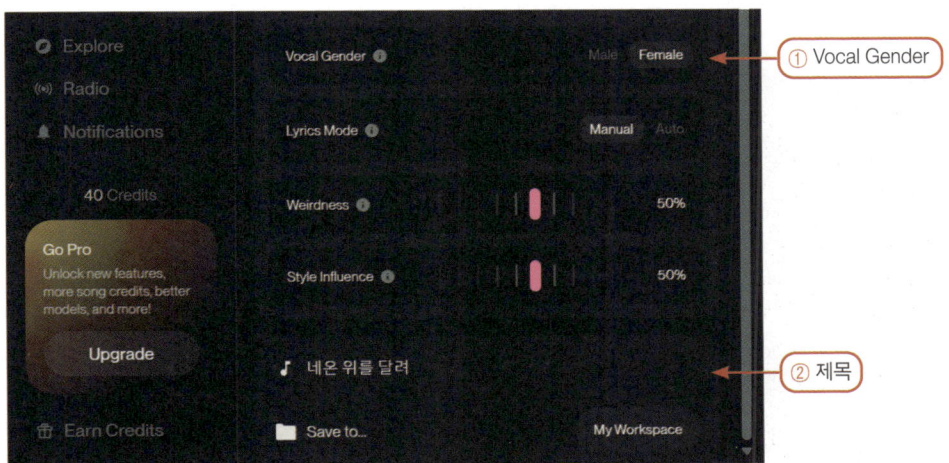

09 잠시 기다리면 약 2~4분 내외의 곡이 두 가지 버전으로 생성됩니다. 재생 버튼을 클릭하여 결과물을 들어본 뒤, 더 길게 연장하고 싶은 곡에서 마우스 오른쪽 버튼을 클릭하여 단축 메뉴를 열거나 곡 정보 오른쪽에 위치한 Remix/Edit를 클릭하면 열리는 메뉴에서 Extend를 선택합니다.

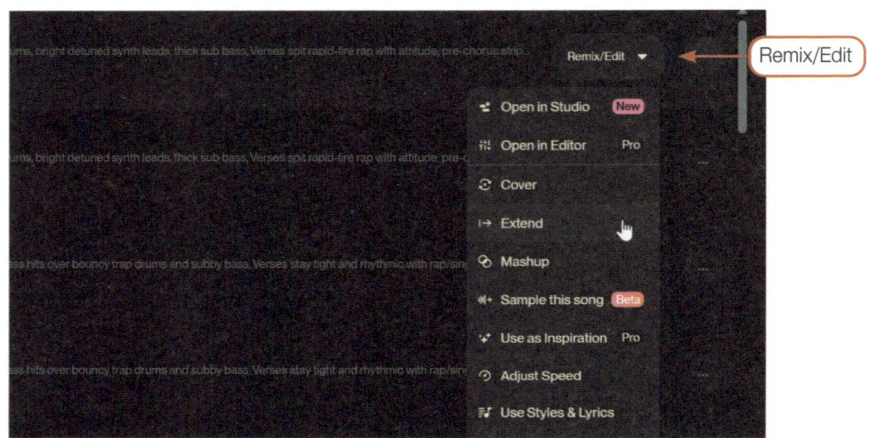

10 Lyrics 창 위에 Extend 설정 화면이 나타납니다. 재생 버튼을 클릭하고 파형을 클릭하면 해당 위치의 음악을 즉시 모니터링할 수 있습니다. 분홍색의 KEEP 영역은 원곡을 그대로 유지할 구간이며, 회색 RECREATE 영역은 새로운 음악으로 다시 생성될 구간입니다. KEEP 영역의 오른쪽 경계 라인을 드래그하여 범위를 조절할 수 있습니다.

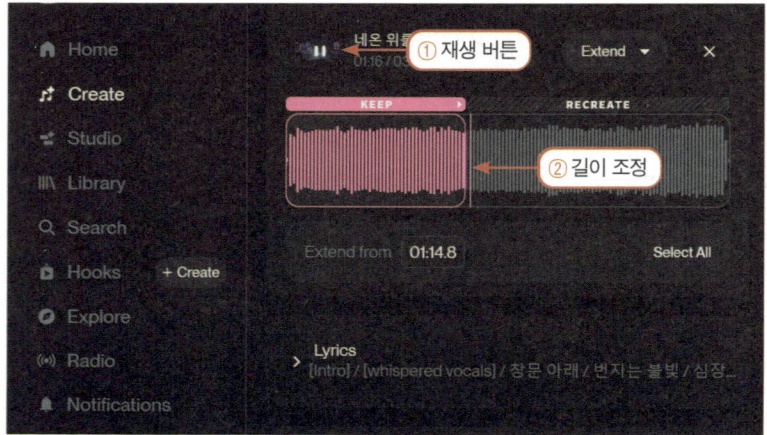

11 원곡을 그대로 유지하고 길이만 추가하고 싶다면 Select All 버튼을 클릭하여 곡 전체를 KEEP 구간으로 설정합니다. 범위 선택이 완료되면 처음 곡을 만들 때와 마찬가지로 하단의 Create 버튼을 클릭하여 새로운 곡을 생성합니다.

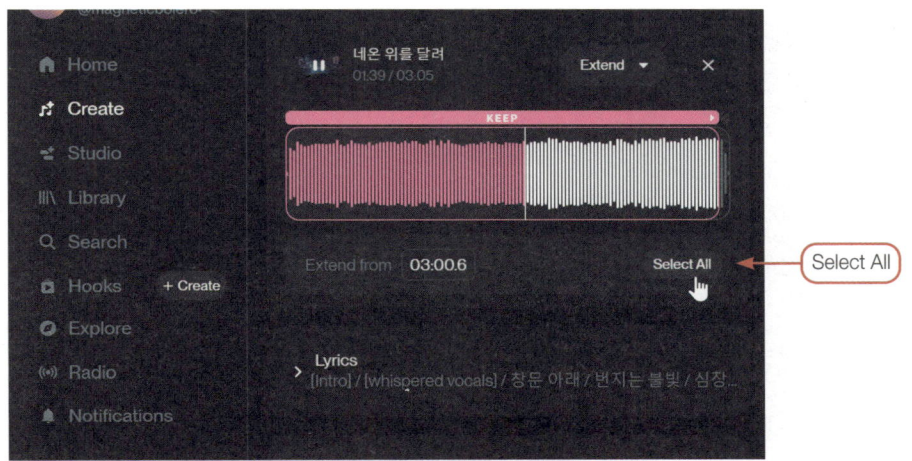

12 다른 곡에서 정보를 가져올 때는 현재 스타일 입력창의 내용을 연장하려는 원곡의 정보로 덮어쓸 것인지 묻는 Overwrite Styles? 창이 열립니다. Overwrite를 클릭하면 원곡의 스타일로 교체되며, Keep Current를 클릭하면 현재 입력창에 있는 내용을 유지합니다. 곡의 전체적인 분위기를 자연스럽게 이어가고 싶다면 Overwrite를 선택하는 것이 좋으며, 새로운 악기나 분위기로 변화를 주고 싶을 때만 Keep Current를 사용합니다.

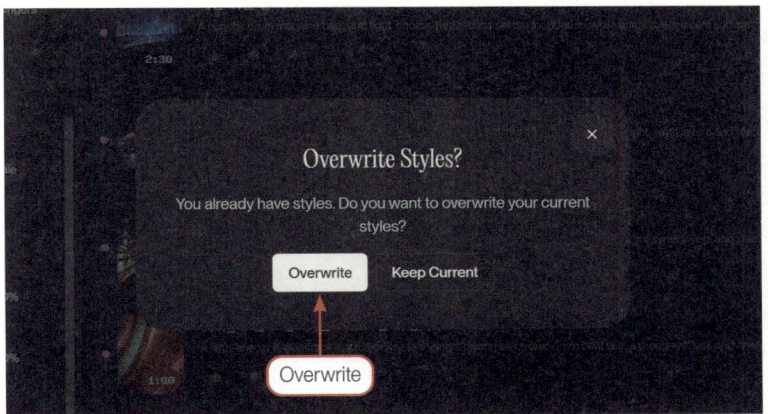

13 처음 곡을 생성할 때와 마찬가지로 10 Credit이 소요되며, 두 가지 버전의 곡이 생성됩니다. 생성된 각 음악을 충분히 들어본 후, 마음에 드는 곡의 Get Full Song 버튼을 클릭하여 원곡과 변경된 부분을 하나로 합쳐 길이를 연장할 수 있습니다.

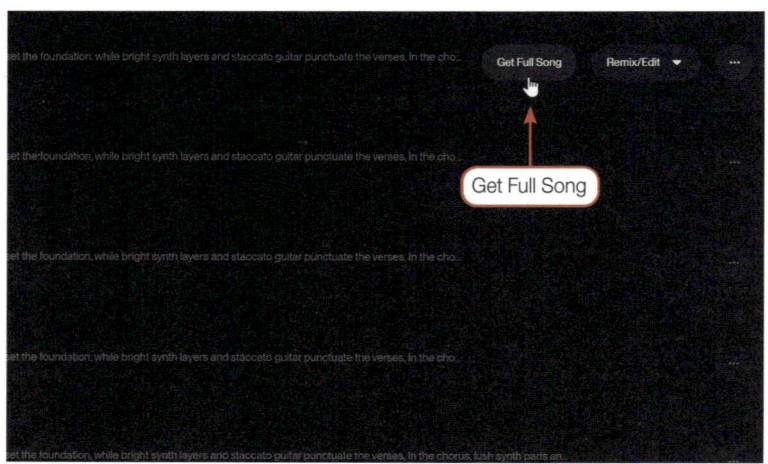

14 좀 더 긴 음악이 필요하다면 이 과정을 반복하여 최대 8분 길이까지 곡을 확장할 수 있습니다. 완성된 곡을 저장하려면 마우스 오른쪽 버튼을 클릭하여 단축 메뉴를 열거나 곡 제목 오른쪽의 메뉴(점 3개) 버튼을 클릭한 후 Download를 선택합니다.

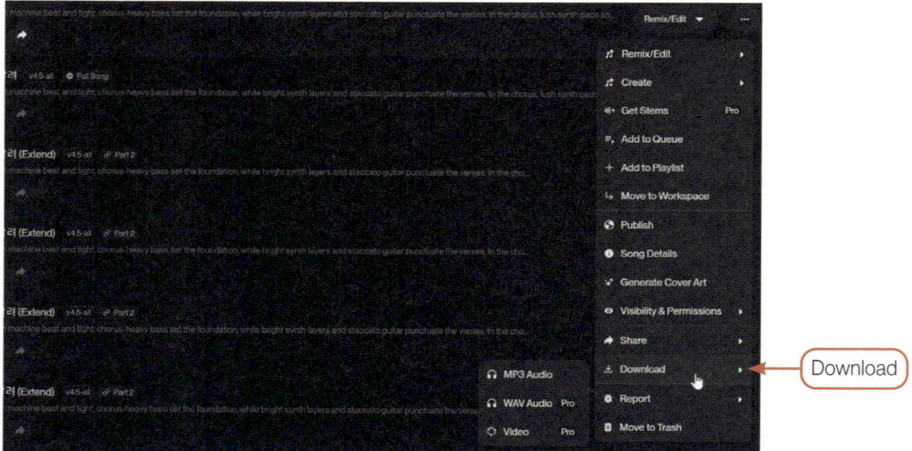

02 광고 길이로 편집하기

01 로직 프로를 실행하여 빈 프로젝트를 생성한 후, LCD 디스플레이에 있는 템포 항목을 클릭하여 조정 모드로 변경합니다. 그리고 Suno에서 다운로드한 음원 파일을 프로젝트로 드래그하여 가져다 놓습니다.

02 트랙에서 마우스 오른쪽 버튼을 클릭하여 단축 메뉴를 열고, 트랙 헤더 구성의 대체 트랙 항목을 체크합니다.

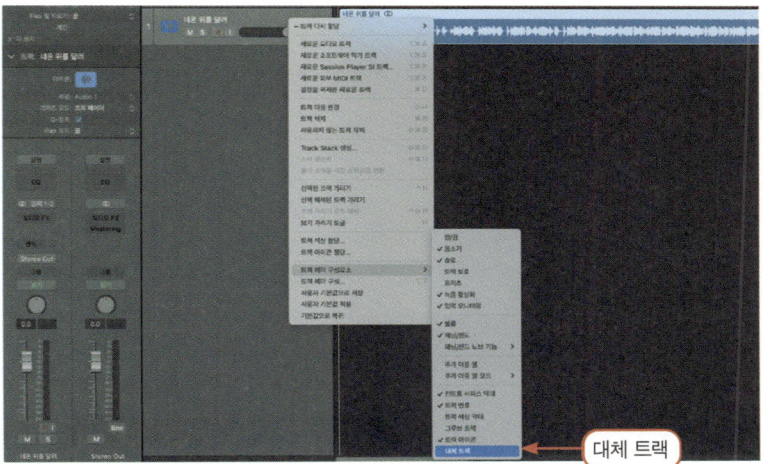

03 트랙 이름 오른쪽에 작은 화살표 모양의 대체 아이콘이 표시됩니다. 클릭하면 신규 트랙을 생성할 수 있는 메뉴가 열리는데, 여기에서 복제를 선택합니다.

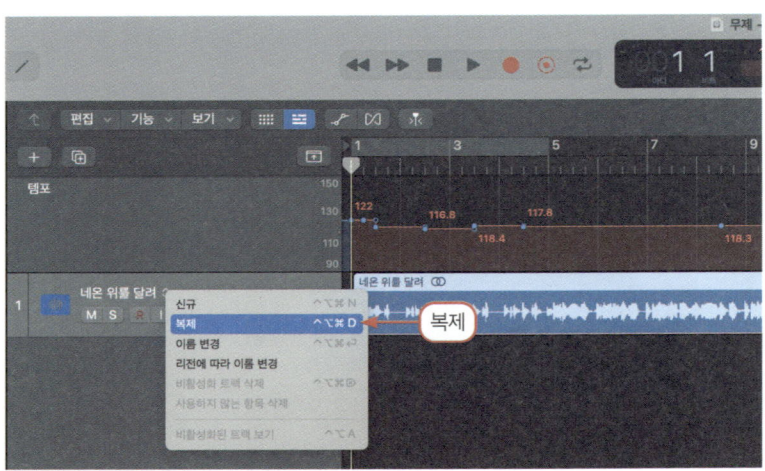

04 복제된 대체 트랙이 생성됩니다. 화살표 메뉴를 다시 클릭하여 이름 변경합니다. 복제와 이름 변경 과정을 반복하여 15초 쇼츠용, 30초 TV 광고용, 1분 유튜브 홍보용과 같이 각각 이름을 붙여줍니다.

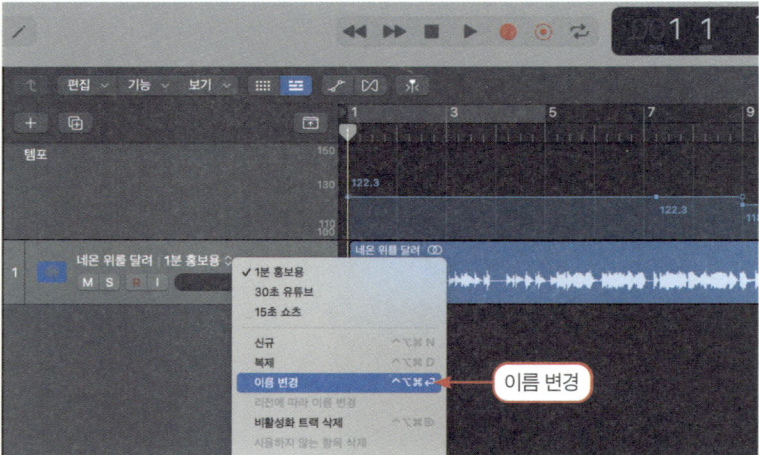

05 화면 상단 LCD 디스플레이의 우측 메뉴 버튼을 클릭하여 설정 목록을 엽니다. 목록
에서 시간을 선택하면 시:분:초:프레임 단위로 확인할 수 있습니다.

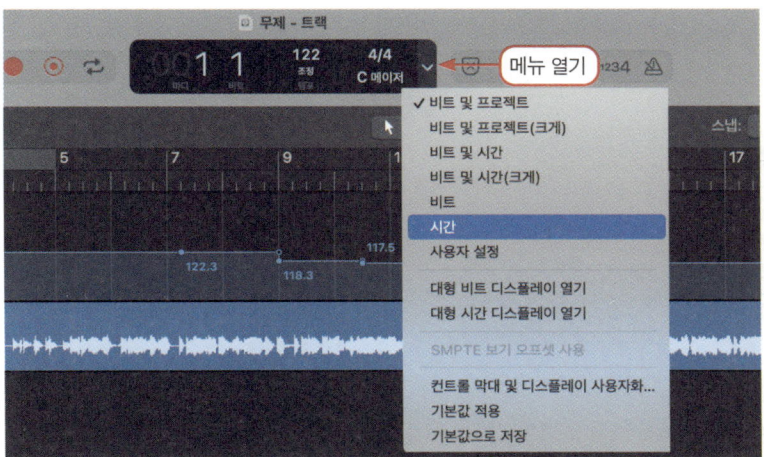

06 트랙 영역 상단의 도구 메뉴를 클릭하여 정밀한 편집 범위를 자유롭게 선택할 수 있
는 마키 도구를 선택합니다.

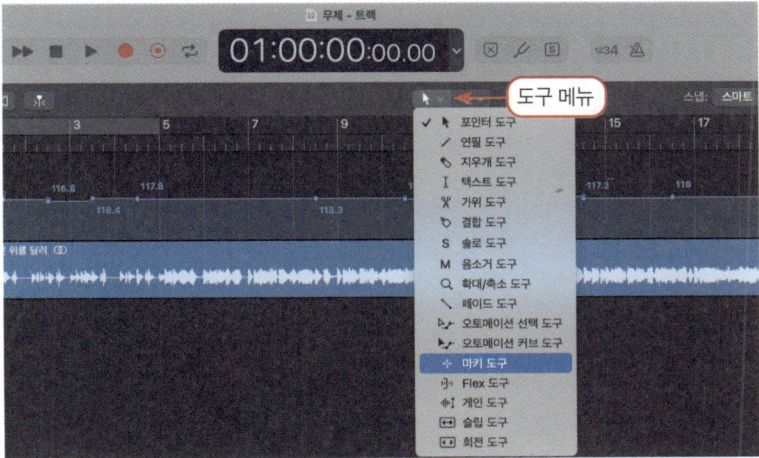

07 스페이스 바 키를 눌러 곡을 재생하며 광고로 쓰기에 가장 매력적인 하이라이트 구간을 찾습니다. Suno의 Extend 기능으로 곡을 충분히 연장해 두었기 때문에 편집에 활용할 수 있는 선택 범위가 매우 넓고 풍성합니다. 적합한 위치를 발견했다면, 시간 디스플레이를 확인하며 필요한 만큼 범위를 선택합니다.

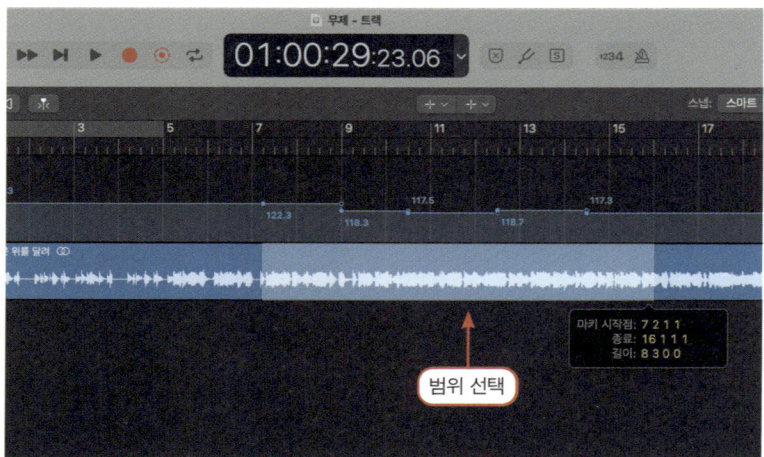

08 구간을 선택했다면, 편집 메뉴의 다듬기에서 마키의 선택 범위 밖으로 리전 자르기를 선택합니다. 선택한 구간만 남고, 나머지 불필요한 부분들은 한 번에 삭제됩니다.

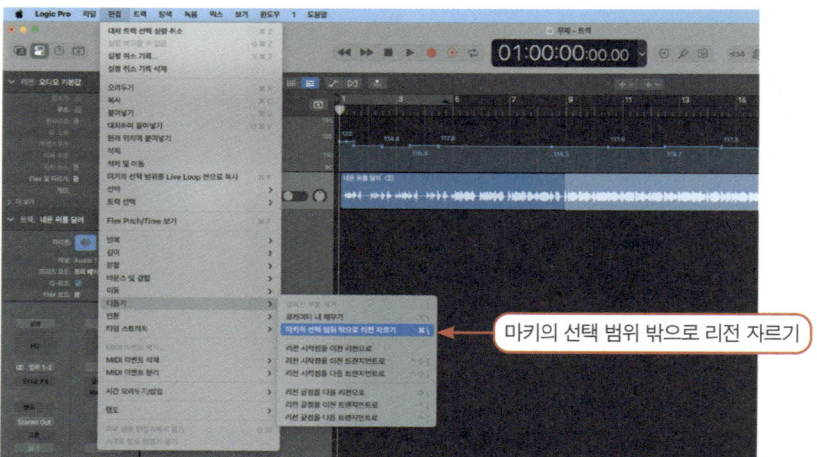

09 짧은 곡이 시작될 때 갑자기 튀거나 끝날 때 툭 끊기지 않도록 마무리를 할 차례입니다. 도구 메뉴를 클릭하여 시작과 엔딩을 부드럽게 감싸줄 페이드 도구를 선택합니다.

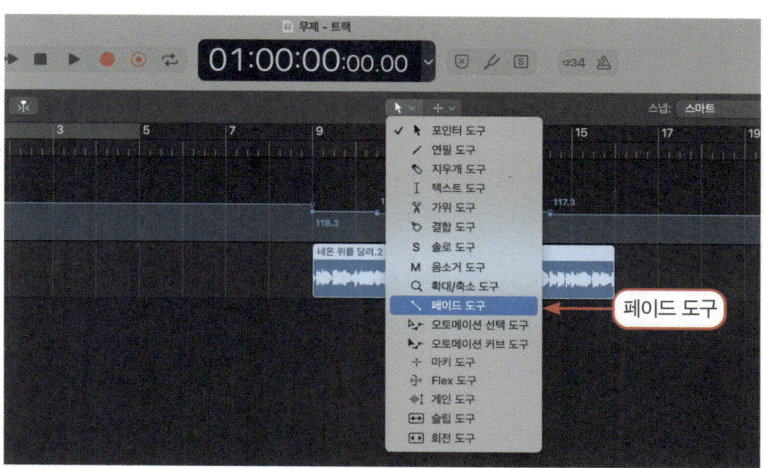

10 리전의 시작 부분을 드래그하여 소리가 점점 커지는 페이드 인과 끝 부분을 드래그하여 점점 작아지는 페이드 아웃을 만들 수 있습니다. 생성된 페이드 곡선을 위아래로 드래그하면 속도를 조절할 수 있습니다.

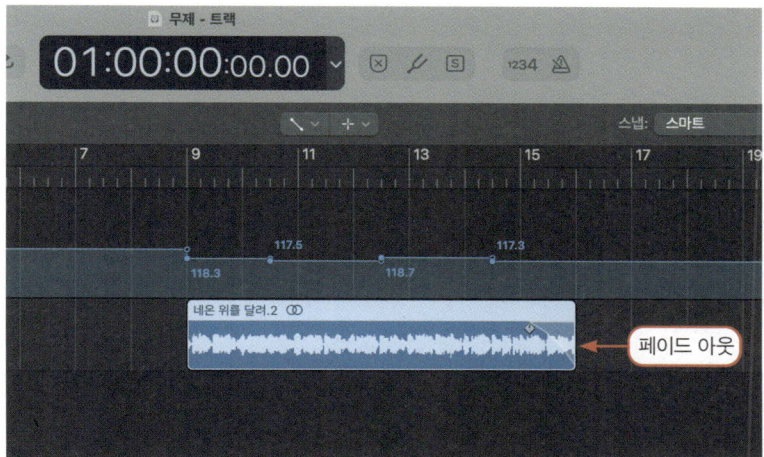

11 대체 트랙 아이콘을 클릭하여 미리 만들어둔 다른 매체용 트랙을 선택합니다. 앞서 진행한 것과 동일하게 마키 도구로 범위를 선택하여 자르고, 페이드 도구로 페이드 인/아웃을 적용하는 과정을 반복합니다. 이 과정을 통해 하나의 트랙 안에서 각 매체 성격에 맞는 광고 음악 3종 세트를 완성됩니다.

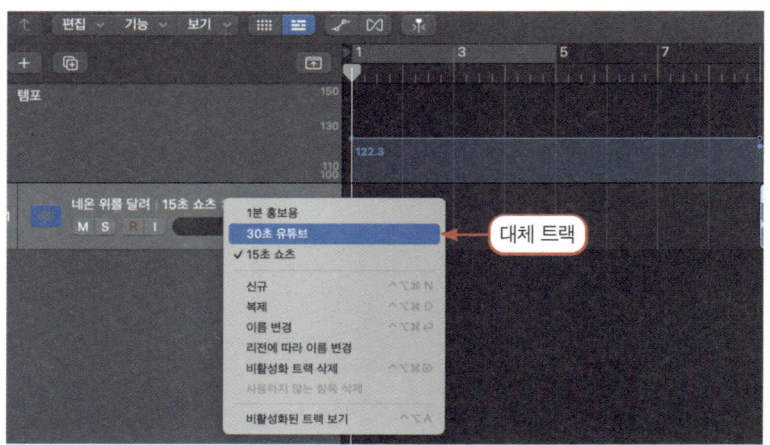

12 모든 편집 작업이 완료되었다면, 내보낼 리전을 선택하고, 파일 메뉴의 바운스에서 프로젝트 또는 섹션을 선택하여 MP3 또는 Wave 파일로 저장합니다. 대체 트랙 아이콘을 눌러 각 버전을 교체해가며 바운스 과정을 반복하여 15초, 30초, 1분 등 각기 다른 타임라인을 가진 맞춤형 광고 음악 세트를 완성합니다.

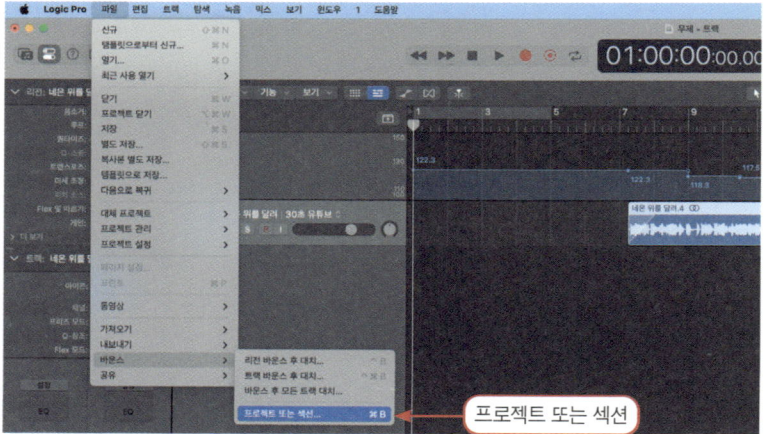

실제 프로젝트에 적용해 보기

완성된 음악을 실제 작업 환경에 사용한다고 가정해 봅니다. 이번 장에서 만든 결과물은 하나의 음악이 아니라, 하나의 음악을 기반으로 여러 길이와 구조를 가진 버전들입니다. 이 점이 앞선 장과 가장 큰 차이입니다.

예를 들어 30초 분량의 브랜드 영상에 사용되던 음악이 있다고 가정해 보겠습니다. 같은 음악을 활용해 15초 쇼츠용 버전과 1분 분량의 소개 영상 버전이 추가로 필요해진 상황입니다. 음악을 새로 만들 수도 있지만, 이미 사용 중인 음악의 톤과 분위기를 유지하는 것이 더 중요한 조건입니다.

이때 각 버전은 서로 다른 길이를 가지지만, 전혀 다른 곡처럼 들려서는 안 됩니다. 시작 톤과 전체적인 분위기, 에너지의 흐름이 동일하게 느껴져야 합니다. 이를 확인하기 위해 각 버전을 차례로 재생하며 다음 질문을 던져 봅니다.

"이 음악들은 같은 브랜드의 음악처럼 들리는가?"

이 질문에 자연스럽게 그렇다고 답할 수 있다면, 확장과 재구성 작업은 성공적으로 이루어진 것입니다.

흔히 발생하는 문제와 해결법

확장 작업에서 가장 자주 발생하는 문제는 연결이 어색하다는 느낌입니다. Extend로 추가된 구간이 기존 음악과 기술적으로는 이어져 있지만, 분위기가 미묘하게 달라지는 경우가 있습니다.

이럴 때는 먼저 Extend를 시작한 지점을 점검합니다. 전환 직전이나 악기 변화가 큰 구간을 기준으로 확장을 시도하면 이질감이 생기기 쉽습니다. 비교적 반복 구조가 안정적인 구간을 기준으로 Extend를 사용하는 것이 좋습니다.

다음으로 스타일 설정을 확인합니다. Overwrite Styles를 선택하지 않았을 경우, 기존 곡과 다른 악기나 리듬이 섞일 수 있습니다. 같은 음악을 자연스럽게 연장하는 것이 목적이라면, 원곡의 스타일을 유지하는 선택이 기본입니다.

마지막으로 이 문제가 다시 생성을 해야 할 정도인지 판단합니다. 아주 짧은 어색함이라면 DAW에서의 구간 선택이나 페이드 처리만으로도 충분히 해결할 수 있습니다.

반대로 음악이 지나치게 단조롭게 느껴지는 경우도 있습니다. 이럴 때는 전체를 바꾸기보다 Extend 구간에서만 미세한 변화를 주는 것이 효과적입니다. 'slightly more rhythm', 'subtle variation' 같은 표현만 추가해도 충분한 차이를 만들 수 있습니다.

응용 연습

① 길이 요구가 계속 바뀌는 상황

상업 작업에서는 음악 길이에 대한 요청이 한 번에 끝나지 않는 경우가 많습니다. 15초로 시작한 작업이 20초, 30초, 45초로 점점 늘어나는 상황을 떠올려 봅니다.

이럴 때마다 음악을 다시 만들기보다는 가장 긴 버전을 기준으로 구조를 확보해 두는 것이 중요합니다. 먼저 Extend를 활용해 충분히 긴 버전을 만들어 두고, 그 안에서 안정적인 반복 구간과 하이라이트 구간을 파악합니다.

그 다음 각 길이에 맞춰 필요한 부분만 선택해 편집합니다. 이 방식으로 작업하면, 추가 요청이 와도 새로운 음악 생성 없이 빠르게 대응할 수 있습니다.

② 같은 음악, 다른 분위기 요청

"음악은 좋은데, 조금 더 차분한 버전도 필요하다"라는 요청을 받는 경우도 자주 발생합니다. 이때 완전히 다른 음악을 만드는 것은 좋은 해결책이 아닐 수 있습니다.

원곡의 구조는 유지한 채 Extend 구간에서 악기 밀도를 낮추거나 DAW에서 특정 구간의 에너지를 조절하는 방식으로 변화를 줄 수 있습니다. 이렇게 하면 같은 음악을 기반으로 한 여러 버전을 동시에 확보할 수 있습니다.

③ 비교와 평가

확장 작업에서의 평가는 감상보다는 활용 가능성에 가깝습니다. 다음 질문을 기준으로 결과물을 점검해 봅니다.

- 길이가 달라져도 같은 음악처럼 들리는가?
- 영상 뒤에서 반복 재생해도 부담이 없는가?
- 시작과 끝이 모두 자연스럽게 연결되는가?

여러 버전을 비교할 때는 반드시 같은 볼륨에서 번갈아 들어보는 것이 중요합니다. 볼륨 차이는 음악의 구조와 인상을 판단하는 데 혼란을 줄 수 있습니다.

핵심 포인트

1. 상업용 음악은 반복 사용을 전제로 합니다.
하나의 음악이 여러 길이와 구조로 나뉘어 사용된다는 점을 항상 염두에 두어야 합니다.

2. 문제의 대부분은 일부 구간에 있습니다.
전체를 다시 만들기 전에 수정과 재구성으로 해결할 수 있는지 먼저 판단합니다.

3. Extend는 새로 만드는 기능이 아닙니다.
기존 흐름을 유지하며 자연스럽게 이어 붙이기 위한 도구라는 점을 기억합니다.

이 관점을 익히면, AI 음악을 단순한 결과물이 아니라 상황에 맞게 조정 가능한 작업 자산으로 다룰 수 있게 됩니다.

음악에 인격과 질감을
부여하는 기술

음악의 첫인상을 결정짓는 것은 결국 '목소리'와 그 소리가 가진 '질감'입니다. 생성된 음악이 단순한 결과물을 넘어 하나의 브랜드가 되기 위해서는 그 음악만의 고유한 페르소나가 필요합니다.

수많은 소리 중 하나를 선택해 전속 가수로 임명하고, 나아가 디렉터 자신의 목소리를 디지털 데이터로 이식하여 독보적인 정체성을 구축하는 법을 다룹니다. 이는 단순한 가창을 넘어 음악에 인격을 부여하는 고도의 브랜드 설계 과정입니다.

또한, 과거의 거친 습작이나 낮은 해상도의 소리를 현대적인 고음질로 재탄생시키는 로직을 실습하게 됩니다. 이 과정을 통해 AI 음악에 생명력을 불어넣고, 대중의 귀에 각인될 강력한 사운드 브랜드를 완성하게 될 것입니다.

05 히트곡으로 새로운 곡 만들기

정밀한 설계도로 Style을 통제하다

히트곡을 다시 듣는 방식

음악을 만들다 보면, 이미 완성도가 높다고 느껴지는 곡들을 반복해서 듣게 됩니다. 잘 만들어진 히트곡은 사운드와 구조, 에너지의 흐름까지 안정적으로 정리되어 있어 자연스럽게 하나의 기준점이 됩니다. 그러다 보면 이런 질문이 떠오릅니다.

"이 음악에서 무엇을 참고할 수 있을까?"

하지만 그 기준은 생각보다 모호합니다. 어디까지가 분석이고, 어디서부터가 모방인지 명확하지 않기 때문입니다. 이 경계가 흐릿해질수록 작업은 조심스러워지고, 결국 구체적인 시도 대신 막연한 '영감'의 영역에 머무르게 됩니다.

Catalog of Attributes(속성 목록)라는 개념을 통해 이 문제를 다른 방식으로 접근합니다. 음악을 하나의 완성된 결과물로 보지 않고, 여러 구성 요소가 결합된 집합으로 나누어 바라보는 방식입니다. 사운드, 리듬, 화성, 구조, 전개와 같은 속성을 분리해 정리함으로써 특정 곡의 인상을 그대로 따라 하지 않고도 작업을 시작할 수 있는 명확한 출발점을 마련합니다.

영감과 표절 사이의 오래된 질문

음악을 만드는 사람이라면 누구나 비슷한 질문을 품게 됩니다. 어떤 음악에서 영향을 받았다고 말할 수 있는 기준은 무엇인지, 어디까지가 오마주이며 어디부터가 베끼기인지에 대한 고민입니다. 이는 특정 장르나 숙련도에 국한된 문제가 아니라 음악을 만드는 모든 과정에서 반복적으로 마주하게 되는 질문입니다.

우리는 완전히 무(無)에서 출발할 수 없습니다. 지금까지 들어온 모든 음악은 이미 감각과 취향, 판단 기준 속에 축적되어 있습니다. 특정 곡을 의식적으로 참고하지 않더라도 과거에 들었던 리듬, 화성, 사운드의 기억은 자연스럽게 선택에 영향을 미칩니다. 따라서 문제는 영향을 받느냐의 여부가 아니라 그 영향을 얼마나 자각하고 다루느냐에 있습니다.

어떤 음악은 멜로디 한 줄만 들어도 특정 곡이 즉시 떠오릅니다. 반면 어떤 음악은 분명 익숙한 분위기를 가지고 있으면서도 정확한 원본을 지목하기는 어렵습니다. 이 차이는 우연이 아닙니다. 창작 과정에서 무엇을 그대로 가져오고, 무엇을 변형하거나 추상화했는지에 따라 청자의 인식이 달라집니다. 표면에 드러나는 요소를 직접 차용할수록 원본은 분명해지고, 구조나 작동 방식처럼 추상적인 요소를 참고할수록 결과물은 새롭게 인식됩니다.

법적인 기준을 떠나서 보더라도 창작자 스스로가 느끼는 감정은 중요한 판단 기준이 됩니다. 작업을 마친 뒤 결과물을 다시 들었을 때 그것을 자연스럽게 자신의 음악이라고 받아들일 수 있는지, 혹은 빌려온 흔적이 계속 마음에 걸리는지는 단순한 규칙이나 수치로 판단하기 어렵습니다. 이 불편함은 종종 창작자가 스스로 넘지 말아야 할 경계를 감지하고 있다는 신호이기도 합니다.

이처럼 영감과 표절의 경계는 외부에서 일방적으로 정해지는 것이 아니라 창작 과정 전반에서 반복적으로 점검해야 할 문제입니다. 중요한 것은 영향을 완전히 제거하는 것이 아니라 그 영향을 어떻게 분해하고 재구성할 것인지에 대한 태도입니다.

속성 카탈로그란 무엇인가

속성 카탈로그(Catalog of Attributes)는 하나의 음악을 그대로 따라 만들기 위한 방법이 아닙니다. 이는 특정 음악의 결과물을 모방하는 대신, 그 음악을 이루고 있는 성격과 구조를 세분화하여 정리하는 접근 방식입니다. 개별 소리나 멜로디를 복사하는 것이 아니라 그 음악이 어떤 원리와 조건 아래에서 작동하고 있는지를 기록하는 도구입니다. 따라서 Catalog of Attributes는 음악을 재현하기 위한 설계도가 아니라 새로운 음악을 설계하기 위한 출발점에 가깝습니다.

우리는 음악을 들을 때 종종 "이 곡 느낌이 좋다"라고 말하지만, 그 느낌이 어디에서 비롯되는지를 명확하게 설명하기는 쉽지 않습니다. 이러한 인상은 사운드의 질감, 화성의 흐름, 리듬의 반복 방식, 곡의 전개 구조 등 여러 요소가 동시에 작용한 결과로 형성됩니다. Catalog of Attributes는 이러한 복합적인 인상을 그대로 받아들이는 데서 멈추지 않고, 그 인상을 구성하는 요소들을 하나씩 분해해 바라보는 과정입니다. 이렇게 정리된 언어는 이후 새로운 음악을 만들 때 방향을 잡아 주는 기준으로 작용합니다.

여기서 말하는 '속성'이란 음악을 구성하는 개별적인 특성과 성향을 의미합니다. 어떤 소리가 곡의 중심을 이루는지, 전체 사운드는 두툼한지 가벼운지, 공간감은 넓은지 밀집되어 있는지와 같은 요소가 속성에 해당합니다. 또한 화성이 단순한 반복을 기반으로 하는지, 혹은 지속적으로 변화하며 긴장감을 만들어내는지도 중요한 판단 기준이 됩니다. 멜로디가 곡을 이끄는 주된 역할을 하는지, 아니면 리듬이나 사운드에 묻혀 보조적인 기능을 수행하는지 역시 속성으로 정리할 수 있습니다. 이와 함께 리듬의 안정성과 변주 방식, 곡이 어떤 요소로 시작해 어떤 분위기로 마무리되는지도 모두 속성의 일부입니다.

이러한 질문들은 반드시 음악 이론 지식을 요구하지 않습니다. 정확한 코드명이나 리듬 패턴, 악보를 적지 않아도 무방합니다. 오히려 '두툼하게 쌓인 소리', '차분하지만 긴장감을 유지하는 분위기', '반복되며 몰입을 유도하는 리듬'과 같이 실제로 느껴지는 인상을 솔직하게 기록하는 것이 중요합니다. Catalog of Attributes는 전문 용어를 나열하기 위한 문서가 아니라, 듣는 경험을 언어로 변환하여 사고의 재료로 삼기 위한 도구입니다.

속성 카탈로그를 작성하는 관점

이제 앞에서 설명한 개념을 실제로 적용해 봅니다. 이 단계에서는 음악을 이론적으로 해석하거나 분석하려 하기보다 들리는 인상을 일정한 기준에 따라 나누어 정리하는 데 집중합니다. 각 항목은 정답을 찾기 위한 질문이 아니라 음악을 분해해 바라보기 위한 안내선에 가깝습니다.

아래의 다섯 가지 관점은 음악을 구성하는 핵심 요소를 가장 단순하면서도 직관적으로 나눈 기준입니다. 이 기준을 통해 우리는 한 곡을 '좋다'거나 '비슷하다'는 인상에서 벗어나 어떤 선택들이 그 음악을 그렇게 들리게 만들었는지를 구체적으로 바라볼 수 있게 됩니다.

1) Sound (사운드)

사운드는 음악의 첫인상을 결정하는 요소입니다. 다음과 같은 관점에서 소리를 살펴봅니다.

- 어떤 악기나 음색이 곡의 전면에 있는지 확인합니다.
- 소리가 부드럽게 느껴지는지, 날카롭거나 거친 인상을 주는지 판단합니다.
- 사운드가 두툼하게 쌓여 있는지, 가볍고 여백이 많은지도 살펴봅니다.
- 공간감이 넓게 펼쳐져 있는지, 혹은 밀집되어 있는지도 함께 고려합니다.

정확한 악기 이름이나 장비를 알지 못해도 괜찮습니다. '두툼한 신스', '건조한 소리', '공간이 많이 느껴지는 사운드'처럼 실제로 들리는 인상을 그대로 기록하면 충분합니다.

2) Harmony (화성)

화성은 곡의 분위기와 긴장도를 형성하는 요소입니다. 다음과 같은 질문을 통해 정리합니다.

- 음악의 전반적인 인상이 밝은지, 어두운지를 감각적으로 판단합니다.
- 코드 변화가 자주 느껴지는지, 아니면 비슷한 흐름이 반복되는지 살펴봅니다.
- 화성이 안정감을 주는지, 혹은 긴장과 해소를 반복하며 흐름을 만드는지도 확인합니다.

악보나 코드명을 모르는 경우에도 문제되지 않습니다. 화성이 주는 인상과 변화의 느낌을 중심으로 기록해도 무방합니다.

3) Melody (멜로디)

멜로디는 곡을 기억하게 만드는 핵심 요소이지만, 의도적으로 배경에 머무를 수도 있습니다.

● 따라 부를 수 있는 멜로디가 있는지 확인합니다.
● 특정 음이나 패턴이 반복되어 인상을 남기는지 살펴봅니다.
● 멜로디보다 리듬이나 사운드가 더 중요한 역할을 하는지도 판단합니다.

멜로디가 눈에 띄지 않는 경우에도 그 선택 자체가 중요한 속성이 됩니다.

4) Rhythm (리듬)

리듬은 음악의 움직임과 에너지를 결정합니다. 다음 요소를 중심으로 관찰합니다.

● 템포가 빠른지, 중간 정도인지, 느린지를 감각적으로 파악합니다.
● 몸을 자연스럽게 움직이게 만드는 그루브가 있는지 살펴봅니다.
● 반복적으로 등장하는 리듬 포인트나 강조되는 박이 들리는지도 확인합니다.

정확한 리듬 패턴을 적기보다는 반복성과 추진력을 중심으로 기록하는 것이 중요합니다.

5) Form (구조)

구조는 음악이 시간 속에서 전개되는 방식입니다. 다음과 같은 흐름을 기준으로 정리합니다.

● 곡이 어떤 요소로 시작하는지 확인합니다.
● 진행 중에 언제 새로운 요소가 추가되거나 빠지는지를 살펴봅니다.
● 전체적으로 반복, 누적, 대비 중 어떤 방식이 주가 되는지도 정리합니다.

이를 통해 음악이 어떻게 긴장과 변화를 만들어내는지를 한눈에 파악할 수 있습니다.

이 다섯 가지 관점은 음악을 정답처럼 분석하기 위한 도구가 아닙니다. 이는 창작자가 음악을 보다 의식적으로 듣고, 그 경험을 다시 사용할 수 있는 형태로 정리하기 위한 최소한의 틀입니다. 이 틀을 바탕으로 작성된 속성 카탈로그는 이후 AI 음악 생성과 DAW 편집 과정에서도 일관된 기준으로 작동하며, 새로운 음악을 설계하는 데 중요한 출발점이 됩니다.

속성 카탈로그(Catalog of Attributes)

속성 카탈로그는 특정 음악을 그대로 따라 만들기 위한 방법이 아닙니다. 개별 소리나 멜로디를 복사하는 대신, 한 곡을 이루는 사운드, 화성, 멜로디, 리듬, 구조를 분해해 음악이 작동하는 방식을 기록하는 도구입니다. 이는 음악을 재현하기 위한 설계도가 아니라 새로운 음악을 설계하기 위한 출발점에 가깝습니다. 이 방법의 목적은 정답을 제시하는 데 있지 않습니다. 사운드의 성격, 화성의 흐름, 멜로디의 역할, 리듬의 반복 방식, 곡의 전개 구조를 언어로 정리함으로써 막연한 인상을 이후의 창작에 다시 사용할 수 있는 기준으로 바꾸는 데 있습니다. 이를 통해 창작자는 무엇을 유지하고, 무엇을 변형할지에 대한 판단 근거를 얻게 됩니다. 속성 카탈로그를 작성하는 과정은 무의식적으로 반복되던 선택을 의식의 영역으로 끌어올립니다. 이는 외부의 영향을 차단하기 위한 방법이 아니라 영향을 자각하고 재구성하기 위한 태도입니다. 이러한 기록이 축적될수록 창작자는 외부의 참고 자료에 휘둘리지 않고, 자신만의 음악적 기준을 점차 분명히 세워 갈 수 있습니다.

01 Gemini로 곡 분석하기

01 카테고리를 만들기 위해서는 먼저 하나의 레퍼런스 음악(source)을 정해야 합니다. 평소에 좋아하거나 참고하고 싶은 곡을 유튜브 영상의 공유 버튼을 눌러 링크를 복사하거나 주소 표시줄에 있는 URL을 Ctrl+C 키로 직접 복사합니다.

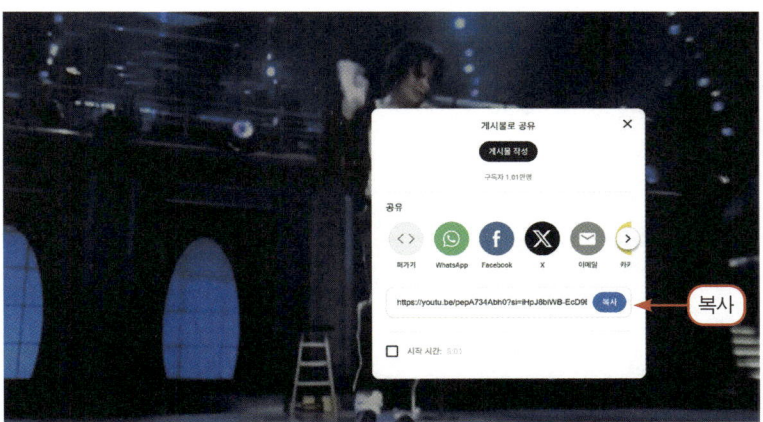

ChatGPT나 Gemini 등 어떤 AI 어시스턴트를 사용해도 무방합니다. 다만 AI는 질문의 방식에 따라 결과가 크게 달라지므로, 단순히 "분석해줘" 라고 요청하기보다는 "곡의 구조와 제작 방식을 추출해달라" 와 같이 구체적이고 명확한 지시가 중요합니다.

예를 들어 유튜브 링크를 Ctrl+V 키로 붙여놓고, 다음과 같이 요청한다면...

프롬프트 예시 1.
"이 유튜브 영상 링크의 음악을 분석해서 장르, 템포, 사용된 악기 구성, 곡의 구조를 표로 정리해줘. 그리고 이 곡의 분위기를 Suno 스타일 태그로 변환해줘."

AI 어시스턴트는 다음과 같이 음악 분석 결과와 Suno AI와 같은 음악 생성 도구에서 활용 가능한 스타일 정보를 함께 제공합니다.

분석 항목	내용
장르	R&B, 댄스 팝(Dance-pop), 펑크(Funk), 포스트 디스코
템포 (BPM)	약 117 BPM (미디엄 템포의 안정적이고 그루비한 리듬)
악기 구성	드럼 머신(강한 킥과 스네어), 베이스 기타(반복적인 리프), 신시사이저, 리듬 기타, 스트링, 리드 보컬 및 코러스
곡의 구조	인트로 - 1절 - 프리 코러스 - 후렴 - 2절 - 프리 코러스 - 후렴 - 브릿지(기타/신스 섹션) - 후렴 반복 - 아웃트로
	...

[Style Tags] 80s Pop, Groovy Bassline, Post-Disco, Funk, Mid-tempo, Smooth Vocals, Iconic Drum Beat, Danceable, Mysterious, Sophisticated Production

[Prompt] Groovy 80s post-disco funk pop, steady tempo, iconic bassline, tight drum machine, smooth male vocals, mysterious and confident mood, retro vibe, clean and minimal production.
등 ...

03 만일 다음과 같이 더 구체적이고 명확한 지시를 사용하는 경우, AI를 활용한 음악 생성뿐 아니라 저작권 확보를 위한 후 보정 작업에 필요한 거의 모든 음악적 정보를 체계적으로 얻을 수 있습니다.

> **프롬프트 예시 2.**
> 이 유튜브 영상 링크의 음악을 분석해줘. 단순한 감상이 아니라 나중에 내가 이 곡을 참고해서 새로운 곡을 만들 수 있도록 '음악 속성 카탈로그' 를 작성해줘.
> 다음 5가지 항목을 포함해줘.
> 1. 기본 정보: BPM 및 전체적인 무드
> 2. 사운드 요소: 사용된 악기 종류와 질감(Texture)
> 3. 화성 및 멜로디: 주요 키(Key)와 코드 진행의 특징, 멜로디의 움직임
> 4. 리듬: 드럼 패턴과 베이스의 리듬감
> 5. 구조(Form): 곡의 전개 방식과 마디 구성
> 원곡을 그대로 베끼는 게 아니라, 이 텍스트만 보고도 비슷한 느낌의 새 곡을 설계할 수 있도록 '레시피' 형태로 써줘."

이렇게 알고자하는 내용을 구체적으로 요청하면, AI 어시스턴트는 단순한 감상이나 요약을 넘어 곡의 핵심 DNA를 구조적으로 추출하게 됩니다.

> **음악 속성 카탈로그 (Music Attribute Catalog)**
>
> **1. 기본 정보 (Foundation)**
> - BPM: 117 BPM
> - 템포 성격: 'Strict & Driving' . 한 치의 오차도 없는 기계적인 정교함을 가진 미디엄 댄스 비트입니다.
> - 무드 및 에너지 레벨
>   Mood: 미스테리함, 긴장감(Suspense), 절제된 섹시함.
>   Energy: 폭발하기보다는 내면의 에너지를 응축하여 끝까지 유지하는 형태입니다.

2. 사운드 요소 (Sound Design)

- **드럼**

  질감: 매우 건조(Dry)하고 타이트한 80년대 드럼 머신(예: Roland TR-808 스타일) 사운드.

  역할: 곡의 기초 공사. 잔향이 거의 없는 킥과 스네어로 정갈한 리듬을 제공합니다.

- **베이스**

  질감: 따뜻하면서도 타격감 있는 아날로그 신스 베이스.

  역할: 리프(Reff) 중심의 작법. 곡 전체를 지배하는 '시그니처 라인' 이자 리드 역할을 겸합니다.

- **신시사이저**

  질감: 날카로운 브라스 스태브(Stabs)와 몽환적인 스트링 패드.

  역할: 섹션의 전환을 알리거나 후렴에서 화성적 풍성함을 더하는 패드/코드 역할.

- **기타:**

  질감: 얇고 날카로운 클린 톤의 전기 기타.

  역할: 짧은 스타카토 리듬(Chnk)으로 베이스와 드럼 사이의 리듬적 틈새를 메움.

3. 화성 및 멜로디 (Harmony & Melody)

- **주요 키(Key)**: F# Minor (어둡고 차가운 느낌의 단조)

- **코드 진행**

  특징: 도리안 모드(Dorian Mode)적 색채가 강함. F#m - G#m - A - G#m와 같은 반복적인 루프 구성을 통해 최면을 거는 듯한 효과를 줍니다.

  구조: 복잡한 변화 대신 베이스 라인의 반복 위에서 보컬과 신스가 긴장감을 쌓아 올립니다.

- **멜로디 라인**

  움직임: 좁은 음역대에서 시작하여 프리 코러스[00:01:10]에서 가성(Falsetto)과 고음 역대를 활용해 감정을 고조시킵니다.

  리듬: 보컬이 악기처럼 기능하며, 짧은 호흡의 반복 패턴과 추임새(Hee-hee!)를 적극 활용합니다.

4. 리듬 (Rhythm)

- **드럼 패턴:** 전형적인 8비트 '킥-스네어-킥-스네어' 이지만, 하이햇이 16비트로 쪼개지며 끊임없는 추진력을 부여합니다.
- **베이스와의 관계:** 드럼이 수직적인 기둥을 세우면, 베이스는 8분 음표로 수평적인 전진감을 만듭니다. '어긋남' 보다는 '완벽한 밀착' 을 추구하는 리듬 결합입니다.

5. 구조 (Form)

- **Intro:** 4~8마디씩 드럼→베이스→기타→신스 순으로 악기가 레이어링되며 빌드업.
- **Verse-Pre Chorus-Chorus:** 각 섹션은 명확히 구분되지만, 베이스 리프는 멈추지 않고 흐르며 통일감을 줍니다.
- **Bridge:** 보컬이 빠지고 신시사이저와 기타의 리듬감이 강조되는 연주 구간.

AI 음악 생성을 위한 '레시피 프롬프트'

분석 내용을 바탕으로 Suno에 입력할 수 있는 최적화된 프롬프트입니다.

[Prompt]
Style: 1980s Dance-pop, Post-Disco, Funk, F# Minor, 117 BPM.
Instrumentation: Dry and tight drum machine beat (heavy kick and snare), Iconic walking synth bassline, Clean funky rhythm guitar chinks, 80s analog synthesizer brass stabs, Ethereal string pads.
Vocal Style: Rhythmic and breathy male vocals, wide range from gritty low to smooth falsetto, percussive ad-libs, synchronized backing harmonies.
Mood: Mysterious, tense, sophisticated, sleek, rhythmic, noir atmosphere.
Structure: Long build-up intro starting with solo drums, minimalist verse, rising tension in pre-chorus, groovy and harmonic chorus, fade-out outro.
Mix: Low reverb, dry mix, punchy bass, wide stereo synth pads.

...

04   앞에서 곡을 분석할 때 '음악+가사 통합 속성 카탈로그를 작성해줘" 라고 요구를 하면 가사 생성용 프롬프트까지 한 번에 만들 수 있습니다. 하지만, 가사는 폼(form) 형식을 갖춘 결과물로 출력하는 것이 유리하기 때문에 분석 끝난 후, 추가 요구하는 것이 좋습니다.

"가사 분석으로 한 번에 요구한 경우" 예시

Use a first-person narrator in an urban setting.
Begin with an intriguing encounter and gradually introduce
external warnings or advice that creates internal tension.
Chorus should emphasize a repeated core message
about identity and misunderstanding without using original text.

...

"가사 생성을 추가 요구한 경우" 예시

[Intro]
네온 불빛 아래 그림자만 길어져
발소리 위로 소문이 번져가
숨을 고르고, 고개를 들면
이미 시선은 나를 향해

[Verse 1]
영화 속 장면처럼 스쳐간 밤
낯선 향기, 익숙한 미소
이름 하나 남기고 사라진 뒤
도시는 갑자기 너무 시끄러워

[Pre-Chorus]

...

02 Suno의 Use Styles & Lyrics

01 suno.com에 접속한 뒤, ① Create 화면으로 이동합니다. 화면 상단에서 ② Advanced 모드를 선택합니다.

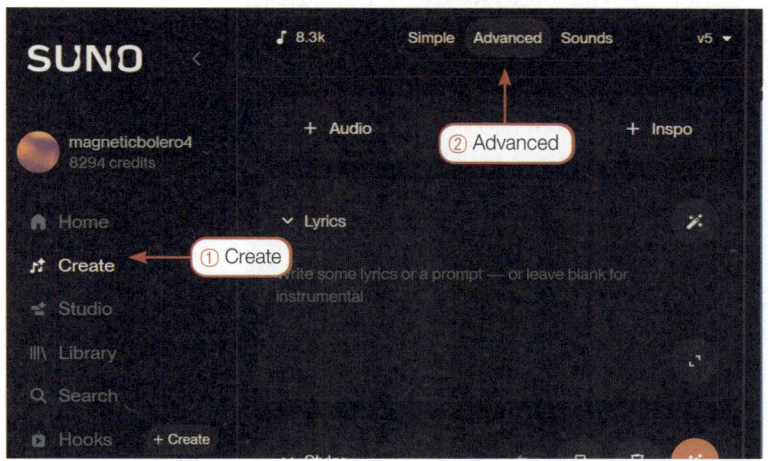

02 제미나이에서 생성한 가사를 Ctrl+C 키로 복사한 뒤, Lyrics 항목에 Ctrl+V 키로 붙여넣습니다. 같은 방식으로 프롬프트를 복사해 Styles 항목에 붙여넣습니다. 그리고 Crate 버튼을 클릭하여 곡을 생성합니다.

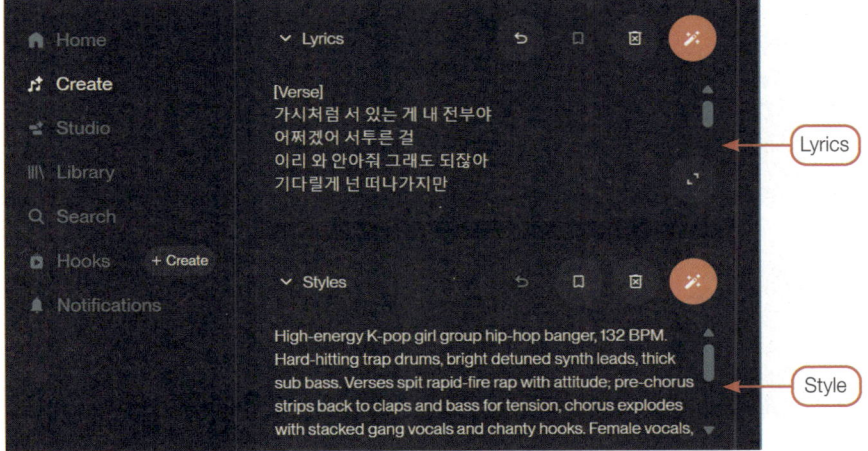

03 생성한 곡이 원곡과 너무 비슷하다면, More Options에서 Style Influence 값을 낮춰 보는 것이 좋습니다. 보통 25% 정도가 무난한 기준이며, 스타일에 따라 차이가 있으므로 50% 이하 범위에서 값을 조절하며 여러 번 시도해 봅니다.

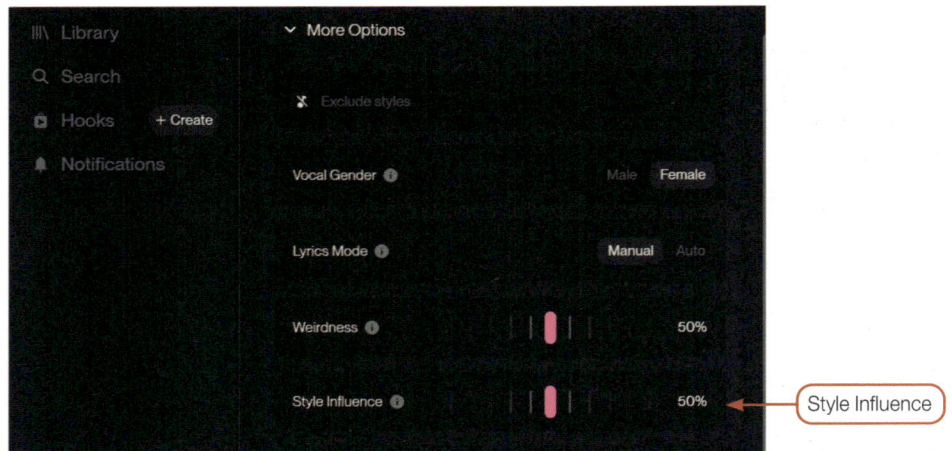

04 좀 더 예상치 못한 창의적인 멜로디와 곡 구조를 만들고 싶다면, Weirdness 값을 높여보는 것도 좋은 방법입니다. 값을 높일수록 규칙에서 벗어난 전개가 늘어나므로, 원하는 수준에 맞게 조금씩 조절하며 시도해 보는 것이 좋습니다.

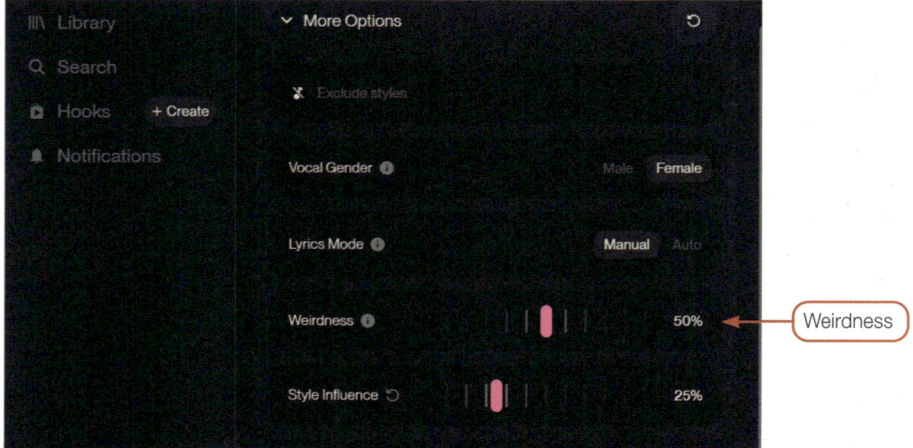

05 Style Influence와 Weirdness 옵션을 활용하는 방법도 효과적이지만, 결과가 다소 운에 맡겨지는 경향이 있습니다. 보다 구체적으로 회피하고 싶은 요소가 있다면, Avoid, No, Without과 같은 조건을 프롬프트에 직접 명시하는 것이 좋습니다. 이는 Suno에게 "무엇을 하지 말아야 하는지"를 명확하게 전달하는 방법입니다.

예시 1 | 프롬프트에 포함된 조건
Avoid typical EDM structure / No big drop

결과 : EDM에서 흔히 사용하는 빌드업 → 드롭 구조를 사용하지 말 것을 지시하고 있습니다. 그 결과, 곡이 특정 지점에서 갑자기 터지는 형태가 아니라 에너지가 비교적 고르게 유지되거나 서서히 변화하는 구조로 생성됩니다. 이는 "항상 비슷한 드롭을 만들고 있다"는 습관을 의도적으로 피하게 만들어 전개 방식에 대한 새로운 아이디어를 얻는 데 도움이 됩니다.

예시 2 | 프롬프트에 포함된 조건
Without 808 bass / Avoid heavy sidechain

결과 : 저음의 중심을 이루는 808 베이스와 강한 사이드체인 효과를 사용하지 말라는 지시입니다. 그 결과, 베이스가 리듬적으로 덜 과장되고, 킥과 베이스의 관계도 보다 자연스럽게 형성됩니다. 평소 808과 사이드체인에 의존해 왔다면, 이 예시는 리듬을 만드는 다른 접근 방식을 발견하게 해 줍니다.

예시 3 | 프롬프트에 포함된 조건
No autotuned vocals / Avoid chopped vocal samples

결과 : 보컬 가공을 최소화하라는 조건이 적용되어 보컬이 있더라도 훨씬 자연스럽고 담백한 톤으로 생성됩니다. 잘게 편집된 보컬이나 효과 위주의 사운드 대신, 멜로디와 분위기 자체에 집중한 결과가 나타납니다. 이는 "보컬 효과를 쓰지 않으면 곡이 비어 보일 것 같다"는 기존의 불안을 점검해 보는 계기가 됩니다.

06 프롬프트를 수정하기 전에 ① Save 버튼을 클릭해 현재 프롬프트를 저장할 수 있습니다. 필요하다면 ② Undo 버튼을 눌러 이전 상태로 되돌리거나, ③ Open 버튼을 클릭해 저장된 프롬프트를 불러올 수 있습니다.

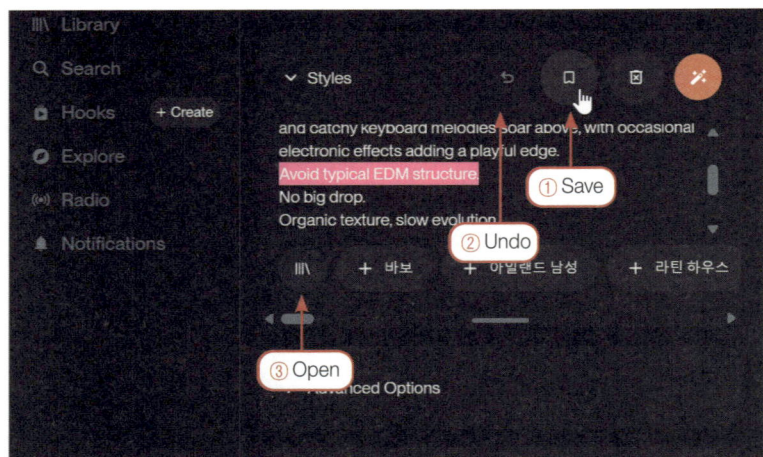

07 생성된 곡을 재생해 본 뒤, 마음에 드는 곡은 오른쪽 하단에 좋아요를 클릭하고, 마음에 들지 않는 곡은 싫어요를 클릭해 둡니다. 이렇게 평가를 남겨 두면, 이후 곡을 생성할 때 사용자의 취향 고려되어 보다 원하는 방향의 곡을 빠르게 생성하는 데 도움이 됩니다.

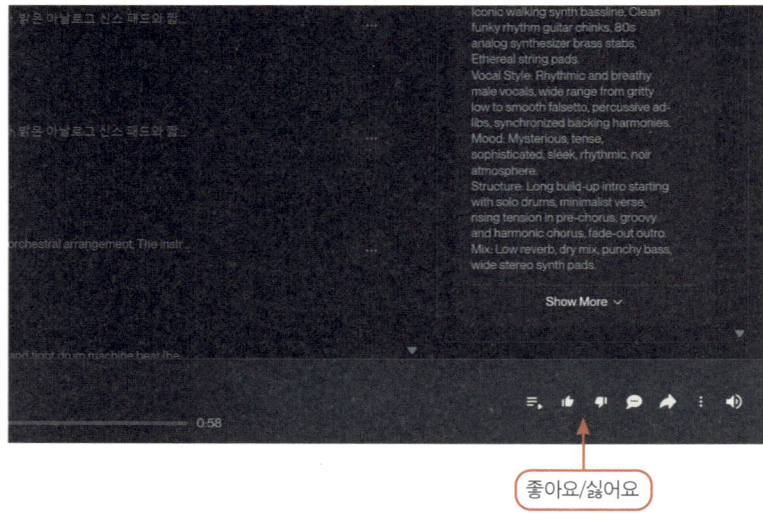

08 생성된 곡에서 Remix/Edit 버튼을 클릭한 뒤 Use Styles&Lyrics를 선택하면, 해당 곡의 가사와 스타일을 그대로 적용한 새로운 곡을 다시 만들 수 있습니다. Suno는 같은 프롬프트라도 매번 다른 결과를 생성하기 때문에, 마음에 들었던 곡의 분위기나 스타일을 유지하고 싶을 때, 또는 일부 요소만 살짝 수정해 변주된 곡을 만들고 싶을 때 유용합니다.

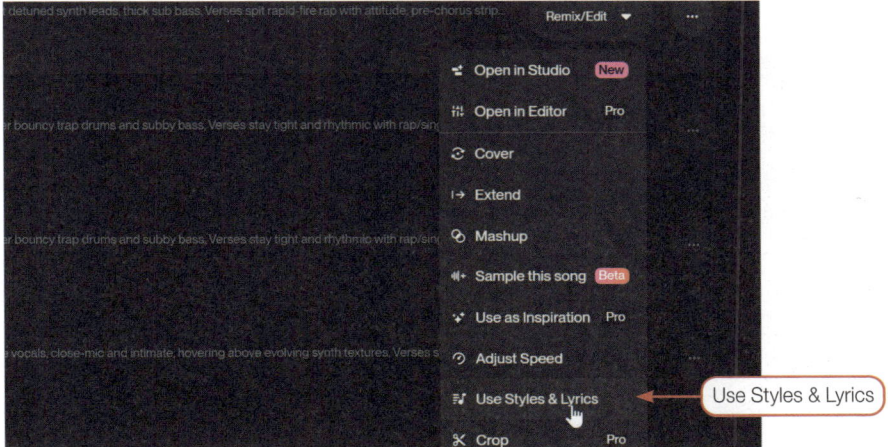

09 스타일이나 가사 중 하나만 다시 사용하고 싶은 경우에는 해당 곡을 선택한 뒤 오른쪽에 열리는 정보 창에서 Copy 버튼을 클릭해 내용을 복사합니다. 이후 Lyrics 또는 Styles 입력란에 Ctrl+V 키로 붙여 넣어 사용할 수 있습니다.

03 베이스 사운드를 강화하는 더블링 기법

01 로직 프로를 실행하여 빈 프로젝트를 생성한 후, LCD 디스플레이에 있는 템포 항목을 클릭하여 조정 모드로 변경합니다. 그리고 Suno에서 다운로드한 음원 파일을 프로젝트로 드래그하여 가져다 놓습니다.

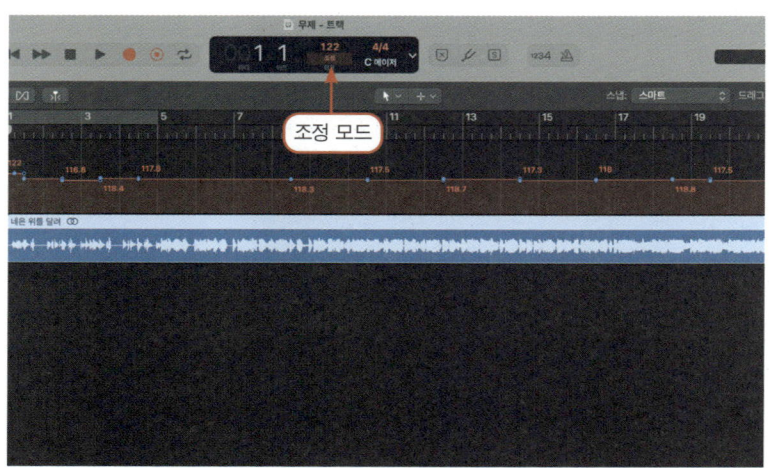

02 스마트 템포 편집기를 열 것인지 묻는 창이 표시됩니다. Suno에서 만든 곡이 못갖춘마디로 시작하는 경우에는 보기 버튼을 클릭해 스마트 템포 편집기를 열고, 정박자로 시작하는 곡이라면 보지 않음을 선택하면 됩니다.

▲ 못갖춘마디로 시작(Pickup measure)

▲ 정박자로 시작(Downbeat start)

03 곡이 못갖춘마디로 시작하는 경우에는 오디오 파형 위쪽에 마우스를 올려 실제로 정
박자가 시작되는 지점을 클릭해 다운비트 힌트를 추가합니다.

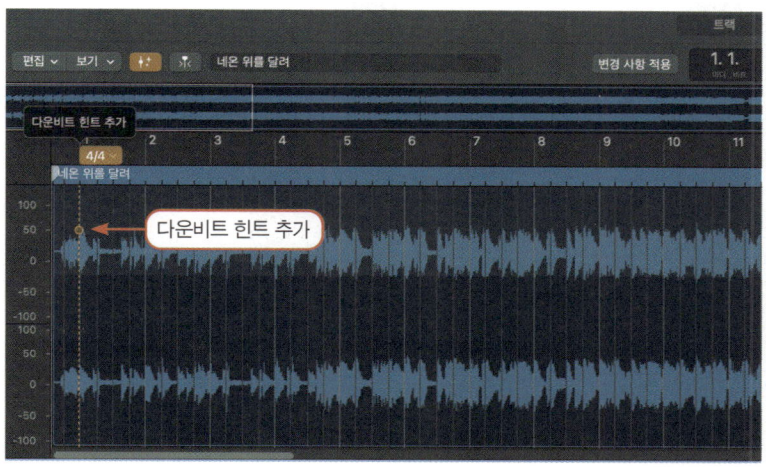

04 변경 사항 적용 버튼을 클릭하면 스마트 템포 설정이 반영되며, 오디오 리전이 2마디
위치에 맞춰 이동되어 정박자로 시작하도록 정렬됩니다.

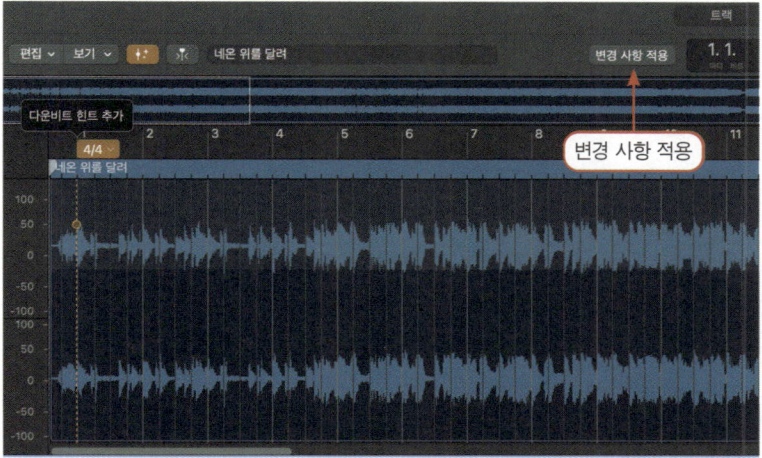

05 리전을 마우스 오른쪽 버튼으로 클릭해 단축 메뉴를 연 뒤, 프로세싱 메뉴에서 Stem Splitter를 선택합니다.

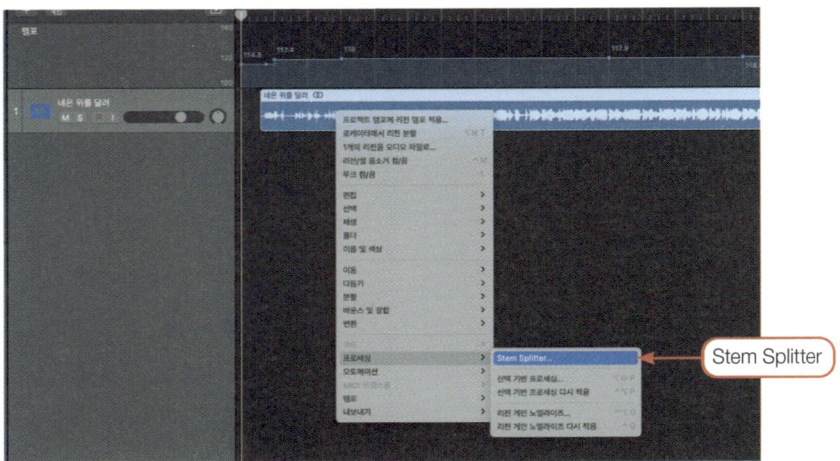

Stem Splitter

06 리전에서 어떤 악기를 분리할지 선택하는 창이 열립니다. 모든 옵션이 체크된 상태에서 적용 버튼을 클릭하면, 오디오가 악기별 스템으로 분리됩니다.

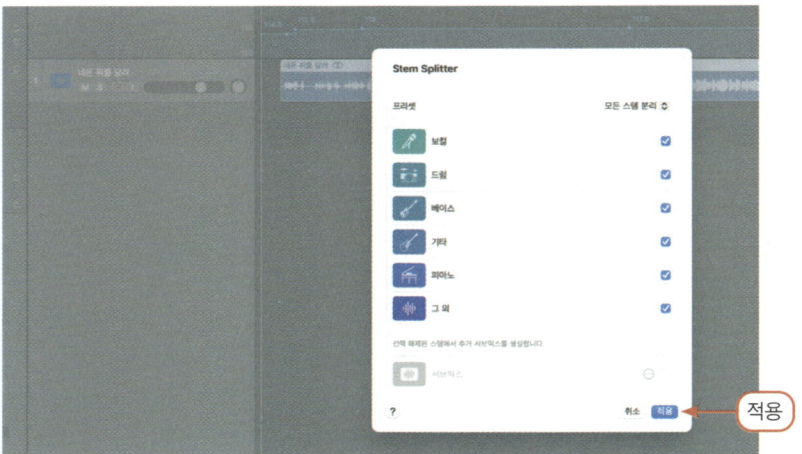

적용

07 분리된 스템 중 베이스 리전을 더블 클릭해 오디오 편집 창을 엽니다. 이후 Flex 보기 버튼을 클릭해 Flex 모드를 켭니다.

08 확인 창이 열리면 Flex 켜기 버튼을 클릭한 뒤, Flex 모드를 Flex Pitch로 선택합니다. 그러면 베이스 연주가 개별 노트로 분석됩니다.

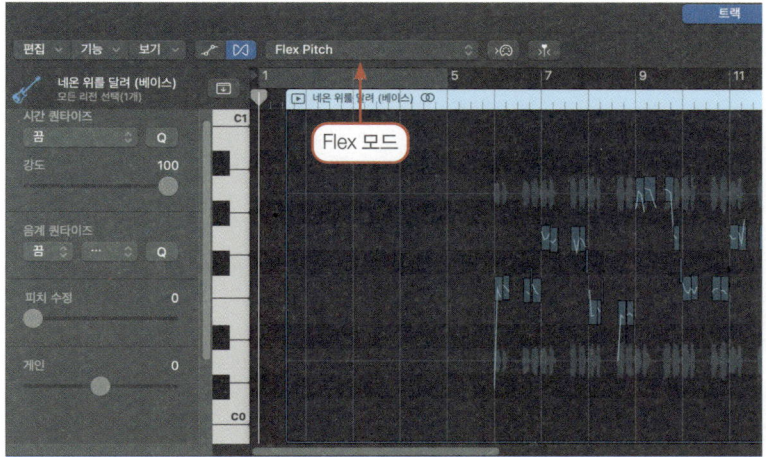

09 편집 메뉴의 Flex Pitch 데이터에서 MIDI 트랙 생성을 선택하여 분석된 오디오 노트를 미디 노트로 변환합니다.

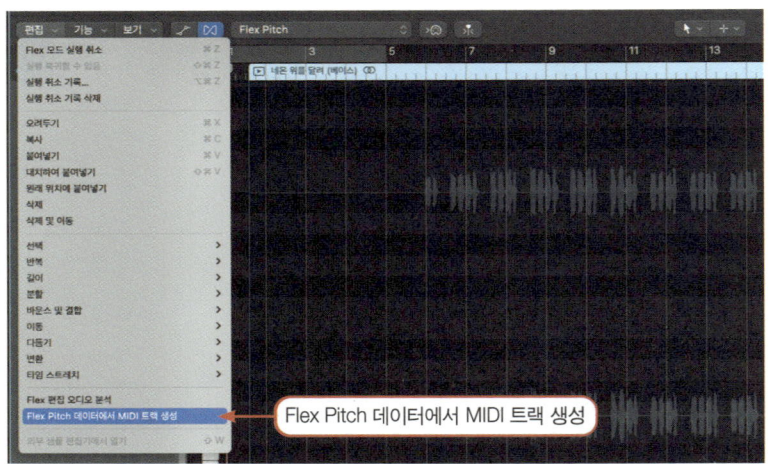

10 생성된 MIDI 트랙의 기본 악기는 로직의 기본 프리셋 E.Piano로 설정되어 있습니다. 라이브러리 버튼을 클릭하여 사운드 라이브러리를 열고, Bass 카테고리에서 원하는 베이스 음색을 선택합니다. 메인 트랙이 어쿠스틱 계열이면 신스 계열을, 반대로 메인이 신스 계열이면 어쿠스틱 계열을 선택하여 서로 질감이 겹치지 않도록 합니다.

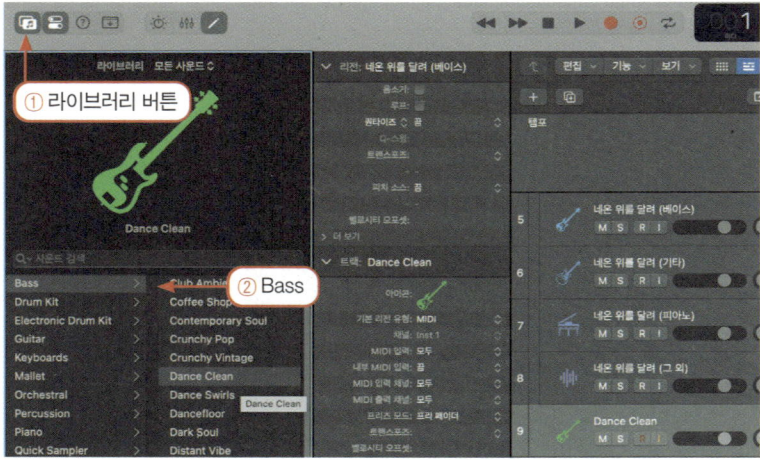

11 음색은 베이스 트랙을 ① 솔로로 설정한 뒤, 스페이스 바를 눌러 재생을 해보면서 선택합니다. 베이스가 원래 음보다 한 옥타브 낮게 들린다면, 리전 파라미터에서 ② 트랜스포즈 항목을 클릭하고 +12를 적용하여 한 옥타브 올립니다.

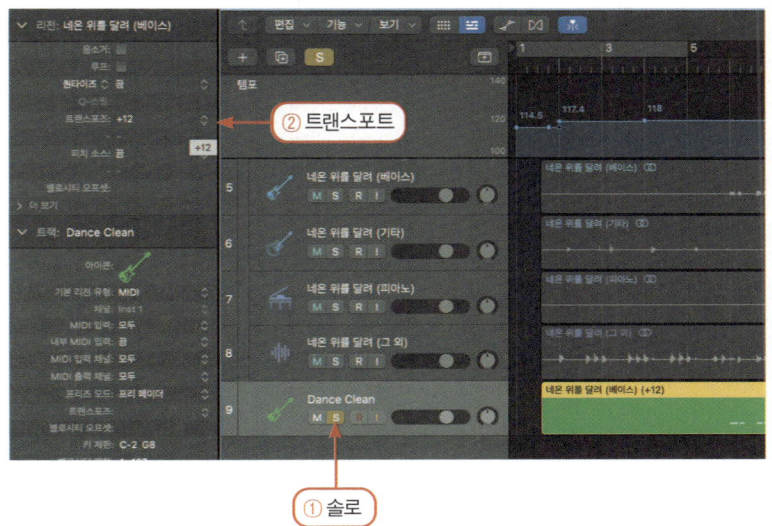

12 베이스가 오디오와 MIDI 두 트랙으로 구성되기 때문에 전체 소리가 커집니다. 이를 조절하기 위해 각 트랙의 볼륨을 낮추어야 합니다. 만일, 소리가 오히려 작아지거나 두 베이스의 박자가 미세하게 어긋나 소리가 지저분하다면, 미디 노트의 위치를 아주 미세하게 앞뒤로 밀어 오디오 파형과 일치시킵니다.

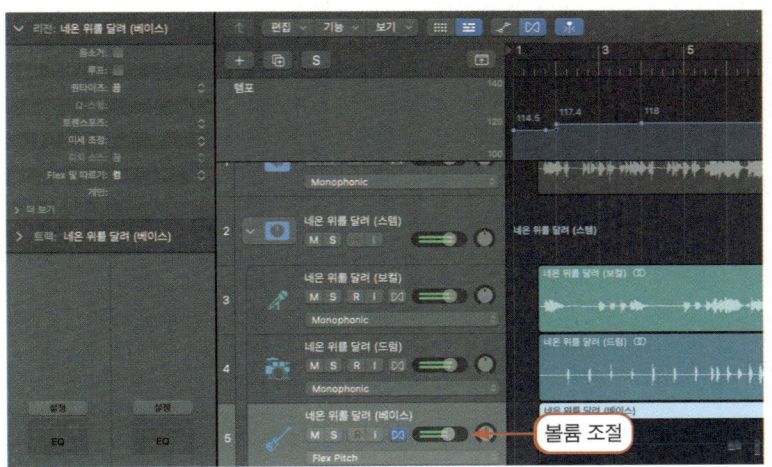

13 베이스 트랙의 인스펙터 패널에서 ① EQ 항목을 클릭합니다. 인스펙터 패널은 도구 바의 ② 인스펙터 버튼을 클릭하여 열거나 닫을 수 있습니다.

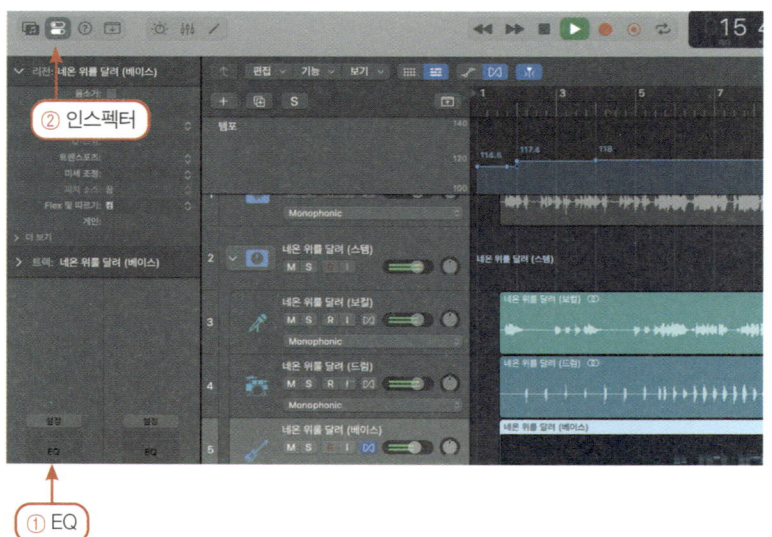

14 어쿠스틱 베이스는 톤의 유기적 느낌을 살리기 위해 먼저 ① 로우컷을 활성화하고, 30~40Hz 이하의 불필요한 초저역을 제거합니다. 이어서 ② 60~100Hz 범위의 저역 을 감소시켜 신스 베이스에 저역 공간을 양보합니다. 휠을 돌려 Q 값을 조절할 수 있습니다.

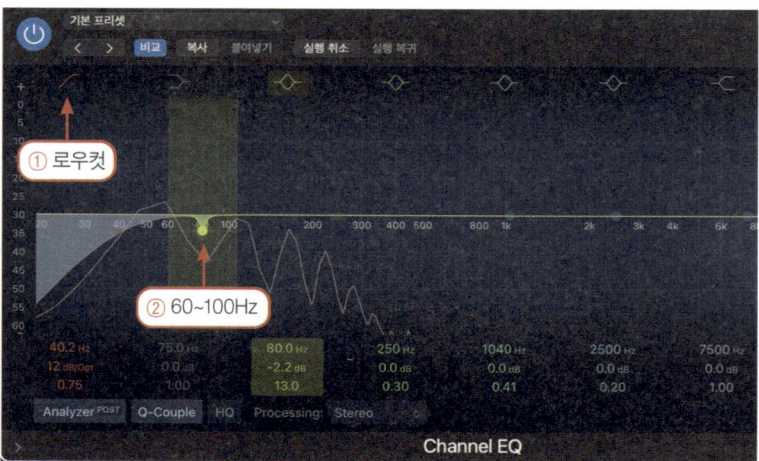

15 계속해서 120~250Hz의 중음역을 살짝 부스트하여 어택과 존재감을 강화합니다. 음색에 따라 2-5KHz 대역을 약간 증가시켜 플럭킹, 뮤트, 브릿지 톤 등 어쿠스틱 베이스 특유의 세부 표현을 부각시킵니다.

16 신스 계열의 베이스는 어쿠스틱 베이스와 반대로 40~80Hz의 저역을 약간 부스트해 곡의 무게감을 강화하고, 120~250Hz의 중저역은 줄여 저역이 탁해지지 않도록 정리합니다. 그리고 High Cut으로 1.5-2KHz 이상을 차단하여 질감은 어쿠스틱에게 맡깁니다.

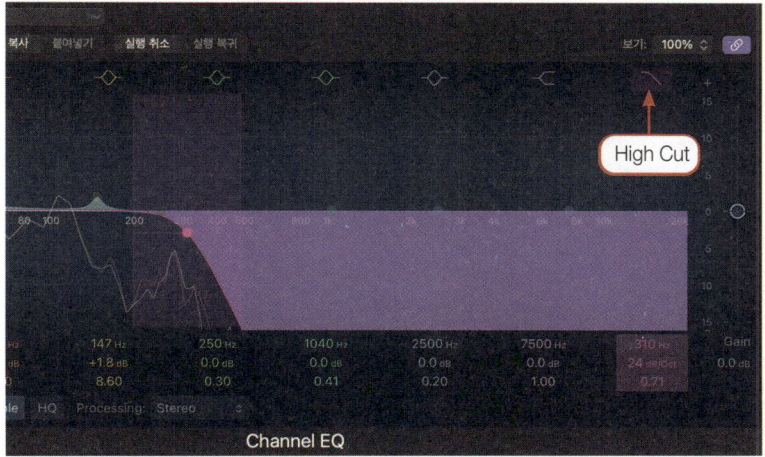

17 어쿠스틱 베이스 트랙의 인스펙터에서 EQ 슬롯 위에 있는 게인 감소 슬롯을 클릭해 컴프레서를 삽입합니다.

18 컴프레서 창이 열리면 프리셋 항목을 클릭해 메뉴를 열고, Guitars 카테고리에서 Bass 프리셋을 선택하는 것으로 베이스 더블링 기법을 완료합니다.

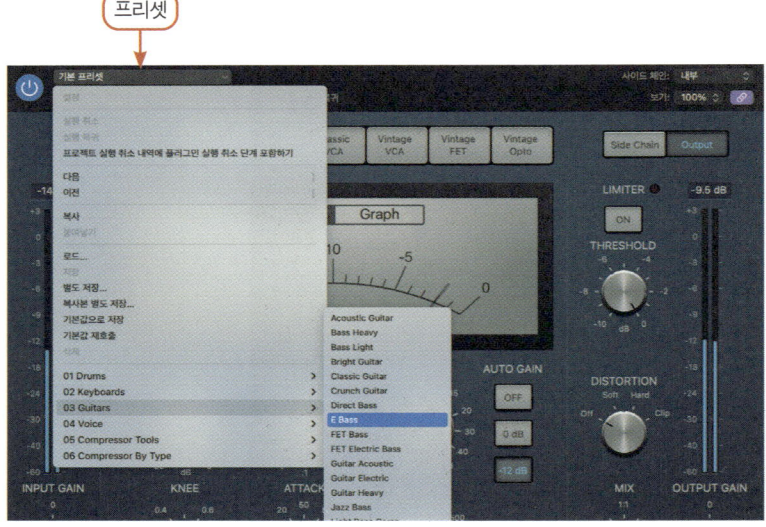

AI 음악은 어디까지 완성된 결과물인가

Suno에서 생성된 음악은 처음 들었을 때 이미 충분히 완성도가 높게 느껴진다는 인상을 줍니다. 곡의 구조가 자연스럽게 구성되어 있고, 멜로디와 화성도 안정적이며, 전체적인 사운드 밸런스 역시 큰 문제 없이 들립니다. 이로 인해 별다른 수정 없이도 바로 사용할 수 있을 것처럼 보이기도 합니다.

특히 감상용으로 음악을 듣거나 아이디어를 빠르게 확인하는 단계에서는 이러한 인상이 더욱 분명하게 드러납니다. 이 시점에서는 음악을 하나의 결과물로 받아들이게 되며, 어디까지나 '듣는 입장에서의 평가가 중심이 됩니다.

하지만 이 음악을 DAW로 불러오는 순간, 음악을 바라보는 관점은 달라집니다. Logic Pro나 Cubase와 같은 작업 환경에서 곡을 다루기 시작하면, 음악은 더 이상 감상용 결과물이 아니라 편집과 가공이 가능한 오디오 소재로 인식되기 시작합니다.

이 과정에서 템포가 실제로 얼마나 정확한지, 마디 구조가 영상의 편집 흐름과 잘 맞는지, 각 악기가 차지하는 주파수 영역이 서로 충돌하고 있지는 않은지와 같은 요소들이 자연스럽게 드러납니다. 이는 음악의 완성도를 평가하는 문제가 아니라 실제 콘텐츠에 사용하기에 적합한 상태인지를 점검하는 단계라고 볼 수 있습니다.

이때 특히 차이가 분명하게 느껴지는 영역이 저역입니다. 단독으로 들을 때는 문제 없어 보였던 베이스가 영상이나 내레이션, 효과음과 함께 재생될 경우 갑자기 무겁게 느껴지거나 흐릿하게 들리는 경우가 있습니다. 이는 AI 음악이 실제 사용 환경까지 세밀하게 고려해 설계된 결과물은 아니기 때문에 나타나는 자연스러운 현상입니다.

따라서 이 단계에서 필요한 접근은 곡을 처음부터 다시 작곡하는 것이 아니라 이미 만들어진 구조를 유지한 채 사용 목적에 맞게 보완하는 편집이라고 할 수 있습니다. 베이스 더블링, EQ 정리, 다이내믹 조절과 같은 작업은 음악의 부족함을 메우기 위한 과정이 아니라 실제 환경에서 안정적으로 기능하도록 다듬는 과정으로 이해하는 것이 적절합니다.

이러한 관점에서 보면, AI 음악은 '완성되었는가'를 묻기보다 '어디까지 만들어진 상태인가'를 기준으로 바라보는 것이 더 정확합니다. AI는 음악의 출발점을 빠르게 제공하고, 이후의 완성도는 사용자의 판단과 편집을 통해 결정되는 구조를 갖고 있습니다. 이 역할 분담을 이해하는 것이 AI 음악을 효과적으로 활용하기 위한 중요한 출발점이 됩니다.

베이스 더블링이 필요한 이유

베이스 더블링은 단순히 베이스 소리를 크게 만드는 기법이라고 보기는 어렵습니다. 하나의 베이스 사운드가 담당하던 역할을 두 개의 트랙으로 나누어 각각 서로 다른 기능을 맡기기 위한 작업에 가깝습니다. 다시 말해, 음량을 늘리는 것이 목적이 아니라 사운드의 역할과 구조를 분리하는 데에 핵심이 있습니다.

하나의 베이스 트랙에 저역의 무게감, 리듬, 연주의 질감과 음색의 디테일까지 모두 맡기게 되면, 사운드는 쉽게 무겁거나 흐릿해질 수 있습니다. 이처럼 하나의 사운드가 모든 역할을 동시에 책임지게 되면, 전체적인 균형을 잡기 어려워지는 경우가 많습니다.

베이스 더블링은 이러한 부담을 효과적으로 나누는 방법입니다. 예를 들어, 어쿠스틱 베이스는 연주에서 느껴지는 질감과 자연스러운 타이밍을 담당하고, 신스 베이스는 곡의 무게 중심과 저역 에너지를 안정적으로 받쳐 주는 역할을 맡게 됩니다. 이렇게 역할을 분담하면 각 베이스는 자신에게 가장 적합한 기능에 집중할 수 있습니다.

그 결과, 저역이 과도하게 부풀어 오르거나 흐릿해지는 현상이 줄어들고, 베이스는 오히려 더 또렷하게 들리게 됩니다. 곡 전체의 사운드 역시 보다 정돈되고 안정적인 인상을 갖게 됩니다.

베이스 더블링은 특정 장르에 국한된 기술이라기보다는 저역을 보다 명확하게 설계하기 위한 하나의 사고방식에 가깝습니다. 이 관점을 이해하는 것은 이후의 편곡과 믹싱 전반을 보다 체계적으로 바라보는 데에 중요한 기준이 됩니다.

중요한 것은 '얼마나 바꿨는가'가 아니다

많은 초보자들이 이 단계에서 흔히 빠지는 착각은 AI 음악을 활용할 때 "얼마나 많이 수정했는가"를 작업의 성과로 판단하려는 태도입니다. 베이스를 더 두껍게 만들었는지, 레이어를 얼마나 추가했는지, 혹은 얼마나 다양한 기법을 적용했는지에 따라 결과의 완성도를 가늠하려는 경향이 나타나기 쉽습니다. 이러한 태도는 "무언가를 더 해야만 작업이 완성된다"는 압박에서 비롯되는 경우가 많습니다.

하지만 상업 음악에서 요구되는 기준은 이러한 변화의 양과는 분명히 다릅니다. 실제 작업 환경에서 음악은 독립적으로 감상되는 대상이 아니라 영상과 메시지를 안정적으로 뒷받침하는 요소로 기능합니다. 음악이 스스로를 드러내기보다 화면의 흐름과 감정선을 방해하지 않고 자연스럽게 함께 흘러가는지가 더 중요한 평가 기준이 됩니다.

이를 판단하는 기준은 비교적 분명합니다. 음악이 영상 뒤에서 안정적으로 작동하고 있는지, 저역이 과하지 않아 내레이션이나 효과음을 가리지 않는지, 그리고 짧은 구간이 반복 재생되더라도 청취자에게 불필요한 피로감을 주지 않는지와 같은 요소들이 그 기준이 됩니다. 이러한 조건을 충족한다면, 음악이 얼마나 많이 수정되었는지는 결과의 질을 판단하는 데 있어 핵심적인 요소가 되지 않습니다.

오히려 이 단계에서 중요한 질문은 "무엇을 더할 것인가"가 아니라 "지금 이 상태가 이미 충분한가"입니다. AI가 생성한 음악이 처음부터 완성도 있게 들리는 이유는 이미 일정 수준의 균형과 구조를 갖추고 있기 때문입니다. 이 균형을 이해하지 못한 채 과도하게 손을 대면 음악이 가지고 있던 장점이 오히려 흐려질 수 있습니다.

다시 말해, 베이스를 두껍게 만들었든 거의 손대지 않았든 음악이 사용 목적에 맞게 기능하고 있다면 그것은 충분히 성공적인 작업이라고 할 수 있습니다. 상업 음악에서는 "얼마나 바꿨는가"보다 "불필요한 것을 얼마나 잘 남겨두었는가"가 결과를 좌우하는 경우도 많습니다.

응용 연습

① 더블링을 하지 않는 선택

실습을 그대로 반복하기 전에 의도적으로 베이스 더블링을 하지 않는 선택도 함께 연습해보는 것이 좋습니다. 베이스 더블링은 분명 유용한 기법이지만, 모든 곡과 모든 상황에서 항상 필요한 것은 아니기 때문입니다. 경우에 따라서는 더블링이 사운드를 풍부하게 만들기보다 오히려 불필요하게 복잡하게 느껴지게 할 수도 있습니다.

다음과 같은 상황에서는 베이스 더블링이 효과적이지 않을 수 있습니다. 베이스가 곡에서 단순히 리듬을 지탱하는 역할만 하고 있는 경우, 영상 내에 내레이션이나 효과음이 많은 광고 콘텐츠, 모바일 스피커나 SNS 환경에서 재생되는 짧은 영상 콘텐츠 등이 이에 해당합니다.

이러한 환경에서는 저역의 밀도보다 명확성이 더 중요해집니다. 베이스를 두 개의 트랙으로 나누기보다는 하나의 베이스 트랙을 중심으로 EQ와 다이내믹을 정리하는 편이 결과적으로 더 단단하고 안정적인 인상을 주는 경우가 많습니다.

실습한 프로젝트에서 베이스 더블링을 모두 끄고 다시 들어본 뒤, 더블링이 있을 때와 없을 때의 차이를 비교해 보세요. 이 과정을 통해 "더블링이 효과적인 경우"와 "굳이 하지 않아도 되는 경우"를 스스로 판단할 수 있게 됩니다.

② 역할을 바꿔서 더블링해 보기

실습에서는 어쿠스틱 베이스가 질감을 신스 베이스가 무게를 담당하는 비교적 전형적인 역할 분담을 사용했습니다. 이는 이해하기 쉽고 안정적인 구조이지만, 항상 이 방식이 최선이라고 보기는 어렵습니다.

신스 베이스를 중역 중심의 캐릭터 사운드로 사용하고, 어쿠스틱 베이스를 리듬과 타이밍 위주로 정리해 보면, 같은 더블링 기법이라도 전혀 다른 인상을 만들 수 있습니다. 이 경우 베이스는 무겁기보다는 가볍고 현대적인 성격을 띠게 되며, 다른 악기들과의 어울림도 달라집니다.

이 연습의 핵심은 특정한 역할 분담을 공식처럼 외우는 데에 있지 않습니다. 곡의 성격에 따라 어떤 베이스가 어떤 역할을 맡는 것이 적절한지를 스스로 설계해 보고, 그 결과를 귀로 확인하는 경험을 쌓는 데에 목적이 있습니다.

③ 수치를 지우고 귀로 조정하기

실습 과정에서는 Hz 단위의 수치를 기준으로 EQ를 조정했습니다. 이는 개념을 이해하는 데에는 효과적이지만, 실제 작업에서는 숫자에 대한 의존도가 지나치게 높아질 수 있습니다. 이제 한 단계 더 나아가 수치를 보지 않고 귀로 조정하는 연습을 해보는 것이 좋습니다.

EQ 창을 열되 수치를 의식하지 않은 상태에서 한쪽 베이스를 뮤트하고, 다른 베이스만 재생하며 조정합니다. 이후 두 트랙을 함께 재생하면서 다시 한 번 미세하게 균형을 맞춥니다.

이 과정을 반복하다 보면 "120~250Hz"와 같은 숫자보다 "이 구간이 답답하다", "여기가 비어 보인다"와 같은 감각이 먼저 떠오르게 됩니다. 이러한 감각은 새로운 곡을 만났을 때도 빠르게 문제를 파악하고 방향을 결정할 수 있는 중요한 기준이 됩니다.

결국 이 연습의 목적은 특정 수치를 기억하는 것이 아니라 소리를 듣고 판단하는 기준을 몸에 익히는 데에 있습니다. 이 감각은 베이스 더블링뿐 아니라 이후의 모든 편곡과 믹싱 작업 전반에 그대로 이어집니다.

핵심 포인트

이번 장에서 기억해야 할 핵심은 다음 세 가지입니다.

첫째, 베이스 더블링은 소리를 키우기 위한 기법이 아닙니다.
둘째, 두 개의 베이스가 같은 역할을 하지 않도록 구조적으로 분담하는 것이 핵심입니다.
셋째, EQ 수치는 참고 기준일 뿐이며, 최종적인 판단은 항상 귀를 기준으로 이루어져야 합니다.

06 아이디어 하나로 음악만들기

Upload 및 Record 이해하기

AI 음악을 다루는 관점

AI 음악을 처음 접하면 가장 먼저 이런 생각이 들기 마련입니다. '이제 음악을 직접 만들지 않아도 되는 것 아닐까?' 몇 줄의 문장만 입력하면 금방 그럴듯한 음악이 흘러나오는 경험은 분명 놀랍고 매력적입니다. 하지만 이 편리함 뒤에는 이후의 모든 작업을 흔들 수 있는 위험한 오해가 숨어 있습니다. AI가 음악을 대신 만들어준다고 생각하는 순간, 창작의 주체가 아니라 버튼을 누르고 결과를 기다리는 '관객'의 위치에 서게 되기 때문입니다.

관객의 위치에 머물러 있으면 작업은 결코 쌓이지 않습니다. 매번 새로운 곡을 생성하지만, 그 과정에서 얻은 데이터나 감각이 다음 단계로 이어지지 않고 금방 휘발되어 버립니다. 그래서 가장 먼저 필요한 과정은 이 관점을 완전히 뒤집는 것입니다. AI 음악을 자동 생성된 '완제품'이 아니라 내가 직접 다루고 가공해야 할 재료로 바라보는 연습입니다. 음악은 한 번 듣고 끝내는 일회성 산출물이 아니라 상황에 맞춰 길이를 바꾸고 구조를 조정하며 언제든 다시 꺼내 쓸 수 있는 작업 자산이라고 정의해야 합니다.

이러한 관점의 변화가 중요한 실질적인 이유는 AI가 내놓는 음악의 품질이 항상 일정하지 않기 때문입니다. 같은 명령어를 넣어도 결과는 매번 달라지고, 곡 전체가 좋아 보여도 우리가 실제로 활용할 수 있는 유효 구간은 따로 있을 때가 많습니다. 이때 '완벽하게 만들어진 한 곡'만을 성공의 기준으로 삼으면 작업은 자주 벽에 부딪히게 됩니다. 반면 '다시 사용할 수 있는 부분'을 찾는다고 생각하면, AI가 내놓은 대부분의 결과물은 충분히 활용 가능한 훌륭한 창작 소스가 됩니다.

꼭 기억해야 할 점은 AI가 음악의 방향을 스스로 결정하지 않는다는 사실입니다. AI는 우리가 입력한 정보와 조건에 반응할 뿐, 무엇이 더 중요하고 가치 있는지 스스로 판단하지 못합니다. 결국 무엇을 남기고 무엇을 버릴지는 온전히 창작자의 몫입니다. AI 기술이 창작의 물리적 고단함을 획기적으로 줄여주기는 하지만, 음악에 담긴 '의도'와 '판단'의 책임까지 대신해주지는 않습니다. 이제 단순히 음악을 '잘 만드는 방법'에 매몰되기보다, '음악을 계속 다룰 수 있는 상태로 만드는 방법'을 익히는 것을 목표로 삼아야 합니다.

소리를 지시하는 방법

음악을 '내가 다룰 수 있는 상태'로 만들려면 AI와 어떻게 대화해야 할까요? AI 음악 작업의 첫 단계는 전통적인 방식처럼 악기를 연주하거나 복잡한 악보를 그리는 일이 아닙니다. 대신 내가 원하는 소리를 어떻게 '설명'하고 '지시'할 것인가를 고민하는 것에서 모든 것이 시작됩니다. Suno의 Simple 모드는 이 과정을 극한까지 단순화한 도구입니다. 복잡한 설정 없이 문장 한 줄만으로 음악이 만들어지는 과정을 보면, 머릿속 아이디어가 소리로 구현되는 속도가 무척 빠르다는 점을 체감할 수 있습니다.

하지만 사용을 반복하다 보면 곧 창작자가 넘어야 할 첫 번째 벽에 부딪히게 됩니다. 특정 결과가 왜 그렇게 도출되었는지 논리적으로 설명하기 어려운 순간이 오기 때문입니다. 똑같은 문장을 넣었는데 품질이 들쑥날쑥하거나 어떤 곡은 의도에 부합하지만 어떤 곡은 전혀 엉뚱한 방향으로 흘러가기도 합니다. 많은 사람이 이를 개인의 음악적 감각이나 운의 문제로 치부하곤 하지만, 사실은 AI에게 내리는 '지시 방식'의 구체성에서 비롯된 차이인 경우가 많습니다.

이 문제를 해결하려면 먼저 AI에게 음악을 맡겼을 때 어떤 부분까지 내가 통제할 수 있고, 어떤 부분이 AI의 자율적인 판단 혹은 우연에 맡겨지는지를 직접 체감해봐야 합니다. 빠르게 곡을 만들어보고 필요한 구간만 골라 잘라 쓰는 경험은 이 경계를 파악하는 가장 효율적인 훈련입니다. 이때 깨닫게 되는 아주 중요한 사실은 텍스트 나열만으로는 리듬의 미세한 질감이나 멜로디의 독특한 굴곡까지 완벽하게 조절하기 힘들다는 점입니다. 텍스트는 음악의 장르나 분위기를 설정하는 데는 효과적이지만, 창작자 본인만이 알고 있는 미묘하고 감각적인 영역을 전달하기에는 한계가 명확합니다.

텍스트 지시의 모호함을 명확히 인식하는 과정은 더 정교한 창작 환경인 Advanced 모드로 나아가기 위한 필수적인 기준점이 됩니다. 말로 설명하지 못하는 음악적 의도를 전달하기 위해 가사를 직접 구조화하거나 더 나아가 자신의 목소리를 직접 입력하는 단계로 진입해야 합니다. 추상적인 단어들로 소리를 묘사하는 단계를 지나 실제 소리 자체를 직접적인 지시서로 활용하는 방식은 창작의 범위를 획기적으로 넓혀줍니다. 내 목소리가 음악의 뼈대가 되는 혁신적인 작업 방식으로 나아가기 위해 텍스트가 가진 한계를 해결할 실질적인 열쇠를 찾아야 합니다.

흥얼거림에서 시작하는 음악

텍스트를 통해 음악의 밑그림을 그려봤다면, 이제는 그 뼈대에 생생한 숨결을 불어넣을 날것의 재료를 준비할 차례입니다. 머릿속에 문득 떠오른 멜로디를 억지로 악보에 옮기거나 화성학적으로 완성하려고 애쓰지 않아도 됩니다. 그냥 입 밖으로 흘러나오는 소리를 그대로 붙잡는 것부터 시작합니다. 창작의 부담을 내려놓고, 흥얼거리는 소리를 기록하는 행위 자체가 음악의 가장 강력한 설계도가 됩니다.

흥얼거림 속에는 수만 개의 단어로도 설명하기 힘든 아주 구체적인 정보들이 담겨 있습니다. 선율이 살짝 꺾이는 찰나의 억양, 리듬이 미세하게 밀고 당겨지는 탄력, 무의식적으로 반복하게 되는 독특한 음형 같은 요소들입니다. 이런 정보들을 판단하거나 다듬지 않고 있는 그대로 기록할 때, AI는 비로소 해석 가능한 가장 풍부한 데이터를 얻게 됩니다. 우리가 만드는 소리는 완성된 노래가 아니라 AI가 비약적으로 발전시킬 수 있는 입력 재료이기에 가창력에 대한 부담은 잠시 내려놓아도 좋습니다.

음정이 조금 불안하거나 박자가 흔들려도 괜찮으며, 오히려 창작자의 고유한 습관이 묻어있는 불완전한 소리가 AI와 만났을 때 더 독창적인 결과물로 이어지는 경우가 많습니다.

본격적인 실습 전에 AI가 영감을 더 명확하게 이해할 수 있도록 몇 가지 기술적인 환경을 점검해야 합니다. 우선 주변 소음을 최대한 통제해야 합니다. 완벽한 방음까지는 아니더라도 가전제품의 웅웅거리는 소리나 TV 소리 같은 지속적인 노이즈가 섞이면, AI가 이를 음악의 질감으로 오해하여 결과물에 지저분한 잡음을 포함시킬 수 있습니다. 마이크와의 거리는 약 15~20cm 정도를 유지하여 입력 레벨의 적정성을 확보해야 합니다. 소리가 너무 작으면 화이트 노이즈가 강조되고, 너무 크면 소리가 찢어져 AI가 음정을 파악하기 어렵기 때문입니다. 녹음 길이는 10초에서 30초 사이의 '골든 타임'을 지키는 것이 가장 효율적입니다. 너무 짧으면 정보가 부족하고, 너무 길면 곡의 전개가 불필요하게 고착화될 위험이 있습니다.

AI에게 명확한 힌트를 주는 전략적인 '큐'도 필요합니다. 일정하게 흥얼거리는 것보다 강조하고 싶은 부분에서 목소리에 힘을 주거나 리듬에 강세를 주면, AI는 그 지점을 곡의 하이라이트인 코러스로 인식할 확률이 높아집니다. 또한 멜로디만 내는 것보다 손가락을 튕기거나 책상을 가볍게 두드려 일정한 템포를 함께 전달하면 AI가 곡의 BPM을 훨씬 정확하게 설정하게 됩니다. 무엇보다 부끄러워하지 말고 실제 보컬처럼 감정을 넣어 연기하듯 부르는 태도가 중요합니다. "슬픈 노래"라고 입력하는 것보다 실제로 울먹이듯 부르는 한 마디가 AI 보컬의 창법에 훨씬 더 깊은 감정 선을 이식하기 때문입니다.

마지막으로 가져야 할 마음가짐은 AI를 단번에 정답을 주는 도구가 아니라 함께 맞춰가는 파트너로 대하는 태도입니다. 같은 소리를 입력하더라도 어떤 스타일 프롬프트를 선택하느냐에 따라 결과는 완전히 달라질 수 있습니다. 한 번의 생성으로 실망하기보다 다양한 시도를 통해 AI의 해석력을 테스트해보는 과정이 필요합니다. 생성된 곡 전체가 마음에 들지 않더라도 그중 단 5초의 선율이 의도와 일치한다면 그것은 훌륭한 성공입니다. 그 짧은 구간을 다시 자산으로 삼아 확장하고 다듬는 과정이 진정한 AI 창작의 핵심입니다. 이제 준비된 소리의 씨앗을 Suno의 Audio Upload와 Record 기능을 통해 실제 음악 구조로 변환하는 마법 같은 경험을 시작해보겠습니다.

Project

소리를 입력해 AI 음악의 방향을 설계하는 작업

이번 프로젝트는 텍스트만으로 음악을 생성하는 방식에서 벗어나, 간단한 멜로디나 리듬을 녹음해 AI에게 참고 자료로 제공하는 작업으로 시작합니다. 새로운 음악을 처음부터 완성하는 것이 목적이 아니라, 짧은 오디오 입력이 결과물의 흐름에 어떤 영향을 미치는지를 직접 확인하는 것이 핵심입니다. 앞선 실습에서는 문장을 통해 음악의 분위기와 장르를 설정했다면, 이번 장에서는 흥얼거림이나 간단한 리듬처럼 대략적인 음악 감각을 소리로 남기는 방식입니다. 이 소리는 정확한 지시나 정보라기보다 AI가 음악을 전개할 때 참고하는 하나의 단서에 가깝기 때문에 완성된 한 곡을 만드는 데 있지 않습니다. 이번 프로젝트는 짧은 오디오를 바탕으로 생성된 결과물 가운데, 마음에 드는 멜로디나 분위기의 일부를 찾아 이후 작업에 활용할 수 있는 상태로 확보하는 것이 목적입니다. 전체 곡이 만족스럽지 않더라도 특정 구간이 의도와 맞아떨어진다면 그 자체로 의미 있는 결과물로 판단합니다.

01 Suno의 Cover 기능 활용하기

01 Suno ① Create 화면으로 이동합니다. Audio 기능은 Simple과 Advanced 모드에 관계없이 사용할 수 있습니다. ② Audio를 클릭하면 Remix, Upload, Record의 3가지 방식 중 하나를 선택할 수 있는 메뉴가 열립니다.

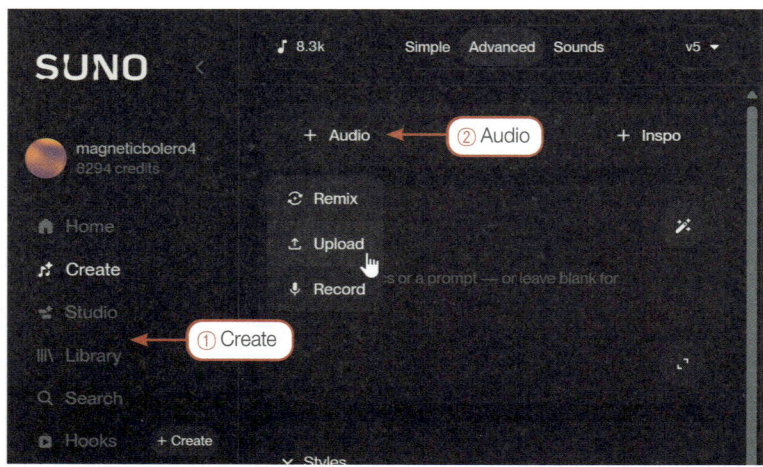

02 Upload는 사용자 컴퓨터에 저장된 오디오 파일을 불러오는 방식입니다. 사전에 사용자의 목소리나 연주가 녹음된 파일이 준비되어 있어야 합니다.

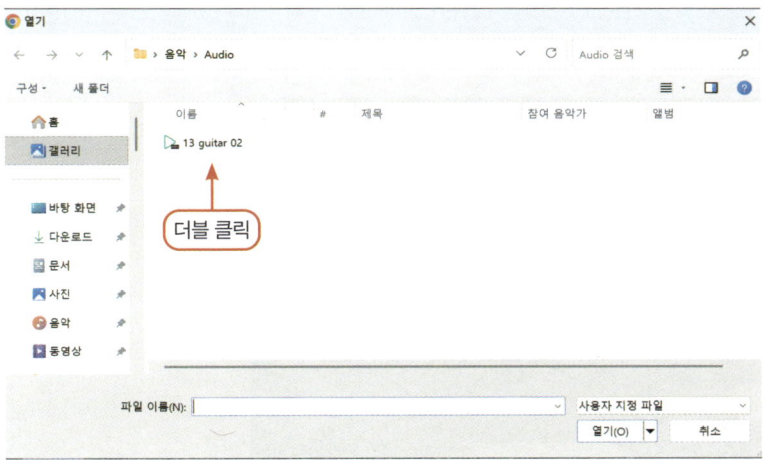

03 문득 떠오른 흥얼거림을 완성된 곡으로 확장하기 위해서는 Record 방식이 편리합니다. Suno는 모바일 버전도 제공하기 때문에 멜로디가 떠오르는 순간 언제 어디서든 녹음 버튼을 눌러 바로 기록할 수 있습니다.

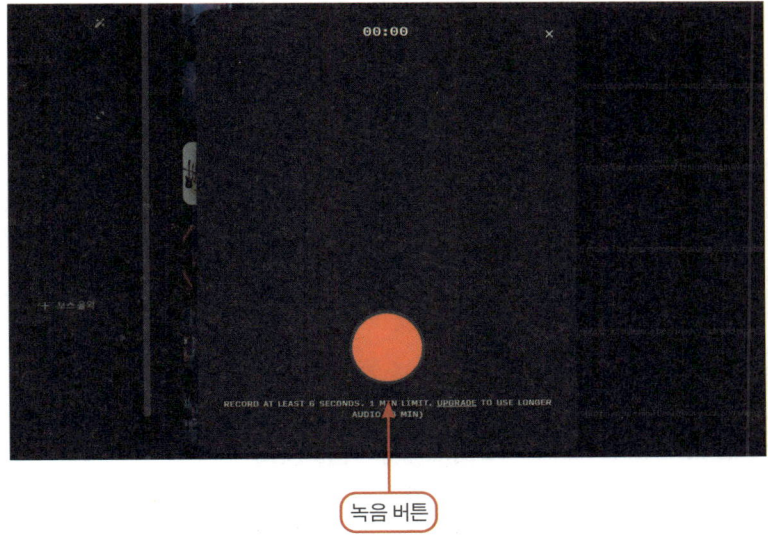

04 Upload 또는 Record가 완료되면 ① 시작 지점, ② 끝 지점, ③ 위치 바를 드래그해 저장할 범위를 설정할 수 있는 창이 열립니다. ④ 재생 버튼을 눌러 내용을 확인한 뒤 문제가 없다면 ⑤ Save 버튼을 클릭하여 저장합니다. 주변 잡음이나 녹음 상태에 문제가 있다면 Start Over를 선택해 다시 시작할 수 있습니다.

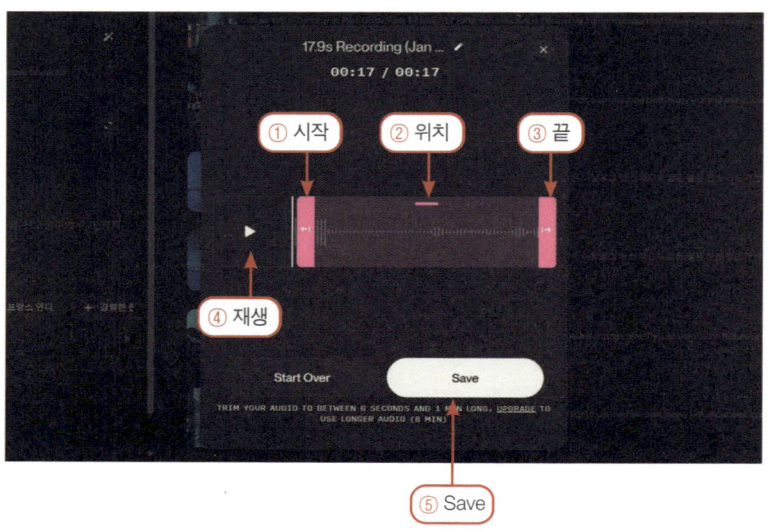

05 Cover나 Extend로 작업을 계속 진행할지, 또는 일단 Library에 저장할지를 선택하는 창이 열립니다. 기본 설정은 Save to Library로 별도의 선택이 없다면, 업로드가 완료된 오디오는 자동으로 Library에 저장됩니다.

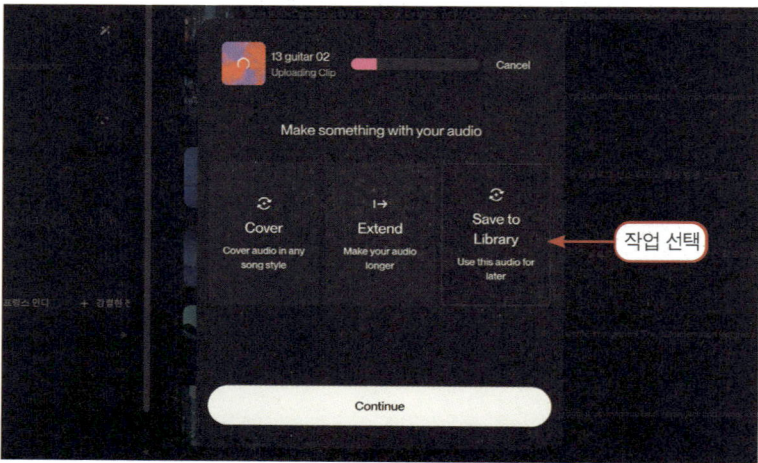

06 선택을 망설이다가 Library에 저장한 경우라도 해당 오디오의 Remix/Edit 버튼을 선택하면 이후 Cover 또는 Extend 작업을 계속 진행할 수 있습니다.

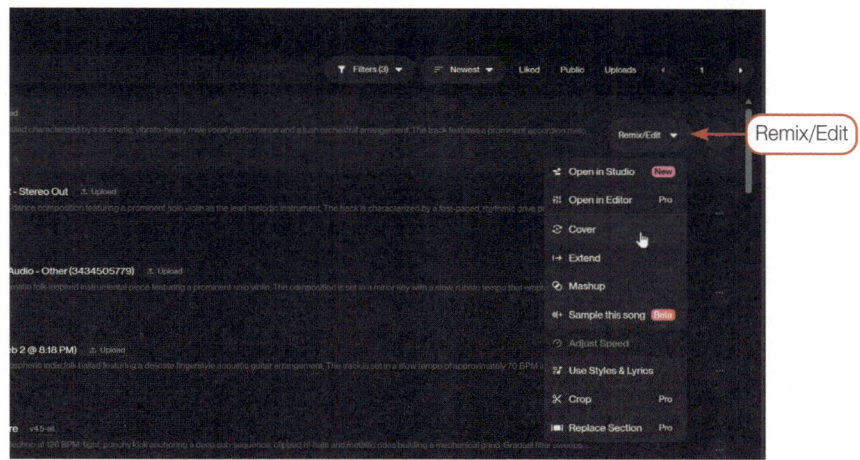

07 Cover와 Extend는 Create 화면의 작업 옵션을 통해 언제든 변경할 수 있으므로, Audio Upload나 Record 이후에 즉시 결정하지 않아도 됩니다.

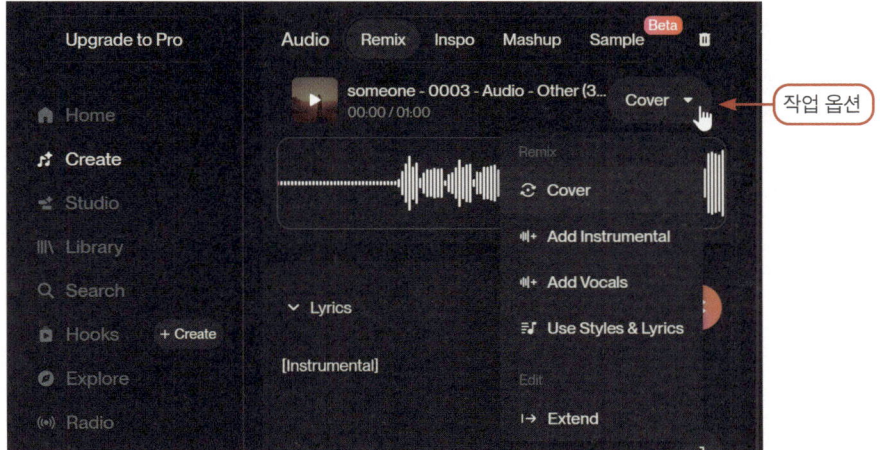

08 Upload 또는 Record한 오디오를 Cover 작업으로 진행할지, Extend 작업으로 진행할지는 업로드한 오디오 소스의 성격에 따라 달라집니다.

Cover가 적합한 경우

Cover는 오디오 업로드의 목적이 아이디어를 전달하는 데 있을 때 적합한 기능입니다. 이때 오디오는 완성된 음악이 아니라 멜로디나 분위기를 전달하기 위한 참고 자료로 활용됩니다. 예를 들어 흥얼거리며 부른 간단한 멜로디, 대략적인 후렴의 느낌, 또는 특정 분위기만 담긴 스케치 파일이 이에 해당합니다. 이러한 경우 오디오는 음악을 그대로 사용하기보다는 AI가 참고할 수 있는 힌트 역할만 하면 충분합니다.

Cover를 사용하면 업로드한 멜로디를 바탕으로 새로운 편곡과 악기, 분위기를 입혀 완전히 새로운 곡으로 재해석한 결과물을 얻을 수 있습니다.

다음과 같은 상황에서 Cover를 사용하는 것이 적합합니다.
● 멜로디 아이디어를 바탕으로 완성도 있는 곡을 만들어 보고 싶을 때
● 직접 부른 느낌은 유지하되, 음악적인 구성은 새롭게 바꾸고 싶을 때
● 가이드 멜로디를 출발점으로 완성곡을 만드는 작업 흐름을 원할 때

Extend가 적합한 경우

Extend는 오디오 업로드의 목적이 이미 존재하는 음악을 이어서 활용하는 데 있을 때 적합한 기능입니다. 이 경우 업로드하는 오디오는 단순한 아이디어가 아니라 어느 정도 구조와 흐름을 갖춘 음악입니다.

예를 들어 이미 전개가 있는 음악, 상당 부분 완성된 연주 파일, 또는 중간에서 멈춘 데모 음원이 이에 해당합니다. Extend는 기존 오디오의 분위기와 흐름을 유지한 채, 뒤를 자연스럽게 이어 붙이거나 특정 구간 이후를 확장하는 데 사용됩니다.

다음과 같은 상황에서 Extend가 효과적입니다.
● 기존 음악 뒤에 일정 길이의 구간이 추가로 필요할 때
● 인트로는 있지만 이후 전개가 부족한 경우
● 같은 톤과 분위기를 유지한 채 음악의 길이만 늘리고 싶을 때

09 Extend 기능은 앞에서 살펴보았으므로, 흥얼거림을 녹음하여 진행한다고 가정하고 Cover 작업으로 진행하겠습니다. 가사는 이후에 수정할 수 있지만, 초기 생성 단계에서 가이드가 필요하므로 Lyrics 항목의 랜덤 버튼을 클릭해 Write Full Song을 선택합니다.

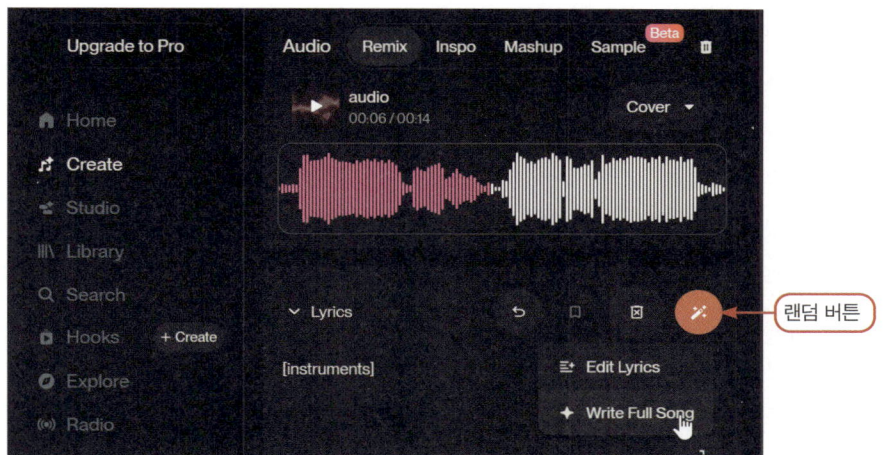

10 곡 설명을 입력합니다. 영문으로 설명하더라도 Lyrics in Korean 또는 Write the lyrics in Korean과 같은 문구를 추가하면 한글 가사를 생성할 수 있습니다. 다만 별도의 설정 없이 한글로 설명을 입력하는 방식이 가장 간단하고 안정적입니다.

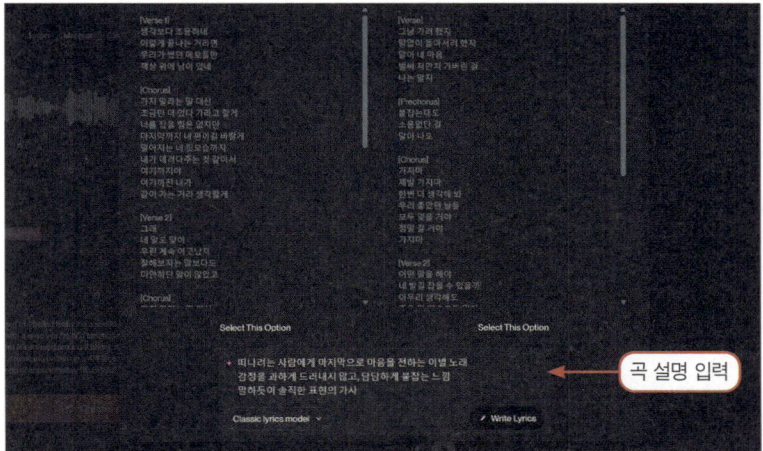

11 Write Full Song 설명란은 가사를 직접 작성하는 공간이 아니라 AI가 가사를 생성할 수 있도록 방향을 제시하는 설명란입니다. 이 단계에서는 문학적으로 완성된 문장을 작성하거나 운율을 맞출 필요가 없습니다. 오히려 노래가 어떤 이야기를 담고 있는지, 어떤 분위기와 감정으로 표현되기를 원하는지를 간단하고 명확하게 전달하는 것이 더 효과적입니다. 가사 설명은 AI가 음악과 멜로디에 어울리는 가사를 구성하기 위한 기준이 되므로, 결과물의 성격을 좌우하는 중요한 단계입니다.

가사 설명을 입력할 때는 세 가지 요소를 중심으로 생각하면 도움이 됩니다.
1. 노래의 주제를 정리합니다. 이별이나 설렘, 위로처럼 노래의 핵심이 되는 감정이나 상황을 한두 단어로 제시해도 충분합니다.
2. 노래가 떠오르는 상황이나 장면을 설명합니다. 혼자 있는 밤이나 헤어진 직후와 같이 감정이 형성되는 배경을 함께 제시하면, 가사의 맥락이 보다 자연스럽게 구성됩니다.
3. 노래 전체에 흐르는 감정의 톤을 표현합니다. 담담한지, 아련한지, 차분한지와 같이 감정의 성격을 덧붙이면, AI가 가사의 분위기를 보다 정확하게 반영합니다.

이러한 요소는 반드시 문장 형태로 작성할 필요는 없습니다. 여러 줄로 나누어 입력해도 되고, 한 문장으로 간결하게 정리해도 무방합니다. 예를 들어 이별 후 혼자 남은 밤에 대한 노래라는 주제에 조용하고 담담하지만 약간 아련한 감정을 더해 설명할 수 있으며, 솔직하고 과하지 않은 가사를 원한다는 점을 함께 전달할 수 있습니다. 또는 헤어진 뒤 혼자 밤길을 걸으며 마음을 정리하는 장면을 담은 차분한 노래처럼 한 문장으로 입력해도 충분합니다.

중요한 점은 가사를 직접 작성하려고 하지 않는 것입니다. 이 설명란은 가사의 내용을 통제하기 위한 공간이 아니라, 가사가 만들어질 방향과 분위기를 제시하기 위한 안내 역할을 합니다. 따라서 지나치게 상세한 설명이나 구체적인 문장 구성 지시는 오히려 결과를 불안정하게 만들 수 있습니다. 핵심만 담은 간결한 설명이 더 안정적인 결과를 만들어 줍니다.

또한 입력한 문장의 언어가 가사의 기본 언어로 사용됩니다. 한글 가사를 원한다면 설명 역시 한글로 입력하는 것이 가장 간단하고 확실한 방법입니다. 영어로 설명할 경우에는 가사 언어가 달라질 수 있으므로, 실습 단계에서는 한글 설명을 사용하는 것이 좋습니다.

12 Style 항목은 업로드하거나 레코딩한 오디오의 분위기와 리듬, 보컬 톤을 기준으로 자동 생성되므로, 대부분의 경우 그대로 사용하는 것이 안정적인 선택입니다. 특별히 수정할 사항이 없다면 Create 버튼을 클릭하여 진행합니다.

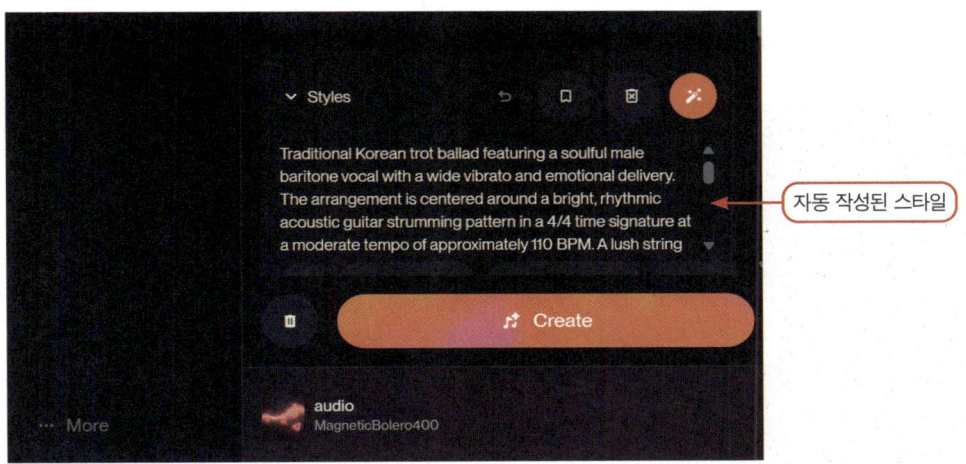

스타일 수정이 경우는 다음과 같습니다.

첫째, 자동으로 입력된 스타일과 실제 생성된 음악의 방향이 서로 다를 때입니다. 오디오를 기준으로 생성된 스타일 설명이 항상 의도와 완전히 일치하는 것은 아니기 때문에 멜로디는 차분한데 결과 음악이 지나치게 밝게 나오거나 리듬이 필요 이상으로 강하게 강조되는 경우가 발생할 수 있습니다. 이러한 상황에서는 스타일 설명에 감정의 성격이나 장르적 방향을 보완하는 짧은 문장을 추가하여 음악의 톤을 조정할 수 있습니다.

둘째, 음악을 특정한 방향으로 좀 더 분명하게 유도하고 싶을 때입니다. 예를 들어 전체적인 분위기는 유지하되 어쿠스틱한 질감을 강조하고 싶거나 보컬이 중심이 되는 곡을 만들고자 할 경우에는 스타일 설명에 해당 요소를 한두 단어 정도 덧붙이는 것만으로도 결과에 변화를 줄 수 있습니다. 이때는 세부적인 설명보다는 핵심 키워드를 추가하는 방식이 효과적입니다.

다만 이러한 경우에도 스타일 설명을 과도하게 수정하거나 길게 작성할 필요는 없습니다. 자동으로 입력된 스타일을 기본으로 유지한 상태에서 필요한 부분만 최소한으로 보완하는 방식이 가장 안정적인 결과를 만들어 줍니다.

13 Cover 곡을 만들 때는 More Options에 Audio Influence 항목이 추가됩니다. 이 옵션은 업로드하거나 레코딩한 오디오가 결과 음악에 얼마나 강하게 반영될지를 조절하는 설정입니다. 값을 낮게 설정하면 업로드한 오디오는 느슨한 참고 자료로 사용되며, 값을 높게 설정하면 업로드한 오디오의 멜로디와 흐름이 더욱 강하게 유지됩니다. 처음에는 기본값을 그대로 사용해 본 뒤, 생성된 결과에 따라 조정하는 것이 좋습니다.

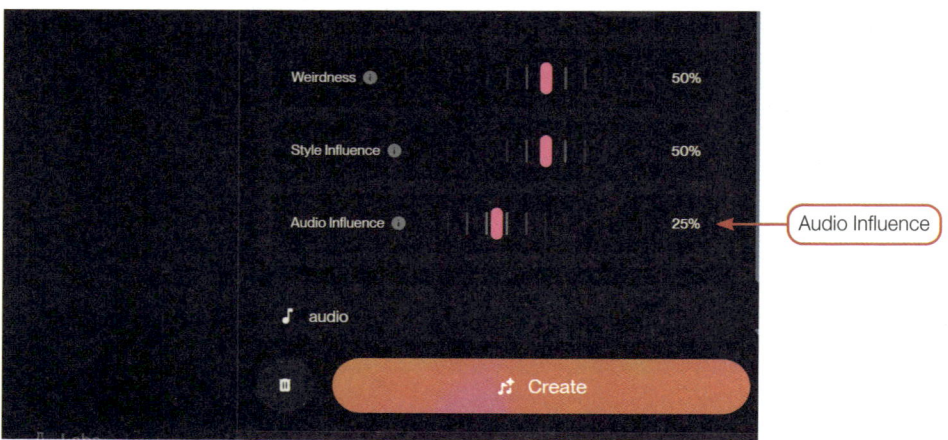

14 생성된 곡은 기본적으로 My Workspace Library에 저장됩니다. 다만 곡의 수가 많아질 경우에는 카테고리별로 구분해 관리하는 것이 효율적입니다. 라이브러리를 새로 만들면, Save as 항목에서 선택하여 저장할 수 있습니다.

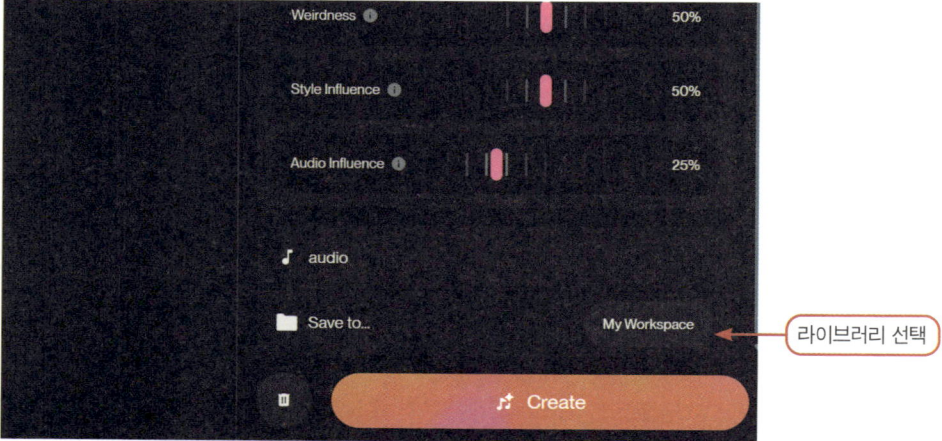

15 라이브러리는 ① Library 페이지의 ② Workspaces 탭에서 생성하거나 관리할 수 있습니다. 새로운 라이브러리를 만들려면 ③ Create New Workspace를 클릭합니다.

16 기존에 만들어 둔 곡은 마우스 오른쪽 버튼을 클릭하면 열리는 단축 메뉴에서 Move to Workspace를 선택해, 사용자가 만든 라이브러리로 이동시킬 수 있습니다.

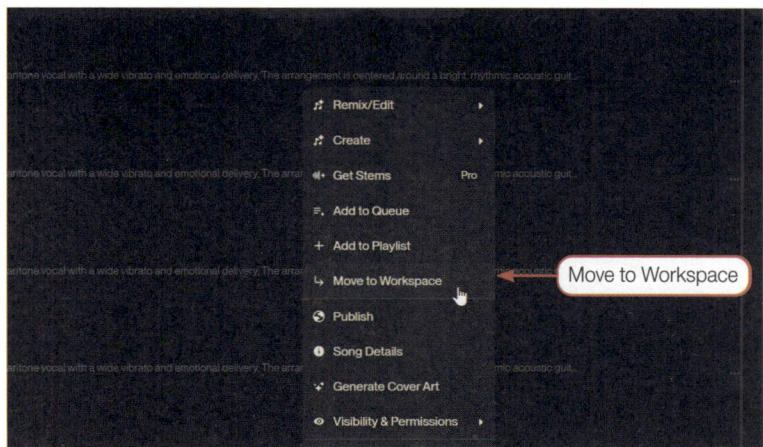

02 전혀 다른 분위기로 리듬 변경하기

01 Logic Pro에서 빈 프로젝트를 만들고, 템포 항목을 클릭하여 '템포 - 프로젝트 템포 조정' 으로 변경합니다. 그리고 Suno에서 다운 받은 오디오 파일을 프로젝트 창으로 드래그하여 가져다 놓습니다.

02 가져다 놓은 오디오 리전을 마우스 오른쪽 버튼으로 클릭해 단축 메뉴를 연 뒤, 프로세싱에서 Stem Splitter를 선택합니다.

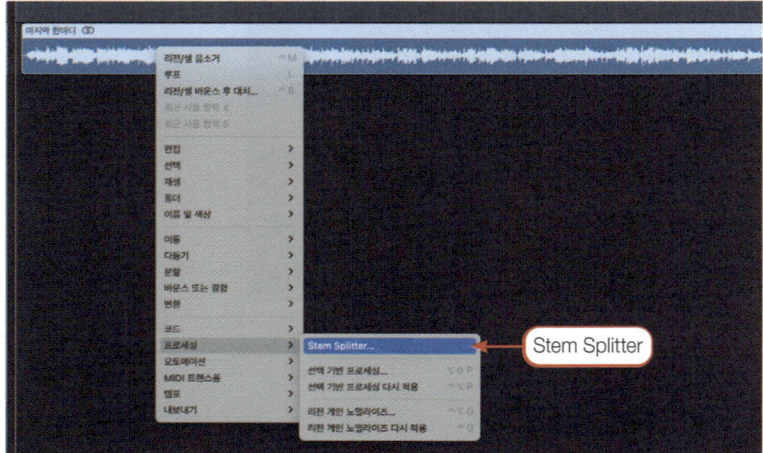

03 음악에서 분리할 스템을 선택하는 창이 열립니다. 보컬, 드럼, 베이스 등 모든 옵션이
체크된 상태에서 적용 버튼을 클릭합니다.

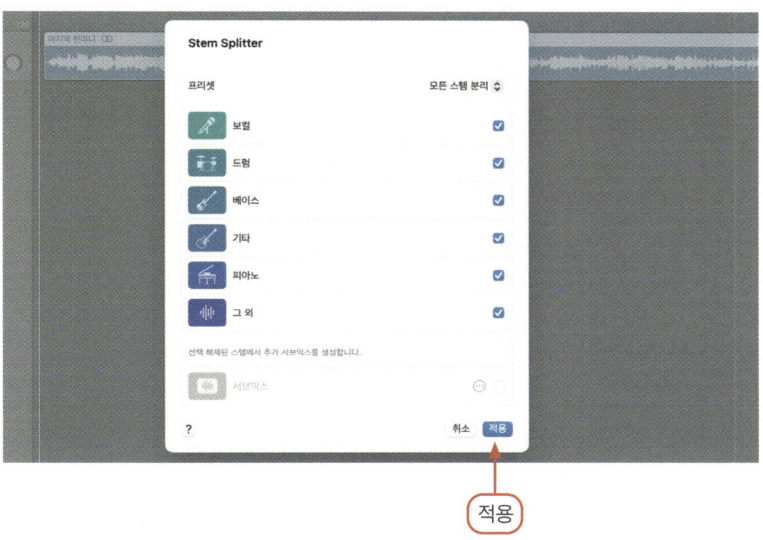

04 분리된 스템 중에서 드럼 리듬을 바꿔 볼 것이므로, 드럼 트랙을 ① 뮤트합니다. 그런
다음 ② 트랙 추가 버튼을 클릭하여 창을 엽니다.

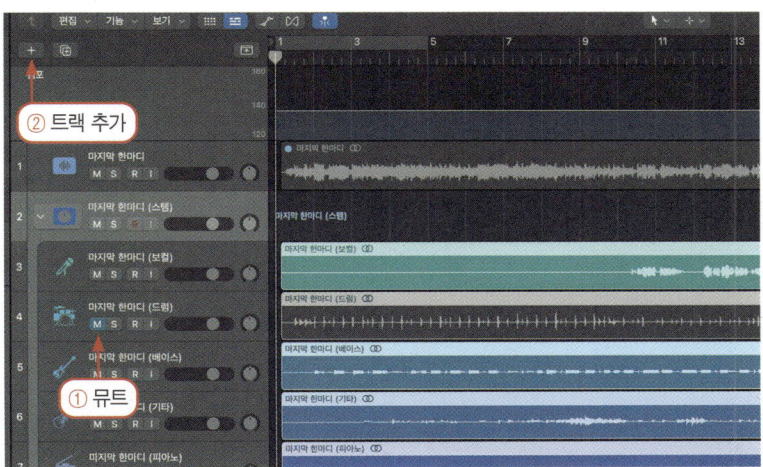

05 어떤 유형의 트랙을 추가할지 선택하는 창이 열립니다. 여기서 Session Player의 Drummer를 선택합니다. 세부 설정에서 Drummer 스타일을 지정할 수 있지만, 곡을 재생하면서 어울리는 스타일을 확인할 것이므로 기본값 그대로 생성합니다.

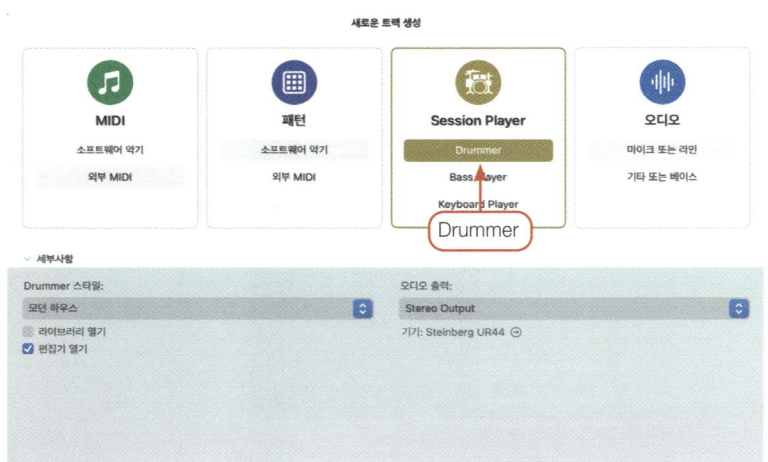

06 기본적으로 8마디 길이의 리전이 생성됩니다. 곡에 어울리는 최적의 연주 스타일을 찾을 때는 해당 구간을 반복해서 들어보는 것이 편리합니다. 생성된 리전을 선택하고 U 키를 누르면, 리전 길이에 맞춰 사이클 구간이 자동으로 설정됩니다.

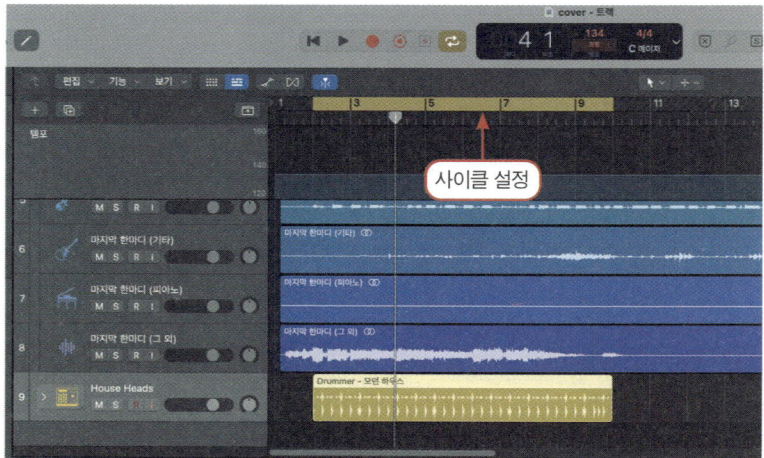

07 스페이스 바 키를 눌러 곡을 반복 재생시켜 놓고, 화면 하단의 세션 플레이어 편집 창에서 ① 연주자 아이콘을 클릭하면 열리는 목록을 하나씩 선택하며 곡에 가장 잘 어울리는 스타일을 찾습니다. ② 유형에서 어쿠스틱과 일렉트로닉 사운드 유형을 전환하며 탐색할 수 있습니다.

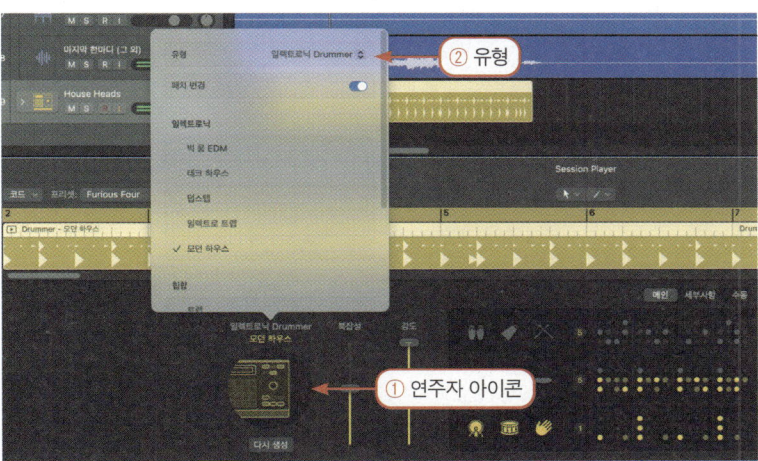

08 세션 플레이어 에디터를 이용하면 선택한 스타일을 곡의 흐름에 맞춰 세밀하게 변형할 수 있습니다. 먼저 로직에서 제공하는 다양한 프리셋 중 하나를 선택하여, 본인이 구상하는 연주와 가장 흡사한 느낌을 찾는 것부터 시작합니다.

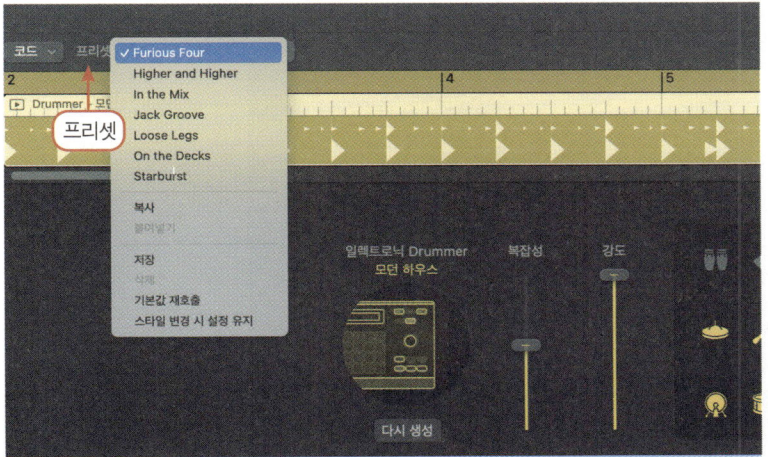

09 스타일과 프리셋을 선택한 후, 곡의 분위기에 맞춰 연주를 더 복잡하거나 단순하게, 혹은 더 강하거나 부드럽게 바꾸고 싶을 수 있습니다. 이를 세밀하게 조절할 수 있는 것이 복잡성과 강도 슬라이더입니다. 이 두 슬라이더를 활용해 연주의 다이내믹과 화려함을 사용자의 의도에 맞춰 자유롭게 조정할 수 있습니다.

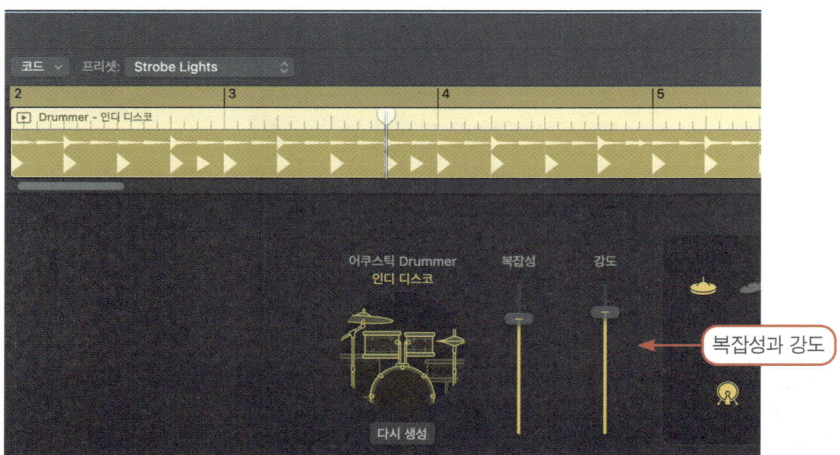

10 킥, 스네어, 하이햇 등 드럼 세트의 구성 악기별 연주 패턴도 자유롭게 변경할 수 있습니다. 원하는 악기 아이콘을 클릭하여 활성화한 뒤, 옆에 있는 패턴 항목에서 곡의 흐름에 가장 잘 어울리는 리듬 패턴을 선택하면 됩니다.

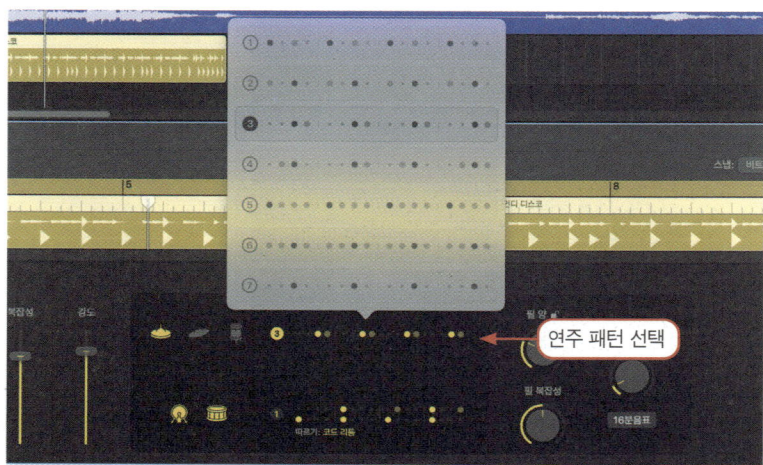

11 킥과 스네어의 경우, 다른 트랙의 리듬과 일치시킬 수 있는 따르기 옵션을 제공합니다. 이 옵션에서 기준이 될 트랙(예: 원곡의 베이스나 드럼 트랙)을 선택하면, 미묘한 박자 변화까지 세밀하게 동기화되어 곡 전체의 그루브(Groove)를 완벽하게 맞출 수 있습니다.

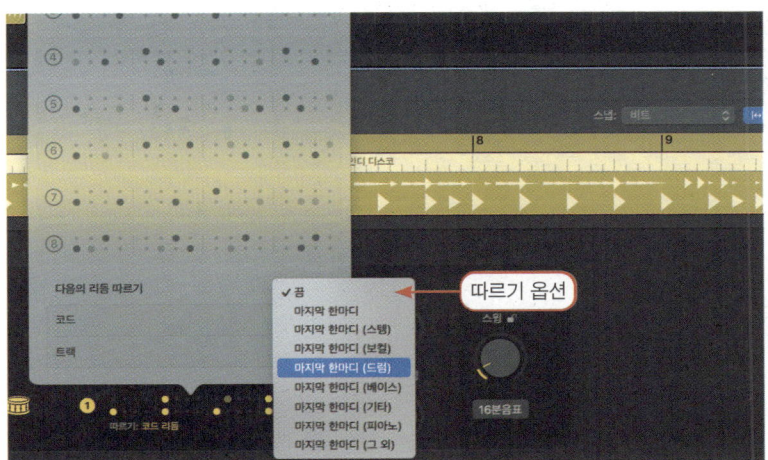

12 필인은 4마디 또는 8마디 단위로 섹션이 전환됨을 알리는 드러머의 즉흥 연주입니다. 필 양과 필 복잡성 노브는 이러한 필인을 얼마나 화려하게 연주할지를 조정합니다. 자물쇠는 드러머 스타일을 변경하더라도 설정값이 초기화되지 않도록 고정하는 역할을 합니다.

13 필인은 리전의 마지막 마디에서 연주됩니다. 따라서 의도적으로 필인을 넣고 싶은 구간이 있다면, 가위 도구를 사용하여 리전을 분리하는 것이 요령입니다.

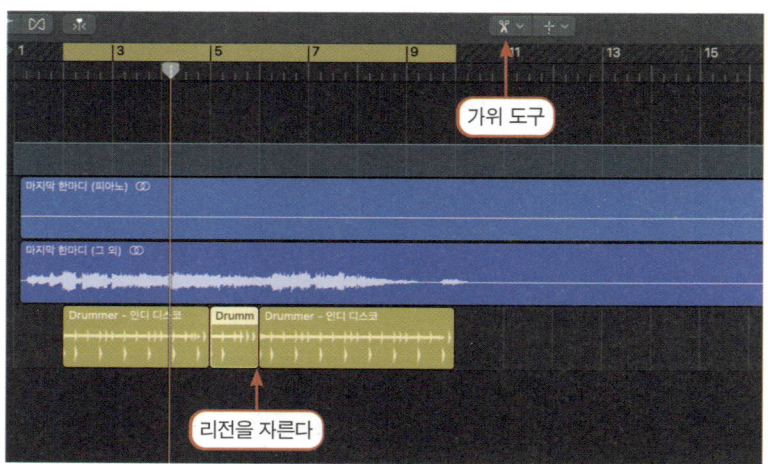

14 스윙 노브는 뒷박(Off-beat)의 타이밍을 미세하게 뒤로 밀어 특유의 리드미컬한 스윙감을 만드는 역할을 합니다. 곡의 성격에 따라 8분 음표 또는 16분 음표 단위 중 하나를 선택하여 설정할 수 있습니다.

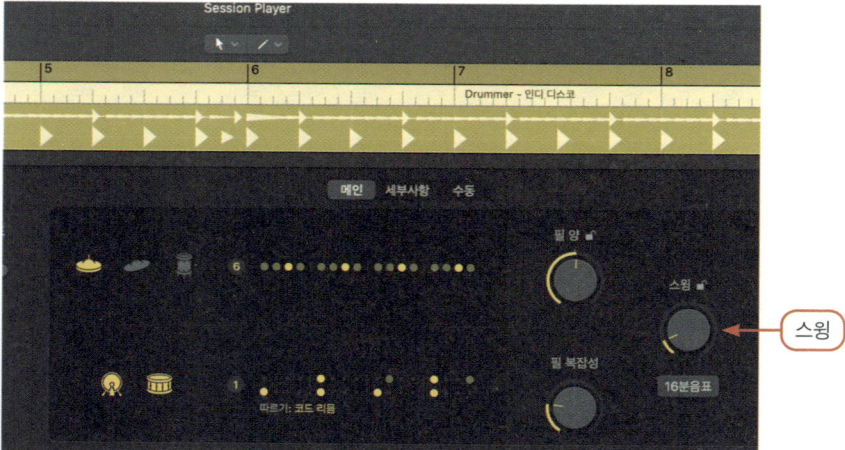

15 세부 사항에서는 드럼의 타격 위치나 보조 타악기의 종류를 선택하는 메뉴, 연주의 강약과 타이밍의 미세한 오차를 조절하는 등의 옵션을 제공합니다.

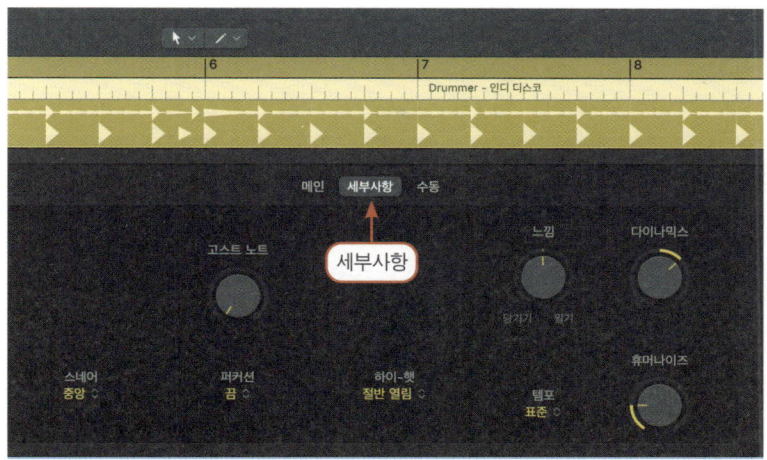

● 고스트 노트

메인 비트 사이사이에 들릴 듯 말 듯 연주되는 미세한 장식음의 양을 결정합니다. 노브를 오른쪽으로 돌릴수록 드러머가 드럼 피를 가볍게 두드리는 소리가 추가되어 리듬이 한층 촘촘하고 섬세해지며, 연주 전체에 리드미컬한 탄력을 불어넣는 역할을 합니다.

● 스네어

스네어의 타격 방식이나 위치를 결정하는 메뉴입니다. 자동은 드러머가 패턴에 맞춰 스스로 판단하며, 중앙은 정석적인 타격을, 림 샷은 테두리를 같이 쳐서 날카로운 소리를 냅니다. 사이드 스틱은 스틱을 눕혀 테두리를 치는 절제된 소리를 내며, 탐은 스네어 대신 탐탐을 연주하여 웅장한 느낌을 줍니다.

● 퍼커션

드럼 외에 추가할 타악기 종류와 패턴을 선택합니다. 탬버린, 쉐이커, 클랩이 세 가지의 서로 다른 리듬 패턴과 질감으로 제공되어, 곡의 장르에 맞춰 리듬의 풍성함을 더할 수 있습니다.

● 하이-햇

하이-햇의 개방 정도를 물리적으로 고정하거나 제어합니다. 자동 설정 시 연주 흐름에 따르지만, 사용자가 닫힘부터 절반 닫힘, 절반 열림, 열림, 넓게 열림 중 하나를 직접 선택하여 곡의 에너지를 고정적으로 유지할 수 있습니다.

● 느낌

연주의 전체적인 박자감을 정박 기준으로 앞당기거나 밀어주는 기능을 합니다. 왼쪽으로 조절하면 정박보다 미세하게 앞서 연주하여 곡에 에너지를 더하는 Push 효과가 나타나며, 오른쪽으로 조절하면 뒤로 처지는 Pull 효과가 발생하여 나른하고 여유로운 그루브를 형성합니다.

● 다이나믹스

연주되는 타격 강도의 범위를 설정하여 연주의 입체감을 제어합니다. 이 값을 높이면 강하게 치는 소리와 약하게 치는 소리의 대비가 극대화되어 연주가 훨씬 생동감 있게 변하며, 반대로 낮추면 전체적으로 일정한 세기를 유지하는 단단하고 일관된 연주가 출력됩니다.

● 템포

곡의 기본 BPM 대비 드러머의 연주 속도 비율을 결정합니다. 표준은 곡의 템포를 그대로 따르며, 하프 타임은 절반 속도로 느리고 묵직한 느낌을, 더블 타임은 두 배 속도로 긴박한 느낌을 줍니다. 자동은 곡의 맥락에 맞춰 연주 속도를 스스로 조절합니다.

● 휴머나이즈

연주 타이밍과 타격 세기에 미세한 무작위성을 부여하여 생동감을 더합니다. 컴퓨터가 계산한 물리적인 정확함에서 벗어나 사람이 연주할 때 발생하는 자연스러운 오차를 의도적으로 재현하며, 값이 높을수록 기계적인 느낌이 사라지고 실제 드러머가 연주하는 듯한 자연스러운 질감이 완성됩니다.

16 수동에서는 킥과 스네어 드럼 패턴을 사용자가 직접 프로그래밍할 수 있습니다. 패턴 길이는 최대 4마디 길이의 64스텝까지 설정 가능하며, 단계별로 세밀하게 비트를 입력하여 사용자만의 독창적이고 정교한 리듬 라인을 구성할 수 있습니다.

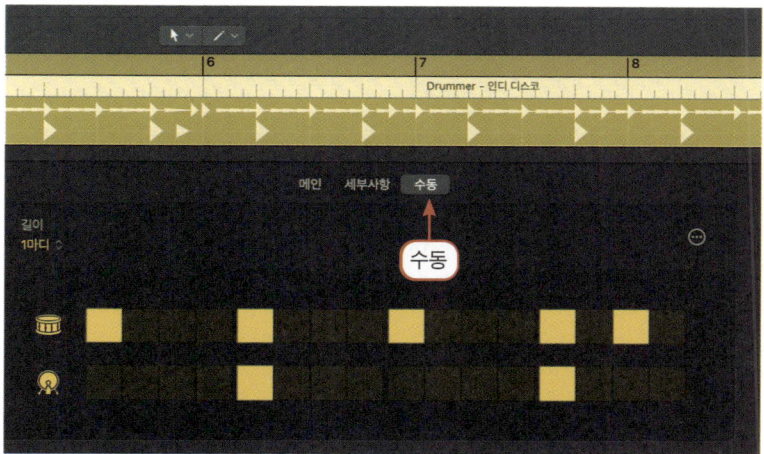

17 리전은 오른쪽 상단을 드래그하여 반복할 수 있으나 우측의 추가(+) 버튼을 클릭하여 섹션별로 변화를 주며 송 폼을 구성하는 것이 좋습니다. 이처럼 Suno에서 생성한 곡에 로직의 드러머 트랙을 더해 나만의 편곡을 완성하면, 곡의 독창성을 높이고 창작자의 의도를 더욱 선명하게 반영할 수 있습니다.

전부 확인할 필요는 없다

Suno에서 생성된 결과를 처음 마주하면, 우리는 무의식적으로 이 음악을 처음부터 끝까지 경청해야 한다는 압박감을 느낍니다. 그것은 우리가 지금까지 음악을 '완성된 형태'로만 소비해 온 오랜 습관 때문입니다. 재생 버튼을 누른 순간부터 마지막 마디가 끝날 때까지 들어야만 이 곡이 좋은지 나쁜지 올바르게 판단할 수 있을 것 같고, 중간에 멈추면 결정적인 무언가를 놓치는 기분이 들기도 합니다.

하지만 지금 단계에서 가장 먼저 버려야 할 태도가 바로 이 '전곡 청취의 강박'입니다. 현재 우리에게 중요한 것은 이 결과물이 당장 하나의 곡처럼 완벽하게 완성되었는지가 아닙니다. 오히려 전체를 다 들었는지 여부는 작업의 효율성 측면에서 그리 중요하지 않습니다.

지금 우리에게 필요한 것은 이 음악 안에서 단 한 번이라도 여러분의 귀가 멈추는 순간이 있었는지를 확인하는 일입니다. 무심코 흘러듣다가도 어느 지점에서 잠깐 집중하게 되었는지, 혹은 나도 모르게 다시 한 번 확인하고 싶어지는 구간이 있었는지가 유일한 기준이 됩니다. 그 지점이 길 필요는 없습니다. 찰나의 매력적인 멜로디일 수도 있고, 특정 리듬이 등장하는 짧은 순간일 수도 있으며, 말로 설명하기 어려운 미묘한 분위기의 변화일 수도 있습니다.

이 순간은 의식적으로 찾아내려 애쓰지 않아도 됩니다. 오히려 '이게 뭐지?' 하고 직관적인 반응이 생겼다면 그것으로 충분합니다. 그 반응 자체가 바로 다음 작업으로 이어질 수 있는 가장 강력한 단서이기 때문입니다. 이 관점으로 접근하면, 음악 전체를 다 듣지 않아도 이미 여러분은 작업에 필요한 핵심 정보를 모두 확보한 셈입니다.

나머지 구간이 어색하게 느껴지거나 전개가 마음에 들지 않더라도 전혀 상관없습니다. 지금은 완성도를 따지는 시간이 아니라 사용 가능한 유효 지점을 발굴하는 단계입니다. 모든 구간이 평범하게 잘 만들어진 음악보다, 단 몇 초라도 강렬한 반응이 오는 결과가 이후 로직 프로에서의 후속 작업으로 이어지기 훨씬 유리합니다.

이 관점이 자리 잡히면 결과를 대하는 태도 자체가 달라집니다. 끝까지 듣고 평가해야 한다는 부담이 사라지고, 여러 생성 결과를 빠르게 훑으며 반응이 오는 지점만을 수집하게 됩니다.

그 과정에서 '이 결과는 실패다'라는 판단은 점점 의미를 잃습니다. 대신 '여기서 무엇을 가져갈 수 있는가'라는 생산적인 질문이 자연스럽게 작업의 중심에 놓이게 됩니다.

이제 다음 단계에서는 이렇게 찾아낸 지점을 기준으로 하나를 선택합니다. 모든 요소를 이해하려 애쓰기보다, 단 하나의 확실한 기준을 고르는 것이 멈춰 있던 작업을 앞으로 움직이게 만드는 힘이 됩니다.

남길 부분을 고른다는 것

이제 생성된 결과를 단순하게 평가하는 단계에서 벗어나 적극적인 '선택'의 단계로 진입합니다. 남길 부분을 고른다는 것은 이 음악이 예술적으로 좋은지 나쁜지를 판가름하는 심사가 아닙니다. 오히려 이 결과를 어떤 방식으로 확장해 나갈지, 즉 '다음 경로'를 설계하는 과정에 가깝습니다. 다시 말해, 이 음악을 여기서 멈출 것인지, 아니면 다음 단계로 넘기기 위한 재료로 쓸 것인지를 결정하는 행위입니다.

이 단계에서 많은 사람이 망설이는 이유는 지금의 선택이 최종 결과를 완전히 고정해버릴지도 모른다는 불안감 때문입니다. 하지만 실제 창작의 과정은 그 반대입니다. 선택은 가능성을 닫아버리는 감옥이 아니라 망망대해 속에서 하나의 물길을 임시로 열어두는 행위입니다. 무엇을 작업의 중심에 둘지 정하는 바로 그 순간, 멈춰 있던 작업은 비로소 앞으로 움직이기 시작합니다.

● **멜로디 중심의 선택**: 특정 구간의 선율이 인상 깊었다면, 지금은 비록 짧게 느껴지더라도 그 멜로디를 음악 전체의 뼈대로 삼아 다음 작업을 구상할 수 있습니다.

● **분위기 중심의 선택**: 소리의 질감이나 에너지가 좋았다면, 정확한 음정이나 구조적 완벽함에 집착하기보다 그 특유의 감정을 유지하는 것이 훨씬 중요해집니다.

● **특정 구간의 선택**: 단 한 마디만 마음에 든다면, 그 지점만을 기준으로 음악을 다시 시작하는 것도 충분히 자연스럽고 훌륭한 전략입니다.

여기서 가장 중요한 사실은 이 선택이 결코 '최종 정답'을 맞히는 일이 아니라는 점입니다. 지금 고른 기준이 작업 끝까지 반드시 유지되어야 할 이유는 없습니다.

다음 단계에서 편집하다가 기준이 바뀔 수도 있고, 진행 중에 더 적합한 방향을 발견하게 될 수도 있습니다. 그럼에도 불구하고, 지금 '하나'를 고르는 경험 자체가 작업을 다음 단계로 밀어주는 유일한 엔진이 됩니다.

기준이 생기는 순간, 고민의 성격도 달라집니다. "무엇을 할지 몰라 막막하게 멈춰 있는 상태"에서 "무엇을 먼저 시도해볼지 정한 상태"로 이동하게 됩니다. 이 변화는 작아 보이지만, 실제 작업의 흐름에서는 결과의 성패를 가르는 결정적인 차이를 만들어냅니다.

이제 다음 단계에서는 이렇게 고른 기준이 실제 행동으로 어떻게 이어지는지를 살펴봅니다. 남겨진 부분은 필연적으로 다음 선택을 부르고, 그 선택은 자연스럽게 여러분만의 독창적인 작업 경로를 만들어낼 것입니다.

선택은 다음 행동을 정한다

무엇을 남길지가 결정되면, 다음에 해야 할 행동은 선명하게 드러납니다. 이제 더 이상 '무엇을 해볼까' 하는 막연한 고민에 빠질 필요가 없습니다. 확고한 기준이 생겼기 때문입니다. 멜로디를 남기기로 했다면 그 선율을 유지한 채 음악을 확장하는 법을 구상하게 되고, 분위기를 남겼다면 그 감정을 유지하며 다른 리듬을 시도하는 쪽으로 방향이 잡힙니다. 이처럼 선택은 새로운 아이디어를 쥐어짜내는 고통이 아니라, 다음에 즉시 실행할 행동을 호출하는 스위치가 됩니다.

이 지점에서 작업의 성격은 완전히 변합니다. 생성된 결과를 들으며 즉흥적으로 반응하던 수동적인 태도에서 벗어나, 내가 정한 기준을 중심으로 행동을 반복하는 '엔지니어링'의 단계로 넘어갑니다. 같은 기준을 유지했을 때 사운드가 어떻게 변하고 유지되는지 관찰하게 되며, 이 과정에서 음악적 결과물은 더 이상 우연의 산물이 아닌 사용자의 의도와 선택의 연장선 위에 놓이게 됩니다.

결국, 선택은 곧 작업의 경로가 됩니다. 로직 프로의 어떤 기능을 사용할지, 어느 지점에서 다시 생성을 시도할지, 그리고 언제 작업을 멈출지가 거의 자동으로 결정됩니다. 선택지가 많아져서 혼란스러운 것이 아니라, 오히려 불필요한 선택지들이 제거되면서 작업 속도가 비약적으로 빨라집니다.

또 하나 주목할 만한 변화는 결과물을 대하는 창작자의 태도입니다. 기준이 없던 이전에는 마음에 들지 않는 결과가 나오면 자신의 선택 자체를 의심하며 좌절하곤 했습니다. 하지만 이제는 결과가 실망스럽더라도 이를 '실패'로 보지 않습니다. 대신 기준을 유지하는 과정에서 발생한 하나의 '변형'이나 '데이터'로 덤덤하게 받아들이게 됩니다. 이러한 태도의 변화는 창작자가 지치지 않고 작업을 지속하게 만드는 결정적인 요인이 됩니다.

이제 할 일은 명확합니다. 여러분이 선택한 그 기준을 끝까지 한 번 밀어붙여 보는 것입니다. 중간에 흔들리기보다, 동일한 선택을 유지한 채 어디까지 갈 수 있는지 그 한계를 확인합니다. 다음 단계에서는 이 기준을 유지하며 음악을 확장해보고, 하나의 선택이 어떻게 수많은 방향으로 뻗어 나가는지 직접 목격하게 될 것입니다. 이 과정을 통해 선택은 단순한 생각을 넘어 작업을 실제로 움직이는 강력한 물리적 힘으로 자리 잡게 됩니다.

응용 연습

지금까지의 과정은 하나의 유기적인 흐름으로 이어져 왔습니다. 흥얼거림을 기록하고, 그 소리를 Suno에 업로드하거나 레코드로 입력한 뒤, 생성된 결과를 전부 확인하지 않은 채 핵심이 되는 '남길 부분'을 골랐습니다. 그리고 그 선택을 기준으로 다음 행동을 정했습니다.

응용 연습은 이 흐름을 다시 한번 반복하며 사용자의 선택이 갖는 힘을 확인하는 단계입니다. 단, 새로운 소리를 추가하지 않고 동일한 오디오 입력(재료)을 사용하여 진행합니다. 이 연습의 목적은 새로운 곡을 만드는 것이 아니라, 이미 만들어진 결과물을 다른 기준으로 다시 다뤄보는 경험을 통해 '오디오 입력 이후의 선택'이 최종 결과에 어떤 결정적인 영향을 주는지를 체감하는 것입니다. 같은 소리에서 출발하더라도 기준이 달라지면 작업의 방향은 완전히 달라질 수 있습니다.

① 기준을 바꿔 다시 선택하기

앞에서 사용했던 오디오 업로드 또는 레코드 기반 결과물 하나를 다시 불러옵니다. 이번에는 처음에 선택했던 기준을 잠시 내려놓고, 음악을 처음부터 다시 들을 필요는 없습니다. 이미 귀가 멈췄던 지점이나 기억에 남아 있는 강렬한 인상을 떠올리는 것만으로도 충분합니다.

● 이전 작업에서 멜로디를 중심에 두었다면, 이번에는 곡 전체의 분위기나 에너지를 기준으로 바라봅니다.
● 특정 구간의 가사를 남겼었다면, 이번에는 리듬의 흐름이나 사운드의 질감을 중심으로 선택해 봅니다.

같은 결과물이라도 어떤 안경을 쓰고 보느냐에 따라 전혀 다른 원석을 발견할 수 있다는 점을 확인하는 것이 이 단계의 핵심입니다. 오디오 입력 이후의 작업은 단 하나의 길로만 이어지지 않습니다.

② 같은 기준으로 다른 결과 관찰하기

이번에는 여러분의 기준을 확고히 유지한 채, 결과의 변화를 살펴봅니다. 앞에서 정한 기준을 그대로 가져가 동일한 오디오 입력을 바탕으로 Suno에서 생성된 다른 결과물들을 확인합니다. 이때 중요한 것은 결과의 완성도나 개인적인 취향을 따지는 것이 아닙니다.

대신, 어떤 요소가 반복적으로 유지되고 어떤 부분이 매번 달라지는지를 관찰합니다. 내가 선택한 기준이 실제로 결과물의 방향을 붙잡고 있는지, 아니면 단순한 우연처럼 느껴지는지를 확인하는 과정입니다. 이를 통해 AI가 무작위로 음악을 뱉어내는 존재가 아니라 사용자의 기준과 오디오 입력이라는 가이드라인 안에서 움직이는 파트너임을 체감하게 됩니다.

③ 단호하게 '하나'는 남기고 나머지는 버리기

여러 결과를 확인했다면, 그중 딱 하나만 남깁니다. 이 선택에는 거창한 논리나 복잡한 이유가 필요하지 않습니다. "이 결과가 다음 단계로 넘기기에 심리적 부담이 적은가?", "다시 다뤄보고 싶은 여지가 조금이라도 있는가?"만 판단하면 충분합니다.

이 연습의 진정한 목적은 가장 훌륭한 결과물을 골라내는 데 있지 않습니다. 오히려 결정을 내리고 다음으로 넘어가는 감각 자체를 익히는 데 있습니다. AI 음악 작업에서 가장 중요한 덕목은 '더 좋은 결과'를 찾아 끝없이 방황하는 것이 아니라 스스로 멈출 지점을 정하고 작업을 이어가는 결단력입니다.

이렇게 하나를 남기고 나머지를 과감히 정리하는 경험은 이후의 실제 작업에서 선택을 미루지 않게 만드는 든든한 기준이 됩니다. 오디오 업로드와 레코드로 시작된 이 결과물은 이제 다음 단계에서 더 구체적인 확장과 구조화 작업(Song Form)으로 이어질 모든 준비를 마쳤습니다.

핵심 포인트

오디오 업로드와 레코드 실습의 핵심은 소리를 '만드는 것'이 아니라 다음 작업을 위해 '남기는 것'입니다. 흥얼거림이나 녹음 자체의 완성도보다는 이후 과정에서 활용할 수 있는 유효한 재료가 되는지가 훨씬 중요합니다.

생성된 결과를 전부 확인할 필요는 없습니다. 단 몇 초라도 귀가 멈춘 매력적인 순간이 있었다면 그 결과물은 이미 제 역할을 다한 것입니다. 전체 완성도에 매몰되기보다 다시 사용할 수 있는 지점을 찾는 데 집중합니다.

남길 부분을 고른다는 것은 평가가 아니라 선택입니다. 음악의 우열을 가리는 대신, 어떤 요소를 기준으로 작업을 이어갈지 결정하는 과정입니다. 이 선택은 언제든 바뀔 수 있으며, 창작자가 주도권을 쥐고 나가는 임시적인 이정표와 같습니다.

같은 소리에서 출발하더라도 어떤 기준을 세우느냐에 따라 작업 경로는 완전히 달라집니다. 멜로디, 분위기, 에너지 중 무엇을 중심에 둘지 결정하는 것은 AI가 아닌 사용자의 선택입니다. 결국 음악의 고유한 방향은 창작자의 시선에서 결정됩니다.

내 목소리로 음악 만들기

Persona로 나만의 전속 보컬 캐스팅하기

보컬은 언제부터 '마지막 단계'가 되었을까

새로운 음악을 만드는 과정에서 보컬을 어떤 위치에 둘 것인가라는 질문에서 출발합니다.기존의 음악 제작 환경에서 보컬은 늘 가장 마지막에 등장했습니다. 먼저 반주를 만들고, 임시 가이드 보컬로 흐름을 확인한 뒤, 모든 구조가 확정된 후에야 최종 녹음을 진행하는 방식이 일반적이었습니다. 이 과정에서 보컬은 한 번 녹음되면 되돌리기 어려운 요소가 되었고, 수정이나 재사용이 쉽지 않은 '완성 단계의 결과물'로 취급되었습니다.

이런 방식은 오랫동안 당연한 순서처럼 받아들여져 왔습니다. 보컬은 비용과 시간이 많이 드는 작업이었고, 한 번 정해지면 다시 건드리지 않는 것이 효율적이었기 때문입니다. 하지만 이 효율성은 동시에 하나의 한계를 만들었습니다. 보컬이 음악 제작 과정에서 가장 유연하지 못한 요소로 남게 된 것입니다.

AI 음악 제작 환경에서는 이 흐름이 달라집니다. 보컬이 더 이상 마지막에 결정되는 요소가 아니라, 음악을 설계하는 초기 단계부터 함께 고려될 수 있게 됩니다. 이 장에서는 Suno의

Persona 기능을 활용해, 보컬을 한 번 쓰고 끝나는 결과물이 아니라 여러 음악에서 반복 사용하고 확장할 수 있는 작업 자산으로 다루는 방법을 살펴봅니다.

Persona를 활용하면, 곡에 어울리는 목소리를 매번 새로 찾는 대신 하나의 목소리를 기준으로 음악을 만들어 갈 수 있습니다. 이는 보컬을 완성도 중심의 판단 대상이 아니라 작업 전체의 방향을 잡아주는 기준점으로 바꾸는 접근입니다.

따라서 핵심은 "노래를 잘 부르는 방법"이 아닙니다. 중요한 것은 가창력이나 녹음 기술이 아니라 내 목소리를 음악 제작 과정 안에 어떻게 포함시키고, 어떤 기준으로 반복 사용하느냐입니다. 이 관점을 받아들이는 순간, 보컬은 부담스러운 마지막 단계가 아니라 처음부터 함께 설계할 수 있는 요소가 됩니다.

왜 보컬을 다시 다뤄야 할까

처음 AI로 음악을 만들었을 때는 보컬이 포함된 곡 하나가 완성되는 것만으로도 충분히 만족스럽습니다. 프롬프트를 입력하고 잠시 기다리면, 연주와 노래가 함께 어우러진 결과물이 만들어지는 경험은 그 자체로 새로운 가능성을 보여 주기 때문입니다.

하지만 작업이 반복될수록 보컬은 점점 가장 부담스러운 요소로 바뀝니다. 곡마다 어울리는 목소리가 다르게 느껴지고, 가이드로 만든 보컬이 마음에 들지 않아 다시 녹음하거나, 다시 생성해야 하는 상황이 자주 발생합니다. 조금만 수정이 필요해도 보컬 전체를 다시 손봐야 하는 경우도 생깁니다.

상업 환경에서는 이 부담이 더 크게 느껴집니다. 일정은 정해져 있고, 클라이언트의 피드백은 반복됩니다.
"곡은 좋은데 보컬 톤이 조금만 달랐으면 좋겠다"
"같은 느낌으로 다른 버전도 하나 더 필요하다"

같은 요청이 들어올 때마다 보컬은 가장 먼저 다시 검토해야 할 요소가 됩니다.

이럴 때 가장 쉽게 떠올릴 수 있는 선택은 보컬을 과감히 제외하고 연주곡으로 작업을 마무리 하는 것입니다. 실제로 많은 AI 음악 작업이 이 지점에서 보컬을 포기합니다. 연주곡은 수정이 쉽고, 재사용도 수월하기 때문입니다.

하지만 이 선택은 동시에 음악의 표현 범위를 크게 제한합니다. 보컬이 사라진 음악은 안전해지 지만, 그만큼 개성과 전달력도 약해집니다. 특히 메시지나 정체성이 중요한 작업일수록 보컬의 부재는 분명한 한계로 드러납니다.

Persona 기능은 이 문제를 전혀 다른 방향에서 해결합니다. 보컬을 매번 새로 결정하고 평가하 는 대신 하나의 목소리를 기준으로 여러 음악을 만들어 가는 방식입니다. 보컬을 변수로 두는 것이 아니라 작업의 기준값으로 고정하는 접근입니다.

이때 중요한 것은 보컬의 완성도가 아니라 일관성입니다. 같은 목소리를 기준으로 작업하면, 장 르나 템포가 달라져도 전체 작업의 톤과 인상은 자연스럽게 유지됩니다. 이는 음악을 듣는 사람 에게도 작업을 진행하는 제작자에게도 안정감을 줍니다.

결국 보컬을 다시 다룬다는 것은 가창력을 증명하거나 완벽한 노래를 만드는 일이 아닙니다. 목 소리를 하나의 기준값으로 설정하고, 그 기준 위에서 음악을 설계할 수 있는 상태를 만드는 작 업입니다. 이 관점의 전환이 보컬을 부담에서 벗어나게 하고 다시 사용할 수 있는 요소로 바꿔 줍니다.

Persona 기능 이해하기

Persona는 Suno에서 제공하는 보컬 기반 기능입니다. 사용자의 목소리 특성을 학습해, 이후 음 악을 생성할 때 동일한 보컬 톤과 인상을 유지할 수 있도록 돕습니다. 하지만 이 기능을 단순히 "내 목소리로 노래를 대신 불러주는 기능"으로 이해하면, Persona의 핵심을 놓치기 쉽습니다.

Persona의 역할은 노래를 잘 부르는 데 있지 않습니다. Persona는 보컬을 하나의 결과물로 완 성하는 기능이 아니라 목소리의 성격을 저장해 두는 도구에 가깝습니다. 어떤 음색을 가지고 있는지, 어떤 발음과 억양을 사용하는지, 목소리에서 어떤 분위기가 느껴지는지를 하나의 기준으로 정리해 두는 것입니다.

이 차이를 이해하는 것이 중요합니다. Persona는 가수를 대체하지 않습니다. 대신, 작업 과정에서 매번 달라질 수 있는 보컬의 변수를 줄여 줍니다. 보컬이 항상 같은 기준에서 출발하게 되면, 음악 제작 과정은 훨씬 안정적인 흐름을 갖게 됩니다.

따라서 Persona를 사용할 때는 완벽한 노래를 녹음하려고 애쓸 필요가 없습니다. 오히려 지나치게 완성도를 의식하면, 목소리의 자연스러운 특성이 사라질 수 있습니다. 중요한 것은 음정의 정확도나 테크닉이 아니라 자신의 발음, 음색, 말하는 방식이 충분히 드러나는가입니다.

말하듯이 부른 짧은 구간, 편안한 음역에서의 발성, 특별한 연출 없이도 드러나는 목소리의 질감이 Persona를 구성하는 데 더 도움이 됩니다. 이렇게 준비된 샘플은 이후 여러 음악 작업에서 반복 사용될 기준점이 됩니다.

Persona를 하나의 '보컬 프리셋'처럼 생각하면 이해하기 쉽습니다. 한 번 설정해 두면, 각 곡마다 보컬을 새로 결정하는 대신 이미 정해진 목소리를 바탕으로 음악을 설계할 수 있습니다. 이 관점은 보컬을 부담스러운 요소에서 관리 가능한 작업 자산으로 바꿔 줍니다.

Persona와 음악 생성 흐름의 변화

Persona를 사용하면 음악 제작의 순서 자체가 바뀝니다. 이는 단순히 작업 단계의 위치가 바뀌는 문제가 아니라 음악을 어떻게 설계할 것인가에 대한 접근 방식이 달라진다는 의미입니다.

기존의 음악 제작 방식에서는 먼저 반주를 만들고, 그 위에 임시 가이드 보컬을 얹은 뒤, 모든 구조가 확정되면 최종 보컬을 녹음하는 흐름이 일반적이었습니다.

음악 → 가이드 보컬 → 최종 보컬

이 방식에서는 보컬이 항상 검증의 대상이 됩니다. 이미 만들어진 음악에 어울리는지, 톤이 맞는지, 분위기를 해치지는 않는지 마지막 단계에서 판단해야 할 요소로 남게 됩니다. 그 결과, 보컬은 작업이 진행될수록 점점 조심스러운 영역이 됩니다.

Persona를 활용하면 이 순서를 뒤집을 수 있습니다. 먼저 기준이 되는 목소리를 정하고, 그 목소리를 중심으로 음악을 설계하는 방식입니다.

보컬 → 음악

이미 사용할 보컬의 톤과 인상이 정해져 있기 때문에 곡을 만들 때마다 "이 노래에는 어떤 보컬이 어울릴까?"를 새로 고민할 필요가 줄어듭니다. 대신, "이 목소리가 가장 자연스럽게 작동하려면 어떤 템포와 어떤 분위기의 음악이 좋을까?"라는 질문으로 사고가 전환됩니다.

이 변화는 작업 속도에 직접적인 영향을 줍니다. 보컬이 기준으로 고정되면, 음악을 만들면서 매번 선택해야 했던 변수들이 사라집니다. 프롬프트를 수정할 때도 보컬을 바꾸는 대신 음악적 요소에만 집중할 수 있습니다.

또한 이 방식은 결과물의 통일성을 만들어 줍니다. 같은 Persona를 사용해 여러 곡을 제작하면, 장르나 구조가 달라도 어딘가 같은 사람의 작업처럼 느껴지는 공통된 인상이 생깁니다. 이는 우연히 만들어지는 것이 아니라 보컬이라는 기준이 모든 음악의 출발점으로 작동하기 때문에 가능한 결과입니다.

결국 Persona를 활용한 작업 흐름은 보컬을 마지막에 맞춰보는 요소에서 처음부터 함께 설계하는 요소로 바꿔 놓습니다. 이 전환이 이루어지는 순간, 음악 제작 과정은 훨씬 단순해지고, 작업 전체의 방향도 흔들리지 않게 됩니다.

내 목소리를 기준으로 음악 만들기

이번 프로젝트는 새로운 멜로디나 장르를 실험하는 것이 목적이 아닙니다. 이미 준비된 하나의 Persona, 즉 내 목소리를 기준점으로 삼아 여러 음악을 만들어 보는 작업입니다. 이 프로젝트에서는 같은 목소리를 사용해 서로 다른 분위기의 음악을 제작합니다. 템포나 장르는 달라도 보컬의 인상만큼은 일관되게 유지되는지를 확인하는 것이 핵심입니다. 작업의 출발점은 음악이 아니라 Persona입니다. 이미 정해진 목소리를 기준으로 그 목소리가 자연스럽게 어울리는 음악을 설계합니다. 이를 통해 보컬이 결과물이 아니라 작업을 이끄는 기준으로 작동하는 경험을 하게 됩니다. 완성 결과물은 하나의 노래가 아닙니다. 같은 Persona를 사용해 만든 최소 두 개 이상의 음악이며, 각각이 다른 곡처럼 들리면서도 같은 사람의 목소리로 인식되는 상태를 목표로 합니다.

01 Suno에게 내 목소리 학습시키기

01 Suno는 곡을 생성할 때마다 보컬의 음색과 스타일이 달라집니다. 하지만 특정 목소리를 고정해서 나만의 전속 가수로 섭외할 수 있는 페르소나(Persona) 기능을 제공합니다. 이전에 생성한 곡 중 마음에 드는 보컬이 있다면, 해당 곡에서 마우스 오른쪽 버튼을 클릭해 단축 메뉴를 열고 Create의 Make Persona를 선택합니다.

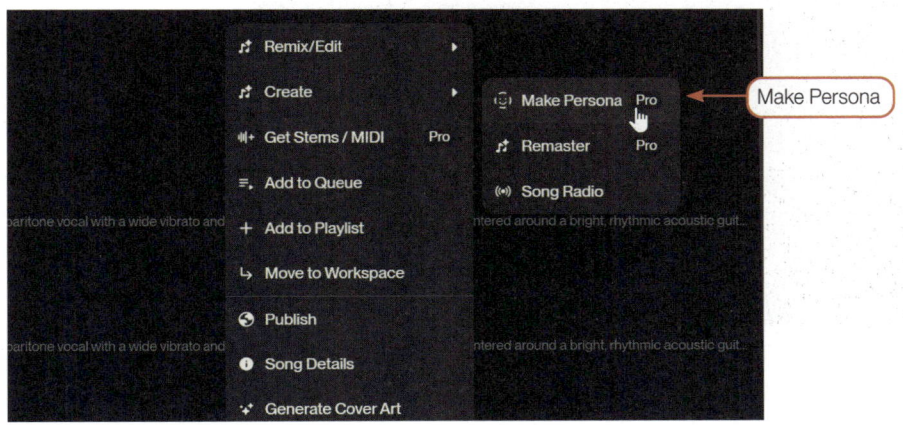

02 페르소나 생성 창이 열리면 잠시 곡 분석 과정이 진행됩니다. 분석이 완료되면 분홍색 바를 드래그하여 보컬 구간을 지정합니다.

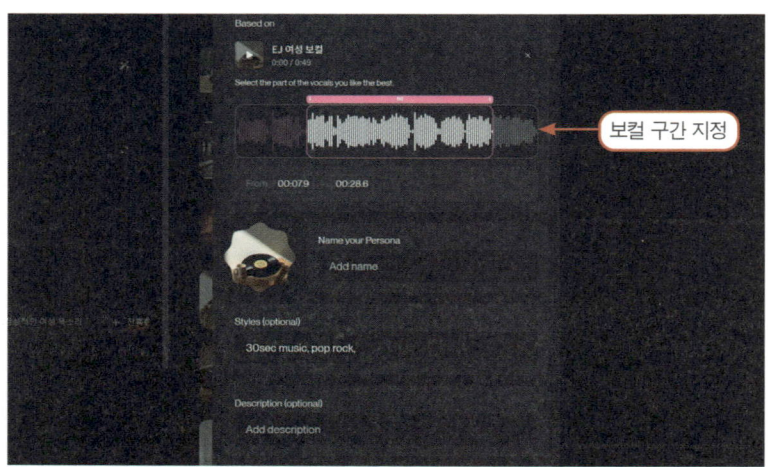

03 ① Name your Persona 항목에 페르소나를 식별할 수 있는 이름을 입력합니다. 해당 페르소나를 다른 사용자도 사용할 수 있도록 하려면 ② Public 옵션을 활성화하고, 본인만 사용하려면 비활성화합니다. 설정을 완료한 후 ③ Save 버튼을 클릭하여 저장합니다.

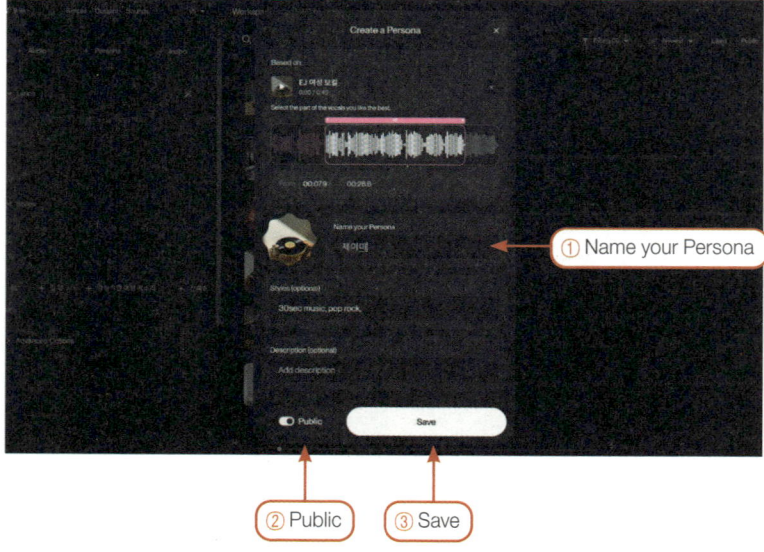

04 페르소나 적용 후 나타나는 설정(톱니바퀴)은 해당 페르소나의 기본 음악 스타일을 고정하는 기능입니다. 보컬의 일관성을 유지하면서 다양한 장르를 시도하고 싶다면 설정을 변경하지 않고 그대로 두는 것이 좋습니다.

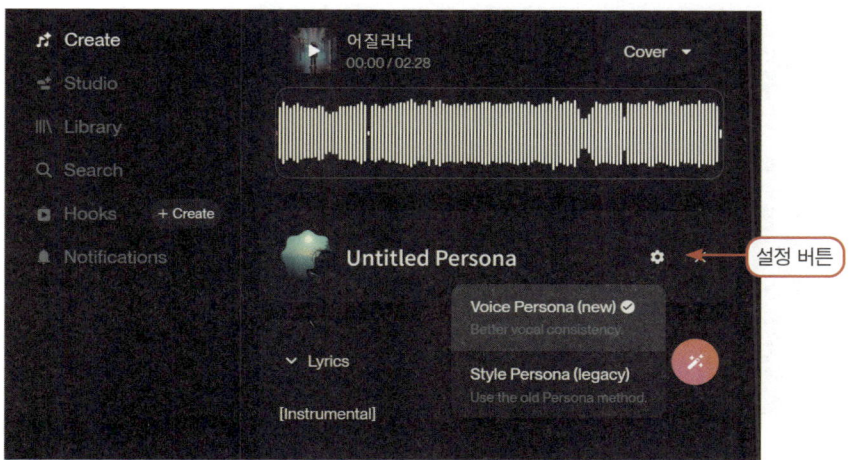

05 이제 이전과 동일한 방식으로 가사와 스타일을 입력한 후 Create 버튼을 클릭하면, 같은 목소리로 음악이 생성되는 것을 확인할 수 있습니다.

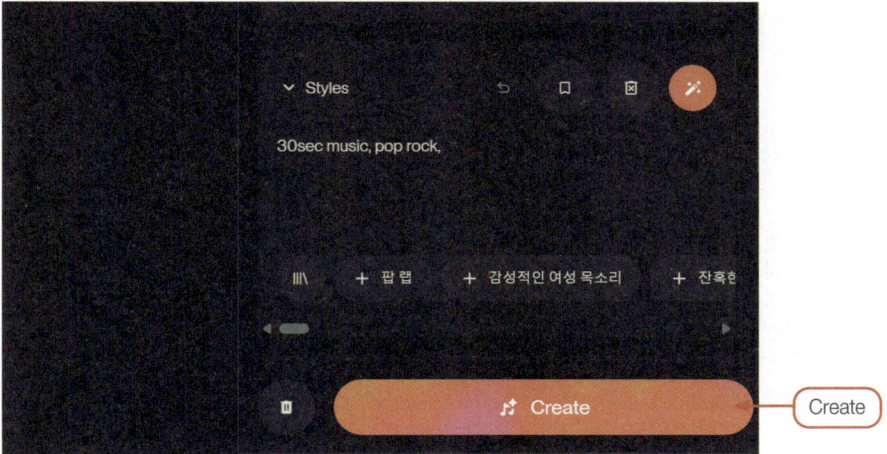

06 곡 생성을 시작할 때 페르소나 목소리를 사용하려면 Create 페이지의 Advanced 모드에서 Persona 옵션을 선택합니다.

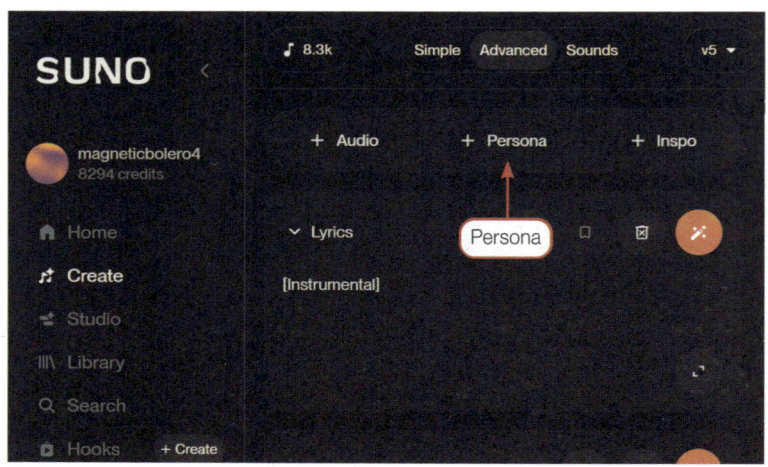

07 사용자가 저장해둔 페르소나를 선택할 수 있는 창이 열립니다. 여기서 원하는 곡을 선택하여 진행하면 됩니다.

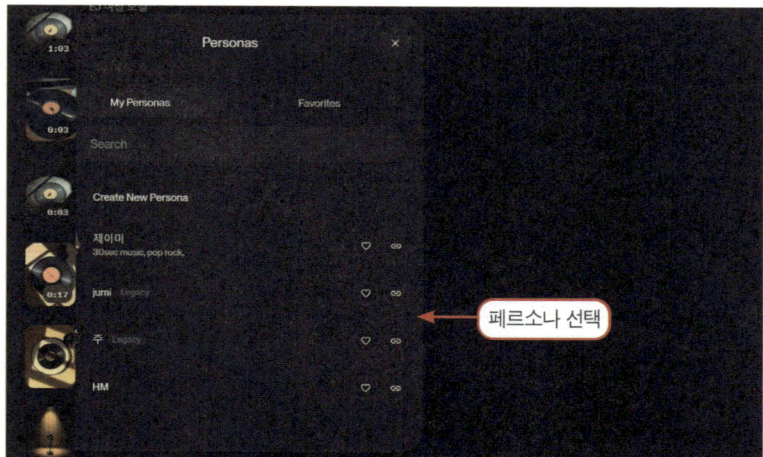

08 그동안 저장한 페르소나를 관리하려면 목록에서 ① Library를 선택한 후, ② Personas 탭을 클릭합니다.

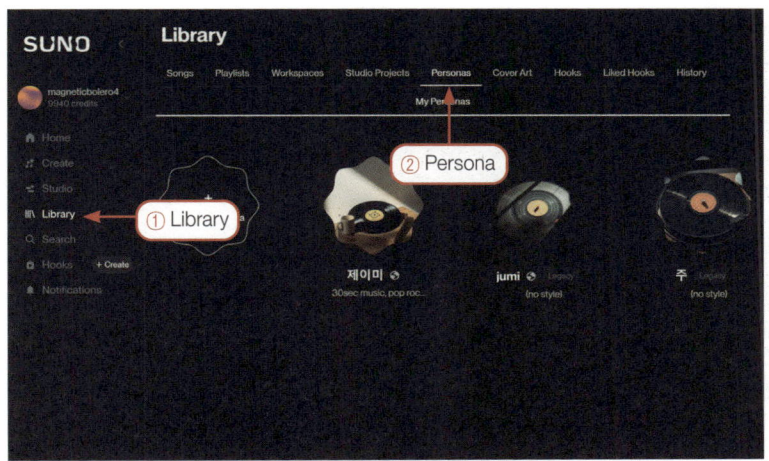

09 목록에서 저장된 페르소나를 선택하면 세부 설정 창이 열립니다. 여기에서 앨범 이미지를 선택하면 페르소나 정보를 수정할 수 있습니다.

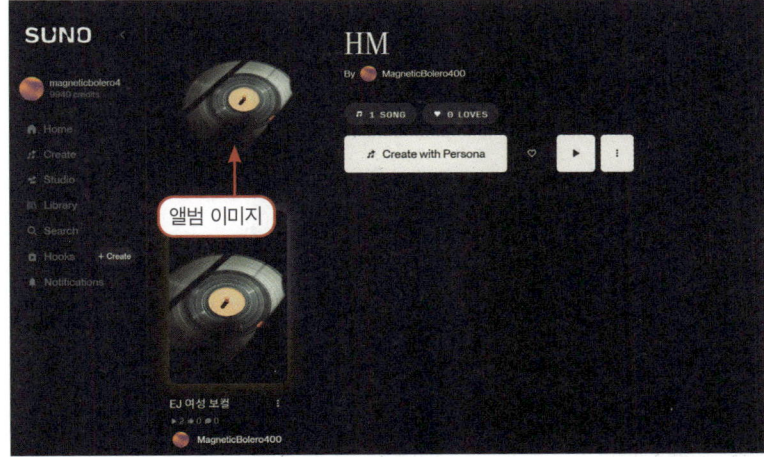

10 페르소나를 생성할 때 확인했던 창입니다. 자동으로 생성된 앨범 이미지를 변경하려면 Name your Persona 왼쪽의 앨범 이미지를 클릭합니다.

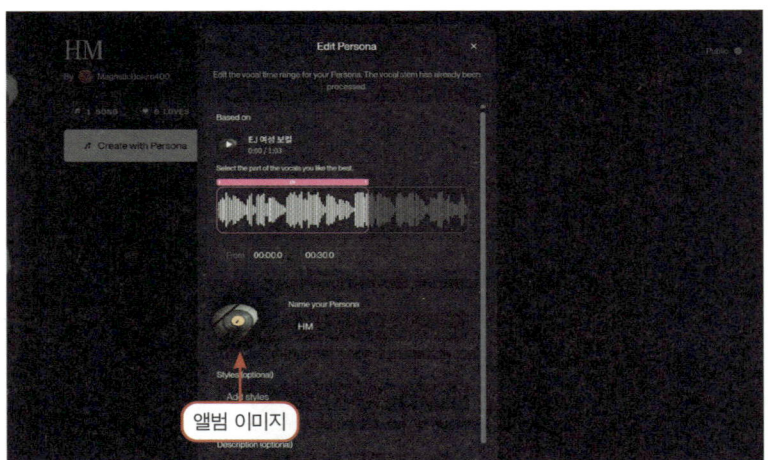

11 Prompt Suno to create an image 항목에 원하는 스타일을 입력하여 이미지를 생성할 수 있습니다. 또는 휴지통 버튼을 클릭하여 기존 이미지를 삭제한 후, 사용자가 보유한 이미지를 업로드할 수도 있습니다.

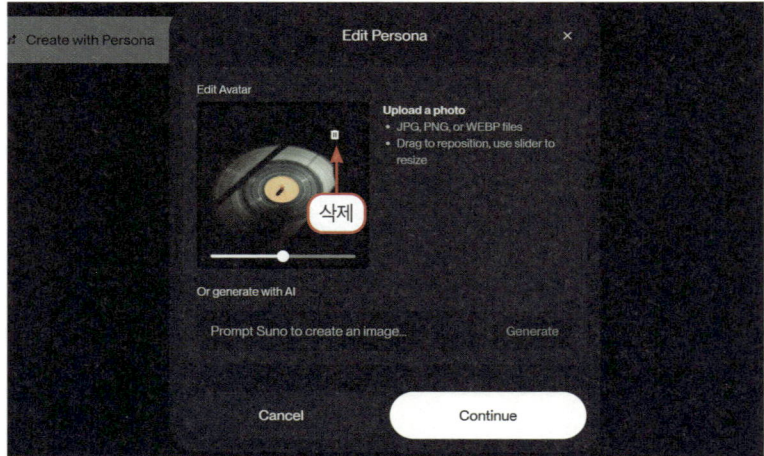

12 이미지 ① 슬라이더를 드래그하여 크기를 조절한 후 ② Continue 버튼을 클릭합니다. 이후 Edit Persona 화면으로 돌아가 Save 버튼을 눌러 저장합니다.

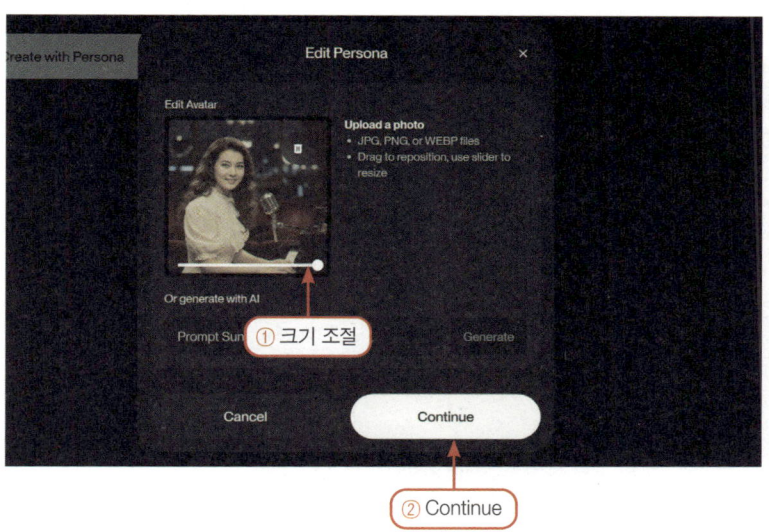

13 페르소나를 삭제하려면 세부 정보 창에서 재생 버튼 오른쪽의 점 3개 메뉴 버튼을 클릭한 후, Move to Trash를 선택합니다.

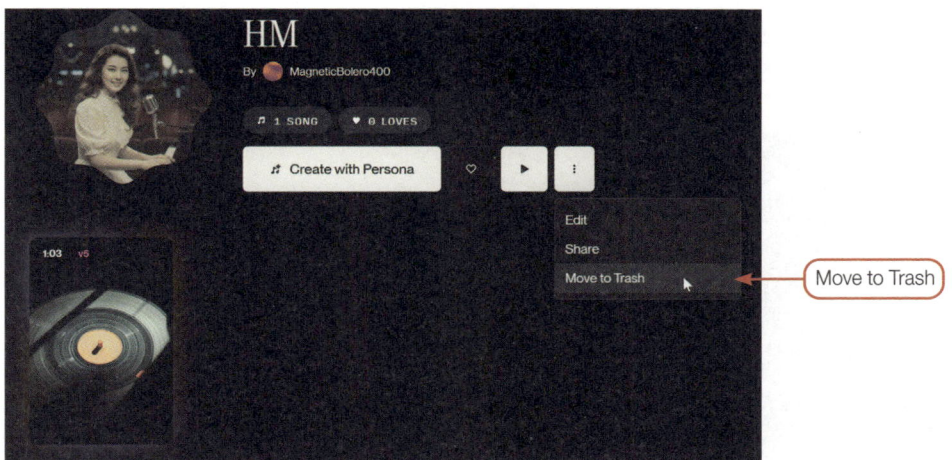

14 페르소나 기능에 대해 살펴보았습니다. 그렇다면 내 목소리를 페르소나로 만들어 사용할 수 있을까?라는 생각이 들 수 있습니다. Create 페이지에서 Audio 기능을 이용하여 사용자가 목소리가 담긴 오디오 파일을 업로드(Upload)하거나 직접 녹음(Record)합니다.

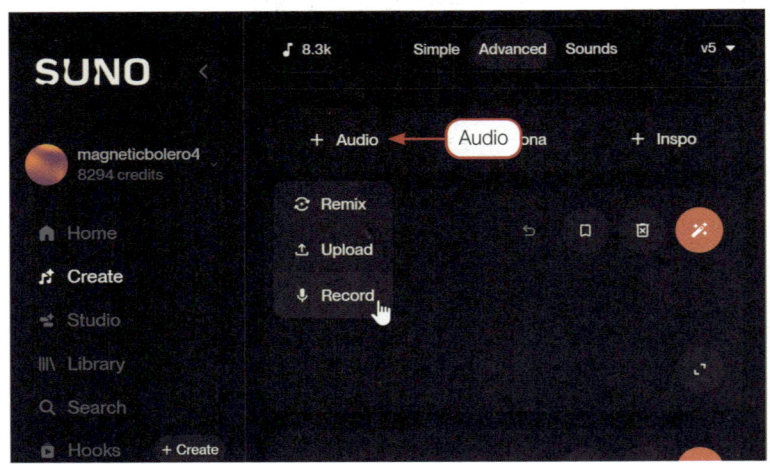

15 업로드한 곡을 마우스 오른쪽 버튼으로 클릭해 Create 메뉴를 확인하면, Make Persona 기능이 비활성화되어 있습니다. 이는 타인의 목소리 무단 도용과 오남용을 방지하기 위한 보안 조치입니다. 현재 여러 플랫폼에서 음성 클로닝 서비스를 제공하고 있는 만큼 향후 정식 지원될 가능성도 있으나, 현재로서는 우회적인 방법을 활용해야 합니다.

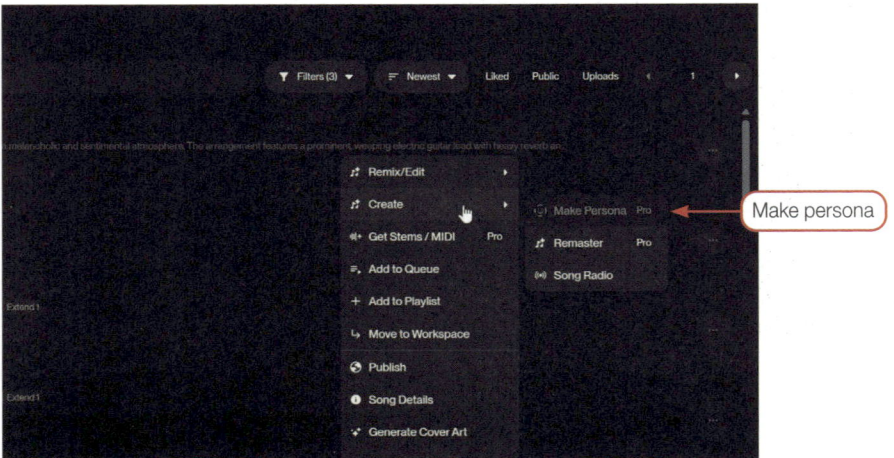

16 업로드하거나 녹음한 곡을 마우스 오른쪽 버튼으로 클릭해 단축 메뉴를 열거나, Remix/Edit 메뉴에서 Mashup을 선택합니다.

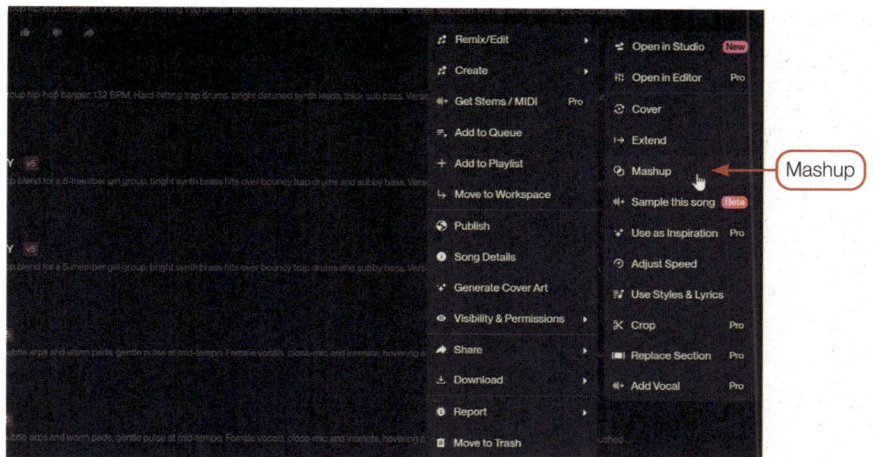

17 Mashup은 두 개의 곡을 합쳐 새로운 곡을 만들어 내는 기능입니다. Add another song to Mashup 항목에 업로드한 곡을 드래그하여 가져다 놓습니다. 즉, 두 슬롯에 모두 같은 곡을 채우는 것입니다.

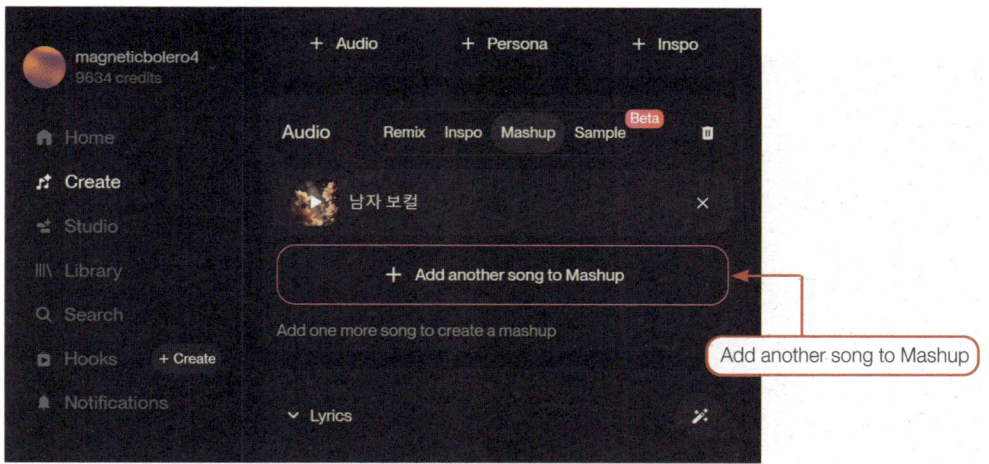

18 이 과정은 음악을 새로 만드는 것이 목적이 아니므로 Style 태그를 비운 상태로 Audio Influence 값을 80% 이상으로 올려 목소리의 특성이 그대로 유지되도록 설정합니다.

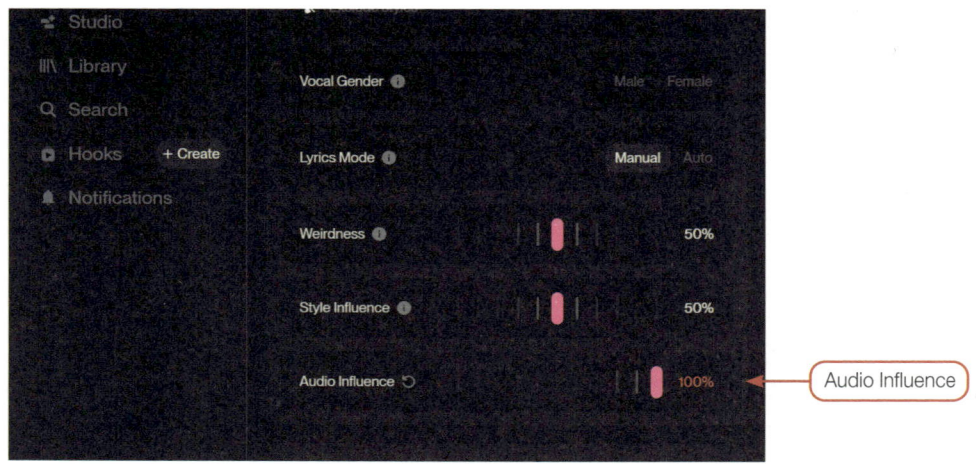

19 Create 버튼을 클릭하여 곡을 생성하는 과정을 몇 차례 반복해야 할 수도 있습니다. 결과물 중 사용자의 목소리와 가장 흡사하게 생성된 곡을 마우스 오른쪽 버튼으로 클릭해 단축 메뉴를 열어 보면, Create 메뉴의 Make Persona 기능이 활성화되어 사용 가능한 상태임을 확인할 수 있습니다.

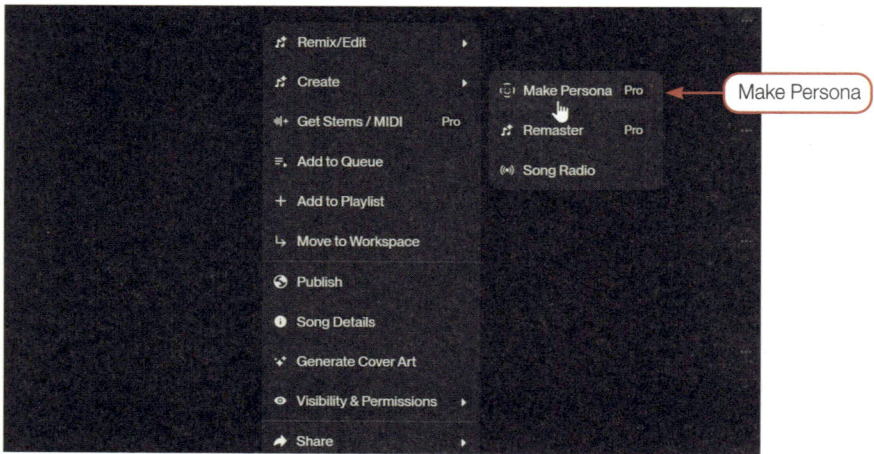

02 목소리 톤 복구하기

01 Logic Pro에서 빈 프로젝트를 만들고, 템포 항목을 클릭하여 '템포 - 프로젝트 템포 조정' 으로 변경합니다. 그리고 Suno에서 다운 받은 오디오 파일을 프로젝트 창으로 드래그하여 가져다 놓습니다.

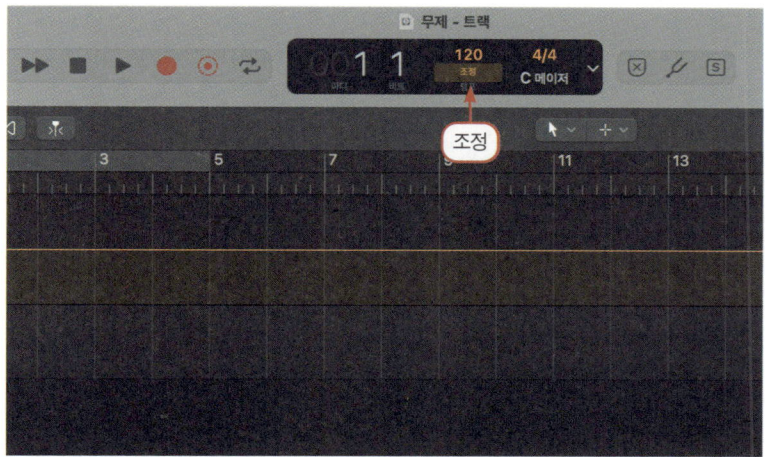

02 마우스 오른쪽 버튼을 클릭하여 단축 메뉴를 열고, Processing의 Stem Splitter를 선택합니다. 자주 사용하는 메뉴는 상단에 배치되므로 이를 이용할 수도 있습니다.

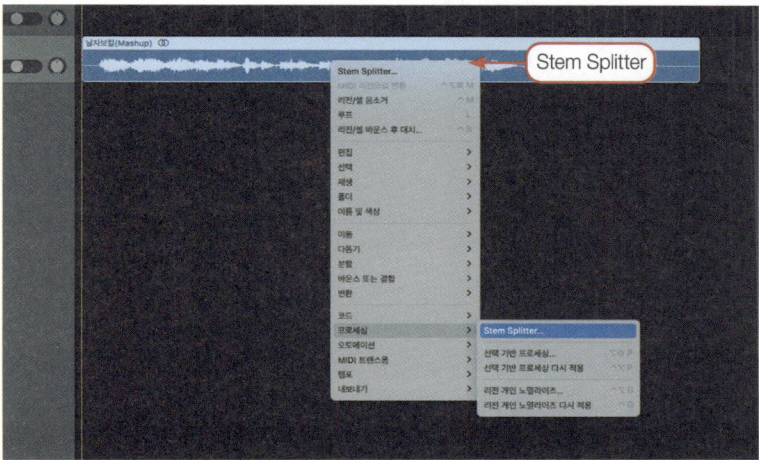

185

03 원곡에서 어떤 스템을 분리할 것인지를 선택할 수 있는 옵션 창이 열립니다. 실습을 위해서는 보컬만 선택해도 무방하지만, 이는 하나의 예제일 뿐이므로, 모두 분리하여 다양한 프로세싱을 시도해 보는 것을 권장합니다.

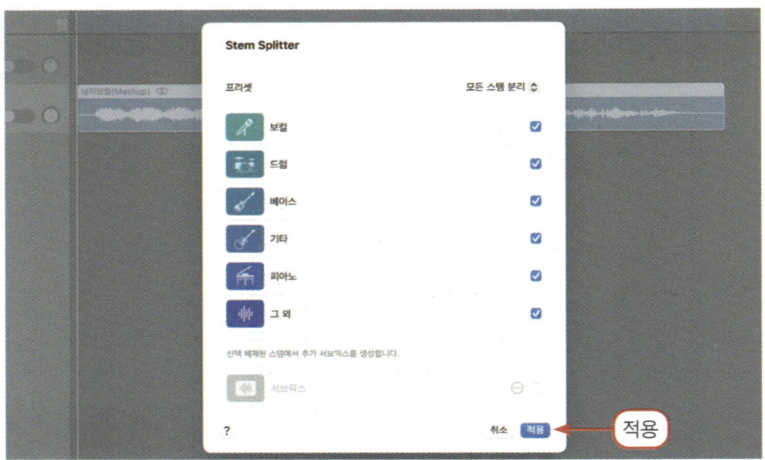

04 보컬 트랙의 오디오 이펙트 슬롯을 클릭하여 메뉴를 열고, EQ 카테고리에서 Match EQ의 스테레오를 선택하여 적용합니다

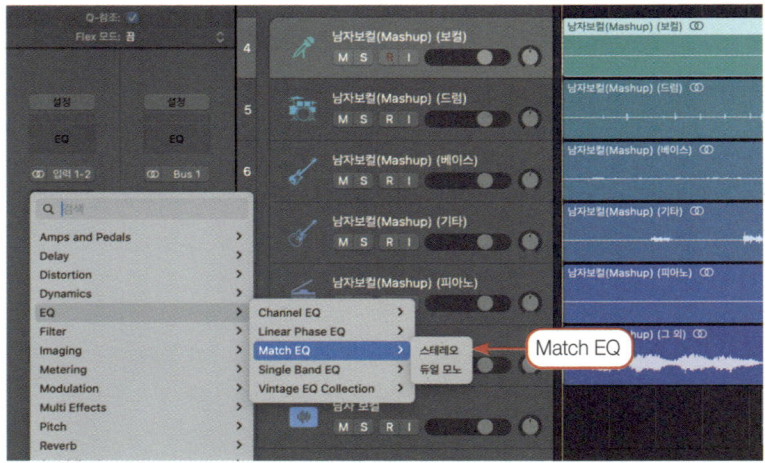

05　Match EQ는 분석한 소스의 주파수 특성을 대상 트랙에 자동으로 적용해 주는 기능으로 초보자도 정교한 톤 보정을 쉽게 수행할 수 있는 장치입니다. Reference 영역에 Suno에 업로드 했거나 녹음하여 다운받은 본인의 목소리 파일을 파인더에서 드래그하여 가져다 놓습니다.

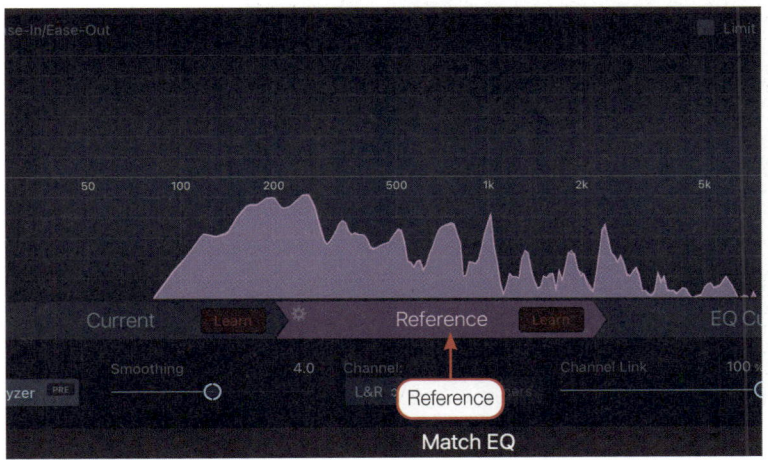

06　Reference 분석이 완료되면, Stem Splitter로 분리한 보컬 트랙의 리전을 Current 영역으로 드래그하여 가져옵니다. 해당 리전에 대한 분석 과정이 동일하게 진행됩니다.

07 EQ Curve 항목의 Match 버튼을 클릭하면, Current에서 분석한 사운드 톤을 Reference 톤에 맞춰 자동으로 맞춰줍니다. 이 과정을 통해 Suno Mashup 작업으로 변형되었던 보컬 톤을 본래 목소리 톤에 가깝게 복구할 수 있습니다.

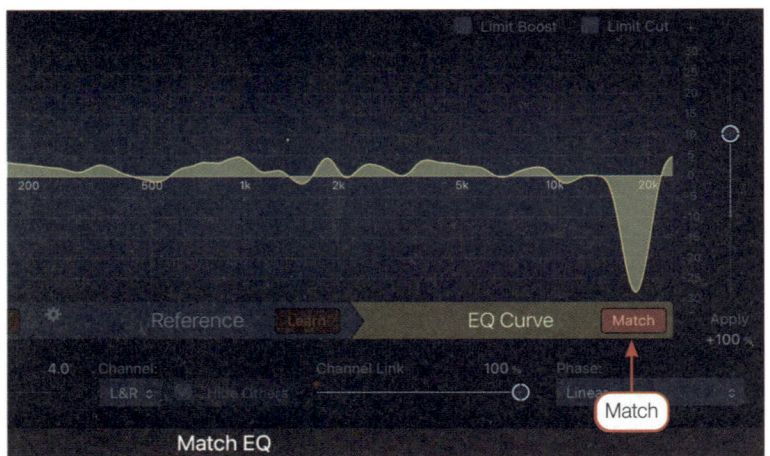

08 Match EQ는 기본적으로 100% 보정을 목표로 설정되어 있지만, 때로는 결과가 부자 연스러울 수 있습니다. 보컬을 재생하며 Apply 값을 낮춰보면서 확인합니다. 일반적 으로 30%에서 50% 사이의 범위를 권장합니다.

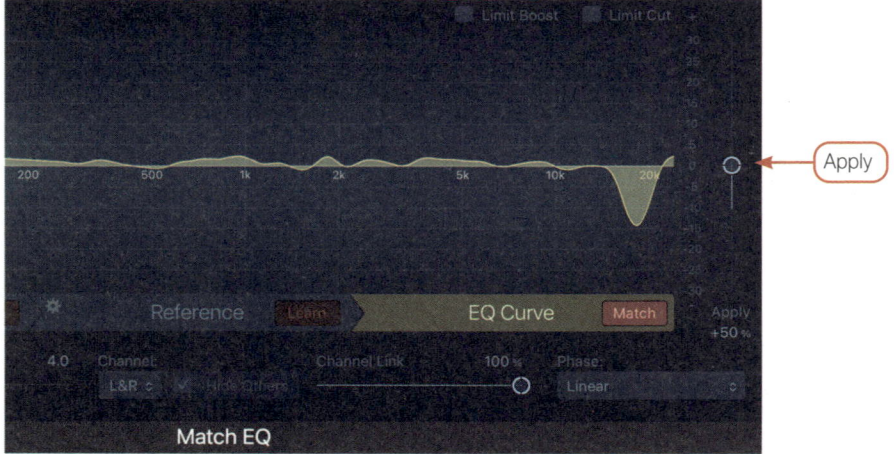

흔히 발생하는 문제와 관점의 전환

Persona 기능을 처음 사용할 때 마주치는 가장 큰 장벽은 의외로 기술적인 오류나 설정의 복잡함이 아닙니다. 대부분의 경우 "내 목소리가 마음에 들지 않는다" 혹은 "내가 부른 노래가 너무 어색하다"는 지극히 주관적이고 심리적인 거부감에서 모든 작업이 멈춰버립니다. 이러한 반응은 생물학적으로나 심리적으로 매우 자연스러운 현상입니다. 우리는 평생 자신의 목소리를 두개골의 진동을 통해 내부에서 들어왔지만, 녹음된 목소리는 공기를 매개로 외부에서 전달되는 전혀 다른 소리이기 때문입니다.

우리는 평소 자신의 목소리를 객관적인 '작업 재료'로 다뤄본 경험이 거의 없습니다. 그렇기에 스피커를 통해 흘러나오는 자신의 음성은 생경할 뿐만 아니라 평소에는 인지하지 못했던 미세한 발음 습관, 불안정한 피치, 혹은 특정 톤의 특징들이 현미경 아래 놓인 것처럼 과하게 도드라져 보이기 마련입니다. 이 지점에서 많은 초보 작업자는 "역시 나는 재능이 없다"거나 "이 기능은 나에게 맞지 않는다"고 결론짓고 시도를 중단합니다. 하지만 냉정하게 말해 이것은 기술의 문제가 아니라 목소리를 바라보는 관점의 문제입니다.

이 장의 목표는 결코 보컬 오디션을 통과하거나 청중을 감동시키는 완벽한 가수가 되는 것이 아닙니다. 우리가 Persona를 만드는 진정한 목적은 목소리를 하나의 '변하지 않는 고정된 기준점(Reference Point)'으로 삼을 수 있는 상태를 구축하는 데 있습니다. Persona는 당신에게 완성된 가창력을 요구하지 않습니다. 오히려 지나치게 '예쁘고 완벽한' 목소리를 만들려고 의식할수록 데이터에 가공된 흔적이 남아 작업의 기준이 흔들리거나 범용성이 떨어지는 부작용이 발생할 수 있습니다. 조금 투박하고 부족해 보이더라도 항상 일정한 음색과 인상으로 돌아올 수 있다면, 그것은 실무에서 무궁무진하게 변주할 수 있는 가장 훌륭한 '디지털 자산'이 됩니다.

관점을 넓혀 생각해보면 우리가 AI 음악을 만드는 행위는 '가창'이 아니라 '설계'에 가깝습니다. 건축가가 설계도를 그릴 때 선의 예술적 아름다움보다 구조의 정확성에 집중하듯, 우리도 목소리를 감정적 대상이 아닌 구조적인 원료로 인식해야 합니다. 내가 직접 부른 가이드 보컬이 마음에 들지 않아도 괜찮습니다. AI는 그 목소리에서 당신의 '음색 유전자'만을 추출하여 고도화된 음악적 스타일과 결합할 준비가 되어 있기 때문입니다.

또한, 많은 사용자가 빠지는 또 하나의 함정은 "지금 만든 Persona가 최종본이어야 한다"는 강박입니다. 하지만 Persona는 박제된 박물관의 전시물이 아닙니다. 작업을 진행하면서 매시업 (Mashup) 기능을 통해 다른 스타일과 충돌시켜보고, 그 과정에서 발견된 더 나은 톤을 다시 페르소나로 업데이트하는 등 점진적으로 진화시켜 나가는 '살아있는 모델'입니다. 완벽한 보컬은 지금 당장이 아니라 수십 번의 작업 경험이 쌓이고 데이터가 축적된 이후에 만들어도 결코 늦지 않습니다.

우리가 반드시 확보해야 할 태도는 '만족스러운 결과'에 대한 집착이 아니라 '작업을 멈추지 않고 끝까지 완주할 수 있는 시스템'을 구축하는 것입니다. 목소리가 마음에 들지 않는다는 이유로 전체 제작 프로세스가 마비된다면, AI가 제공하는 그 어떤 혁신적인 기능도 무용지물이 됩니다.

결국 Persona는 자신을 평가하고 채점하기 위한 잣대가 아닙니다. 그것은 당신의 창의성을 다음 단계로 안전하게 실어나르기 위한 '기술적 장치'이자 '안정적인 닻'입니다. 보컬을 부담스러운 심리적 장애물이 아닌, 내가 통제하고 관리할 수 있는 명확한 기준점으로 바라보기 시작할 때, 비로소 당신은 AI 음악 제작의 진정한 마스터가 될 수 있습니다.

실무에서 체감되는 변화

같은 Persona를 사용해 여러 곡을 제작해 보면, 곡의 장르나 템포, 악기 구성이 완전히 달라도 전체를 관통하는 '일관된 브랜드 인상'이 남는다는 점을 실명하게 됩니다. 멜로디와 편곡은 분명히 다른데 보컬이 주는 공기감과 분위기만큼은 자연스럽게 이어지는 느낌을 줍니다. 이러한 보컬의 통일감은 청자가 의식적으로 "아, 이 목소리는 그 사람이구나"라고 분석하며 듣지 않더라도 반복되는 청각적 경험을 통해 무의식적인 신뢰를 쌓는 결정적인 요소가 됩니다.

특히 광고나 브랜디드 콘텐츠, 시리즈물 영상처럼 일정한 톤앤매너를 유지해야 하는 환경에서 Persona는 단순한 기능을 넘어 콘텐츠의 정체성을 지탱하는 닻 역할을 수행합니다. 이전까지는 매번 새로운 곡을 제작할 때마다 해당 곡에 어울리는 보컬을 섭외하거나, 가창자의 컨디션에 따라 결과물의 기복을 감당해야 했습니다. 하지만 Persona 시스템이 구축되면, 음악적 스타일은 트렌드에 맞춰 유연하게 변주하되 브랜드의 핵심인 '목소리'는 고정할 수 있습니다.

이는 복잡한 설명 없이도 시청자에게 "이 콘텐츠는 우리 브랜드의 것"이라는 강력한 연속성을 전달하며, 브랜드의 페르소나를 대중의 뇌리에 각인시키는 고도의 전략적 수단이 됩니다.

작업자의 실무 환경에서도 체감되는 변화는 가히 혁신적입니다. 가장 피부에 와닿는 변화는 수정 요청(Feedback)에 대한 대응력입니다. 클라이언트나 협업자로부터 "곡의 분위기가 너무 무거우니 조금 더 경쾌하게 바꿔달라"거나 "BPM을 높여서 쇼츠용으로 제작해달라"는 요청이 들어왔을 때, 기존 방식이라면 보컬의 톤이 음악과 어우러지지 않아 보컬 재녹음부터 다시 고민해야 하는 상황이 빈번했습니다. 그러나 Persona가 확립된 환경에서는 보컬의 정체성(Identity)이 이미 검증된 상태이므로, 전체 작업의 방향성을 흔들지 않고 음악적 구조만 신속하게 조정할 수 있습니다. 이는 수정 작업에서 오는 물리적·심리적 피로도를 획기적으로 낮춰주며, 제작자가 창의적인 변주에 더 과감하게 도전할 수 있는 심리적 안전망을 제공합니다.

또한, 실무자 입장에서 가장 환영할 만한 변화는 '의사결정 프로세스의 단순화'입니다. 음악 제작 과정은 선택의 연속입니다. 어떤 악기를 쓸지, 어떤 템포로 갈지 고민할 때 보컬이라는 핵심 축이 고정되어 있다는 것은 판단의 기준이 명확해짐을 의미합니다. 작업자는 이제 막연한 '감'에 의존하는 대신, "이 음악적 변화가 우리가 설정한 Persona의 인상과 부합하는가?"라는 구체적인 질문을 던질 수 있습니다. 기준이 명확해지니 작업 판단은 빨라지고, 결과물에 대한 확신도 강해집니다. 결과적으로 제작 단계에서의 망설임이 줄어들며, 기획부터 최종 믹싱까지 소요되는 전체 리드 타임이 비약적으로 단축됩니다.

더욱 흥미로운 지점은 보컬의 '자산화'가 가능해진다는 점입니다. Persona로 저장된 목소리는 특정 프로젝트를 위해 한 번 쓰고 버려지는 소모품이 아니라 필요할 때 언제든 꺼내어 다른 장르에 대입하고 확장할 수 있는 조정 가능한 디지털 자산(Digital Asset)이 됩니다. 예를 들어, 어제 만든 잔잔한 발음의 Persona를 오늘 제작하는 테크노 비트에 결합하여 예상치 못한 세련된 대비감을 만들어낼 수 있습니다. 이처럼 기준을 유지한 채 다양한 장르와 결합(Mashup)하는 사고방식은 작업 전반을 예측 가능하게 만들면서도 창의적인 결과물을 양산하는 구조적인 힘을 발휘합니다.

응용 연습

생성된 Persona를 단순한 데이터가 아닌 프로젝트를 이끄는 핵심 엔진으로 활용해야 합니다. 다음 연습은 Mashup 기능을 통해 보컬의 정체성을 고도화하고, 이를 다양한 제작 환경에 대입하는 실무 역량을 기르는 데 목적이 있습니다.

① 동일 Persona를 활용한 다목적 콘텐츠 변주(Variation)

Persona를 '고정된 상수'로 두고 음악의 목적(Context)만 바꿔보며, 하나의 목소리가 서로 다른 매체 환경에서 어떻게 작동하는지 확인하는 과정입니다.

- **실습 과제:** 브랜드 인트로(5~10초), 배경용 앰비언트 루프, 2분 내외의 풀 버전 완곡을 동일한 Persona로 각각 도출합니다.
- **실무적 효용:** 각 곡의 완성도보다 세 결과물에서 "동일한 목소리"임을 직관적으로 느낄 수 있는지가 핵심입니다. 이를 통해 Persona가 상황에 맞춰 변주 가능한 '확장형 디지털 자산'임을 체감하고, 형식에 관계없이 브랜드 일관성을 유지하는 법을 익힙니다.

② 장르 매시업(Mashup)을 통한 보컬 정체성 실험

Persona가 특정 장르에 종속되지 않음을 증명하는 과정입니다. Mashup 기능을 활용해 내 목소리의 유전자가 이질적인 음악적 토양에서 어떻게 발현되는지 실험합니다.

- **실습 과제:** '어쿠스틱 발라드 기반 Persona+테크노 비트', '재즈 풍 Persona+웅장한 오케스트레이션 트랙' 등 대비되는 장르를 결합합니다.
- **실행의 의미:** 보컬의 범용성을 확인하는 과정입니다. 목소리가 기준으로 확립되면 트렌드에 따라 장르를 자유롭게 바꾸면서도 브랜드 고유의 음색을 잃지 않는 제작의 유연성을 확보하게 됩니다.

③ 구조적 재배치와 자산화 전략 (DAW 결합)

AI 생성 도구를 넘어 실제 실무 환경(DAW)에서 보컬 소스를 조각내어 재구성함으로써 자산으로서의 가치를 극대화하는 훈련입니다.

- **실습 과제**: 편집 툴을 활용하여 보컬 스템(Stem) 분리 및 재배치, 플랫폼별 길이 최적화(15초/30초 등), 보컬 레이어링을 통한 화음 생성을 수행합니다.
- **현장에서의 가치**: 이 단계에서 보컬은 수정 불가능한 통파일이 아닌 '조립식 모듈'이 됩니다. 풍부한 소스와 Persona의 일관성이 결합할 때, 제작자는 어떤 수정 요청이나 포맷 변경에도 즉각 대응할 수 있는 시스템을 완성하게 됩니다. 이는 AI를 실질적인 제작 인프라로 활용하는 최종 단계입니다.

AI 음성 클로닝 서비스

음악 작곡이 아니라 단순한 노래 커버가 목적이라면 AI 음성 클로닝 서비스를 이용하는 것이 압도적으로 효율적입니다. 음성 클로닝은 특정 목소리를 최소 10초에서 수 분 정도 학습시킨 뒤, 실제 음원의 보컬 데이터를 해당 목소리의 성질로 치환하는 기술입니다. 과거의 커버 곡 제작은 가창자의 역량과 고된 후반 작업에 전적으로 의존했으나 AI 클로닝은 원곡 가수가 가진 정교한 바이브레이션, 미세한 떨림, 호흡을 그대로 유지한 채 '음색'만 본인의 목소리로 바꿀 수 있습니다. 이를 통해 고난도의 곡도 마치 직접 부른 것처럼 완벽하게 구현하는 것이 가능해졌습니다.

특히 직접 노래를 부르며 음정과 박자를 교정하거나 복잡한 이펙트를 첨가하는 번거로운 과정이 생략된다는 점이 가장 큰 강점입니다. AI가 기존 음원의 데이터를 기반으로 최적의 보컬 밸런스를 자동으로 산출하며, 가창자가 도달하기 힘든 고음역대나 난해한 애드리브까지도 학습된 내 목소리의 톤을 입혀 자연스럽게 소화해냅니다. 생성형 음악 AI의 선두 주자인 Suno 역시 향후 이러한 음성 클로닝 기능을 지원하겠지만, 현재 유튜브 커버 크리에이터들이 실무에서 가장 활발하게 활용하는 서비스는 다음과 같습니다.

1. Jammable (https://www.jammable.com)
글로벌 시장에서 가장 방대한 목소리 데이터를 보유한 대표적인 서비스입니다. 2만 개 이상의 보이스 라이브러리를 갖추고 있어 본인의 목소리 학습은 물론, 이미 등록된 수많은 모델을 즉석에서 활용하기에 용이합니다. 특히 두 개 이상의 목소리를 섞어 조화로운 화음을 만드는 '듀엣 도구'와 보컬의 잔향을 제거하는 전문 툴킷을 내장하고 있으며, 고속 렌더링 기술을 통해 전체 작업 시간을 획기적으로 단축해 줍니다.

2. SoriSori AI (https://sorisori.ai)

한국어 발음과 K-pop 창법 구현에 최적화된 국내 서비스로 국내 유튜버들 사이에서 독보적인 점유율을 기록하고 있습니다. 한국어 특유의 억양과 종성 처리가 매우 매끄러워 가사 전달력이 탁월하다는 평가를 받습니다. 별도의 설정 없이 유튜브 링크만으로 MR 분리부터 보컬 변환, 합성까지 모든 과정을 원스톱으로 처리할 수 있어 기술적 진입 장벽 없이 고품질 K-pop 콘텐츠를 제작하는 데 가장 적합합니다.

3. Controlla Voice (https://voice.controlla.xyz)

최근 기술적 완성도와 창의성 면에서 게임 체인저로 떠오른 플랫폼입니다. 단순히 목소리를 교체하는 수준을 넘어, 서로 다른 보이스 모델의 비율을 조절해 세상에 없던 새로운 음색을 디자인하는 '보이스 블렌딩' 기능이 독보적입니다. 특히 Suno나 Udio와 같은 생성형 AI로 만든 노래의 보컬을 본인의 정체성이 담긴 목소리로 즉시 치환하는 기능이 강력하여 AI 자작곡의 완성도를 높이려는 전문 크리에이터들이 적극 활용하고 있습니다.

4. Kits.ai (https://www.kits.ai)

전문적인 음악 작업과 고품질 커버를 병행하는 프로듀서급 사용자들이 가장 신뢰하는 플랫폼입니다. 음성 변환 품질이 매우 선명하며, 보컬의 강약과 다이내믹을 정교하게 보존한다는 강점이 있습니다. 자체적인 AI 마스터링 도구와 보컬 인핸서를 갖추고 있어 외부 믹싱 프로그램 없이도 스튜디오 수준의 음원을 제작할 수 있으며, 저작권이 해결된 공식 아티스트 모델을 제공하여 법적 리스크를 최소화해 줍니다.

5. Musicfy (https://musicfy.lol)

독창적인 보컬 브랜딩과 저작권 보호에 특화된 도구입니다. 특정 기성 가수를 복제하는 방식에서 벗어나 AI가 설계한 고유의 보이스 모델을 제공함으로써 저작권 분쟁으로부터 안전한 제작 환경을 지원합니다. 가사와 스타일만 입력하면 학습된 내 목소리로 노래를 생성해 주는 'Text to Music' 기능을 통해 기존 곡 커버를 넘어 새로운 창작 영역으로 확장하려는 제작자들에게 인기가 높습니다.

고품질 제작을 위한 핵심 가이드라인

성공적인 AI 커버의 완성도는 학습 데이터의 순도가 결정합니다. 배경 소음이나 울림(Reverb)이 없는 깨끗한 무반주 녹음본을 사용하는 것은 필수적인 전제 조건입니다.

단순히 데이터의 길이를 늘리기보다 저음부터 고음까지 폭넓은 음역대와 다채로운 감정 선이 담긴 샘플을 제공할수록 실제 가창 시의 일치도가 비약적으로 향상됩니다. 또한 플랫폼의 'AI 콘텐츠 표기 가이드라인'을 반드시 준수해야 합니다. 유튜브를 비롯한 글로벌 플랫폼은 시청자의 신뢰를 보호하기 위해 AI 합성 콘텐츠에 대한 투명한 라벨링을 의무화하고 있습니다. 영상 설명란이나 화면상에 AI 기술 활용 콘텐츠임을 명확히 명시하는 것은 법적 규제 대응을 넘어, 채널의 장기적인 신뢰도와 안정적인 수익 구조를 지키는 가장 확실한 전략입니다.

핵심 포인트

- **Persona는 평가가 아닌 '기준' 의 도구입니다** Persona는 자신의 가창력을 뽐내는 수단이 아니라, 목소리를 디지털 작업의 '변하지 않는 기준점(Reference Point)'으로 저장하는 장치입니다. 목소리에 대한 주관적인 만족도보다, 언제든 동일한 인상으로 돌아올 수 있는 일관성 확보에 집중해야 합니다.
- **보컬은 결과물이 아니라 '출발점' 입니다** AI 음악 환경에서 보컬은 곡의 마지막에 입히는 장식이 아닙니다. 확립된 Persona를 먼저 세우고 그 위에 다양한 장르를 입히는 '보컬 중심의 설계' 방식을 취할 때, 제작 프로세스가 안정화됩니다.
- **Mashup은 정체성을 진화시키는 과정입니다** Mashup은 단순히 곡을 섞는 기능이 아닙니다. 자신의 Persona가 다른 장르와 만났을 때의 최적값을 찾아가는 과정이며, 이 과정에서 발견된 최상의 톤을 다시 Persona로 업데이트하며 음악 자산을 고도화해야 합니다.
- **보컬의 '자산화' 와 '모듈화' 를 지향합니다** Persona로 검증된 보컬은 수정 불가능한 통파일이 아니라, 필요에 따라 자르고 재배치할 수 있는 '조립식 모듈'입니다. 이를 통해 플랫폼별 길이 최적화나 화음 레이어링 등 다양한 실무 요구에 즉각 대응할 수 있습니다.
- **궁극적인 목적은 '제작 시스템의 완주' 입니다** 이 모든 과정은 개별 곡의 완벽함보다, 작업을 멈추지 않고 끝까지 진행할 수 있는 지속 가능한 제작 인프라를 구축하는 데 목적이 있습니다. 관점의 전환을 통해 보컬을 심리적 장애물이 아닌 관리 가능한 자산으로 인식해야 합니다.

완성도를 결정짓는
1%의 정밀함

상상이 현실이 되고 소리에 인격까지 부여했다면, 이제는 결과
물을 '상품'의 반열로 끌어올릴 차례입니다. AI의 무작위성을 넘
어 디렉터의 의도대로 소리를 완벽하게 통제하는 정밀한 과정
이 시작됩니다.

불필요한 구간을 도려내고 어색한 선율을 교정하는 편집 기술
부터, 멀티트랙 환경에서 악기별 톤을 매만지는 엔지니어링 로
직을 다룹니다.

이 과정을 통해 여러분은 AI 음악의 한계를 극복하고, 전문가
의 손길이 닿은 고품격 음원을 완성하는 강력한 디렉팅 무기를
갖게 될 것입니다.

 영상 제작을 위한 폴리 사운드

|

소리로 공간의 질감을 완성하다

소리는 언제부터 '배경'이 되었을까

우리가 극장에서 영화를 보거나 거실에서 드라마를 시청할 때, 우리의 뇌는 시각 정보에 압도당하기 마련입니다. 화려한 CG, 배우의 표정, 아름다운 미장센은 눈에 직접적으로 보이고 뇌에 즉각적인 자극을 전달합니다. 하지만 그 장면을 채우고 있는 '소리'들은 좀처럼 의식의 표면 위로 떠오르지 않습니다. 비 내리는 장면에서 빗소리가 들리고, 누군가 걸어갈 때 구두 굽 소리가 들리는 것은 우리에게 너무나 당연한 물리적 법칙처럼 느껴지기 때문입니다. 역설적이게도 소리가 제 역할을 완벽히 수행하여 현실과 똑같은 질감을 재현할수록, 그것은 관객의 의식 뒤편으로 숨어버리는 '투명한 배경'이 됩니다.

이러한 특성 때문에 기존의 영상 제작 환경에서 효과음은 늘 가장 마지막 순서로 밀려나 있었습니다. 제작 공정은 철저히 시각 중심적인 연대기를 따릅니다. 먼저 시나리오를 쓰고, 배우를 섭외하고, 현장에서 촬영을 진행합니다. 이후 컷 편집을 통해 시각적 구조가 완전히 확정된 뒤에야 비로소 소리를 입히는 '후반 작업(Post-production)'이 시작됩니다. 이 단계에서 폴리 아티스트(Foley Artist)는 완성된 화면을 보며 기존의 거대한 사운드 라이브러리에서 가장 유사한 소리를 찾아 끼워 맞추거나 스튜디오에서 온갖 물건을 직접 두드리고 마찰시켜 소리를 녹음합니다.

이 과정에서 소리는 이미 고정된 화면에 종속된 부속품이 됩니다. 한 번 촬영된 영상의 물리적 공간과 배우의 움직임은 더 이상 수정할 수 없는 '확정된 사실'이기에 소리는 그저 그 '틀'에 맞춰 존재해야만 하는 수동적인 요소로 취급되었습니다. 만약 라이브러리에 내가 원하는 독특한 질감의 소리가 없다면, 제작자는 원본의 의도를 포기하고 가장 비슷한 기성품 사운드와 타협해야만 했습니다.

▲ 폴리 스튜디오의 작업 환경

직접 녹음하는 방식 역시 만만치 않은 장벽이 존재합니다. 발소리 하나를 제대로 담기 위해서도 고감도 마이크, 외부 소음이 차단된 방음 시설, 그리고 영상의 프레임과 소리의 정점을 일치시키는 고도의 숙련된 기술이 필요합니다. 이러한 물리적 제약은 폴리 사운드를 일반 창작자들이 쉽게 접근할 수 없는 '닫힌 영역'으로 만들었습니다. 결과적으로 사운드의 품질은 창작자의 예술적 상상력이 아니라 그가 얼마나 많은 유료 샘플 라이브러리를 보유하고 있는지, 혹은 얼마나 비싼 스튜디오를 대여할 수 있는지에 따라 결정되곤 했습니다.

소리가 배경으로만 머물 때, 창작자는 소리를 통해 세상을 창조하는 것이 아니라 이미 만들어진 세상의 빈칸을 채우는 작업에 그치게 됩니다. 이는 소리가 가진 잠재적인 스토리텔링 능력을 스스로 제한하는 결과를 초래했습니다. 주인공이 걷는 바닥의 재질이 차가운 대리석인지, 삐걱거리는 낡은 나무판자인지에 따라 관객이 느끼는 긴장감의 온도는 완전히 달라질 수 있음에도 기존의 제작 관습은 사운드를 이미 정해진 화면에 대한 사후 처리로 정의해 왔습니다.

이제 우리는 질문을 바꿔야 합니다. 소리가 단순히 시각 정보를 보조하는 배경에 그치지 않고, 영상의 공간감을 결정하고 서사를 주도하는 독립적인 주체가 될 수는 없을까요? 기술적 장벽과 자본의 한계 때문에 포기해야 했던 그 미세한 질감들을 이제 우리 자신의 손으로 직접 설계하고 생성할 수 있는 시대가 열렸습니다.

Suno의 Sound Mode는 바로 이 지점에서 영상 제작의 문법을 뒤바꿉니다. 라이브러리를 뒤지는 '검색자'에서 소리의 질감을 규정하는 '설계자'로 창작자의 지위를 격상시킵니다.

왜 폴리를 다시 다뤄야 할까

처음 AI를 활용해 영상의 소리를 만들었을 때는 화면과 소리가 단순히 일치하는 경험만으로도 충분히 놀랍고 만족스럽습니다. 프롬프트에 '천둥소리'를 입력하고 단 몇 초 만에 웅장한 사운드가 생성되어 영상의 번쩍이는 섬광과 맞아떨어지는 순간은 그 자체로 새로운 창작의 가능성을 보여주기 때문입니다. 라이브러리에서 수천 개의 파일을 뒤적거리던 과거에 비하면, 이는 혁명에 가까운 변화입니다.

하지만 실제 작업이 반복되고 고도화될수록 폴리 사운드는 점차 가장 까다롭고 부담스러운 요소로 다가옵니다. 장면마다 요구되는 소리의 미세한 감도와 질감이 모두 다르기 때문입니다. 가이드로 입혀둔 효과음이 영상의 톤과 미묘하게 어긋나 보이거나 특정 동작의 타이밍이 어색해 처음부터 다시 생성해야 하는 상황이 빈번하게 발생합니다. 특히 하나의 소리를 수정했을 뿐인데, 그 소리가 주변의 다른 앰비언스 사운드와 조화를 이루지 못해 사운드 레이어 전체를 다시 손봐야 하는 난감한 경우도 생깁니다.

상업적인 영상 제작 환경이나 클라이언트와의 협업 과정에서는 이러한 부담이 더욱 극명하게 드러납니다. 타이트한 제작 일정 속에서 반복되는 피드백은 창작자를 압박합니다. "효과음은 좋은데, 조금만 더 날카롭고 금속성 느낌이 났으면 좋겠어요." "빗소리가 너무 배경처럼 들려요. 주인공의 발소리를 더 강조하면서 공간감이 느껴지게 해주세요." 이러한 구체적이고 감각적인 요청이 들어올 때마다 폴리 사운드는 가장 먼저, 그리고 가장 정교하게 다시 검토해야 할 핵심 요소가 됩니다.

이럴 때 많은 제작자가 가장 쉽게 유혹받는 선택은 폴리의 디테일을 과감히 포기하고, 무난한 배경음악(BGM)으로 모든 것을 덮어버리는 것입니다. 실제로 많은 아마추어 AI 영상물들이 이 지점에서 정교한 폴리 작업을 생략합니다. 배경음악만 깔린 영상은 제작이 훨씬 쉽고, 사운드 간의 충돌이나 싱크 문제를 고민할 필요가 없기 때문입니다. 하지만 이러한 타협은 동시에 영상의 표현력과 몰입감을 크게 제한하는 결과를 낳습니다. 폴리가 사라진 영상은 시각적으로는 화려할지 몰라도 관객이 피부로 느끼는 현장감과 정서적 개성은 급격히 약해집니다. 특히 메시지 전달이나 시청자의 몰입이 중요한 고품질 작업일수록 사운드 디자인의 부재는 영상 전체의 완성도를 떨어뜨리는 분명한 한계로 작용합니다.

▲ 디지털 오디오 워크스테이션(DAW)에서의 폴리 동기화

따라서 우리가 폴리를 다시 다뤄야 하는 이유는 단순히 '소리를 채워 넣기 위함'이 아닙니다. 그것은 소리를 변수가 아닌 작업의 확고한 '기준값'으로 고정하기 위한 접근입니다. Suno의 사운드 모드 기능을 활용하면, 매번 우연에 기대어 소리를 찾는 대신 내가 기획한 '공간의 질감'을 명확한 기준으로 설정하고 그 위에서 영상의 분위기를 설계할 수 있습니다.

여기서 중요한 것은 개별 소리의 완벽함보다 전체적인 일관성입니다. 같은 공간적 특성과 질감을 기준으로 작업하면, 장면의 구도가 바뀌거나 편집의 호흡이 달라져도 영상 전체가 주는 청각적 인상은 자연스럽게 유지됩니다. 이는 영상을 보는 관객에게는 안정감을 주며, 제작자에게는 사운드 라이브러리의 한계를 넘어 자신의 의도대로 공간을 지배할 수 있는 확신을 줍니다.

결국 폴리를 다시 다룬다는 것은 기술적으로 더 복잡한 소리를 만드는 일이 아닙니다. 그것은 소리를 하나의 '디지털 자산'이자 '설계의 기준점'으로 설정하고, 그 토대 위에서 시각 정보를 완성할 수 있는 상태를 만드는 작업입니다. 이 관점의 전환이 이루어질 때, 폴리 사운드는 더 이상 창작자를 괴롭히는 마지막 단계의 부담이 아니라 언제든 자유롭게 꺼내 쓰고 변주할 수 있는 가장 강력한 무기가 됩니다.

AI 폴리 제작을 위한 5가지 전략적 단계

실습에 들어가기 전에 Suno AI를 단순한 소리 생성기가 아닌 '가상의 폴리 아티스트'로 활용하기 위해 반드시 이해해야 할 이론적 토대입니다. 이 단계들은 소리를 '우연히 얻는 것'에서 '의도적으로 설계하는 것'으로 바꾸어 줍니다.

1단계: 소리의 기능적 계층화 (Auditory Layering)

영화적 사운드는 결코 하나의 트랙으로 완성되지 않습니다. 현실 세계의 소리가 여러 층위로 겹쳐 있듯, 폴리 사운드 역시 배경, 중경, 전경의 3단계 계층으로 설계해야 합니다.

- **배경(Background - Ambience):** 장면의 전체 공기를 채우는 지속적인 환경음입니다. 텅 빈 방의 정적(Room Tone), 멀리서 들리는 도시의 소음, 숲속의 바람 소리 등이 해당합니다. 이는 관객이 화면 속 공간의 물리적 규모를 인지하게 만드는 '사운드의 기초 공사'입니다.

- **중경(Middle Ground - Context):** 캐릭터 주변에서 발생하는 지속적인 상호작용입니다. 카페의 웅성거림, 비 오는 날 창문에 부딪히는 빗방울 소리, 컴퓨터 팬이 돌아가는 소리 등이 서사의 입체감을 더합니다.

- **전경(Foreground - Action):** 관객이 즉각적으로 인지하고 반응해야 하는 핵심 동작음입니다. 총소리, 유리창 깨지는 소리, 캐릭터의 거친 숨소리 등 서사의 결정적 순간을 완성합니다.

전략: 실습 시 배경음(Loop)을 먼저 생성하여 전체적인 톤을 잡고, 그 위에 구체적인 동작음(One-shot)을 얹는 방식으로 작업해야 소리가 화면에서 겉돌지 않고 단단하게 안착합니다.

2단계: 질감과 매질의 구체적 묘사 (Texture Tagging)

AI 사운드 엔진은 "슬픈 소리" 같은 추상적인 형용사보다 물리적인 매질(Material)과 상태를 묘사할 때 훨씬 정교한 결과물을 내놓습니다. 소리가 발생하는 표면의 재질과 타격 방식을 텍스트로 치환하는 능력이 곧 폴리 아티스트의 실력입니다.

● **매질의 특정:** 소리가 금속(Metal)에서 나는지, 나무(Wood)에서 나는지, 혹은 액체(Liquid)에서 나는지를 분명히 해야 합니다.

● **상태의 상세화:** 단순히 "발소리"라고 입력하는 대신 "Heavy boots crunching on dry gravel(마른 자갈 위를 짓밟는 무거운 군화 소리)"라고 묘사합니다. 'dry(마른)'나 'crunching(바스락거리는)' 같은 단어가 포함될 때 AI는 소리의 파형을 훨씬 세밀하게 조각합니다.

● **핵심:** 소리의 '색깔(Timbre)'을 결정하는 것은 물체와 물체가 부딪히는 방식입니다. 물체가 젖었는지, 녹슬었는지, 매끄러운지, 거친지를 명시하는 것이 고품질 폴리의 지름길입니다.

3단계: 공간적 맥락과 잔향 설계 (Spatial Context)

소리는 장소를 설명하는 가장 강력한 정보입니다. 같은 발소리라도 좁은 화장실에서 들리는 소리와 거대한 성당에서 들리는 소리는 전혀 다릅니다. 소리가 반사되는 양상(Reverb)을 프롬프트에 담아 공간의 밀도를 설계하십시오.

● **잔향의 심리학:** 잔향이 길면 공간이 넓고 딱딱하게(예: 대성당, 터널) 느껴져 관객에게 압도감이나 소외감을 줍니다. 반대로 잔향이 짧고 먹먹하면 공간이 좁고 사적(예: 옷장, 자동차 안)으로 느껴져 밀폐감이나 친밀감을 줍니다.

● **프롬프트 적용 기술:** 'Empty concrete warehouse'는 차갑고 날카로운 반사음을 유도하며, 'Small wooden cabin with heavy curtains'는 소리를 흡수하는 따뜻하고 조용한 울림을 만들어냅니다. 공간 정보를 생략하면 소리는 생명력을 잃고 스튜디오에서 녹음된 평면적인 '샘플'에 머물게 됩니다.

4단계: 시간 제약과 동기화 전략 (Timing & Constraints)

폴리 사운드의 생명은 영상 프레임과의 '일치성'에 있습니다. AI가 생성하는 소리의 길이를 창작자가 통제할 수 있어야 후반 편집의 효율이 극대화됩니다.

● **동기화의 난제:** 생성된 소리가 너무 길면 영상의 호흡과 어긋나고, 너무 짧으면 감정의 여운을 끊어버립니다.

● **프롬프트 제어 기법:** Suno의 프롬프트 내에 대괄호[]를 사용하여 시간 정보를 명시합니다. 예를 들어 [3 SECONDS]는 짧은 효과음을, [LONG DECAY]는 소리가 서서히 사라지는 긴 잔향을 유도합니다.

● **리듬감 부여:** 캐릭터가 문을 세 번 두드린다면 [Three rapid rhythmic wooden knocks]와 같이 입력하여 영상의 박자감과 소리의 리듬을 일치시키는 전략이 필요합니다.

5단계: 유기적 변주를 통한 현실감 부여 (Organic Randomness)

인간의 귀는 기계적인 반복을 본능적으로 거부합니다. 똑같은 발소리 샘플을 복사해서 붙여넣으면 관객은 즉시 '가짜'임을 알아채고 몰입에서 깨어납니다. 현실의 소리는 매 순간 미세하게 다릅니다.

● **불규칙성의 재현:** 동일한 프롬프트로 최소 3~5개의 변주(Variation)를 생성합니다. AI는 매번 미세하게 다른 피치(Pitch)와 타이밍의 소리를 내놓습니다.

● **배치 전략:** 캐릭터가 네 걸음을 걷는다면, 생성된 서로 다른 네 개의 발소리를 타임라인에 교차 배치합니다. 이 미묘한 차이가 모여 시청자가 해당 장면을 '실제 상황'이라고 믿게 만드는 마법을 부립니다.

● **디지털 오염 제거:** AI 사운드 특유의 디지털 노이즈가 있다면, 여러 소리를 레이어링하여 자연스러운 소음 속에 숨기는 것도 유기적인 현실감을 부여하는 고급 기술입니다.

영화적 공간 사운드 디자인

폴리 제작 5단계 전략을 실제 제작 환경에 적용하여 평면적이고 정지된 영상에 입체적인 청각적 생명력을 불어넣는 실무 과정입니다. 단순히 프롬프트를 입력해 우연히 얻어 걸린 소리를 사용하는 차원을 넘어 창작자가 의도한 공간의 질감과 물리적 법칙을 사운드에 반영하는 고도의 '설계' 과정을 지향합니다. Suno의 Sound Mode를 직접 제어하며, 우리는 배경(Ambience)과 동작(Action)이 유기적으로 결합하는 순간을 목격하게 됩니다. 이 과정에서 창작자는 소리를 시각 정보의 보조 수단이 아닌 영상의 서사를 완성하고 관객의 몰입을 결정짓는 독립적인 주체로 다루게 됩니다. 텍스트로 기술된 물리적 매질이 어떻게 실존하는 공간의 울림으로 변모하는지 확인하며, 기술적 장벽에 가로막혔던 상상을 현실로 구현하는 사운드 아키텍처의 진정한 가치를 경험해 보시기 바랍니다.

01 Sound Mode의 이해와 설정

01 ① Create 화면으로 이동한 뒤 ② Sound 모드를 선택합니다. Sound 모드는 유료 플랜 사용자에게 제공되는 기능입니다.

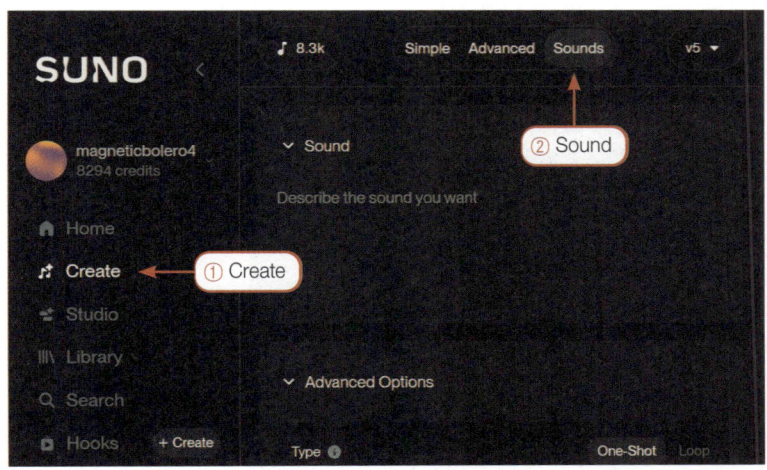

02 Sound 항목에는 영상 장면에 필요한 소리를 입력합니다. 현재는 곡 제작과 달리 한글 프롬프트를 지원하지 않으므로, ChatGPT, Gemini 등과 같은 도구를 활용하여 영어로 작성해야 합니다. 단, 한글 나레이션이 필요한 경우에는 한글로 입력할 수 있습니다.

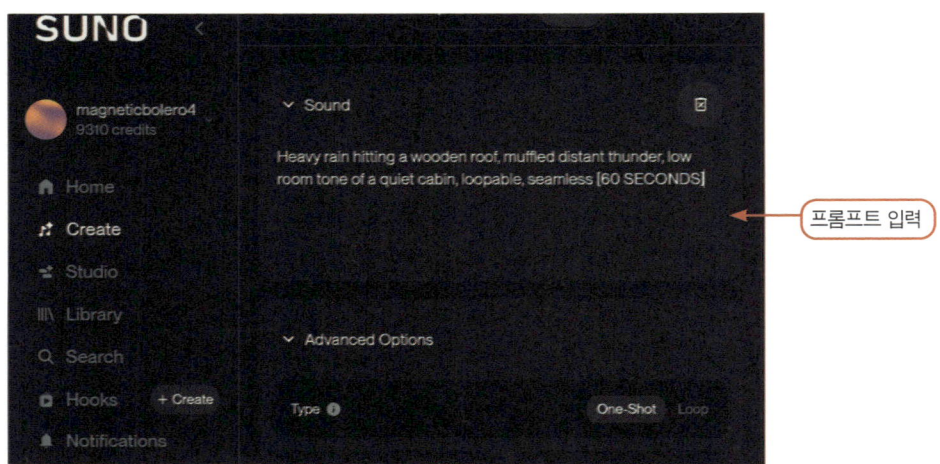

03 Type 옵션에서는 사운드 재생 방식을 선택하는 옵션입니다. 한 번만 재생되는 One-Shot과 반복 재생이 자연스러운 Loop 중에서 선택할 수 있습니다. 장면의 성격과 소리의 역할에 맞춰 적절히 선택하면, 보다 자연스럽고 몰입감 있는 사운드를 만들 수 있습니다.

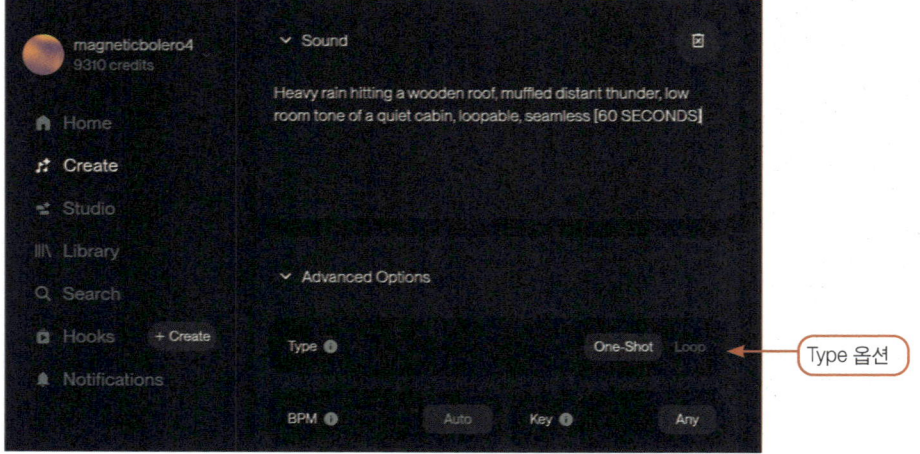

04 BPM 옵션은 사운드의 속도를 조절하는 기능입니다. 음악을 제작할 때는 원하는 템포 값을 직접 입력할 수 있지만, 일반적인 사운드 제작에서는 Auto 상태로 두는 것이 권장됩니다. 이렇게 하면 장면과 소리의 자연스러운 흐름을 유지할 수 있습니다.

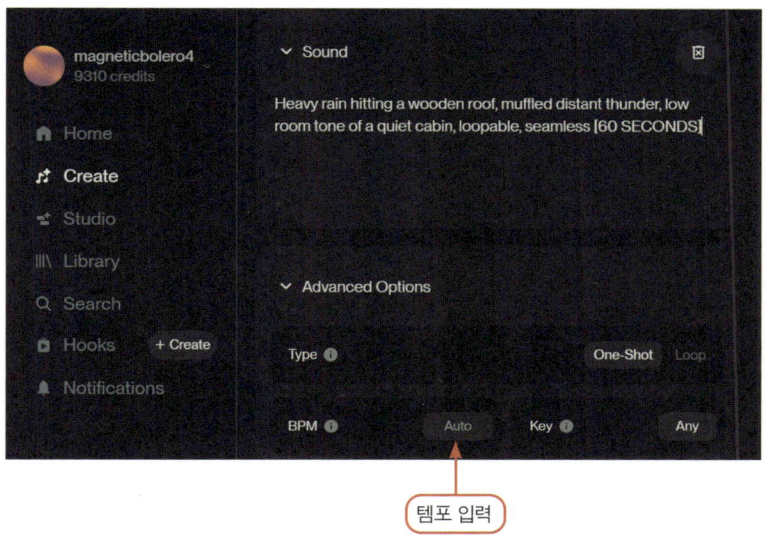

텐포 입력

05 Key는 사운드의 조성을 설정하는 옵션으로, 음악적 조화와 장면의 분위기를 결정합니다. 음악을 제작할 때는 어두운 장면에 minor, 밝고 경쾌한 장면에 major를 사용하는 것이 일반적이지만, 사운드 제작에서는 Any 상태로 두는 것이 권장됩니다.

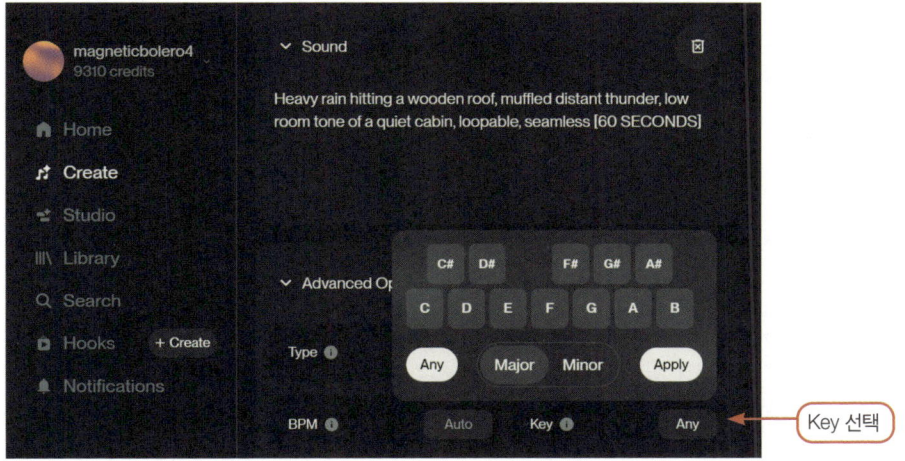

Key 선택

하나의 장면을 연출할 때는 단순히 필요한 소리만 생각하지 말고, 배경, 중경, 전경의 세 가지 레이어로 나누어 소리를 생성하는 것이 중요합니다. 즉, 하나의 장면을 위해 세 가지 소리를 각각 생성하는 것입니다. 이렇게 하면 장면의 공간감과 몰입도를 크게 높일 수 있습니다.

[시나리오 예시: 비 내리는 밤, 낡은 오두막 안의 정적과 긴장감]

- A: 배경음(Ambience) 설계: 공간의 전체적인 공기와 크기를 규정합니다.

프롬프트:

> Heavy rain hitting a wooden roof, muffled distant thunder, low room tone of a quiet cabin, loopable, seamless

※ Loopable 태그를 사용하여 배경음이 끊기지 않게 유도합니다.

- B: 중경음(Context) 설계: 공간 안의 디테일한 질감을 추가합니다.

프롬프트:

> Occasional soft wood creaks, old house settling, subtle wind whistling through window cracks

※ 소리의 간격이 듬성듬성하게 나도록 생성하여 공간의 정적과 긴장감을 극대화합니다.

- C: 전경음(Action) 설계: 캐릭터의 구체적인 움직임을 묘사합니다.

프롬프트:

> Slow heavy footsteps on old wooden floorboards, individual creaks, wet leather boots

※ 재질(나무 바닥, 젖은 가죽)을 구체적으로 명시하여 소리의 질감을 살립니다.

02 영상 싱크 맞추기

01 음악 작업에 사용할 영상은 프로젝트 창으로 드래그하거나 File 메뉴의 동영상에서 동영상 열기를 선택하여 불러올 수 있습니다.

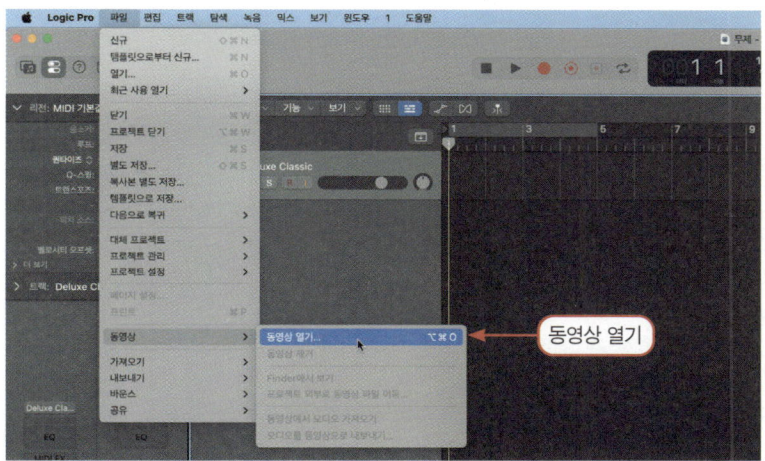

02 영상에 포함된 오디오 트랙을 추출할지 여부를 묻는 창이 표시됩니다. 필요에 따라 옵션을 선택한 후, 확인을 클릭합니다.

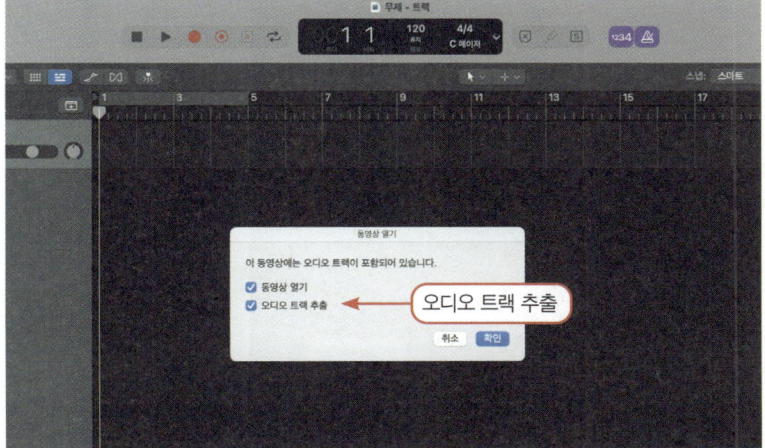

03 영상 음악 작업에서 중요한 설정인 프레임률(Frame Rate) 일치 여부를 묻는 창이 표시됩니다. 반드시 사용 버튼을 클릭하여 프레임률을 일치시켜야 타임이 어긋나는 오류를 방지할 수 있습니다.

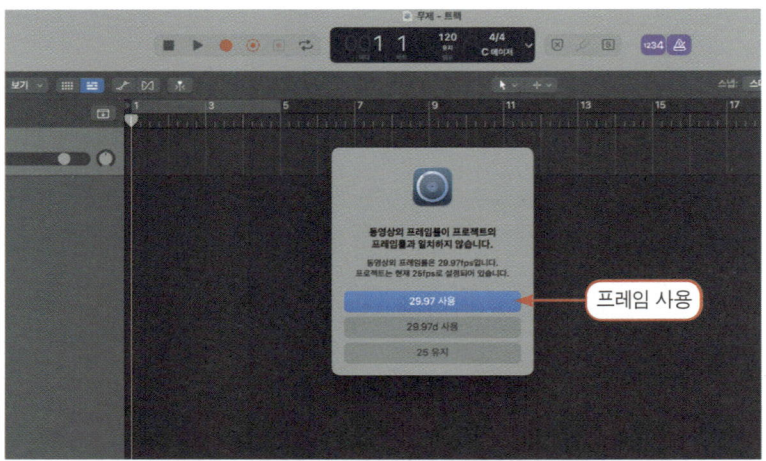

프레임 사용

04 동영상 윈도우는 테두리를 드래그하여 크기를 조정할 수 있으며, 창을 닫으면 인스펙터에서 작은 화면으로 전환할 수 있습니다. 마우스 오른쪽 버튼을 클릭하면 보다 세부적인 설정 메뉴가 표시됩니다.

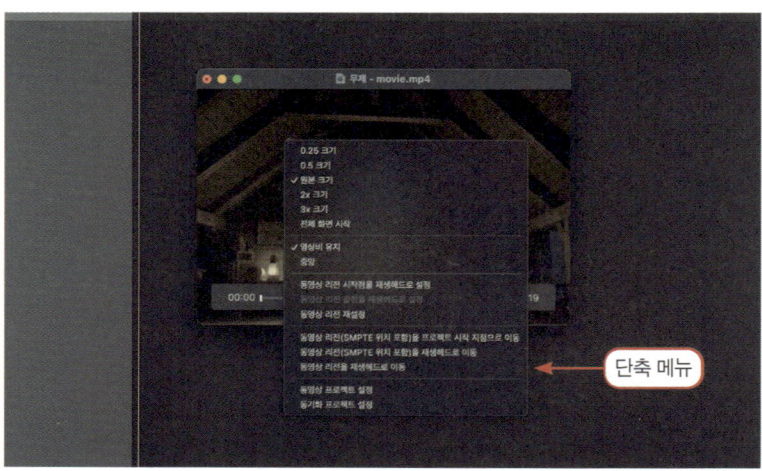

단축 메뉴

1. 화면 크기 및 표시 설정

동영상 윈도우의 크기를 조절하거나 표시 방식을 선택합니다.

- **0.25 크기~3x 크기**: 동영상 윈도우의 크기를 배율에 맞게 조절합니다.
- **전체 화면 시작**: 영상을 전체 화면으로 전환하여 확인합니다.
- **영상비 유지**: 테두리를 잡아 크기를 조절할 때 원본 영상의 비율이 그대로 유지됩니다.
- **중앙**: 윈도우의 크기를 조절하더라도 영상이 구석으로 쏠리지 않고 항상 가운데에 오게 합니다.

2. 영상 위치 및 리전 설정 (싱크 핵심 기능)

영상 리전(Region)과 재생 헤드(Playhead)의 위치를 맞추는 중요한 기능들입니다.

- **동영상 리전 시작점을 재생헤드로 설정**: 현재 재생 헤드가 위치한 지점에 영상의 시작점을 맞춥니다.
- **동영상 리전 설정을 재생헤드로 설정**: 영상의 속성이나 특정 동기화 포인트를 현재 재생 위치에 고정합니다.
- **동영상 리전 재설정**: 영상의 위치나 편집 상태를 원래 상태로 되돌립니다.

3. SMPTE 및 타임코드 관련 이동

절대 시간인 타임코드(SMPTE)를 기준으로 영상을 이동시킵니다.

- **동영상 리전(SMPTE 위치 포함)을 프로젝트 시작 지점으로 이동**: 영상 리전을 프로젝트의 가장 맨 앞(보통 1마디 또는 설정된 시작 타임코드)으로 보냅니다.
- **동영상 리전(SMPTE 위치 포함)을 재생헤드로 이동**: 타임코드 정보를 유지한 채 영상 리전을 현재 재생 막대 위치로 옮깁니다.
- **동영상 리전을 재생헤드로 이동**: 단순히 영상 조각(리전)을 재생헤드 위치로 이동시킵니다.

4. 세부 프로젝트 설정

영상의 프레임 레이트나 동기화 방식을 수동으로 더 깊게 설정하고 싶을 때 사용합니다.

- **동영상 프로젝트 설정**: 영상의 프레임 레이트 확인, 오디오 추출, 화면 종횡비 등을 설정하는 창을 엽니다.
- **동기화 프로젝트 설정**: 타임코드(SMPTE) 방식, 드롭/논드롭 프레임 여부, 오디오 샘플 레이트와의 동기화 등 가장 핵심적인 기술 세팅을 할 수 있는 설정창으로 이동합니다.

05 영상 음악 작업에서 또 하나 중요한 설정은 오디오 샘플 레이트(Sample Rate)입니다. 일반적으로 48kHz를 사용합니다. 이를 확인하려면 File 메뉴의 프로젝트 설정에서 오디오를 선택합니다.

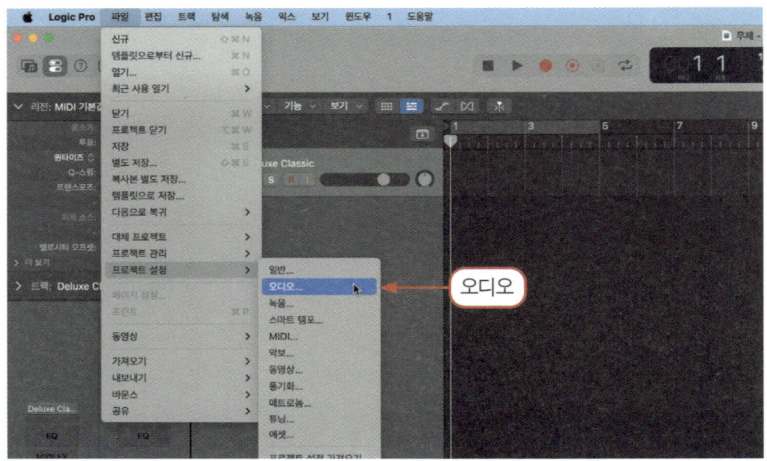

06 프로젝트의 오디오 샘플 레이트를 설정할 수 있는 창이 표시됩니다. 샘플 레이트가 48 kHz로 설정되어 있는지 확인합니다. Suno에서 샘플을 다운로드할 때는 반드시 WAV Audio 형식을 선택해야 합니다.

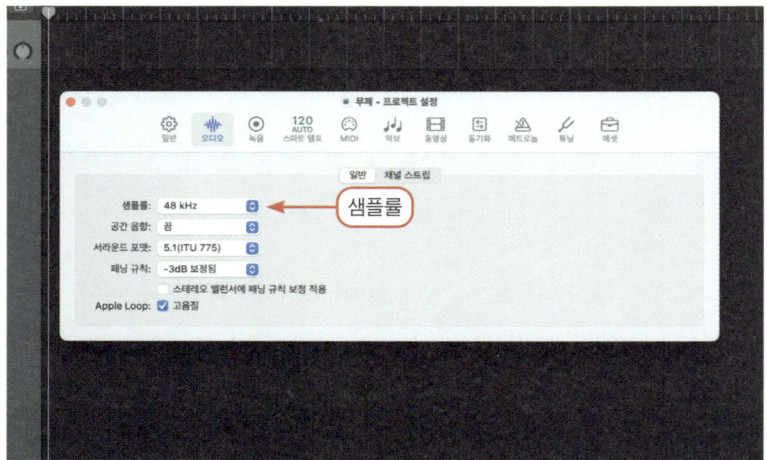

07 프레임 레이트(Frame Rate)와 오디오 샘플 레이트(Sample Rate)는 빈 프로젝트를 생성할 때 미리 설정할 수 있습니다. File 메뉴의 템플릿으로부터 신규를 선택하면 로직 실행 시 표시되는 템플릿 창을 열 수 있습니다.

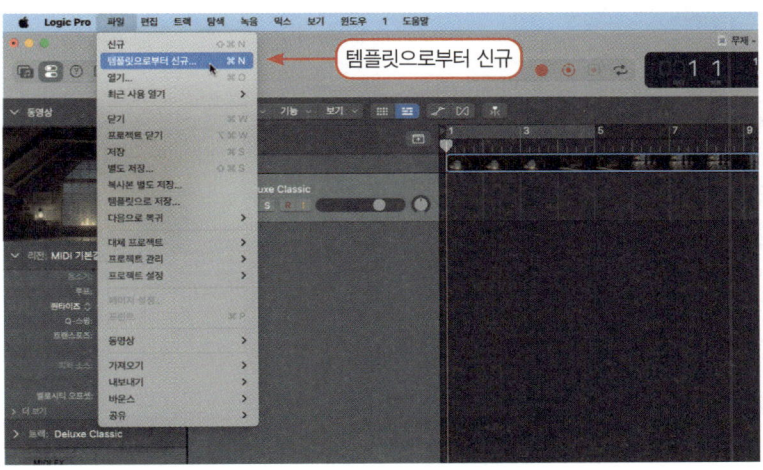

08 비어 있는 프로젝트를 선택한 후, 하단의 세부 사항을 펼치면 오디오 샘플 레이트와 프레임 레이트를 설정할 수 있는 항목을 확인할 수 있습니다. 로직은 기본적으로 유럽 방송 기준인 25 fps로 설정되어 있으므로 주의해야 합니다.

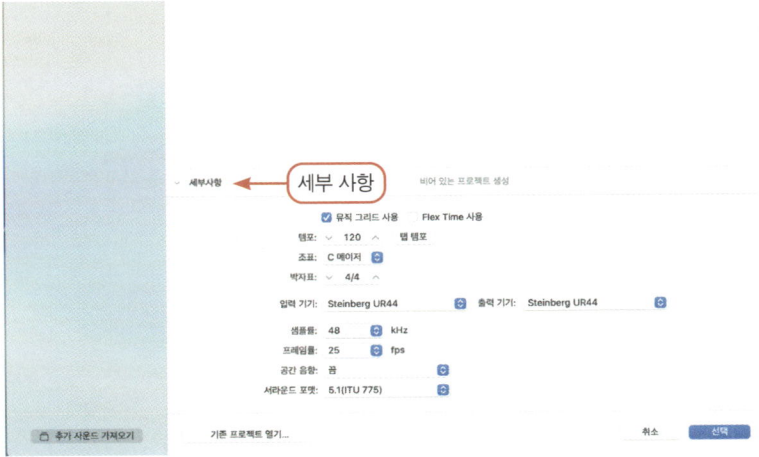

09 영상 작업은 시간 단위를 기준으로 진행합니다. 디스플레이의 드롭다운 메뉴를 열고 Time 표시 방식을 선택합니다. 시간 단위는 시, 분, 초, 프레임으로 구성됩니다.

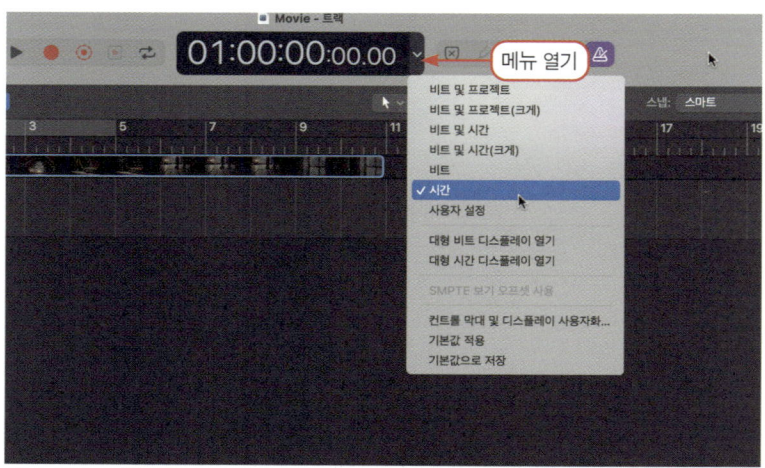

10 마디 기준으로 표시되는 룰러에서도 시간 위치를 함께 확인하려면 보기 메뉴에서 보조 눈금자 옵션을 활성화합니다.

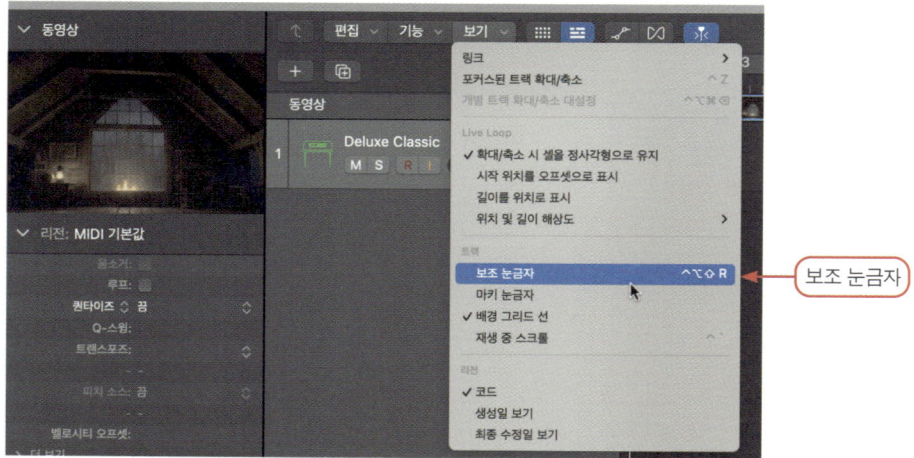

11　개인 작업에서는 문제되지 않지만, 의뢰 작업의 경우 음악 시작 2초 전에 싱크 기준음
인 '삑' 소리(Sync Pop)를 추가하는 것이 일반적입니다. 이렇게 하면 영상 편집자가 음악
의 시작 위치를 정확히 맞출 수 있습니다. File메뉴의 프로젝트 설정에서 동기화를 선택합니다.

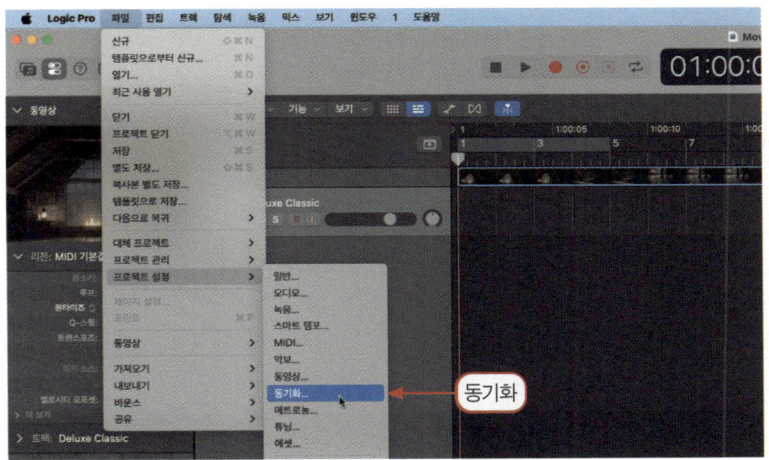

12　영상 시작 위치를 5마디로 설정하려면 마디 값을 5로 지정합니다. 이렇게 여유를 두
는 이유는 싱크 팝이나 카운트, 프리롤 구간을 확보하기 위함입니다. 이를 통해 편집
과정에서 음악과 영상의 싱크를 보다 안정적으로 맞출 수 있습니다.

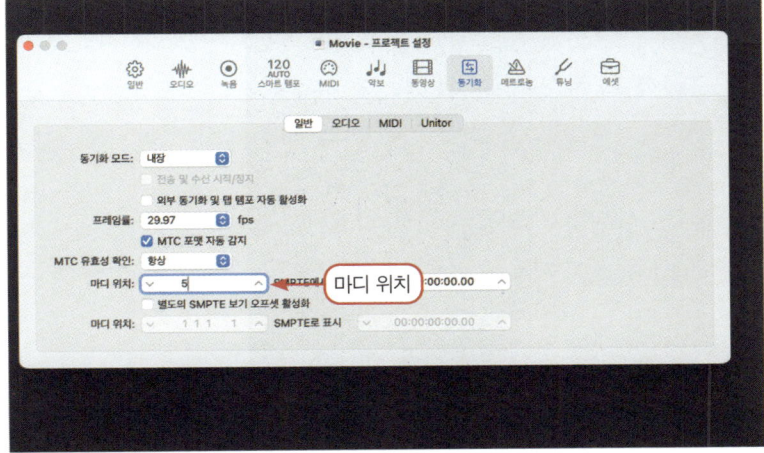

13 5마디 위치를 클릭한 후 디스플레이를 확인하면 시작 시간이 1:00:00:00으로 변경된 것을 확인할 수 있습니다. 초 단위 영역에 마우스를 올리고 마우스 휠을 돌려 시작 지점을 2초 전인 59:58로 조정합니다.

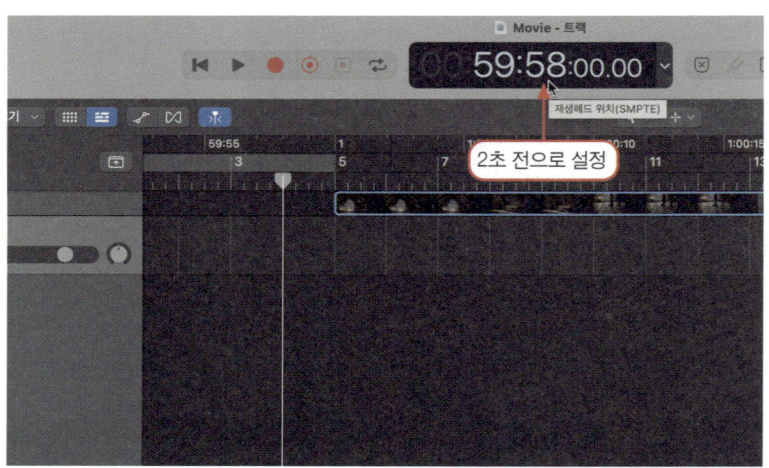

14 이제 재생헤드 위치에 싱크 기준음(Sync Pop)을 배치합니다. 싱크 기준음은 Suno의 Sample 모드를 이용하여 생성할 수도 있지만 직접 만들어 보겠습니다. 악기 슬롯에서 Sampler (Multi-Sample)을 선택합니다.

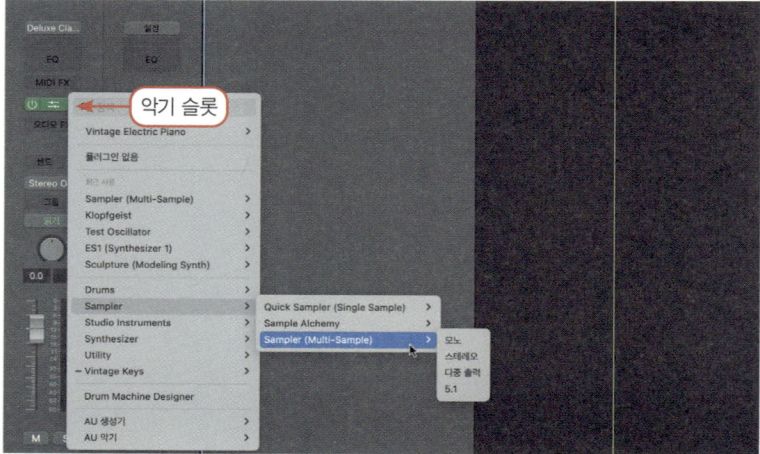

15 Sampler의 기본 음색은 싱크 팝에 적합한 사인파이므로 별도의 설정 없이 창을 닫습니다. 도구 메뉴에서 연필 도구를 선택합니다.

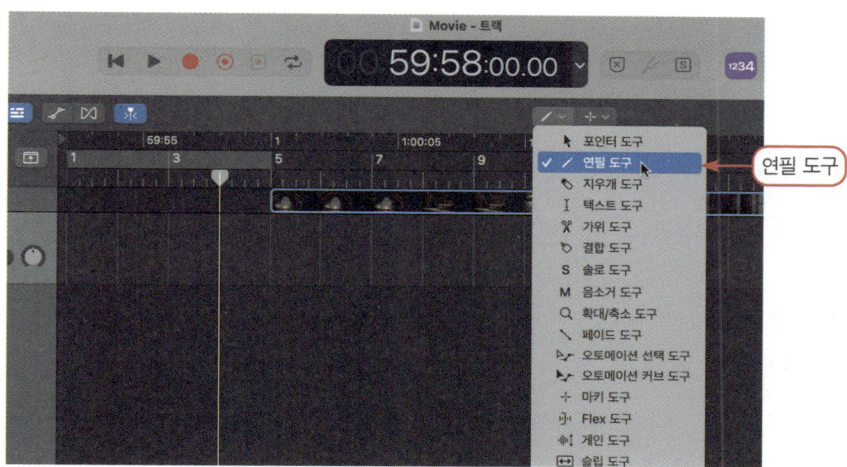

16 작업 공간을 클릭하여 MIDI 리전을 생성합니다. 세미콜론(;) 키를 눌러 재생헤드 위치에 정확히 정렬한 후, 더블 클릭하여 피아노 롤을 엽니다.

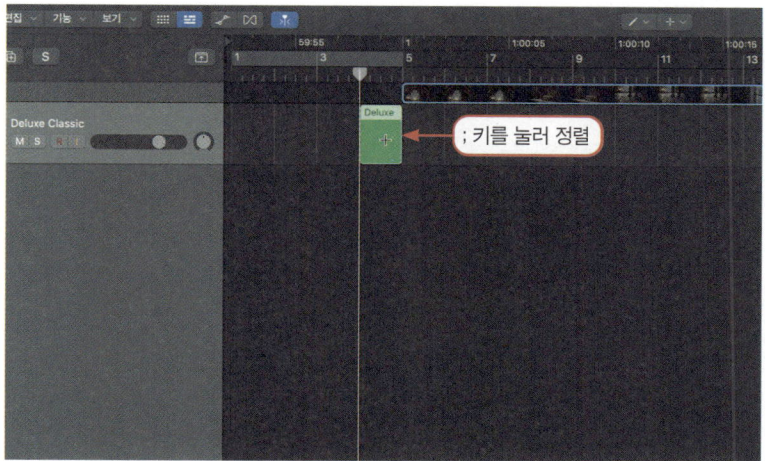

17 피아노 롤에서 Command 키를 누른 상태로 B4 위치를 클릭하여 노트를 입력합니다. 이 방법으로 싱크 팝을 간단하게 생성할 수 있습니다.

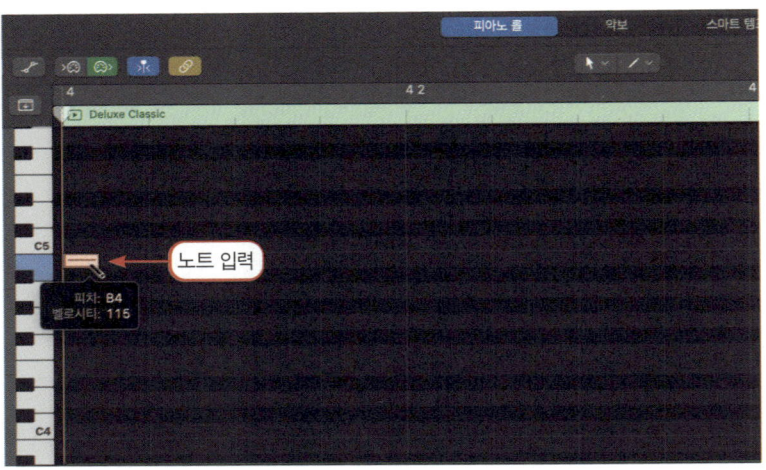

18 사용자가 만든 싱크 음은 오디오 파일로 저장하여 이후에도 재사용할 수 있습니다. Control+B 키를 누르거나 리전을 마우스 오른쪽 버튼으로 클릭하여 단축 메뉴를 연 후, 바운스 또는 결합에서 바운스 후 대치를 선택합니다.

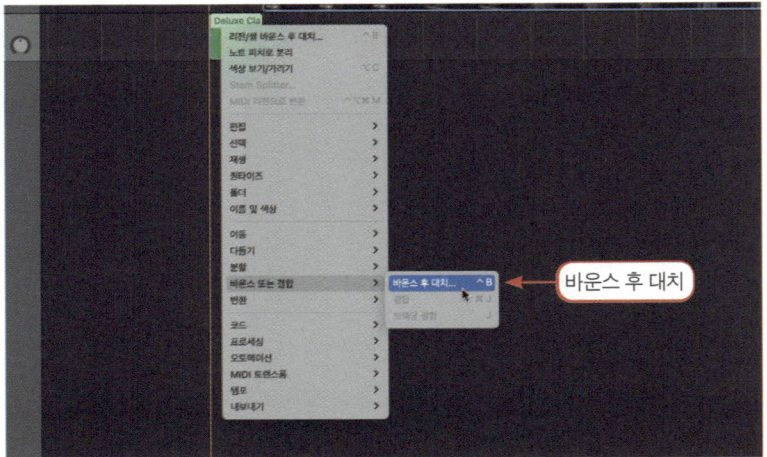

19 파일 이름은 나중에 쉽게 검색할 수 있도록 입력합니다. 원본 MIDI 리전(소스)은 더 이상 필요하지 않으므로 삭제를 선택한 후 확인합니다.

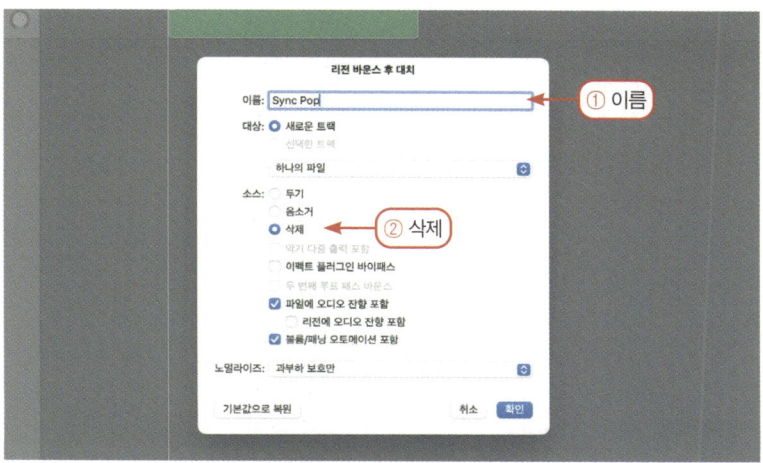

20 도구 바 오른쪽에 있는 루프 브라우저 버튼을 클릭하여 창을 엽니다. 이후 오디오 파일로 변환한 싱크 팝 파일을 드래그하여 루프 브라우저로 가져옵니다.

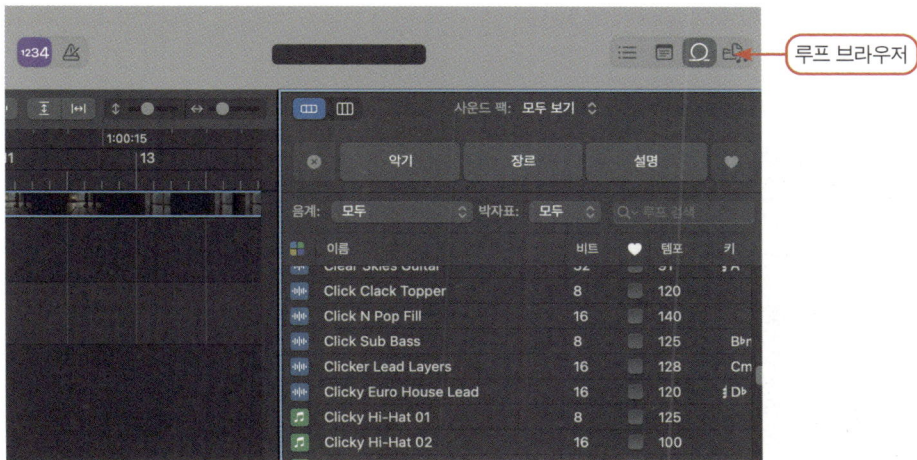

21 파일 이름은 나중에 쉽게 검색할 수 있도록 입력합니다. 원본 MIDI 리전(소스)은 더 이상 필요하지 않으므로 삭제를 선택한 후 확인합니다.

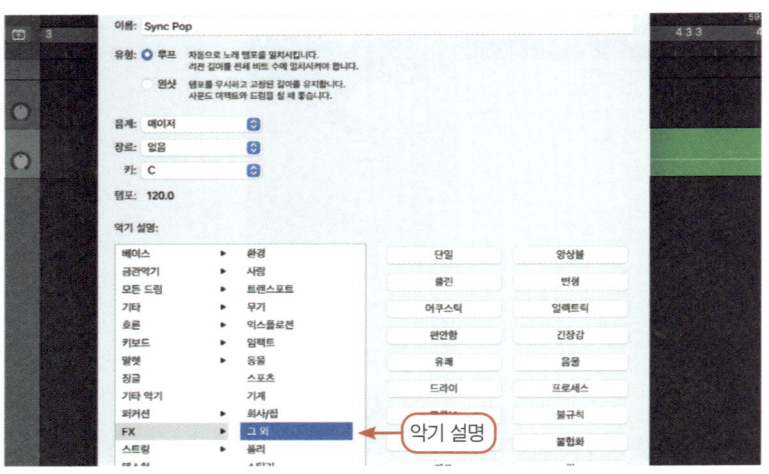

22 Suno에서 생성한 효과음 파일 역시 파인더에서 루프 브라우저로 드래그하여 동일한 방식으로 저장할 수 있습니다. 저장된 샘플은 ① 사운드 팩에서 나의 루프를 선택하여 확인할 수 있으며, 샘플이 많은 경우 ② 검색 창에 이름을 입력하여 찾을 수 있습니다.

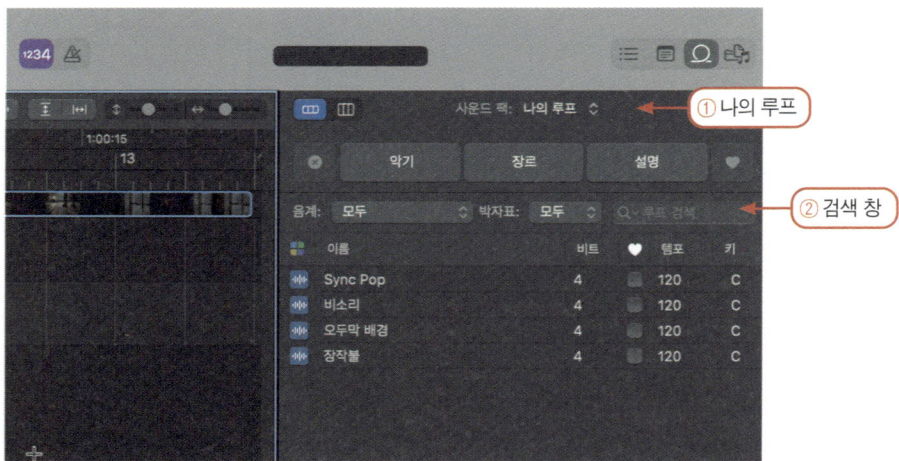

23 동영상 트랙에서 마우스 오른쪽 버튼을 클릭하여 단축 메뉴를 연 후, 마커를 선택합니다. 여러 트랙을 동시에 표시하려면 단일 글로벌 트랙 옵션이 해제되어 있어야 합니다.

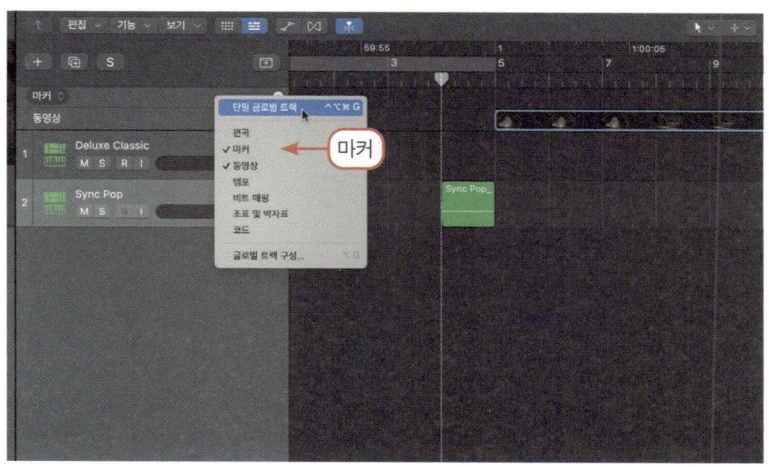

24 마커는 생성 버튼을 클릭하여 재생헤드 위치에 추가할 수 있으며, 더블 클릭하여 이름을 입력할 수 있습니다. 재생헤드는 디스플레이 영역을 클릭한 후 시간을 직접 입력하여 원하는 위치로 이동할 수 있습니다.

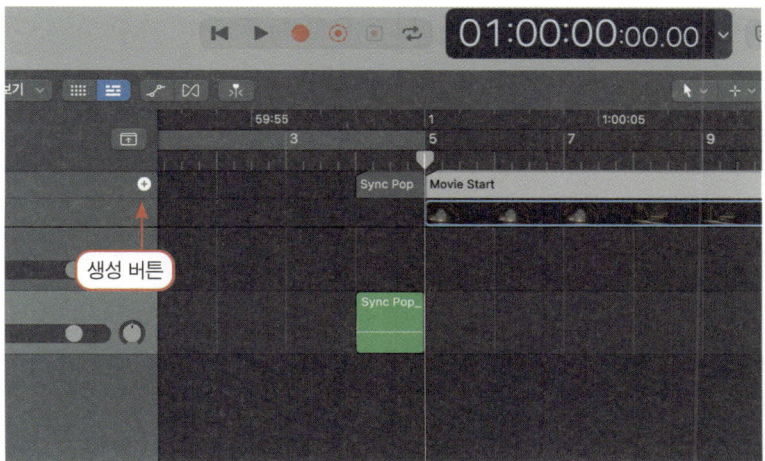

25 의뢰 작업의 경우 음악, 후시녹음(ADR), 효과음(SFX), 폴리 사운드, 배경음 등 요청 사항이 정리된 스포팅 시트(Spotting Sheet)를 전달받게 됩니다. 개인 작업이라 하더라도 사전에 관련 내용을 메모해 두면, 시간 정보를 그대로 복사하여 마커를 생성할 수 있어 작업을 보다 효율적으로 진행할 수 있습니다.

EJ Production
MUSIC SPOTTING SHEET

Production / Project: ___단편영화<오후의 그림자>_____   Date: _____   Project Revision Number: _____

Music Editor: _____   Composer: _____   Producer: _____   Director: _____

Scene/Cue	Time In 00:00:00:00	Time Out 00:00:00:00	Total Time 00:00:00:00	Scene Description	Notes
M01	01:00:05:00	01:02:15:00	02:10:00	비 내리는 거리 풍경	차갑고 쓸쓸한 피아노 선율 필요.
M02	01:05:20:12	01:06:40:00	01:19:12	주인공의 회상 장면	몽환적인 신디사이저 패드 사운드. 대사를 방해하지 않도록 중고역대 절제.
M03	01:12:30:00	01:15:50:05	03:20:05	갈등의 시작(골목길)	긴장감을 위해 Track Stack 으로 여러 악기를 층층이 쌓아 구성. 템포 변화
M04	01:18:10:00	01:20:05:00	01:55:00	정비소: 차가운 분위기	기계적인 신디사이저 베이스 사용, 전체적인 분위기 반전 구간.
M05	01:22:45:15	01:24:10:00	01:24:15	재회: 주인공과 그녀	피아노와 클라리넷 조합의 로맨틱 템플릿 사용.
M06	01:28:30:00	01:31:00:10	02:48:00	두 번째 회상: 숨겨진 진실	M02 테마를 오케스트라로 확장, 감정의 폭이 커지는 구간.
M07	1:42:05:05	01:45:20:00	03:14:25	자각: 진실을 깨닫는 순간	낮은 첼로 선율에서 시작해 고음역대 스트링으로 점진적 고조.
M08	01:48:50:00	01:52:30:00	03:40:00	클라이맥스: 빗속의 결말	가장 웅장한 사운드, 모든 테마 악기를 통합한 풀 오케스트레이션.

26 콤마(,) 키와 마침표(.) 키를 사용하면 이전 및 다음 마커로 이동할 수 있으며, 나의 루프에 저장한 샘플을 정확한 위치에 배치할 수 있습니다. 리전은 오른쪽 가장자리를 드래그하여 길이를 조정할 수 있고, 오른쪽 상단 모서리를 드래그하여 반복할 수 있습니다. 또한 Option 키를 누른 상태로 드래그하여 복사할 수 있습니다.

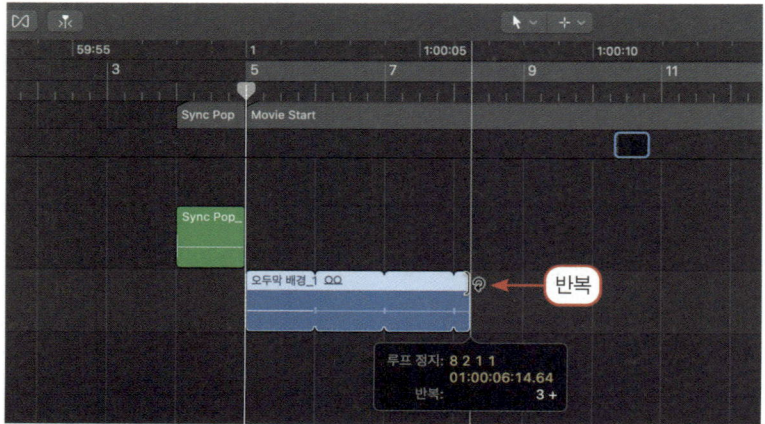

27 X 키를 눌러 믹서 창을 열고 각 트랙의 볼륨과 패닝을 조정합니다. 패닝은 사운드의 좌우 위치를 결정하는 요소로 영상 작업에서는 소리가 들리는 방향이 화면의 움직임 및 위치와 일치해야 자연스러운 공간감과 몰입감을 유지할 수 있습니다.

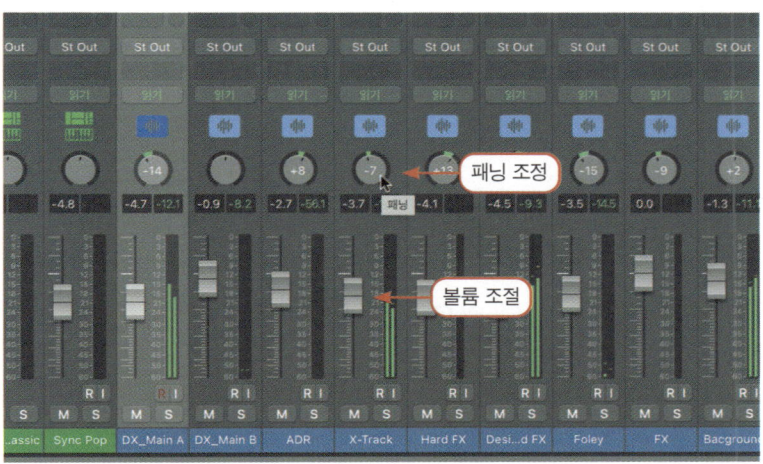

28 로직은 영상 편집 프로그램이 아니므로, 최종 작업은 영상 편집자에게 전달하여 마무 리합니다. 영상 편집자가 Final Cut Pro를 사용하는 경우에는 파일 메뉴의 내보내기에 서 프로젝트를 Final Cut Pro XML로를 선택하여 저장하고, Adobe Premiere Pro를 사용하 는 경우에는 AAF 파일로 저장하여 전달합니다.

소리에서 '시스템'으로

영상 제작 과정에서 사운드는 시각 정보에 밀려 계륵 같은 존재로 취급받기 쉽습니다. 화려한 CG와 촬영 구도에는 수많은 시간과 자본을 투입하면서도 정작 그 세계에 생명력을 불어넣는 사운드 작업은 마감 직전의 '남은 숙제'처럼 처리되곤 합니다. 여기서 첫 번째 문제가 발생합니다. 소리를 단지 '화면을 보조하는 장식품'으로만 인식하는 편견입니다.

1. 왜 사운드 작업은 늘 막막한가?

초보 작업자들이 겪는 가장 큰 고충은 기술적 숙련도 이전에 찾아오는 '청각적 막연함'입니다. 빈 타임라인을 무엇으로 채워야 할지 몰라 기성 곡 하나를 통으로 배치하고 작업을 끝내버리거나, 반대로 너무 많은 효과음을 무분별하게 섞어 소음처럼 들리게 만들기도 합니다. 이러한 막연함은 사운드를 '구조화'하지 못할 때 발생합니다.

- **분리의 부재:** 대사, 음악, 효과음이 한데 뒤섞인 채로 작업이 진행되면, 볼륨을 키우면 시끄럽고 줄이면 대사가 들리지 않는 딜레마에 빠지게 됩니다. 이는 소리의 우선순위를 정하지 못하고 모든 신호를 하나의 통로(Mono-track mindset)로만 처리하려 하기 때문입니다.
- **공간의 파편화:** 영상은 컷의 예술이지만, 사운드는 연결의 예술입니다. 컷이 바뀔 때마다 현장 소음이나 배경음이 툭툭 끊기면 시청자의 몰입은 순식간에 깨집니다. 무엇이 문제인지 정확히 인지하지 못한 채 '왠지 모를 어색함'만 남는 원인이 바로 여기에 있습니다.
- **AI 소스의 무분별한 사용:** Suno 등 AI가 생성한 사운드는 그 자체로 훌륭하지만, 가공 없이 그대로 영상에 붙이는 것은 기성복을 수선 없이 입는 것과 같습니다. 영상의 호흡과 AI 사운드의 리듬이 어긋나는 순간, 콘텐츠의 진정성은 상실됩니다.

2. 관점의 전환: 소리를 '디지털 자산' 과 '구조' 로 정의하기

이제 사운드를 단순히 '들리는 감성'의 영역에서 '제어 가능한 디지털 자산'의 영역으로 옮겨와야 합니다. 우리가 보컬을 단순한 녹음본이 아닌 재사용 가능한 '캐릭터 자산(Persona)'으로 정의했듯이, 영상 사운드 역시 체계적인 시스템(System)으로 접근해야 합니다.

① 소리의 '인격화' 와 '레이어링(Layering)'

화면에 문이 닫히는 장면이 있다면, 단순히 '쾅' 하는 효과음 하나를 찾는 것은 초급 단계입니다. 진정한 디렉터는 세 가지 이상의 레이어를 쌓아 소리에 독보적인 '성격'을 부여합니다.

- **물리적 질감(Physical Layer)**: 실제 나무나 금속이 부딪히는 딱딱한 소리입니다. 문의 재질이 무엇인지 시청자에게 촉각적인 정보를 전달합니다.
- **무게감(Weight Layer)**: 저역대의 울림(Sub-bass)을 통해 문의 크기와 무게를 전달합니다. 거대한 성문인지, 낡은 판잣집 문인지는 이 레이어에서 결정됩니다.
- **정서적 잔향(Emotional Layer)**: 문이 닫힌 후 남는 공허한 울림이나 서스펜스를 유발하는 인위적인 디자인 사운드입니다. 이는 관객이 느껴야 할 감정을 청각적으로 가이드합니다.

이러한 레이어링을 통해 소리는 단순한 복제를 넘어 영상의 고유한 '인격'을 형성하게 됩니다. 각 레이어의 볼륨 밸런스를 미세하게 조정하는 것만으로도 같은 소스에서 수십 가지의 다른 감정을 이끌어낼 수 있습니다.

② 청각적 닻(Auditory Anchor)'의 구축

영상은 불연속적인 컷들의 집합입니다. 시청자가 이를 하나의 연속된 흐름으로 느끼는 이유는 소리가 '심리적 연속성'을 제공하기 때문입니다.
- **앰비언스(Ambience)의 재발견**: 아무 소리도 들리지 않는 조용한 방안에도 특유의 공기 흐름 소리가 있습니다. 이를 '룸 톤'이라고 합니다. 이 소리를 타임라인의 가장 밑바닥에 끊김 없이 깔아주는 순간, 파편화된 영상 소스들은 하나의 공간 안에 묶이게 됩니다.
- **심리적 안정감**: 앰비언스는 시청자가 영상 속 공간에 실제로 존재한다고 믿게 만드는 최후의 보루입니다. 컷이 바뀌어도 유지되는 일정한 배경음은 시청자의 인지적 불안을 잠재우는 강력한 '청각적 닻' 역할을 수행합니다.

③ 주파수 대역의 '부동산 관리'

모든 소리는 자신만의 주파수 영역을 가집니다. 이를 이해하지 못하면 소리들이 서로를 가리는 '마스킹 현상'이 발생합니다.
- **황금 영역의 사수**: 대사가 차지해야 할 핵심 영역(1kHz~3kHz)에 음악이나 효과음이 무분별하게 침범하는 것은 타인의 영토를 무단 점거하는 것과 같습니다.
- **선택적 감쇄**: 음악의 전체 볼륨을 무조건 줄이는 방식은 세련되지 못합니다. 대사가 나오는 구간에서만 음악의 특정 주파수 대역을 미세하게 깎아내는 'EQ' 기술을 통해, 대사는 선명하게 살리면서 음악의 웅장함도 잃지 않는 '고급스러운 질감'을 구현할 수 있습니다.

3. AI 사운드를 요리하는 법

Suno와 같은 AI 도구는 매력적인 식재료를 제공하지만, 이를 영상에 그대로 붙이는 것은 재료를 손질하지 않고 냄비에 쏟아붓는 것과 같습니다.

- **AI 사운드의 원료화:** AI가 생성한 사운드를 '완성본'이 아닌 '최고급 소스'로 인식해야 합니다. DAW(Digital Audio Workstation)의 멀티트랙 환경은 이 원료들을 정교하게 조리하고 정제하는 셰프의 주방입니다. AI 소스에서 필요한 주파수만 도려내거나 리듬을 영상 호흡에 맞춰 재배치하는 과정이 필수적입니다.
- **구조적 유연성 확보:** 언제든 수정 가능한 버스(Bus) 라우팅 시스템을 구축합니다. 대사 트랙만 따로 빼서 효과를 주거나 배경음만 모아 한꺼번에 음압을 조절할 수 있는 구조를 갖추어야 합니다. "대사만 따로 빼서 수출할 수 있는가?"라는 질문에 즉각 대응할 수 있는 시스템을 구축하는 것이 프로페셔널의 시작입니다.

감각의 의존에서 시스템의 지배로

사운드를 카테고리별로 세분화하고 DAW의 체계적인 라우팅(Routing) 시스템을 도입하는 것은 단순히 작업 파일을 정리하는 수준을 넘어 제작자의 사고방식과 결과물의 품질을 근본적으로 뒤바꾸는 혁신을 가져옵니다. 과거의 방식이 '직관에 의존한 편집'이었다면, 변화된 방식은 '설계에 기반한 엔지니어링'으로 진화합니다.

1. 수정 요청에 대한 압도적인 대응력과 심리적 여유

영상 제작 현장에서 가장 고통스러운 순간은 마감 직전에 들어오는 수정 요청입니다. "배경음만 조금 줄여주세요" 혹은 "대사가 효과음에 묻히는데 대사만 키워줄 수 있나요?"와 같은 요청은 사운드가 한데 뒤섞인 통파일 구조에서는 재앙과 같습니다.

- **비파괴적 수정의 실현:** DAW 내에서 대사, 효과음, 음악, 배경음이 각각 독립적인 버스 (Bus)로 묶여 있다면, 전체 믹싱을 흔들지 않고도 특정 카테고리의 볼륨이나 톤을 즉각 수정할 수 있습니다. 이는 작업 시간을 단축할 뿐만 아니라 제작자가 피드백을 두려워하지 않고 더 과감한 시도를 할 수 있는 심리적 여유를 제공합니다. 수정을 '노동'이 아닌 '최적화'의 과정으로 받아들이게 됩니다.

- **부분 최적화의 가능성**: 특정 인물의 목소리가 유독 날카롭게 녹음되었다면, 전체 사운드에 영향을 주지 않고 해당 인물의 트랙에만 정밀한 보정 플러그인을 적용할 수 있습니다. 이러한 개별 제어 능력은 최종 결과물의 디테일을 결정짓는 결정적인 차이가 됩니다. 시스템이 구축되어 있다면 한 트랙의 변화가 전체의 파멸로 이어지지 않습니다.

2. 무엇이 문제인지 즉각 파악하는 능력: 청각적 현미경

사운드가 뭉쳐 있는 상태에서는 소리가 지저분하게 들려도 정확히 어떤 요소가 방해를 일으키는지 찾아내기 어렵습니다. 하지만 체계적인 트랙 분리는 제작자에게 '청각적 현미경'을 제공합니다.

- **문제 요소의 시각화**: DAW의 미터링 시스템을 통해 어떤 카테고리에서 피크(Peak)가 발생하는지, 어떤 영역이 과부하 상태인지 시각적으로 즉각 확인할 수 있습니다. "소리가 시끄럽다"는 막연한 느낌은 "효과음 버스의 저역대가 너무 강하다" 혹은 "음악의 중역대가 대사를 마스킹하고 있다"는 구체적인 기술적 진단으로 바뀝니다.

- **솔로(Solo) 모니터링의 효율성**: 음악 트랙만 따로 들어보거나 대사 트랙만 따로 추출해 들어보며 각 요소의 완성도를 개별적으로 검증할 수 있습니다. 각 부품이 완벽할 때 비로소 전체 조립품이 완벽해진다는 제조 공정의 원리가 사운드 작업에도 적용되는 것입니다. 이는 결함을 찾아내는 시간을 획기적으로 줄여줍니다.

3. 글로벌 스탠다드와 로컬라이징 대응 능력

상업 영상이나 글로벌 플랫폼을 겨냥한 콘텐츠에서 사운드 분리는 선택이 아닌 필수입니다.

- **M&E(Music & Effects) 트랙의 자산화**: 대사 트랙만 완벽히 분리해낼 수 있다면, 원본의 음악과 효과음은 그대로 유지한 채 다른 언어의 성우 더빙(Dubbing)을 즉시 입힐 수 있습니다. 이는 해외 수출이나 다국어 채널 운영 시 추가 제작 비용과 시간을 획기적으로 줄여주는 경제적 이점을 제공합니다.

- **플랫폼별 규격 최적화**: 유튜브, 넷플릭스, 방송국 등 각 플랫폼이 요구하는 음압 표준(Loudness)이 다릅니다. 카테고리별로 분리된 시스템은 최종 마스터링 단계에서 전체 결과물을 다시 만들 필요 없이, 버스별 제어만으로 각 플랫폼의 규격에 맞춰 사운드 밸런스를 재조정하는 작업을 매우 간편하게 만듭니다.

4. 브랜드 정체성과 청각적 일관성의 확립

시리즈물이나 브랜디드 콘텐츠를 제작할 때, 시청자는 소리만 듣고도 해당 브랜드를 인지할 수 있어야 합니다.

- **사운드 템플릿의 자산화**: 한 번 구축해 놓은 DAW의 트랙 구성과 플러그인 체인은 다음 프로젝트에서도 그대로 사용할 수 있는 '자산'이 됩니다. 동일한 배경음(Ambience) 처리 방식과 동일한 대사 톤 보정 값을 유지함으로써 콘텐츠의 시각적 로고만큼이나 강력한 '청각적 로고'를 구축하게 됩니다.
- **워크플로우의 지속 가능성**: 개인의 감각에만 의존하는 작업은 제작자의 컨디션에 따라 품질의 기복이 심합니다. 하지만 시스템화된 워크플로우는 누가 작업을 이어받더라도 동일한 품질을 유지할 수 있는 표준을 제시합니다. 이는 창작의 영역을 넘어 비즈니스의 영역에서 신뢰를 구축하는 핵심 요소입니다.

5. AI와 인간 디렉팅의 완벽한 결합: 총괄 디렉터의 관점

AI가 생성한 음악과 효과음을 DAW라는 용광로에 넣어 정제하는 과정은 제작자를 단순 편집자에서 '총괄 디렉터'로 격상시킵니다.

- **재료의 재구성(Re-contextualization)**: AI가 준 소스를 그대로 쓰는 것이 아니라 필요한 부분만 도려내고 다른 소리와 레이어링하여 독창적인 사운드를 창조합니다. 이 과정에서 발생하는 '통제된 우연'은 오직 시스템을 이해하고 도구를 다룰 줄 아는 제작자만이 누릴 수 있는 특권입니다.
- **기술적 한계의 보완과 완성**: AI 소스 특유의 디지털 노이즈나 부자연스러운 잔향을 DAW의 정교한 툴(EQ, De-esser, Reverb 등)로 깎아내고 다듬음으로써, 기술의 편리함과 인간 장인의 정교함을 동시에 확보하게 됩니다. 결국 AI는 재료를 제공하고, 인간의 시스템은 그 재료에 영혼을 불어넣어 마침표를 찍습니다.

완벽한 청각적 경험을 위한 설계도

성공적인 영상 사운드의 완성도는 단순히 좋은 음질을 넘어, 시청자가 화면 속 세계를 얼마나 '실제'로 받아들이느냐에 달려 있습니다. 고품질 제작을 위해서는 감각적인 편집을 넘어, 데이터의 무결성과 구조적인 안정성을 확보하는 엄격한 가이드라인이 요구됩니다.

1. 사운드 소스의 순도 및 데이터 무결성 관리

고품질 결과물의 시작은 깨끗한 원재료를 확보하는 것입니다. 소스의 '순도'가 낮으면 후반 작업에서 아무리 정교한 DAW의 기능을 사용해도 그 한계를 극복하기 어렵습니다.

- **디지털 노이즈 및 로우 엔드(Low-end) 정리:** AI 소스나 현장 녹음본에는 가청 주파수 밖의 불필요한 저역대 소음(Rumble)이 포함되는 경우가 많습니다. 이는 스피커의 진동판을 불필요하게 움직이게 하여 전체 믹싱의 에너지 효율을 떨어뜨리고 소리를 탁하게 만드는 주범이 됩니다. 따라서 가장 먼저 하이패스 필터(High-pass Filter)를 사용하여 불필요한 저역을 제거하고 깨끗한 헤드룸을 확보하는 작업이 선행되어야 합니다.
- **규격의 통일과 위상(Phase) 관리:** 모든 사운드 소스는 프로젝트 설정(예: 48kHz / 24bit)과 일치시키는 과정이 필요합니다. 서로 다른 샘플 레이트가 혼재되면 재생 과정에서 미세한 위상 왜곡이 발생하여 소리의 선명도가 저하될 수 있습니다. 특히 여러 개의 마이크나 소스를 섞을 때는 파형의 시작점을 일치시켜 소리가 서로 상쇄되는 현상을 방지함으로써 소리의 밀도를 지켜내야 합니다.

2. 주파수 분할과 청각적 우선순위의 확립

모든 소리가 자기주장을 하면 결국 소음이 됩니다. 고품질 믹싱의 핵심은 '뺄셈의 미학'을 통해 각 사운드 카테고리에 고유한 영토를 배정해 주는 것입니다.

- **대사(Dialogue)의 명료도 사수:** 대사는 보통 1kHz에서 5kHz 사이의 영역에서 명료도가 결정됩니다. 배경 음악이나 효과음이 이 대역을 과하게 점유하고 있다면, 음악의 전체 볼륨을 줄이는 대신 해당 주파수 대역만 정교하게 깎아내는 '스펙트럼 조각(Spectral Carving)' 기술을 적용합니다. 이를 통해 음악의 웅장함은 유지하면서도 대사는 선명하게 들리는 고급스러운 밸런스를 구현하게 됩니다.
- **마스킹(Masking) 효과의 능동적 제어:** 비슷한 주파수대를 가진 두 소리가 충돌하면 하나가 다른 하나를 가리는 현상이 발생합니다. 이를 기술적으로 해결하기 위해 대사 신호가 들어올 때만 배경음의 특정 대역을 순간적으로 압축하는 '다이내믹 EQ'나 '사이드체인(Side-chain)' 기법을 활용합니다. 이러한 정교한 제어는 청각적 혼란을 제거하고 시청자의 귀를 편안하게 만듭니다.

3. 공간의 연속성과 앰비언스(Ambience) 설계

시청자는 시각적 전환보다 사운드의 갑작스러운 변화에 훨씬 민감하게 반응합니다. 공간의 일관성을 유지하는 것은 영상의 신뢰도를 결정짓는 핵심 가이드라인입니다.

- **룸 톤(Room Tone)의 지속적 배치:** 장면이 바뀌더라도 배경에 깔리는 공기 소리는 끊기지 않아야 합니다. 편집된 컷 사이의 정적을 메워주는 룸 톤 트랙은 시청자에게 '우리는 여전히 같은 공간에 있다'는 무의식적 안도감을 제공하며, 파편화된 시각적 분절을 청각적으로 봉합하는 역할을 수행합니다.
- **잔향(Reverb)을 통한 질감의 통일:** 각기 다른 환경에서 생성된 소리들은 공간감이 서로 달라 화면에서 겉도는 느낌을 주기 쉽습니다. 이를 방지하기 위해 DAW 내에서 공유 버스(Shared Bus)를 생성하고 통일된 잔향 값을 적용합니다. 모든 요소가 동일한 물리적 공간 안에 있는 것처럼 질감을 통일할 때, 시청자는 비로소 영상의 공간에 완전히 몰입하게 됩니다.

4. 음압 표준 준수와 다이내믹 설계

기술적인 고품질이란 단순히 소리가 큰 것이 아니라 제작자가 의도한 크기의 차이가 선명하게 들리는 상태를 의미합니다.

- **전략적 다이내믹 레인지(Dynamic Range) 활용:** 시종일관 큰 소리는 청각적 피로를 유발합니다. 중요한 충격음을 돋보이게 하려면 그 직전의 소리를 의도적으로 비우거나 줄이는 '대비'의 설계가 필요합니다. 가장 작은 소리와 가장 큰 소리의 차이를 적절히 조절하여 영상의 긴장과 이완을 자유롭게 조절해야 합니다.
- **송출 플랫폼별 규격 최적화:** 유튜브(-14 LUFS), 방송 규격(-24 LKFS) 등 최종 송출 환경이 요구하는 음압 표준을 반드시 준수해야 합니다. 규격을 초과한 사운드는 플랫폼의 자동 알고리즘에 의해 강제로 압축되어 믹싱의 질감이 훼손되거나 반대로 너무 작은 소리는 시청자에게 전달되지 않을 위험이 큽니다.

5. AI 기술 활용의 투명성과 윤리적 관리

AI 사운드 기술을 활용할 때는 기술적 품질을 넘어 결과물의 신뢰성과 법적 안정성까지 고려하는 것이 프로페셔널의 자세입니다.

- **투명한 라벨링과 신뢰도 보호:** 글로벌 플랫폼 가이드라인에 따라 AI 기술이 활용된 콘텐츠임을 명확히 인지할 수 있도록 관리해야 합니다. 이는 신뢰를 구축하는 기본 원칙일 뿐만 아니라 채널의 장기적인 안정성과 수익 구조를 보호하는 필수적인 경영 전략이 됩니다.

● **하이브리드 워크플로우의 지향:** 100% AI 결과물에만 의존하기보다는 인간 제작자의 감각적인 디렉팅과 DAW를 통한 정교한 엔지니어링 공정이 결합된 '하이브리드' 방식을 지향해야 합니다. 이러한 협업 방식은 단순히 기술을 사용하는 단계를 넘어, 독창성과 예술성이 결합된 최상의 결과물을 보장하게 됩니다.

핵심 포인트

● **사운드는 영상의 '보이지 않는 미장센' 입니다**
단순한 배경음을 넘어 공간의 부피와 질감을 결정짓는 설계 도구입니다. 정교하게 설계된 소리는 평면적인 영상에 입체감을 부여하고, 시청자가 화면 속 세계를 '실재'로 믿게 만드는 정서적 완성을 이끌어냅니다.

● **트랙 세분화는 관리를 위한 '지도' 입니다**
대사, 효과음, 음악을 독립적으로 분리하여 관리하는 시스템은 복잡한 제작 공정에서 제작자가 길을 잃지 않게 돕는 중요한 지표가 됩니다. 이는 단순한 정리를 넘어, 어떤 상황에서도 특정 소리에 즉각 접근할 수 있는 전략적 자산이 됩니다.

● **DAW 시스템은 '통제권' 의 상징입니다**
AI가 제공하는 무작위성의 재료에 휘둘리지 않고, 디렉터의 의도대로 사운드를 완벽히 장악하는 구조를 갖추는 것이 중요합니다. 이 통제권의 유무가 단순 편집자와 프로페셔널 디렉터를 가르는 결정적인 기준이 됩니다.

● **궁극적인 목적은 '전달력의 극대화' 입니다**
모든 기술적 가이드라인과 시스템 구축은 결국 제작자의 메시지를 시청자에게 왜곡 없이 선명하게 전달하기 위함입니다. 소리는 그 메시지를 가장 빠르고 깊숙하게 전달하는 최전선의 매개체임을 잊지 않아야 합니다.

MIDI로 나만의 사운드 설계하기

|

프로의 완성도로 치환하는 기술

'생성'에서 '재구성'으로

대부분의 사용자는 AI 음악 도구를 실행하는 순간 작업이 시작된다고 생각합니다. 화면을 열고 설정을 조정하거나 명령을 입력하는 과정은 단순한 수용을 넘어 창작자가 주도적으로 음악의 모든 요소를 통제하고 재구성하는 핵심적인 단계가 되어야 합니다. 기존의 음악 제작 환경에서 악기 구성과 편곡은 보컬만큼이나 수정이 까다로운 영역 중 하나였습니다. 일단 정해진 악기로 녹음이 진행되면 특정 악기의 톤을 바꾸거나 연주 패턴을 수정하기 위해 세션을 다시 섭외하고 처음부터 다시 녹음하는 막대한 비용과 시간이 소요되었기 때문입니다.

이러한 고정적인 제작 방식은 작업의 유연성을 떨어뜨리고, 창작자의 의도를 100% 반영하는 데 한계를 만들었습니다. 많은 경우 AI 음악은 '운 좋게 만들어진 결과물'에 만족해야 했으며, 세부적인 악기 질감이나 믹스 밸런스를 조정하는 것은 불가능한 영역으로 여겨졌습니다. AI가 생성해준 반주가 멜로디는 마음에 들지만 드럼의 음색이 너무 가볍거나 피아노의 연주 방식이 곡의 분위기와 미세하게 어긋날 때 창작자가 할 수 있는 일은 거의 없었습니다. 그저 '다시 생성' 버튼을 누르며 우연히 더 나은 결과가 나오기를 기다리는 것이 최선이었습니다.

하지만 이제 흐름이 바뀝니다. AI가 생성한 음악은 더 이상 수정 불가능한 통파일이 아닙니다. Suno에서 추출한 MIDI 데이터와 개별 오디오 트랙을 활용하면, AI의 창의적인 아이디어를 '설계도' 삼아 창작자가 원하는 고품질 가상 악기로 모든 소리를 다시 입힐 수 있게 됩니다. 이는 단순히 소리를 보정하는 수준을 넘어 음악의 유전자를 추출하여 새로운 사운드를 입히는 혁신적인 작업 공정입니다.

결국 AI를 '완성 곡 제조기'가 아닌 '정교한 음악 설계도 제공자'로 활용하는 것입니다. 이 곤점을 받아들이는 순간, 음악 제작은 AI의 우연에 기대는 도박이 아니라 검증된 설계 위에서 쵀상의 재료(악기)를 골라 조립하는 안정적인 공정으로 변모합니다.

전통적 편곡의 장벽: '고정된 소리' 라는 한계

과거의 음악 제작에서 '편곡(Arrangement)'은 결코 되돌릴 수 없는 결단의 연속이었습니다. 베이스 기타의 톤을 결정하고 녹음을 마치면, 그 소리는 이미 트랙 위에 박제됩니다. 만약 믹싱 단계에서 베이스의 질감을 바꾸고 싶다면, 다시 악기를 세팅하고 연주자를 불러야 하는 물리적·경제적 비용이 발생합니다. 이러한 '비가역적 공정'은 창작자로 하여금 실험적인 시도보다는 안전한 선택을 하게 만들었습니다.

디지털 오디오 워크스테이션(DAW)의 발전으로 가상 악기(VSTi)가 보급되었음에도 불구하고, AI 생성 음악 환경에서는 여전히 이 문제가 반복되었습니다. AI가 만들어준 WAV 파일은 모든 악기가 하나로 뒤섞인 '완성품'의 형태로 제공되었기 때문입니다. 창작자는 AI가 제안한 멋진 리프(Riff)나 코드 진행이 마음에 들어도 그 안에 포함된 조악한 신디사이저 음색까지 함께 감수해야만 했습니다. 이처럼 소리가 고정되어 있다는 사실은 AI 음악이 전문가의 영역으로 들어오는 데 있어 가장 큰 진입장벽이었습니다.

MIDI와 Stem: 음악적 자산의 모듈화

이제 우리는 AI로부터 두 가지 핵심 열쇠를 얻어낼 수 있습니다. 바로 MIDI와 Stem입니다. 이 두 요소는 AI가 생성한 음악을 '해체'하고 '재조립'할 수 있게 만드는 최소 단위입니다.

1. MIDI (Musical Instrument Digital Interface): MIDI는 소리 자체가 아니라 '연주 정보'입니다. 어떤 음을, 얼마나 세게, 얼마나 길게 눌렀는지에 대한 기록입니다.

Suno에서 MIDI를 추출한다는 것은 AI가 고심해서 만든 멜로디와 화성 진행의 '뼈대'만을 가져오는다는 뜻입니다. 이 뼈대를 로직으로 가져오면, 우리는 그 위에 수백만 원을 호가하는 세계적인 오케스트라 샘플이나 빈티지 아날로그 신디사이저 소리를 입힐 수 있습니다. AI는 연주자로서의 아이디어를 제공하고, 창작자는 감독으로서 사운드의 품질을 결정하는 완벽한 분업이 가능해집니다.

2. Stem (분리된 오디오 트랙): Stem은 드럼, 베이스, 보컬 등 악기군별로 분리된 오디오 파일을 의미합니다. 통파일에서는 드럼 소리만 키우는 것이 불가능했지만, Stem 데이터가 있다면 이야기는 달라집니다. 드럼 트랙에만 강력한 컴프레서를 걸어 타격감을 살리거나 피아노 트랙에만 몽환적인 리버브를 적용하여 공간감을 연출할 수 있습니다. 이는 AI 음악에 '입체감'과 '깊이'를 부여하는 결정적인 과정입니다.

설계도로서의 AI, 그리고 창작자의 주권

AI를 '설계도 제공자'로 인식하는 것은 창작의 주권을 회복하는 일입니다. 기존에는 AI가 내놓은 결과물에 창작자가 맞춰야 했다면, 이제는 창작자가 세운 기준에 따라 AI의 결과물을 선별적으로 수용합니다.

예를 들어, Suno가 생성한 곡의 드럼 비트는 혁신적이지만 피아노 연주가 너무 단조롭다면 어떻게 해야 할까요? 이전에는 곡 전체를 버려야 했지만, 이제는 드럼의 Stem 데이터만 취하고 피아노는 MIDI 데이터를 수정하여 새로운 선율로 대체하면 됩니다. 음악의 각 요소를 부품처럼 다루는 '모듈식 사고'가 가능해지는 것입니다.

이러한 공정은 특히 상업 음악 시장에서 강력한 힘을 발휘합니다. 광고주나 클라이언트가 "음악의 분위기는 좋은데, 베이스 리듬만 좀 더 경쾌하게 바꿔줄 수 있나요?"라고 요청했을 때, 우리는 전체 곡을 다시 생성하며 기도하는 대신 로직 프로에서 해당 MIDI 노트 몇 개를 수정하는 것으로 단 몇 분 만에 대응할 수 있습니다.

결국 '재구성'의 기술은 AI라는 거대한 파도에 휩쓸리지 않고, 그 파도를 이용해 내가 원하는 목적지까지 항해하는 능력입니다. 우리는 AI의 창의성을 빌려오되, 최종적인 사운드의 질감과 감동의 디테일은 우리 자신의 손으로 완성하게 될 것입니다.

왜 MIDI와 Stem으로 분리해야 할까

처음 AI로 음악을 만들 때는 모든 악기가 어우러진 하나의 오디오 파일만으로도 충분히 놀랍습니다. 하지만 전문적인 작업으로 들어설수록 AI 특유의 뭉개진 음질이나 조절 불가능한 악기 밸런스는 창작의 의지를 꺾는 큰 장애물이 됩니다. 우리가 단순히 AI가 준 선물을 '수령'하는 단계를 넘어, 그것을 '가공'하여 프로의 영역으로 끌어올리기 위해서는 왜 이들을 분리해야만 하는지 그 명확한 이유를 이해해야 합니다.

사운드 퀄리티의 물리적 한계 극복

AI 생성 음원은 여러 악기가 실시간으로 합성되는 과정에서 필연적으로 주파수 간섭을 일으킵니다. 흔히 '디지털 아티팩트(Artifact)'라고 불리는 뭉개짐 현상은 드럼의 킥 소리와 베이스의 저역대가 충돌하거나 고역대의 하이햇 소리가 보컬의 치찰음과 뒤섞일 때 발생합니다. 통파일(WAV) 상태에서는 아무리 뛰어난 이퀄라이저(EQ)를 사용하더라도 이미 합쳐진 주파수들을 깨끗하게 발라낼 수 없습니다. 하지만 MIDI와 Stem으로 분리하는 순간, 사운드의 품질은 비약적으로 상승할 기회를 얻습니다.

● **MIDI의 경우:** AI가 생성한 조악한 신디사이저 소리를 버리고, 로직 프로가 제공하는 테라바이트급 고해상도 샘플 라이브러리를 직접 연결할 수 있습니다. 이는 마치 저해상도 사진을 보고 똑같은 구도로 초고화질 유화를 다시 그리는 것과 같습니다.

● **Stem의 경우:** 분리된 각 트랙은 고유의 '헤드룸(Headroom)'을 갖게 됩니다. 다른 악기의 방해 없이 드럼 트랙에만 강력한 리미터를 걸어 압도적인 음압을 만들거나 보컬 트랙의 특정 잡음만을 정밀하게 제거하는 작업이 가능해집니다.

편곡의 제약 해제: "선택적 수용"의 미학

"드럼 비트는 완벽한데, 피아노 반주가 너무 산만하다" 혹은 "기타 리프는 세련됐는데 베이스가 너무 단조롭다"는 상황은 AI 제작 과정에서 빈번하게 발생합니다. 통파일 환경에서는 이 중 하나가 마음에 들지 않으면 곡 전체를 포기해야 했습니다. 하지만 데이터를 분리하면 우리는 '선택적 수용'이라는 강력한 무기를 갖게 됩니다.

마음에 드는 드럼 비트는 Stem 파일로 그대로 살려두고, 마음에 들지 않는 피아노 라인은 MIDI 데이터만 가져와 DAW 내에서 노트를 직접 수정하거나 연주 스타일을 완전히 바꿀 수 있습니다. 이는 AI의 창의성을 빌려오되, 창작자가 최종적인 편곡의 주도권을 완벽하게 쥐는 과정입니다. AI는 이제 나에게 영감을 주는 '세션 연주자'가 되고, 나는 그 연주를 채택하거나 수정하는 '프로듀서'가 되는 것입니다.

믹싱의 불가능을 가능으로

전문적인 음악 제작에서 믹싱(Mixing)은 각 악기의 위치(Panning), 음량(Volume), 그리고 깊이감(Depth)을 설계하는 고도의 작업입니다. 통파일에서는 드럼의 볼륨을 키우고 싶을 때 전체 볼륨을 키울 수밖에 없으므로, 결과적으로 다른 악기들까지 함께 커져 믹스 밸런스가 무너지게 됩니다.

MIDI와 Stem 분리는 믹싱의 전제 조건입니다.
1. **공간감의 독립적 제어**: 보컬에는 깊은 리버브를 주어 몽환적인 분위기를 내면서도 드럼은 리버브 없이 건조하게 유지하여 타격감을 살릴 수 있습니다.
2. **다이내믹의 정밀 조절**: 베이스 기타 트랙에만 사이드체인(Side-chain) 효과를 걸어 킥 드럼이 나올 때마다 베이스 볼륨이 살짝 줄어들게 만드는 등, 프로 수준의 역동적인 사운드 디자인이 가능해집니다.
3. **악기 배치(Panning)**: 피아노는 왼쪽, 기타는 오른쪽으로 배치하여 스테레오 이미지를 넓히는 작업은 오직 분리된 트랙이 있을 때만 가능합니다.

지속 가능한 창작 자산: 데이터의 모듈화

마지막으로, 분리의 이유는 '재사용성'에 있습니다. 하나의 곡을 만들기 위해 생성된 수많은 데이터 중에는 그 곡에는 쓰이지 않더라도 나중에 다른 곡에서 보석처럼 쓰일 수 있는 소스들이 많습니다.

Suno에서 추출한 독특한 드럼 MIDI 패턴을 나만의 '비트 라이브러리'에 저장해 두었다고 가정해 봅니다. 몇 달 뒤 새로운 곡을 작업할 때, 예전에 저장해 둔 그 비트를 꺼내어 새로운 가상 악기에 연결하는 것만으로도 작업 시간을 획기적으로 단축할 수 있습니다. 데이터를 분리하여 관리하는 습관은 시간이 흐를수록 나만의 강력한 '사운드 무기고'를 구축하는 과정이 됩니다.

결국 MIDI와 Stem으로 데이터를 분리하는 행위는 AI가 던져준 '우연의 결과물'을 창작자의 의도가 담긴 '필연의 자산'으로 변환하는 필수적인 의식입니다. 이 과정을 거치지 않은 AI 음악은 단순한 복제품에 머물지만, 이 과정을 거친 음악은 비로소 제작자의 이름이 새겨진 독창적인 작품으로 거듭나게 됩니다. 이제 우리는 이 분리된 재료들을 DAW라는 조리대 위에서 어떻게 요리할지, 그 구체적인 방법론으로 나아갈 준비가 되었습니다.

실무적 관점: 데이터의 자산화와 모듈화

생성된 데이터를 MIDI와 Stem으로 관리하기 시작하면, 음악은 더 이상 수정 불가능한 하나의 덩어리가 아니라 언제든 재조립 가능한 '조립식 모듈'이 됩니다. 이는 단순히 작업이 편해지는 것을 넘어 창작자의 작업 방식과 수익 모델을 완전히 바꾸어 놓는 실무적 혁신을 가져옵니다.

1. 무한한 확장성: 나만의 '사운드 무기고' 구축

기존의 음악 제작 방식에서 특정 곡을 위해 만들어진 드럼 루프나 베이스 라인은 대개 그 곡 안에서 수명을 다했습니다. 하지만 Suno에서 추출한 MIDI 데이터는 영구적인 디지털 자산이 됩니다.

예를 들어, 이번 프로젝트에서 생성된 독특한 리듬의 하이햇 MIDI 패턴이 매우 만족스럽다면, 이를 별도의 라이브러리에 저장해 둘 수 있습니다. 몇 달 뒤 전혀 다른 장르의 곡을 작업할 때, 저장해 둔 그 하이햇 패턴을 불러와 새로운 신디사이저 음색을 입히는 것만으로도 순식간에 세련된 그루브를 만들어낼 수 있습니다. 시간이 쌓일수록 창작자는 AI가 제안했던 수만 가지 아이디어 중 정수만을 뽑아낸 자신만의 강력한 '사운드 무기고'를 갖게 됩니다. 이는 매번 빈 화면에서 시작해야 하는 공포를 없애고, 검증된 자산 위에서 창작을 시작하게 만드는 자산이 됩니다.

2. 신속한 수정 대응: 클라이언트 피드백의 공포에서 벗어나기

상업 음악 현장에서 가장 고통스러운 순간은 모든 믹싱이 끝난 후 들어오는 수정 요청입니다. "전체적으로 좋은데, 베이스 기타 소리만 좀 더 현대적인 느낌으로 바꿔줄 수 있나요?"라는 요청을 받았다고 가정하면, 통파일로 작업했다면 곡 전체를 다시 생성하거나 부자연스러운 이퀄라이징으로 소리를 왜곡시켜야 합니다.

하지만 MIDI 기반으로 악기를 재구성해 두었다면 이야기는 달라집니다. DAW에서 베이스 트랙의 가상 악기 프리셋을 클릭 몇 번으로 교체하기만 하면 됩니다. 악보(MIDI)는 그대로 둔 채 소리(Instrument)만 바꾸는 것이기에 곡의 구조를 해치지 않으면서도 클라이언트의 요구에 즉각적으로 대응할 수 있습니다. 이러한 유연성은 창작자의 전문성을 높여줄 뿐만 아니라 수정 작업에 드는 물리적 시간을 획기적으로 단축해 프로젝트의 수익성을 극대화합니다.

3. 브랜드 정체성 확립: 사운드 톤앤매너의 일관성

프로페셔널한 프로듀서나 아티스트에게 가장 중요한 것은 '자신만의 소리'를 갖는 것입니다. AI가 만들어주는 무작위적인 소리에만 의존한다면 아티스트 고유의 색깔을 유지하기 어렵습니다.

데이터를 모듈화하여 관리하면, 자신만의 '그니처 악기 세트'를 구축할 수 있습니다. Suno를 통해 얻은 신선한 MIDI 멜로디에 항상 자신이 즐겨 쓰는 특정 빈티지 피아노 가상 악기와 커스텀 리버브 설정을 적용한다고 가정하면, 어떤 곡을 만들더라도 결과물에서는 일관된 톤앤매너가 느껴지게 됩니다. AI의 창의적인 멜로디 라인과 제작자의 고유한 사운드 질감이 결합될 때, 비로소 '누가 만든 음악인지'가 명확히 드러나는 독창적인 브랜드 정체성이 형성됩니다.

4. 협업의 효율성 극대화

현대 음악 제작은 종종 팀 단위로 이루어집니다. 통파일 공유는 협업의 한계가 명확하지만, Stem과 MIDI 데이터 공유는 진정한 협업을 가능하게 합니다.

내가 Suno로 기초 설계를 하고 MIDI 데이터를 추출해 동료에게 보내면, 동료는 자신의 로직 프로 환경에서 그 MIDI에 자신이 선호하는 악기를 입혀 편곡을 발전시킬 수 있습니다. 혹은 내가 분리해둔 드럼 Stem 위에 동료가 직접 실제 기타 연주를 녹음해 얹을 수도 있습니다. 데이터가 모듈화되어 있다는 것은 다른 창작자나 전문가의 기술이 개입할 수 있는 '연결 고리'가 존재한다는 뜻이며, 이는 곧 결과물의 완성도를 높이는 다학제적 접근으로 이어집니다.

결론: 주도권을 쥔 창작자의 탄생

결국 MIDI와 Stem을 활용한 재구성 전략은 창작자를 AI의 조수에서 '총괄 프로듀서'의 위치로 격상시킵니다. AI가 던져주는 원석(Raw Data)을 그대로 팔기보다는 그것을 정교하게 세공하여 가치 있는 보석(Digital Asset)으로 만드는 능력이 미래 창작자의 핵심 역량이 될 것입니다.

Project

AI 설계도를 활용한 프로페셔널 악기 재구성

이번 프로젝트의 목적은 Suno가 제안한 음악적 구조를 로직 프로의 엔진과 결합하여 고품질의 상업 음원으로 치환하는 공정을 익히는 것입니다. AI를 단순히 곡을 만드는 도구가 아니라 정교한 음악 설계도를 제공하는 가상 세션으로 활용하는 것이 이번 실습의 핵심입니다. 우선 Suno의 상세 메뉴에서 'Get Stems/MIDI' 기능을 통해 악기별 오디오 파일과 연주 정보가 담긴 MIDI 파일을 확보하는 것으로 시작합니다. 추출된 데이터를 로직 프로로 가져온 뒤에는 프로젝트 템포를 원곡과 일치시키는 정밀 동기화 작업을 거칩니다. 이후 AI의 기본 음색을 로직의 고해상도 가상 악기로 교체하여 사운드의 질감을 프로 수준으로 격상시킵니다. 마지막으로 분리된 각 오디오 트랙에 EQ와 컴프레서 등 이펙팅을 적용하고, 입체적인 스테레오 이미지를 구축하여 최종 결과물을 완성합니다.

01 스템 분리

01 워크스페이스에서 원하는 곡을 마우스 오른쪽 버튼으로 클릭하면 열리는 단축 메뉴에서 Get Stems/MIDI를 선택합니다.

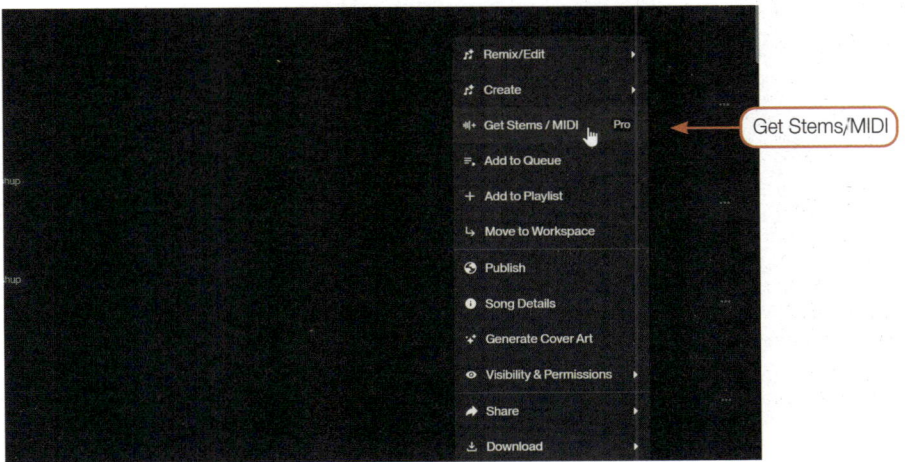

02 스템 분리 방법을 선택할 수 있는 Extract Stems 창이 열립니다. All Detected Stems 는 악기별로 분리하고, Vocal+Instrumental은 보컬과 반주만 분리하는 옵션입니다.

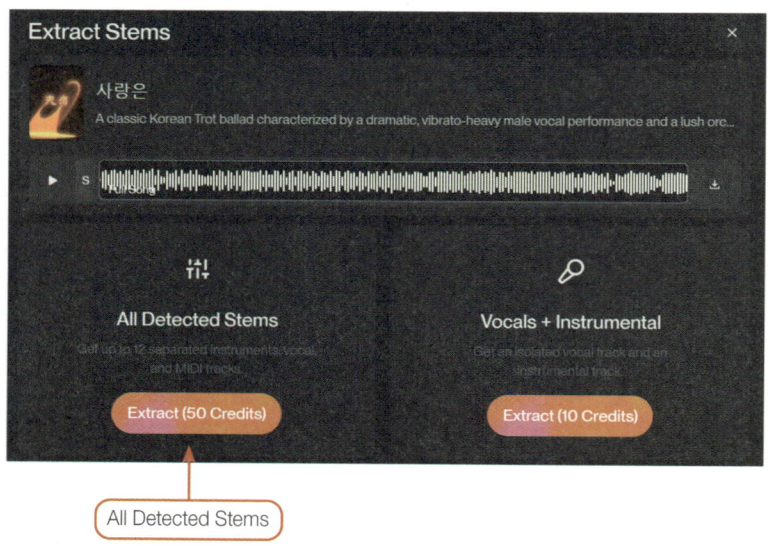

All Detected Stems

03 각 트랙별로 솔로(S)와 뮤트(M) 버튼을 제공하며, 2개의 버전으로 분리를 해줍니다. Detected Stems의 재생 버튼을 클릭하여 스템별로 마음에 드는 버전을 선택하여 미디 또는 오디오 파일로 다운 받을 수 있습니다.

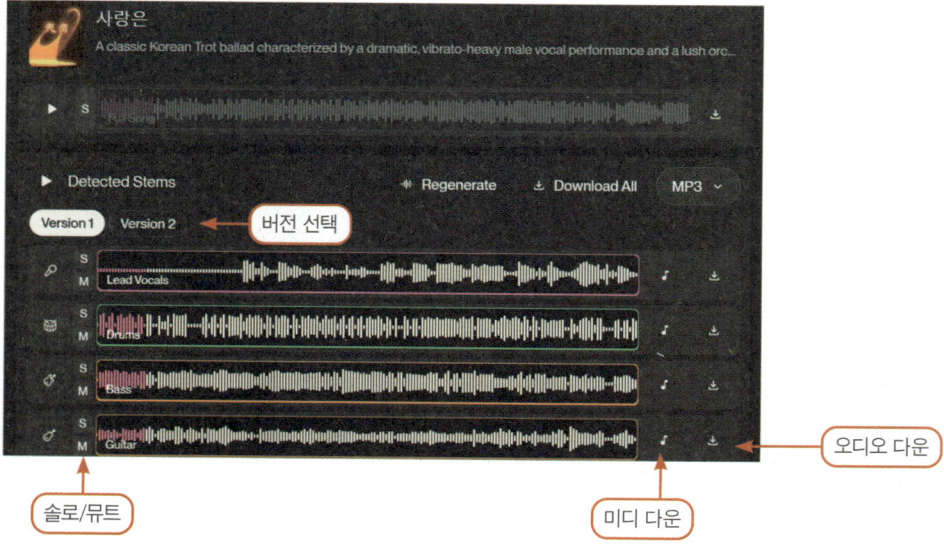

버전 선택

오디오 다운

솔로/뮤트

미디 다운

04 분리된 상태가 마음에 들지 않으면 Regenerate 버튼을 클릭하여 다시 시도할 수 있습니다. 그러면 새로운 2개의 버전이 추가되어 선택할 수 있는 폭이 넓어집니다.

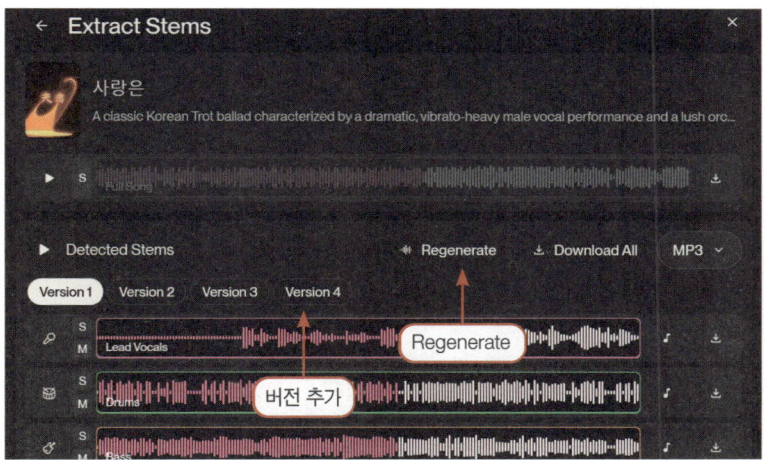

05 Download All 버튼을 클릭하면 모든 스템을 한 번에 다운로드할 수 있으며, 파일 포맷은 오른쪽 메뉴에서 선택할 수 있습니다. 버전별로 원하는 스템을 개별적으로 다운로드하거나 WAV+MIDI Files를 선택하여 오디오와 MIDI 파일을 함께 다운로드 합니다.

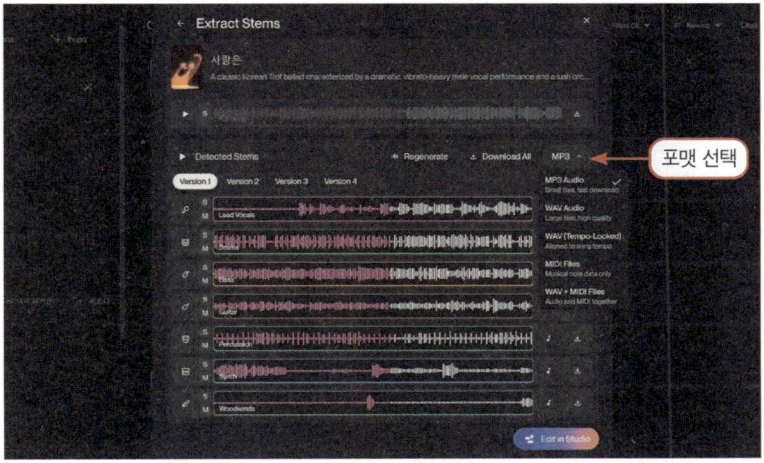

02 악기 변경

01   Logic Pro에서 빈 프로젝트를 만들고, 템포 항목을 클릭하여 '템포 - 프로젝트 템포 조정' 으로 변경합니다. 그리고 Suno에서 다운 받은 오디오와 미디 파일을 프로젝트 창으로 드래그하여 가져다 놓습니다.

02   MIDI 파일을 가져올 때 템포 정보를 가져올 것인지 묻는 창이 표시되면, 템포 가져오 기를 선택합니다.

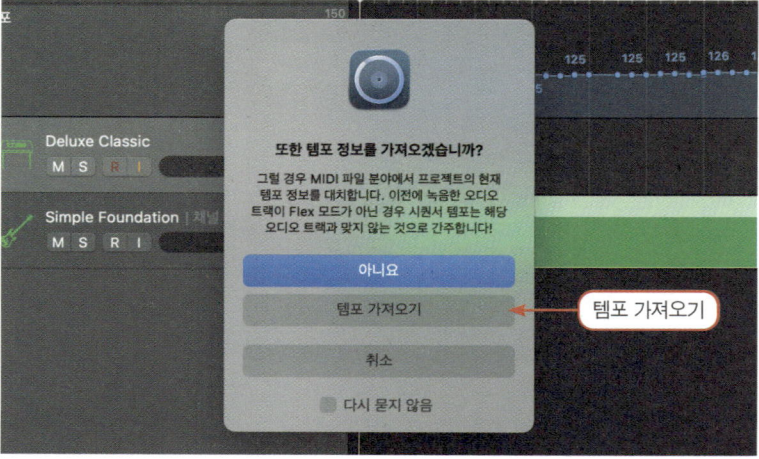

03 오디오 파일을 가져올 때 새로운 트랙 생성을 선택하여 모든 스템이 각각의 트랙으로 생성되도록 합니다. 선택한 모든 파일은 하나의 프로젝트에 포함된 스템이므로, 옵션을 체크하여 스마트 템포 멀티트랙 세트가 생성되도록 합니다

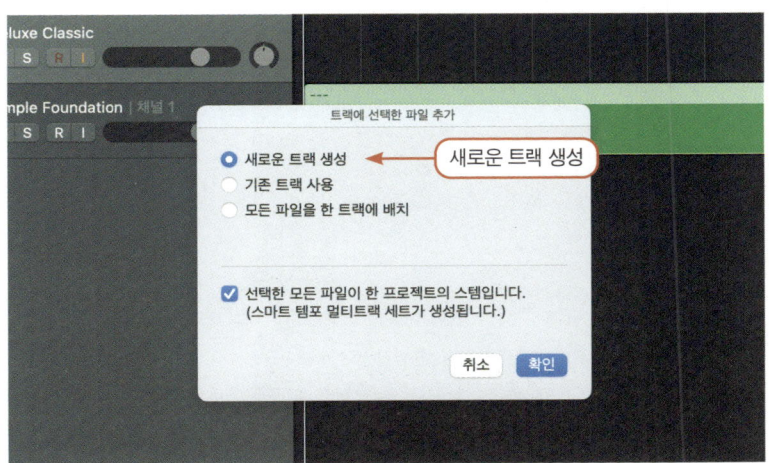

04 오디오 트랙을 솔로로 재생하여 확인한 후, 사용할 트랙과 제외할 트랙을 결정합니다. 제외할 트랙은 뮤트 하거나 마우스 오른쪽 버튼을 클릭하면 열리는 단축 메뉴에서 트랙 삭제를 선택하여 제거합니다. 트랙은 Command 키를 누른 상태에서 두 개 이상 동시에 선택할 수 있으며, 한 번에 삭제할 수 있습니다.

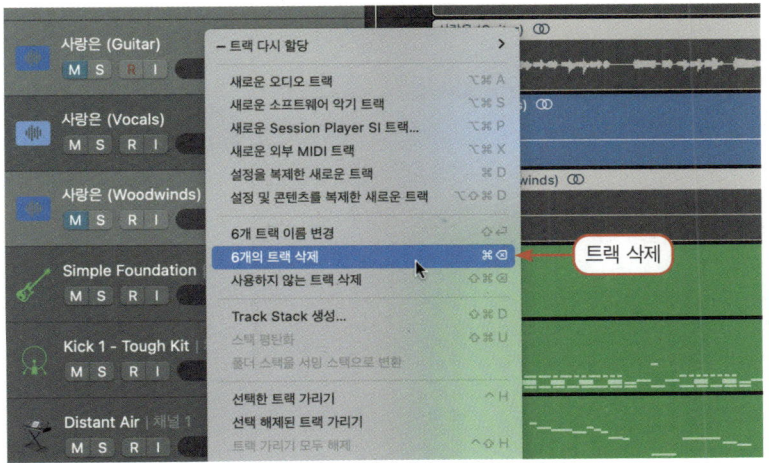

05 리전 색상은 악기별로 구분해 두면 작업 효율을 높일 수 있습니다. 마우스 오른쪽 버튼을 클릭하여 단축 메뉴를 열고, 이름 및 색상에서 색상 보기/가리기를 선택합니다.

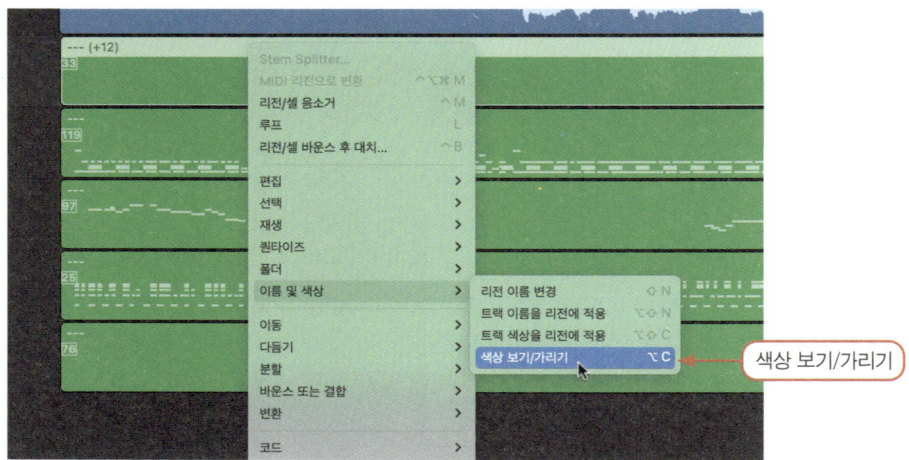

06 색상 팔레트가 열립니다. 리전을 선택한 후 원하는 색상을 지정할 수 있습니다. 악기별로 색상을 구분해 두면 작업 시간을 단축할 수 있으므로, 자신만의 색상 규칙을 정해 사용하는 것이 좋습니다.

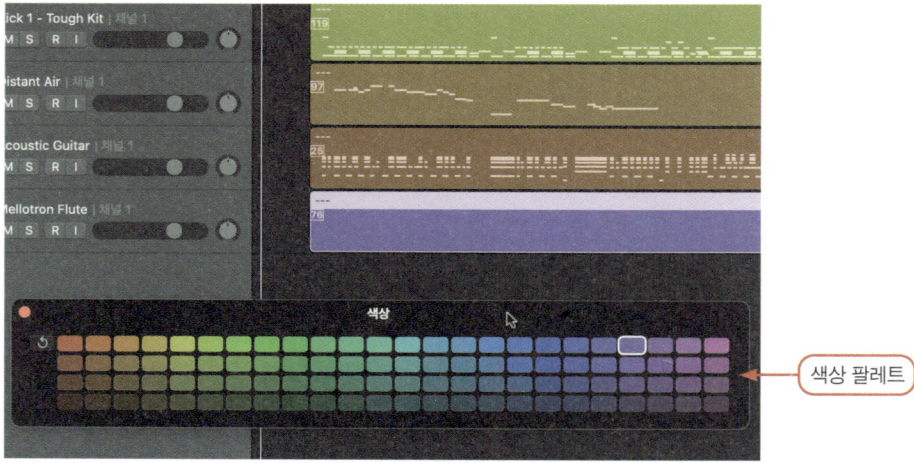

07 드럼 트랙은 오디오보다 MIDI로 작업하는 것이 편집과 사운드 제어에 더 유리합니다. 드럼 리전을 마우스 오른쪽 버튼으로 클릭하여 단축 메뉴를 열고, 변환의 노트 피치로 분리를 선택합니다.

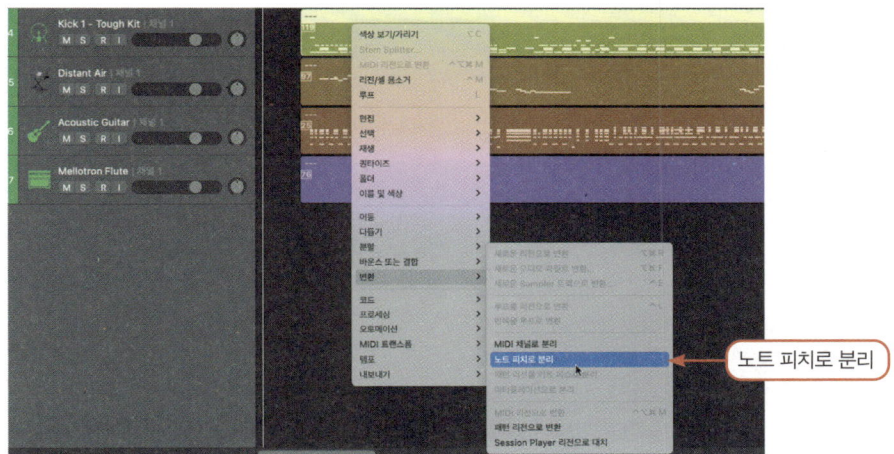

노트 피치로 분리

08 Kick, Snare 등 드럼 사운드가 노트별로 분리됩니다. 트랙 영역에서 마우스 오른쪽 버튼을 클릭하여 단축 메뉴를 열고, Track Stack 생성을 선택합니다.

Track Stack 생성

09 노트별로 분리된 드럼 트랙을 서브 트랙으로 묶을 수 있는 유형 선택 창이 표시됩니다. 서밍 스택을 선택하여 생성합니다.

10 라이브러리 패널에서 Acoustic Drums 또는 Electronic Drums 카테고리로 이동한 후, Multi-Channel Kits를 선택합니다. 곡을 재생한 상태에서 드럼 키트를 변경하며, 원하는 음색을 선택합니다

11 드럼 킷을 변경할 때 Track Stack을 대체할 것인지 묻는 메시지가 표시됩니다. 확인을 클릭하면 드럼 트랙 구조가 새 킷에 맞게 업데이트됩니다.

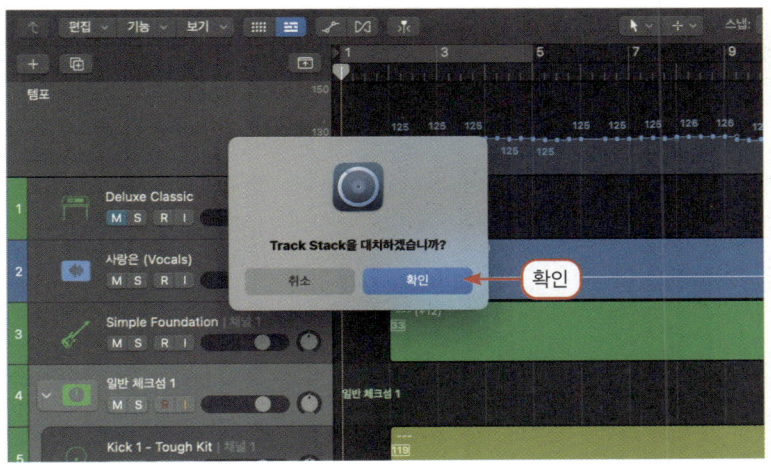

12 라이브러리 패널의 드럼 이미지를 클릭하거나 채널 스트립의 악기 슬롯을 클릭하면, 세부 설정이 가능한 드럼 악기 창을 열 수 있습니다.

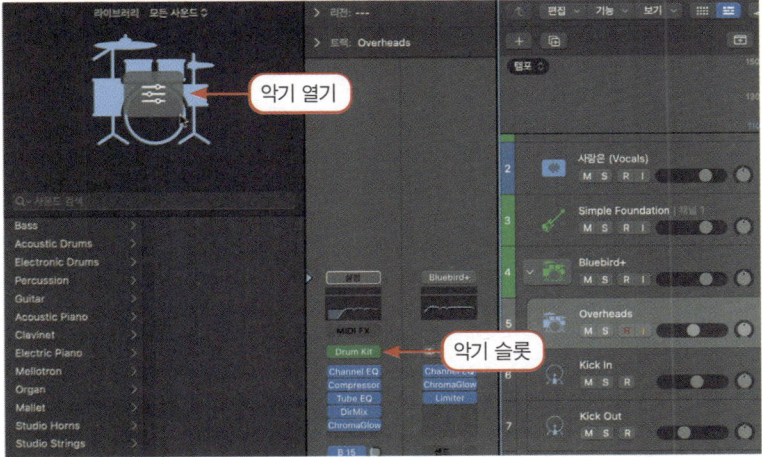

13 패널에 표시된 드럼 피스를 선택하면, 교환 가능한 악기 목록이 왼쪽에 표시되며 원하는 음색으로 빠르게 변경할 수 있습니다.

오른쪽에는 선택한 키트 피스의 음색을 조정할 수 있는 Edit 패널이 표시됩니다.

- Tune: 선택한 키트 피스의 피치를 조정합니다.
- Dampen: 선택한 키트 피스의 서스테인을 조정합니다.
- Gain: 선택한 키트 피스의 볼륨을 조정합니다.
- Leak: 선택한 피스의 사운드를 다른 키트 피스의 마이크 신호에 포함시킵니다.
- Overheads: 사운드에 드럼 키트의 오버헤드 마이크 신호를 추가합니다.
- Room: Room A 또는 Room B를 선택하거나 룸 에뮬레이션을 비활성화합니다.

하단의 펼침 화살표를 클릭하여 추가 파라미터를 표시할 수 있습니다.

- Input Mapping: 키보드 및 컨트롤러 매핑 방식을 선택할 수 있습니다. 이 설정은 하이햇 제어 방식뿐만 아니라 MIDI 음 범위에서 각 드럼 사운드가 할당되는 방식에도 영향을 줍니다.

  GM: 드럼 사운드가 일반적인 GM(General MIDI) 표준에 따라 매핑됩니다.

  GM+Mod Wheel controls HiHat opening Degree: 키보드의 Mod Wheel로 하이햇 열림 정도를 제어할 수 있습니다.

  V-Drum: V-Drum 하이햇, 심벌즈 및 드럼 트리거와 호환되도록 매핑됩니다.

- Gain: 키트에 포함된 개별 퍼커션 사운드의 레벨을 조정할 수 있습니다.

14 악기나 음색을 변경하면 프로젝트의 전체적인 다이나믹스와 밸런스도 함께 달라질 수 있습니다. X 키를 눌러 믹서를 열고 각 트랙의 볼륨을 조정하여 원하는 사운드 밸런스를 맞춥니다.

15 미디 리전을 더블 클릭하면 연주 데이터를 편집할 수 있는 피아노 롤 창이 열립니다. Suno에서 만든 음악을 MIDI 파일로 다운로드하면 단순한 음색 변경은 물론, 멜로디와 리듬도 사용자가 원하는 대로 자유롭게 수정할 수 있습니다.

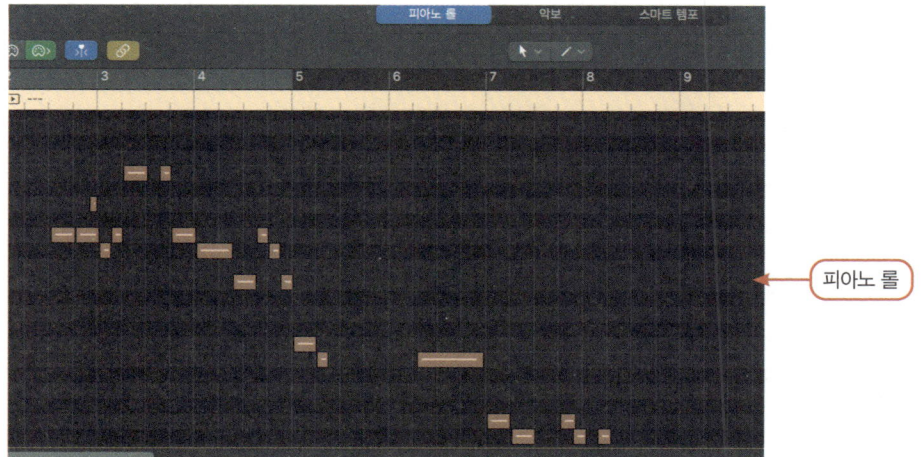

흔히 발생하는 문제와 관점의 전환

MIDI 기반 재구성 작업을 처음 접한 사용자가 겪는 가장 큰 어려움은 기술적인 복잡성에 있지 않습니다. 오히려 진입 장벽의 본질은 사고방식의 충돌에서 시작됩니다. 많은 사용자는 이미 오랜 시간 동안 오디오 중심 제작 환경에 익숙해져 있습니다. 즉, 소리는 녹음되면 고정되고, 악기는 선택되는 순간 확정되며, 편곡은 되돌릴 수 없는 결정의 연속이라는 전제를 자연스럽게 받아들여 왔습니다.

이러한 인식 구조는 MIDI 환경에 진입하는 순간 근본적인 혼란을 만들어냅니다. 눈앞에는 분명 피아노 트랙이 존재하지만, 그 트랙은 실제 피아노 소리를 담고 있지 않습니다. 지금 들리는 사운드는 언제든 다른 악기로 교체될 수 있으며, 연주는 그대로 유지된 채 해석만 바뀔 수 있습니다. 기존 제작 논리로는 쉽게 이해되지 않는 이 개념은 많은 사용자에게 직관적인 불안감을 유발합니다.

우리는 오랫동안 '소리'를 결과물로 인식해 왔습니다. 그러나 MIDI 환경에서는 결과물이 아니라 구조가 중심이 됩니다.

MIDI는 음향 데이터가 아니라 연주 데이터입니다. 그것은 소리의 기록이 아니라 소리를 만들어낼 수 있는 조건의 집합입니다. 어떤 음이 언제 재생되었는지, 얼마나 강하게 눌렸는지, 얼마나 길게 유지되었는지에 대한 정보만 존재할 뿐, 실제 음색은 포함되어 있지 않습니다. 이 단순하지만 결정적인 차이를 체감하지 못한 채 작업을 시작하면 제작 과정 전체가 어색하게 느껴질 수밖에 없습니다.

초기 사용자에게 흔히 나타나는 반응 중 하나는 "왜 이렇게 비현실적으로 느껴질까"라는 질문입니다. 이는 MIDI의 기술적 특성이 낯설어서가 아니라 제작자가 그동안 구축해 온 인식 체계가 오디오 중심 구조에 최적화되어 있었기 때문입니다. 악기 선택은 곧 소리의 확정이라는 오래된 전제가 여전히 작동하고 있는 것입니다.

그러나 MIDI 환경에서는 악기조차 임시 상태에 가깝습니다.

피아노, 기타, 스트링, 신디사이저는 더 이상 절대적인 선택지가 아닙니다. 그것들은 동일한 구조를 다양한 방식으로 해석하는 표현 수단일 뿐입니다. 동일한 멜로디라도 어떤 악기로 재생하느냐에 따라 음악의 감정적 인상은 완전히 달라집니다. 중요한 사실은 이 변화가 작곡의 변경이 아니라 해석의 변경이라는 점입니다. 음악의 정체성은 음색이 아니라 구조에 깊게 각인되어 있기 때문입니다.

이 지점에서 필수적인 관점 전환이 요구됩니다.
우리는 더 이상 "어떤 소리를 사용할 것인가"를 먼저 고민하지 않습니다. 대신 "어떤 구조를 유지하고 무엇을 변화시킬 것인가"를 우선적으로 판단합니다. 제작의 중심축이 음향 선택에서 구조 설계로 이동하는 순간, 작업의 성격 자체가 완전히 달라지게 됩니다. 이는 단순한 워크플로우 변화가 아니라 창작 논리의 재정의에 가깝습니다.

또한 많은 사용자가 겪는 또 다른 혼란은 '완성도에 대한 착각'에서 비롯됩니다. AI가 생성한 오디오 파일은 이미 하나의 완성품처럼 들립니다. 따라서 사용자는 이를 수정하기 어려운 고정된 결과물로 인식하는 경향이 있습니다. 그러나 MIDI와 Stem 데이터를 확보하는 순간, 이 전제는 무너지게 됩니다. 음악은 더 이상 단일 파일이 아니라 분해 가능한 구조로 재인식됩니다.

AI가 제공한 것은 완성된 음악이 아니라 설계된 가능성입니다.
이 관점을 받아들이는 순간, 제작자의 역할 역시 재정의됩니다. 우리는 AI 결과물을 소비하거나 평가하는 위치에 머무르지 않습니다. 대신 구조를 선별하고 재조합하며, 필요에 따라 해석을 변경하는 감독의 위치로 이동합니다. 이는 창작자의 통제력을 제한하는 기술이 아니라, 통제 범위를 극단적으로 확장하는 시스템입니다.

MIDI 기반 작업에서 중요한 것은 더 좋은 소리를 찾는 능력이 아닙니다.
그보다 핵심적인 역량은 구조를 읽고 판단하는 능력입니다. 어떤 패턴이 음악의 성격을 규정하는지, 어떤 요소가 에너지를 형성하는지, 무엇을 유지하고 무엇을 교체해야 하는지를 구분하는 사고가 제작의 중심이 됩니다. 동일한 데이터 위에서 무수한 변형이 가능해지는 이유는 바로 이 구조적 독립성에 존재합니다.

결국 MIDI 환경에서 발생하는 대부분의 혼란은 기술 부족의 문제가 아닙니다. 그것은 제작자가 기존에 당연하게 여겨왔던 전제들이 더 이상 유효하지 않다는 사실에서 비롯되는 인식 전환의 마찰입니다. 소리는 고정되지 않으며, 악기는 확정되지 않고, 편곡은 언제든 되돌릴 수 있는 상태로 존재합니다.

이 새로운 제작 질서를 받아들이는 순간, 음악 제작의 본질 또한 달라지게 됩니다.
우리는 더 이상 소리를 다루는 사람이 아니라 구조를 설계하는 사람이 됩니다. AI는 결과물을 제공하는 시스템이 아니라 구조적 아이디어를 제안하는 협업 도구로 기능합니다. 창작자는 선택과 편집을 통해 음악의 정체성을 완성하며, 제작의 주도권은 다시 인간의 판단 영역으로 회귀합니다.

MIDI 기반 재구성은 결국 기술적 기능이 아니라 제작 관점을 재편성하는 사고 체계의 변화입니다. 이 관점 전환이 이루어지는 순간, AI 음악은 예측 불가능한 생성물이 아니라 통제 가능한 창작 자산으로 재해석되기 시작합니다.

재구성이 만들어내는 실제 변화

MIDI 기반 재구성 작업의 가치는 단순히 사운드를 교체하거나 음질을 개선하는 기술적 편의성에 있지 않습니다. 그보다 훨씬 본질적인 변화는 음악 제작의 권한 구조가 근본적으로 재편성된다는 점에 있습니다. 창작자는 더 이상 결과를 선택하는 입장이 아니라 결과를 설계하고 조정하는 위치로 이동하게 됩니다.

AI가 생성한 음악을 오디오 파일로만 다루던 환경에서는 창작자가 개입할 수 있는 영역이 극도로 제한되어 있었습니다. 이미 하나로 합쳐진 사운드는 수정이 어렵고, 특정 요소에 대한 조정은 전체 균형을 무너뜨리는 부작용을 동반했습니다. 결과적으로 제작 과정은 '만족스러운 결과를 얻기 위한 반복 생성'에 의존하게 되었으며, 이는 작업의 통제력을 시스템 외부로 밀어내는 구조를 형성했습니다.

그러나 MIDI와 Stem 데이터가 확보되는 순간, 음악은 완전히 다른 존재로 재정의됩니다.
이제 음악은 고정된 음향 결과물이 아니라 독립적으로 조정 가능한 구성 요소들의 집합으로 인식됩니다. 멜로디, 화성, 리듬, 악기, 다이내믹은 더 이상 하나의 덩어리로 묶여 있지 않습니다. 각각의 요소는 서로 다른 층위에서 작동하며, 제작자는 특정 영역에만 선택적으로 개입할 수 있는 권한을 확보하게 됩니다.

이 변화가 가지는 가장 큰 의미는 수정의 가능성이 아니라 통제의 회복에 있습니다.
과거의 제작 환경에서는 사운드가 확정되는 순간 선택의 여지가 사라졌습니다. 악기가 결정되면 그 질감은 고정되었고, 연주가 녹음되면 구조는 되돌릴 수 없는 상태로 남았습니다. 그러나 MIDI 작업에서는 어떠한 결정도 절대적인 고정 상태로 존재하지 않습니다. 악기 선택은 언제든 교체 가능한 해석 단계에 머물며, 연주 구조는 실시간으로 재구성 가능한 변수로 유지됩니다.

이러한 제작 환경은 창작자에게 완전히 새로운 실험 방식을 제공합니다.
동일한 MIDI 데이터를 유지한 채 악기만 교체해 보면, 음악의 감정적 인상이 얼마나 쉽게 변화하는지를 즉각적으로 체감할 수 있습니다. 멜로디는 동일하지만, 음색이 달라지는 순간 곡의 정서적 방향성은 극적으로 이동합니다. 이는 음악의 핵심 정체성이 사운드 자체가 아니라 구조와 패턴에 깊게 각인되어 있음을 보여주는 직접적인 증거입니다.

동시에 작업 과정에서의 심리적 부담 역시 크게 감소합니다.
기존 제작 환경에서는 하나의 선택이 곧 되돌릴 수 없는 결정으로 작동했습니다. 따라서 제작자는 항상 신중한 판단을 강요받았으며, 실험은 시간과 비용의 리스크를 동반했습니다. 그러나 MIDI 환경에서는 대부분의 선택이 비가역적 결단이 아니라 가변적 설정에 가깝습니다. 창작자는 훨씬 자유롭게 시도하고, 비교하고, 되돌릴 수 있습니다. 이는 창작 과정에서 가장 강력한 제약 요소였던 실패 비용을 사실상 제거하는 효과를 만듭니다.

재구성 작업이 만들어내는 또 다른 결정적 변화는 작업 속도의 구조적 향상입니다.
문제가 발생했을 때 전체를 다시 만드는 방식은 더 이상 합리적인 선택이 아닙니다. 특정 악기의 질감이 어색하다면 해당 트랙만 교체하면 되고, 리듬의 에너지가 부족하다면 드럼 MIDI 구조만 수정하면 됩니다. 제작은 점점 전면적 재생산이 아닌 부분적 재설계 방식으로 이동하게 됩니다.

이 과정에서 음악 제작은 '생성 중심 산업'에서 '편집 중심 산업'으로 성격이 전환됩니다. AI는 무수한 가능성을 빠르게 제안하지만, 최종적인 완성도는 여전히 선택과 조정의 깊이에 의해 결정됩니다. 창작자의 핵심 역량은 새로운 소리를 만들어내는 능력보다 구조를 읽고 판단하는 능력으로 이동합니다. 어떤 데이터를 채택할 것인지, 무엇을 유지하고 무엇을 교체할 것인지에 대한 결정이 음악의 정체성을 규정하게 됩니다.

결국 MIDI 재구성은 단순한 제작 기술이 아니라 창작 권한의 재배치 과정입니다. AI는 더 이상 완성품을 제공하는 절대적 생성자가 아닙니다. 그것은 구조적 아이디어를 제안하는 협업 시스템으로 기능합니다. 창작자는 AI가 제시한 설계도를 해석하고 발전시키며, 최종적인 사운드와 감정의 디테일을 통제하는 감독의 역할을 수행하게 됩니다.

이러한 변화는 음악 제작의 결과뿐 아니라 제작자의 정체성까지 변화시킵니다. 우리는 더 이상 소리를 다루는 작업자가 아니라 구조를 설계하는 제작자로 이동합니다. 음악은 고정된 음향 결과물이 아니라 수정 가능하고 확장 가능한 시스템으로 재인식됩니다. 재구성은 보정 작업이 아니라 창작의 핵심 공정으로 자리 잡게 됩니다.

결국 재구성 작업의 본질은 음색의 변경이 아니라 제작 권한의 회복에 있습니다. AI가 생성한 음악은 출발점에 불과하며, 최종적인 작품의 성격은 창작자의 판단과 구조 설계에 의해 완성됩니다. 이 지점에서 음악 제작은 다시 인간 중심의 창작 행위로 귀환하게 됩니다.

실무에서 체감되는 변화

MIDI 기반 재구성 방식이 실제 제작 환경에서 가지는 영향은 단순히 작업이 편리해진다는 수준의 변화로 설명하기 어렵습니다. 실무에서 체감되는 가장 큰 차이는 음악 제작의 리스크 구조와 의사결정 방식 자체가 근본적으로 재편성된다는 점에 있습니다.

전통적인 오디오 중심 제작 환경에서는 대부분의 결과가 물리적 시간과 직접적으로 결합되어 있습니다. 특정 악기를 녹음하고, 특정 사운드를 확정 동일하게 사용하는 순간, 그 선택은 프로젝트의 고정 요소로 작동합니다. 이후 수정이 필요할 경우 단순한 조정이 아닌 재녹음, 재편곡,

재믹싱이라는 전면적 재작업이 요구됩니다. 이는 제작 일정의 불확실성을 증가시키며, 작업자는 항상 미래의 수정 가능성을 고려한 보수적인 결정을 내릴 수밖에 없는 구조에 놓이게 됩니다.

이러한 제작 환경에서는 실험이 곧 비용을 의미합니다.
새로운 시도를 위해서는 추가적인 녹음 시간, 사운드 디자인, 파일 관리, 버전 정리가 필요하며, 이는 곧 예산과 일정의 증가로 이어집니다. 결과적으로 제작자는 안정적인 선택을 반복하는 방향으로 수렴하게 되고, 창작 과정은 점점 보수적인 패턴을 강화하게 됩니다.

그러나 MIDI 중심 제작 환경에서는 이러한 제약 조건이 근본적으로 달라집니다.
연주 정보와 사운드가 분리되는 순간, 대부분의 결정은 가변적 상태로 유지됩니다. 악기 선택은 더 이상 되돌릴 수 없는 확정 단계가 아니라 언제든 수정 가능한 해석 단계로 존재합니다. 특정 사운드가 프로젝트 후반부에서 부적합하다고 판단되더라도 이는 전체 재작업이 아닌 부분 교체의 문제로 축소됩니다. 제작 과정에서 발생하던 구조적 긴장감이 현저히 감소하는 이유가 여기에 있습니다.

실무 관점에서 이 변화는 작업 안정성에 직접적인 영향을 미칩니다.
상업 음악 제작에서는 프로젝트 초기에 모든 요구 사항이 완전히 정의되는 경우가 거의 없습니다. 클라이언트, 감독, 기획자, 플랫폼 환경의 변화에 따라 음악의 방향성은 지속적으로 수정됩니다. 분위기, 템포, 악기 질감, 에너지 레벨, 장르적 성격까지 다양한 조정 요청이 발생하며, 이는 프로젝트 후반부에서도 빈번하게 제시됩니다.

오디오 중심 작업 방식에서는 이러한 수정이 곧 재작업을 의미합니다.
이미 렌더링되거나 녹음된 사운드는 구조적으로 고정되어 있기 때문에 특정 요소의 변경이 전체 균형에 영향을 미칩니다. 하나의 악기를 교체하기 위해 다수의 트랙을 다시 조정해야 하거나 특정 구간을 수정하기 위해 전체 믹스를 재구성해야 하는 상황이 발생합니다. 이는 작업 시간을 예측하기 어렵게 만들며, 프로젝트 관리의 복잡성을 증가시키는 주요 요인으로 작용합니다.
반면 MIDI 기반 프로젝트에서는 수정의 성격 자체가 달라집니다.

연주 구조가 독립적으로 존재하기 때문에 제작자는 특정 영역에만 선택적으로 개입할 수 있습니다. 리듬의 에너지가 부족하다면 드럼 패턴만 수정하면 되고, 곡의 정서가 맞지 않는다면 악기 질감만 교체하면 됩니다. 수정은 재제작이 아닌 재해석 과정으로 전환됩니다. 이는 작업 속도의 향상을 넘어 제작 과정의 예측 가능성을 극적으로 개선합니다.

작업 시간에 대한 인식 역시 중요한 변화를 겪게 됩니다.
과거의 제작 환경에서는 새로운 버전을 만드는 행위가 추가적인 생산 과정을 의미했습니다. 그러나 구조 데이터가 확보된 환경에서는 동일한 음악적 구조를 유지한 채 무수한 변형을 즉시 생성하고 비교할 수 있습니다. 제작자는 결과를 기다리는 입장이 아니라, 결과를 조합하고 선택하는 위치에 서게 됩니다.

이 차이는 일정 관리와 프로젝트 전략에 직접적인 영향을 미칩니다.
수정 요청은 더 이상 위기 상황이 아니라 일반적인 작업 흐름의 일부로 인식됩니다. 다양한 버전을 준비하는 과정이 별도의 추가 작업이 아닌 자연스러운 제작 공정으로 흡수됩니다. 이는 실무에서 가장 큰 스트레스 요인이었던 불확실성과 일정 압박을 구조적으로 완화하는 효과를 만듭니다.

협업 구조에서도 본질적인 변화가 발생합니다.
오디오 파일 중심 협업에서는 동일한 결과를 공유하기 위해 파일 버전 관리, 렌더링, 샘플레이트, 플러그인 환경, 시스템 호환성 등 다양한 기술적 조건이 요구됩니다. 반면 MIDI 데이터는 특정 음향 결과에 종속되지 않는 추상적 구조 정보이기 때문에, 서로 다른 제작 환경 간에도 높은 유연성을 유지합니다.

이는 협업의 초점을 기술적 호환성 문제에서 창작적 판단 영역으로 이동시킵니다.
참여자들은 더 이상 파일 충돌이나 시스템 차이 해결에 에너지를 소모하지 않고, 구조와 해석에 대한 논의에 집중할 수 있습니다. 제작 커뮤니케이션의 질이 변화하는 이유가 여기에 있습니다.

더 중요한 변화는 제작자의 심리적 위치에서 나타납니다.
오디오 중심 제작 환경에서는 하나의 선택이 곧 고정 결과로 이어지기 때문에 모든 결정이 부담을 동반합니다. 반면 MIDI 환경에서는 대부분의 선택이 가변적 상태로 유지됩니다.

수정 가능성은 제작자의 판단을 위축시키는 요인이 아니라 실험을 촉진하는 안전 장치로 작동합니다.

결과적으로 작업 방식은 점점 탐색 중심 구조로 이동합니다.
창작자는 최적의 결과를 한 번에 찾아야 하는 압박에서 벗어나 다양한 가능성을 비교하고 조정하는 방식으로 사고하게 됩니다. 제작 과정은 정답 탐색이 아닌 구조 설계로 재정의됩니다.

결국 실무에서 체감되는 변화의 핵심은 기술적 효율성에 있지 않습니다.
그 본질은 음악 제작이 불확실성과 비용 중심 구조에서 통제 가능하고 확장 가능한 설계 중심 구조로 이동한다는 점에 있습니다. MIDI 기반 재구성은 작업 속도를 높이는 도구가 아니라 제작 환경의 리스크 구조를 재설계하는 전략에 가깝습니다.

응용 연습

① 동일한 MIDI, 완전히 다른 곡 만들기

MIDI 기반 제작 환경이 제공하는 가장 강력한 가능성 중 하나는 구조와 사운드의 완전한 분리입니다. 동일한 연주 데이터를 유지한 채 음색과 악기 구성만 교체하더라도, 청자가 인식하는 음악의 정체성은 극적으로 변화할 수 있습니다. 이 연습의 목적은 바로 이 지점을 직접 체감하는 데 있습니다.

앞선 실습에서 확보한 MIDI 트랙 중 하나를 선택합니다. 멜로디, 코드, 베이스, 드럼 등 어떤 트랙이든 무방합니다. 여기서 중요한 원칙은 노트 데이터를 수정하지 않는 것입니다. 연주 구조는 그대로 둔 상태에서 오직 가상 악기만 교체합니다.

예를 들어, 피아노로 재생되던 MIDI 데이터를 패드 신디사이저로 변경해 봅니다. 동일한 음 배열과 리듬임에도 불구하고 곡의 정서적 인상은 즉각적으로 달라집니다. 어택이 분명한 건반 악기는 리듬감을 강조하는 반면, 느린 어택의 패드는 공간감과 분위기를 확장합니다. 구조는 변하지 않았지만 음악의 성격은 완전히 새롭게 해석됩니다.

다음 단계에서는 보다 극단적인 변화를 시도합니다. 베이스 MIDI 트랙을 선택하고 전혀 다른 계열의 사운드를 적용해 봅니다. 서브 베이스, 신스 베이스, 기타 베이스, 심지어 키보드 계열 악기까지 다양한 대체가 가능합니다. 이 과정에서의 핵심 관찰 포인트는 '무엇이 음악의 정체성을 결정하는가'에 대한 인식입니다.

많은 제작자는 멜로디나 코드 진행을 음악의 핵심 요소로 인식하지만, 실제 청취 경험에서는 음색과 질감이 훨씬 큰 영향을 미치는 경우가 많습니다. 동일한 구조가 전혀 다른 장르처럼 들리는 현상은 바로 이러한 이유에서 발생합니다.

이 연습이 전달하는 핵심 메시지는 명확합니다. MIDI 데이터는 음악의 결과물이 아니라 가능성의 집합입니다. 하나의 구조는 수십, 수백 가지의 사운드 해석으로 확장될 수 있으며, 제작자는 이를 자유롭게 탐색할 수 있습니다. 이는 기존 오디오 중심 제작 방식에서는 쉽게 경험하기 어려운 접근 방식입니다.

② 부분 교체를 통한 음악 재설계

전통적인 제작 환경에서는 특정 요소가 만족스럽지 않을 경우 곡 전체를 수정해야 하는 상황이 자주 발생합니다. 하지만 MIDI 기반 프로젝트에서는 구조의 일부만 선택적으로 재설계하는 접근이 가능합니다. 이 연습은 이러한 모듈식 제작 사고를 체득하기 위한 단계입니다.

프로젝트에서 하나의 악기 파트를 선택합니다. 이때 전체 변경이 아니라 명확한 수정 목적을 설정하는 것이 중요합니다. 예를 들어 다음과 같은 상황을 가정할 수 있습니다.

"곡의 분위기는 만족스럽지만 리듬 에너지가 부족하다."
이 경우 멜로디나 화성을 수정하는 대신 드럼 또는 퍼커션 MIDI 트랙에만 집중합니다. 기존 패턴을 재구성하거나 일부 노트를 재배치하여 그루브를 변화시킵니다. 중요한 점은 다른 요소를 동시에 변경하지 않는 것입니다.

구조의 특정 부분만 수정했음에도 곡 전체의 인상이 어떻게 변하는지를 관찰합니다. 리듬 변화는 청자의 에너지 인식, 속도감, 장르적 느낌에까지 광범위한 영향을 미칩니다. 이는 음악이 개별 요소들의 단순한 합이 아니라 상호작용 시스템임을 보여주는 대표적인 사례입니다.

반대로 다음과 같은 접근도 가능합니다.

"리듬은 완벽하지만 화성 진행이 단조롭게 느껴진다."

이 경우 코드 MIDI 트랙만 수정합니다. 동일한 멜로디 위에 다른 코드 진행을 적용하는 순간 음악의 감정 구조는 즉각적으로 변화합니다. 밝은 정서가 긴장감으로 전환되거나, 안정적 분위기가 보다 극적인 전개로 변화할 수 있습니다.

이 연습의 핵심은 수정 범위의 통제에 있습니다. 모든 요소를 동시에 변경하면 변화의 원인을 파악하기 어렵지만, 부분 교체 방식은 각 결정이 만들어내는 영향을 명확하게 인식하도록 돕습니다. 이는 실무 제작에서 매우 중요한 능력입니다.

실제 작업 환경에서는 제한된 시간 내에 특정 문제를 해결해야 하는 상황이 빈번하게 발생합니다. 전체 재작업 방식은 비효율적이며, 부분 수정 전략이 필수적으로 요구됩니다. MIDI 기반 제작 방식은 이러한 실무적 요구와 매우 높은 궁합을 갖습니다.

핵심 포인트

MIDI 기반 재구성 작업은 단순한 사운드 교체 기술이 아닙니다. 이는 음악 제작을 바라보는 관점 자체를 변화시키는 사고 도구에 가깝습니다.

첫째, 구조와 사운드는 독립적으로 다룰 수 있는 요소입니다. 동일한 연주 데이터는 다양한 음향적 해석으로 확장될 수 있으며, 제작자는 이를 자유롭게 탐색할 수 있습니다.

둘째, 수정은 재작업이 아니라 재설계 과정으로 이해해야 합니다. MIDI 환경에서는 대부분의 결정이 가변적 상태로 유지되므로, 음악은 언제든 새로운 방향으로 발전할 수 있습니다.

셋째, 제작 효율성의 본질은 속도가 아니라 통제력에 있습니다. 작업 과정의 예측 가능성과 수정 유연성은 실무 환경에서 중요한 경쟁력이 됩니다.

결국 MIDI 기반 제작 방식은 음악을 '완성된 결과물'이 아니라 '지속적으로 진화 가능한 구조 시스템'으로 인식하게 만듭니다. 이 관점을 받아들이는 순간, 창작 과정은 제한된 선택의 연속이 아니라 무한한 가능성 탐색의 영역으로 확장됩니다.

10 들리는 대로 쓰고 원하는 대로 얻기

AI 보컬을 위한 사운드 튜닝

텍스트는 언제부터 소리의 '족쇄'가 되었을까

1. 문법의 함정: 의미의 전달과 소리의 발현 사이

가사를 입력하는 행위는 단순히 문자를 기록하는 과정을 넘어 AI 보컬의 조음 기관과 발성 기제를 정교하게 설계하는 '사운드 튜닝'의 관점에서 접근해야 합니다. 기존의 음악 제작 환경에서 가사는 메시지를 전달하는 언어적 수단이자 문학적 텍스트로서의 역할에 충실했습니다. 작사가가 맞춤법과 통사 규칙에 따라 텍스트를 구성하여 전달하면, 인간 가창자는 해당 문맥을 파악하고 한국어 특유의 발음 경제성과 감정의 흐름에 따라 소리를 유연하게 변형하여 출력합니다. 즉, 인간에게 텍스트는 가창을 위한 '해석의 대상'일 뿐, 소리의 물리적 파형을 결정하는 '절대적인 명령값'은 아니었습니다.

이러한 가창 메커니즘은 뇌와 조음 기관의 유기적인 협응으로 가능합니다. 우리는 '꽃이'를 [꼬치]로 즉각 도출하며, 멜로디와 리듬에 맞춰 발음의 강약을 능동적으로 조절합니다. 실제 소리를 완성하는 과정은 텍스트라는 이정표를 넘어 가창자의 감각과 언어적 관습이 담당해 왔습니다. 결과적으로 인간 작사가와 가창자 사이에는 텍스트를 사운드로 치환해주는 '지능적 필터'가 상존해 왔던 것입니다.

2. 데이터가 된 언어: 사운드 알고리즘의 충돌

AI 음악 제작 환경으로 넘어오면서 텍스트의 위상은 완전히 반전됩니다. AI 모델에게 입력된 가사는 해석과 공감을 기다리는 추상적인 메시지가 아니라, 그대로 실행되어야 할 수치 데이터이자 연산의 근거가 됩니다. 여기서 발생하는 근본적인 괴리가 바로 '문법의 함정'입니다. 우리가 평생 교육받아온 표준 맞춤법은 인간의 시각적 소통과 정보 전달 효율성을 극대화하기 위해 최적화된 사회적 약속일 뿐, AI 보컬의 발성 알고리즘을 청각적으로 최적화하기 위해 설계된 기술적 값이 아니기 때문입니다.

우리가 표준이라고 믿는 정직한 표기법이 AI에게는 소리의 흐름을 방해하고 보컬의 유연성을 저해하는 보이지 않는 물리적인 '족쇄'로 작용하기 시작하는 지점이 여기입니다. AI 엔진은 텍스트를 의미의 층위에서 수용하기에 앞서 고정된 형태 데이터(Token)로 먼저 인식합니다. 그 결과 인간에게는 지극히 당연한 연음이나 비음화 현상이 AI에게는 해결해야 할 복잡한 데이터 충돌로 나타나며, 이는 곧 청각적 이질감과 브랜드 콘텐츠의 품질 저하로 직결됩니다.

3. 선형적 텍스트와 비선형적 사운드의 충돌

AI는 기본적으로 입력된 텍스트를 글자 단위 혹은 특정 토큰 단위로 인식하여 처리하려는 선형적(Linear) 성질을 보유합니다. 반면, 우리가 실제로 발화하거나 노래할 때 내뱉는 소리는 앞 글자의 종성과 뒷 글자의 초성이 결합하며 질감이 실시간으로 변하는 비선형적(Non-linear) 사운드입니다. 음성학적으로 소리는 앞뒤 음소의 물리적 간섭을 받아 끊임없이 변형되는 동적인 에너지를 가지지만, 데이터로서의 텍스트는 정지된 상태의 고정된 값을 유지하려 하기 때문에 본질적인 충돌이 발생합니다.

예를 들어, "국민"이라는 단어를 발음할 때 인간은 자연스럽게 비강을 울려 [궁민]으로 소리를 전이시킵니다. 하지만 AI 모델이 만약 '국'과 '민'을 물리적으로 분절하여 인식하도록 설계되어 있다면, 불필요하게 [ㄱ] 받침을 강하게 발음하려다 리듬의 흐름을 놓치거나 부자연스러운 기계적 잡음을 섞게 됩니다. 이처럼 문법적으로 완벽한 문장이 청각적으로는 불완전한 소음을 만들어내는 역설은 AI 보컬 제어에 있어 반드시 극복해야 할 기술적 과제이자 관점의 전환점입니다.

4. 족쇄를 풀어 사운드에 자율성과 자유를 부여하라

텍스트가 소리를 구속하는 족쇄가 된 근본적인 이유는 제작자가 AI를 인간 작사가처럼 대우하며 언어적 규칙을 강요했기 때문입니다. 그러나 AI는 언어를 이해하는 지적 주체가 아니라 사용자의 조작에 반응하는 정교한 '디지털 악기'로 재정의되어야 합니다. 바이올린을 켤 때 활의 각도와 속도를 정밀하게 조절하고, 피아노를 칠 때 건반의 터치 강도를 조절하듯, AI 보컬 역시 텍스트라는 매개체를 통해 사운드의 물리적 질감을 직접 타격하고 제어해야 합니다.

텍스트의 족쇄를 푸는 과정은 익숙한 '시각적 가독성'을 과감히 포기하는 것에서 시작됩니다. "무릎 위에"라는 가사가 보컬의 유연한 흐름을 방해한다면, 주저 없이 [무르피에]라고 재입력하여 엔진의 연산 오류를 사전에 차단해야 합니다. 이것은 언어의 파괴가 아니라 기계적 데이터에 생명력을 불어넣는 소리의 복원 공정입니다. 텍스트를 의미의 영역에서 사운드의 영역으로 강제 이송시킬 때, 비로소 AI 보컬은 문법의 구속에서 벗어나 인간의 숨결을 닮은 유연한 선율을 타기 시작하며 브랜드의 전문성을 담보하는 고품질의 결과물을 산출하게 됩니다.

한국어의 역동성과 AI 알고리즘의 충돌

1. 비선형적 언어 체계와 선형적 알고리즘의 간극

한국어는 세계적으로도 발음 변화가 매우 역동적이며 복잡한 '비선형적(Non-linear)' 언어 체계를 보유하고 있습니다. 단어가 놓이는 위치, 인접한 자음의 성질, 문장의 성조와 억양에 따라 하나의 글자가 수십 가지의 음성 값으로 변주됩니다. 반면, 현재의 보편적인 AI 모델은 텍스트를 입력받을 때 각 글자를 독립적인 데이터 조각(Token)으로 분절하여 인식하려는 '선형적(Linear)' 알고리즘을 기반으로 작동합니다.

이 지점에서 데이터 처리상의 치명적인 충돌이 발생합니다. 인간은 문맥에 따라 실시간으로 음가를 변조하며 발화하지만, AI는 입력된 텍스트의 형태적 구조에 고정되어 소리를 산출하려는 경향이 강합니다. 맞춤법에 따라 입력된 '꽃이'라는 데이터는 AI에게 [꽃]이라는 강한 파열음과 [이]라는 모음의 단순 결합으로 인식될 가능성이 높습니다. 이로 인해 두 음절 사이의 경계가 매끄럽게 연결되지 못하고 단절되거나 부자연스러운 기계적 노이즈가 발생하는 현상이 나타납니다.

2. 조음의 경제성 vs 데이터의 정직성

인간의 가창은 '조음의 경제성'을 철저히 따릅니다. 즉, 최소한의 에너지를 투입하여 최대한 매끄러운 발음을 구현하기 위해 스스로 소리를 변형합니다. 대표적인 사례가 연음 법칙과 자음 동화입니다. '무릎 위에'를 가창할 때 인간은 [무르피에]라고 소리를 유연하게 흘려보냄으로써 조음 기관의 부하를 최소화합니다. 하지만 AI에게 '무릎 위에'라고 정직하게 입력하는 것은, [ㅍ]이라는 폐쇄음을 완벽히 구현한 직후 즉각적으로 입을 벌려 [위] 발음을 개시하라는 무리한 연산 명령을 내리는 것과 같습니다.

AI는 입력된 데이터에 과도하게 '정직'한 나머지, 인간이 생략하거나 유실시키는 발음의 경계선까지 모두 구현하려 시도합니다. 이 과정에서 보컬의 리듬(Groove)은 붕괴되며, 청자는 본능적으로 기계적인 이질감을 감지하게 됩니다. 제작자가 가사를 구어체나 발음 위주로 교정하는 행위는 AI에게 이러한 '조음의 경제성'을 수치 데이터로 직접 주입하여 알고리즘의 연산 부하를 경감시키는 고도의 최적화 작업입니다.

3. 음절 구조의 제약과 타임 스트레칭(Time Stretching)

AI 보컬 엔진은 각 음절에 할당된 시간적 길이를 계산하여 멜로디의 타임라인에 배치합니다. 이 때 한국어의 종성(받침)은 알고리즘에 혼란을 주는 주요 변수로 작용합니다. 예를 들어 '별'이라는 음절은 [ㅂ], [ㅕ], [ㄹ]이 결합한 구조이며, AI는 [ㄹ] 받침을 처리하기 위해 해당 음절의 종결 지점에서 혀의 위치를 재조정하는 연산을 수행해야 합니다. 이때 다음 음절과의 연결이 매끄럽지 않으면 보컬의 음정이 불안정해지거나 박자가 미세하게 지연되는 현상이 발생합니다.

특히 빠른 템포의 악곡에서는 이러한 음절 단위의 연산 지체가 누적되어 보컬 전체의 탄력(Elasticity)을 저하시킵니다. '별이'를 [벼리]로 수정하여 입력하면, AI는 종성 처리 과정을 생략하고 곧바로 후속 모음으로 연산을 이어갈 수 있게 됩니다. 결과적으로 보컬의 타임 스트레칭이 훨씬 유연해지며, 인간 가수 특유의 매끄러운 바이브레이션과 선명한 딕션을 동시에 확보할 수 있습니다.

4. 알고리즘적 오류를 예술적 허용으로 전환하기

결국 AI 음악 제작 과정에서 발생하는 발음의 오류는 단순한 '틀린 소리'가 아니라 '데이터 간의 충돌'로 정의되어야 합니다. 제작자는 이를 해결하기 위해 기존의 어문 규정을 유보하고 AI의 알고리즘 사전을 깊이 있게 이해해야 합니다. 특정 받침에서 소리의 왜곡이 발생한다면 해당 받침을 과감히 제거하거나 유사한 청각적 질감을 가진 모음으로 대체하는 파격적인 접근이 요구됩니다.

맞춤법이라는 사회적 약속을 잠시 내려놓고 오직 소리의 파형이라는 물리적 데이터에 집중할 때, 비로소 AI 알고리즘은 형태적 제약에서 해방됩니다. 한국어의 역동성을 텍스트 데이터에 직접 이식하는 이 공정은 AI의 한계를 인간의 직관으로 보완하는 가장 창의적인 협업 모델이 됩니다. 가사를 변형하는 행위는 언어를 훼손하는 것이 아니라, AI라는 도구가 가진 잠재력을 청각적 예술로 승화시키기 위한 필수적인 정제 과정임을 명심해야 합니다.

텍스트를 사운드 유전자로 재구조화하기

1. 가사의 재정의: 메시지에서 '명령어' 로의 전환

사운드 튜닝은 가사를 단순히 '읽는 것'이 아니라 '들리는 것'에 집중하여 재설계하는 고도의 전략적 행위입니다. 이는 가사를 문학적 완성도 중심의 평가 대상이 아니라, 실제 사운드를 제어하는 구조적인 원료로 바꾸는 접근입니다. 따라서 이 과정의 핵심은 수려한 문장을 만드는 작법 능력이 아닙니다. 중요한 것은 제작자가 의도한 특정 발음과 리듬의 질감이 AI의 오디오 합성 단계에서 어떻게 구현되느냐를 예측하고 제어하는 기술적 통찰력입니다.

이 관점을 수용하는 순간, 가사 입력창은 메시지를 기록하는 텍스트 박스가 아니라 보컬의 성대와 조음 기관을 정교하게 조율하는 디지털 컨트롤러로 변모합니다. 가사를 파괴하고 재배치하는 이유는 파괴 그 자체에 목적이 있는 것이 아니라, AI라는 특수한 악기가 가진 성능을 극대화하기 위한 최적의 '코드'를 입력하기 위함입니다. 제작자는 '읽기 좋은 가사'가 주는 시각적 만족감을 과감히 포기하고, '듣기 좋은 소리'를 위한 청각적 실용주의를 선택해야 합니다.

2. 소리의 덩어리: 음절 단위의 텍스트 엔지니어링

사운드 튜닝의 핵심 기법 중 하나는 단어를 의미 단위가 아닌 '소리 덩어리(Chunking)' 단위로 해체하는 것입니다. 인간의 언어는 띄어쓰기를 통해 의미를 구분하지만, 노래하는 보컬의 호흡은 띄어쓰기와 무관하게 흐릅니다. AI 보컬이 문장의 끝에서 부자연스럽게 호흡을 끊거나 단어 사이의 연결이 경직되게 느껴지는 현상은 텍스트 데이터가 소리의 흐름을 물리적으로 차단하고 있기 때문입니다.

예를 들어 '보고 싶어'라는 가사를 입력했을 때 AI가 단어 간 경계를 너무 명확히 분리한다면, 이를 [보고시퍼] 또는 [보고시퍼어]와 같이 하나의 소리 덩어리로 재구조화해야 합니다. 이는 AI 엔진에게 해당 구간에서 연산을 멈추지 말고 하나의 유기적인 파형으로 연결하라는 직접적인 명령을 내리는 것과 같습니다. 이러한 음절 단위의 엔지니어링은 보컬에 유연한 그루브를 부여하고 가창의 자연스러움을 결정짓는 핵심 변수가 됩니다. 특히 빠른 템포의 악곡일수록 이러한 '연결성 최적화'는 보컬의 박자감을 살리는 결정적인 기술이 됩니다.

3. 질감의 커스터마이징: 음성 합성의 미세 조정

사운드 튜닝은 발음 교정을 넘어 보컬의 질감(Texture)을 조정하는 단계까지 확장됩니다. 한국어 표기법의 특성을 전략적으로 이용하여 AI 보컬의 공명 위치를 바꾸거나 특정 음절에서의 여운을 제어할 수 있습니다. 종성(받침)을 의도적으로 탈락시키거나(예: '사랑' -> '사라아'), 불필요한 모음을 추가하여(예: '날' -> '나알') 음절의 물리적 길이를 강제로 확보하는 기법이 대표적입니다.

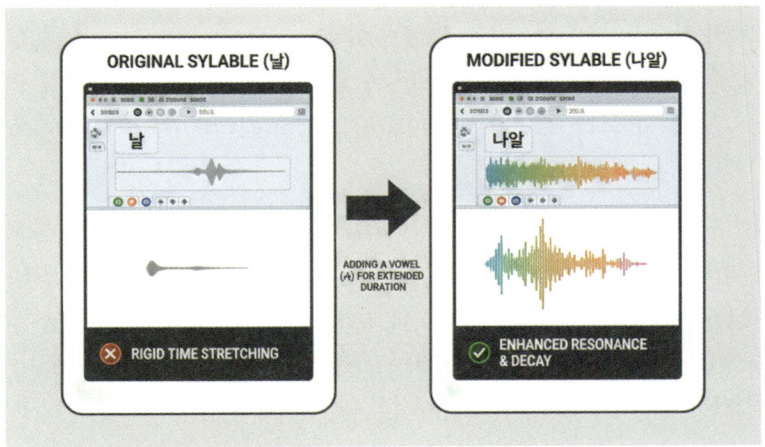

▲ 음절 변형에 따른 공명 주파수의 변화

이는 AI 보컬 엔진이 해당 구간에서 타임 스트레칭(Time Stretching)을 수행하는 가이드라인이 됩니다. 제작자가 입력하는 개별 음소의 변화는 단순한 오타가 아니라, 보컬의 배음 구조를 변경하는 미세 조정(Fine-tuning) 파라미터로 작동합니다. 특히 정교한 감정 표현이 요구되는 장르에서 이러한 조정은 기계적 이질감을 제거하고 인간적인 감성을 불어넣는 결정적인 역할을 수행합니다. 제작자는 마치 조각가가 원석을 깎아내듯, 텍스트를 정밀하게 다듬어 숨겨진 보컬의 질감을 도출해야 합니다.

4. 청각적 피드백 루프: 생성과 수정의 반복 최적화

사운드 튜닝은 단 한 번의 입력으로 완성되지 않습니다. 이는 '가사 입력 - 사운드 청취 - 텍스트 수정'으로 이어지는 반복적인 피드백 루프를 통해 완성됩니다. AI가 특정 구간에서 발음을 왜곡하거나 어색한 억양을 생성한다면, 제작자는 즉시 해당 구간의 텍스트를 다른 발음 기호나 유사한 음가의 조합으로 대체해야 합니다.

예를 들어 '우주'라는 단어의 공명감이 부족하다면 '우쥬'나 '우-주'로 변주를 주어 공기감을 더할 수 있습니다. 이러한 미세 조정 과정은 AI 보컬의 연산 부하를 경감시켜 결과적으로 더 깨끗하고 감정선이 명확한 오디오를 도출하게 합니다. 이 과정에서 제작자는 국어학자의 관점이 아닌, 사운드 파형을 분석하는 엔지니어의 시각을 유지하는 것이 무엇보다 중요합니다.

5. 사운드 유전자: 반복 가능한 작업 자산의 구축

사운드 튜닝을 통해 얻어진 최적화된 텍스트 세트는 일회성 데이터가 아닌 '사운드 유전자(Sound Gene)'로 관리되어야 합니다. 특정 단어나 문구에서 최상의 발음을 구현하는 조합을 찾아냈다면, 이는 해당 프로젝트의 고유한 딕션 데이터베이스가 됩니다. 이러한 자산은 이후의 제작 과정에서 브랜드 고유의 음색 일관성을 유지하는 강력한 도구가 됩니다.

건축가가 설계도를 작성할 때 구조적 안정성과 재사용성에 집중하듯, 제작자 역시 가사를 구조적인 사운드 자산으로 인식해야 합니다. 텍스트를 사운드로 치환하는 전략적 사고방식은 작업 효율성을 비약적으로 높여줄 뿐만 아니라, 제작자만의 독보적인 보컬 디렉팅 스타일을 정립하는 기반이 됩니다. 텍스트의 구속에서 벗어나 사운드의 본질을 설계하는 과정이 곧 AI 보컬 디렉팅의 완성입니다.

브랜드 신뢰도를 결정하는 관점의 전환

1. 시각적 완결성을 넘어선 청각적 실용주의

전통적인 음악 제작 환경에서 가사는 시각적으로 정갈하고 문법적으로 완벽해야 했습니다. 종이 위에 인쇄된 가사의 정확성과 언어적 미학은 작사가의 역량을 가늠하는 중요한 척도였으며, 이는 곧 작품의 문학적 가치와 직결되었습니다. 하지만 AI 보컬 제작 환경에서는 이러한 시각적 완결성이 오히려 최종 사운드의 질을 저하시키는 결정적인 원인이 되기도 합니다. AI 엔진은 가사를 문학적인 텍스트가 아닌, 디지털 파형을 생성하기 위한 '원시 데이터 세트(Raw Data Set)'로 인식하기 때문입니다.

문법에 맞게 작성된 정석적인 가사는 AI 알고리즘에게 매우 단조롭고 선형적인 연산만을 유도합니다. 이는 결과적으로 보컬의 끝처리가 기계적으로 급격히 단절되거나 음절 사이의 연결이 물리적으로 끊기는 현상을 초래합니다. 따라서 제작자는 가사 창에 입력된 글자가 문법적으로 어색하거나 맞춤법에 어긋나 보일지라도 최종적인 '소리의 밀도'에 집중하는 청각적 실용주의를 채택해야 합니다. 가사 입력창에 적힌 변형된 철자들은 단순한 오타가 아니라 AI 보컬의 성대 근육 수축과 호흡의 압력을 조절하는 정교한 수치이자 제어 명령어입니다. 이러한 관점의 전환은 AI 보컬을 단순한 자동 생성물에서 제작자의 의도가 투영된 '설계된 사운드'로 격상시키는 첫걸음이며, 기술적 한계를 예술적 허용으로 승화시키는 고도의 공정입니다.

2. 사운드 디테일이 구축하는 브랜드의 권위

청취자는 보컬에서 발생하는 미세한 기계적 이질감을 본능적으로 포착합니다. 부자연스러운 끝처리와 호흡이 결여된 건조한 목소리는 브랜드의 전문성에 대한 의구심을 불러일으킵니다. 반면, 텍스트 엔지니어링을 통해 정교하게 구현된 사운드는 브랜드에 다음과 같은 핵심 가치를 부여하며 강력한 권위를 형성합니다.

- **기술적 우위의 증명**: 세밀하게 튜닝된 보컬은 인간의 미적 감각과 AI 알고리즘에 대한 깊은 이해가 결합된 산물임을 증명합니다. 이는 제작사의 기술적 깊이를 보여주는 지표가 되며 시장 내 경쟁 우위를 점하는 요소가 됩니다.
- **감성적 연결고리**: 의도적인 호흡 설계와 음절 확장은 기계음에 생동감을 불어넣어 청취자와의 정서적 유대감을 강화합니다. 이는 메시지의 설득력을 극대화하고 AI 콘텐츠에 대한 심리적 거부감을 해소하는 장치가 됩니다.

- **품질의 일관성**: 체계화된 튜닝 기법은 콘텐츠 전반에 걸쳐 고유한 보컬 톤과 품질을 일정하게 유지하게 합니다. 이러한 일관성은 청취자에게 높은 예측 가능성을 부여하며, 장기적인 브랜드 신뢰도로 수렴됩니다.

3. 브랜드 보컬 품질 관리(QC) 체크리스트

텍스트 엔지니어링 후 결과물이 브랜드 신뢰도를 담보하는지 검증하는 과정은 필수적입니다. 제작자는 다음의 5가지 기술적 기준을 통해 사운드의 완성도를 엄격히 평가해야 합니다.

- **음절 끝처리의 자연성 (Tail Check)**: 단음절 가사가 기계적으로 끊기지 않는지 점검합니다. 확장을 통해 확보된 잔향이 반주(MR)의 공간감과 조화롭게 융합되는지, 소멸 구간(Decay)에서 디지털 노이즈가 발생하지 않는지 분석합니다.
- **조음 및 발음의 명확성 (Articulation Check)**: 반주가 강한 구간에서도 가사가 명확히 전달되는지 점검합니다. 자음의 어택(Attack)감을 분석하여 필요한 경우 된소리 치환이나 음소 추가를 통해 메시지 전달력을 확보했는지 평가합니다.
- **호흡과 공기감의 분포 (Breath & Air Check)**: 삽입된 호흡 데이터가 문장의 흐름 및 인간의 물리적 폐활량과 일치하는지 확인합니다. 구절 사이의 공기감이 보컬에 입체감을 부여하여 청각적 피로도를 낮추고 있는지 검토합니다.
- **감정적 호소력과 다이내믹 (Emotion Check)**: 모음 변형과 공명 유도를 통해 곡의 서사에 맞는 감정선이 투영되었는지 확인합니다. 보컬 질감이 곡의 기승전결에 따라 유기적인 에너지 변화를 보여주는지가 품질 관리의 핵심 지표가 됩니다.
- **사운드 아이덴티티의 일관성 (Identity Check)**: 제작된 보컬 질감이 브랜드 사운드 가이드라인을 준수하는지 최종 검토합니다. 이전 콘텐츠들과의 음색적 편차를 분석하여 브랜드 자산으로서의 통일성을 유지합니다.

4. 사운드 튜닝의 청각 심리학: '불쾌한 골짜기'의 극복

정교한 텍스트 엔지니어링이 청취자의 심리에 미치는 영향을 이해하는 것은 고도의 브랜드 전략입니다. 인간의 뇌는 자연스러운 소리와 기계음 사이의 미세한 간극을 감지할 때 '불쾌한 골짜기(Uncanny Valley)' 현상을 경험합니다. 보컬 파형이 지나치게 정교하거나 반대로 분절적인 경우, 청취자는 무의식적으로 콘텐츠 몰입을 중단하고 해당 브랜드를 저품질로 인식하게 됩니다.

제작자는 텍스트 엔지니어링을 통해 이러한 심리적 저항선을 넘어서야 합니다. 의도적인 발음 뭉개짐이나 미세한 호흡의 불규칙성을 데이터로 주입하여 뇌가 보컬을 '지능적 기계'가 아닌 '감정을 가진 화자로 인식하게 유도해야 합니다. 이는 단순히 기술적 완성도를 높이는 것을 넘어, 브랜드 목소리에 인격(Persona)을 부여하고 청각적 인지 편향을 긍정적으로 수정하는 마케팅 행위입니다.

5. 텍스트 엔지니어링의 자산 가치와 표준 운영 절차(SOP)

사운드 최적화를 위해 설계된 변형 가사 데이터는 브랜드의 핵심 무형 자산이자 지식 재산권으로 관리되어야 합니다. 최상의 결과물을 도출하는 텍스트 조합 노하우는 수많은 리소스가 투입된 결과물이며, 이는 시장에서 브랜드의 장기적인 경쟁력을 확보하는 강력한 수단이 됩니다.

- **노하우의 데이터베이스화:** 검증된 변형 가사 라이브러리는 외부에서 모방할 수 없는 브랜드만의 기술적 진입 장벽을 형성합니다. AI의 고질적인 결함을 해결하는 전용 데이터 세트를 보유한다는 것은 보컬 디렉팅 역량을 정량화된 자산으로 소유하고 있음을 의미합니다.
- **공정 표준화와 효율 혁신:** 튜닝 프리셋의 자산화는 불필요한 시행착오를 줄여 제작 공기를 단축하고 비용을 절감합니다. 이는 제작자의 숙련도와 관계없이 고품질의 결과물을 상향 평준화하여 산출할 수 있는 표준 운영 절차(SOP)의 기반이 됩니다.
- **청각적 로고(Audio Logo)의 완성:** 정밀하게 설계된 보컬 질감은 목소리의 톤과 발음만으로 브랜드를 즉각 식별하게 만드는 정체성을 형성합니다. 소리의 독자 질감이 시각 로고를 보완하여 대중의 잠재의식 속에 브랜드 존재감을 각인시키는 자산으로 기능합니다.
- **확장성 및 유지보수:** 체계화된 데이터베이스는 AI 모델 업데이트나 환경 변화 시에도 브랜드 고유의 사운드를 신속히 재현하는 기준점이 됩니다. 이는 대규모 프로젝트 운용 시 사운드 일관성을 유지하며 제작 효율을 극대화하는 핵심 전략입니다.

결론적으로 가사 입력창을 사운드 밀도를 결정하는 '엔지니어링 인터페이스'로 재정의하는 관점의 전환은 기술과 예술의 접점에서 독보적인 브랜드 가치와 오디오 브랜딩의 새로운 표준을 창출하는 핵심 변화입니다.

텍스트의 족쇄를 푸는 정밀 사운드 튜닝

이번 프로젝트는 단순히 가사를 입력하는 수준을 넘어, 창작자가 AI 보컬의 발성 기제를 직접 제어하는 '사운드 튜닝' 과정을 실습합니다. 본문의 핵심은 텍스트를 의미 전달의 수단이 아닌, 소리의 물리적 파형을 결정하는 '수치 데이터'로 재정의하는 것입니다. 이에 따라 시각적 맞춤법의 족쇄를 벗겨내고 청각적 최적화만을 위해 가사를 재구조화하여, AI 엔진의 연산 오류를 물리적으로 차단하는 정밀 디렉팅을 수행합니다. 작업의 핵심은 Suno의 Editor 기능을 활용해 어색한 연음이나 비음화 현상이 발생한 구간을 '정밀 타격'하여 수정하는 데 있습니다. 표준 표기 대신 [무르피에]와 같이 소리 나는 대로 텍스트를 교정함으로써 비선형적인 인간의 발성을 복원하고, AI를 창작자의 의도에 민감하게 반응하는 '디지털 악기'로 다루는 감각을 익힙니다. 이를 통해 기술적 제약을 극복하고 브랜드의 전문성을 담보하는 고품격 보컬 사운드를 완성하는 것이 최종 목표입니다.

01 가사 수정하기

01 Suno에서는 생성된 곡에서 마음에 들지 않는 특정 부분(가사, 멜로디 등)만 골라 새로 수정할 수 있는 편집 기능을 제공합니다. 수정할 곡에서 마우스 오른쪽 버튼을 클릭해 단축 메뉴를 연 뒤, Remix/Edit의 Open in Editor를 선택합니다.

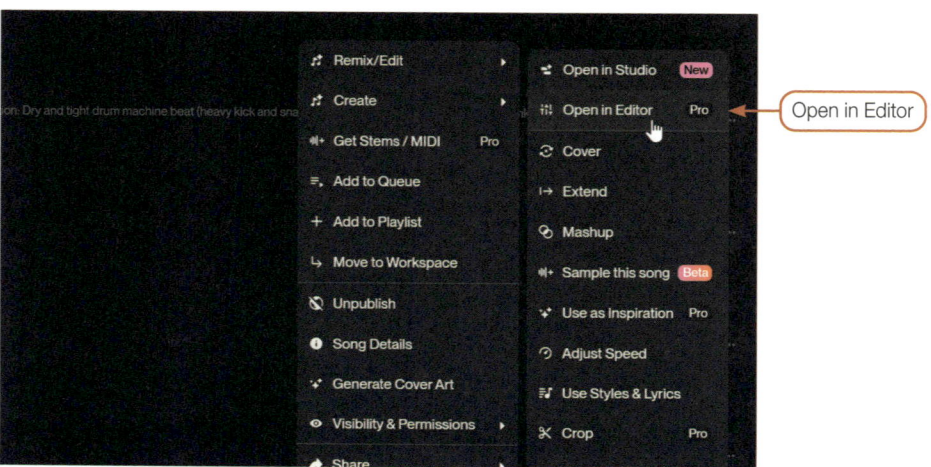

02 ① Lyrics 패널에서 수정할 가사를 선택한 뒤, ② New Lyrics 항목에 새로운 가사를 입력합니다. 수정 과정에서 음절 수가 달라졌다면 ③ Fix Alignment를 눌러 멜로디에 맞게 정렬할 수 있습니다.

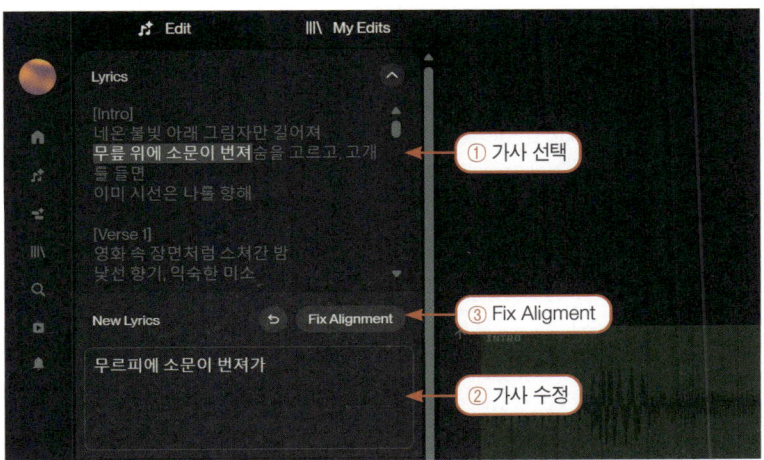

03 Replace 버튼을 클릭하기 전에 필요하다면 선택한 범위를 어떤 방식으로 생성할지 설정할 수 있습니다. 상황에 맞는 옵션을 선택하면 보다 자연스럽고 의도에 가까운 결과를 얻을 수 있습니다.

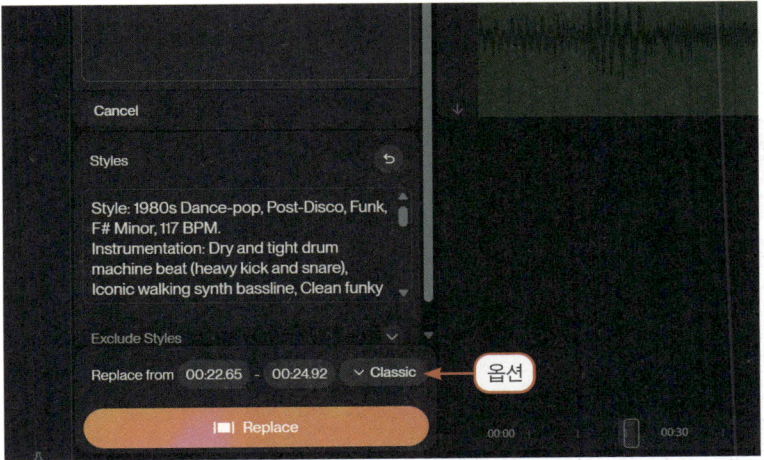

● Smart: 선택한 구간의 앞뒤 흐름을 자동으로 분석하여 가장 자연스럽게 이어지도록 교체하는 옵션입니다. 사용자가 별도로 범위를 설정하지 않아도 곡의 분위기, 보컬 톤, 리듬 패턴을 고려해 매끄럽게 연결합니다. 복잡한 설정 없이 빠르게 결과를 확인할 수 있어, 가사를 일부 수정하면서 곡의 전체적인 느낌은 그대로 유지하고 싶을 때 유용합니다.

● Classic: 기본 옵션으로 곡의 문맥을 비교적 넓게 참고하여 안정적으로 교체하는 방식입니다. 전체적인 분위기와 코드 흐름을 유지하면서 수정할 수 있어 가장 무난하고 신뢰도 높은 결과를 제공합니다. Custom Context Window를 활성화하여 참고할 범위(비트 수)를 직접 설정할 수 있습니다. 비트 수를 높이면 이전 구간의 멜로디, 리듬, 발음 경향을 더욱 충실히 따르게 되고, 낮추면 앞선 흐름의 영향을 줄여 보다 새로운 창법이나 멜로디를 시도하게 됩니다.

● Fixed: 선택한 구간의 '시간 길이' 를 정확히 유지하는 데 초점을 둔 옵션입니다. 주변 문맥보다 사용자가 지정한 구간의 길이를 우선적으로 따르며, AI가 임의로 박자를 늘리거나 줄이지 못하도록 제한합니다. 마디 구조나 반주의 박자가 흔들리면 안 되는 상황에서 특히 유리하며, 텍스트 튜닝이나 세밀한 발음 수정처럼 구조적 안정성이 중요한 편집에 적합합니다.

04   Replace 버튼을 클릭하면 두 개의 곡이 생성됩니다. 각각 재생을 해보고, 마음에 드는 것의 Commit 버튼을 클릭하여 수정을 완료합니다.

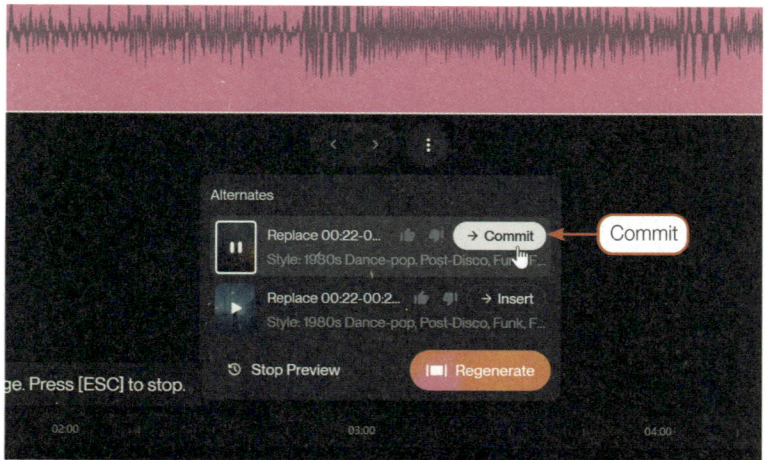

02 섹션 수정하기

01 생성된 곡에 새로운 섹션을 추가해야 하는 경우도 있습니다. 섹션을 삽입할 위치 사이에 마우스를 올리면 + 모양의 추가 버튼이 표시되며, 이를 클릭합니다.

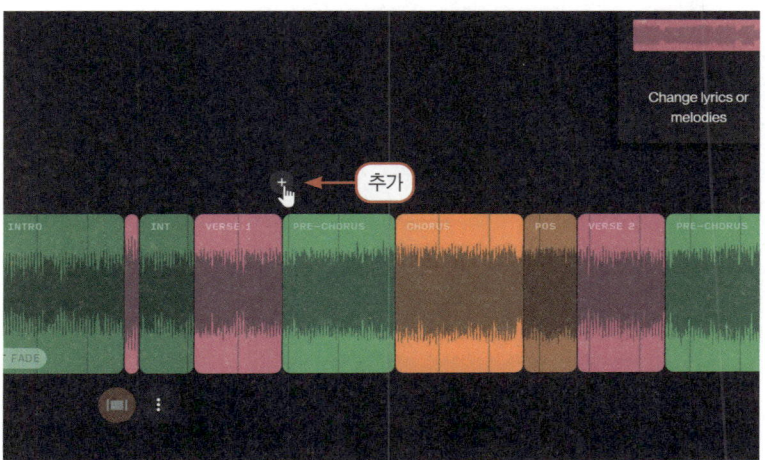

02 선택한 위치에 빈 섹션이 추가됩니다. 이후 하단의 생성 버튼을 클릭하면 앞뒤 흐름과 자연스럽게 연결되는 섹션이 생성됩니다.

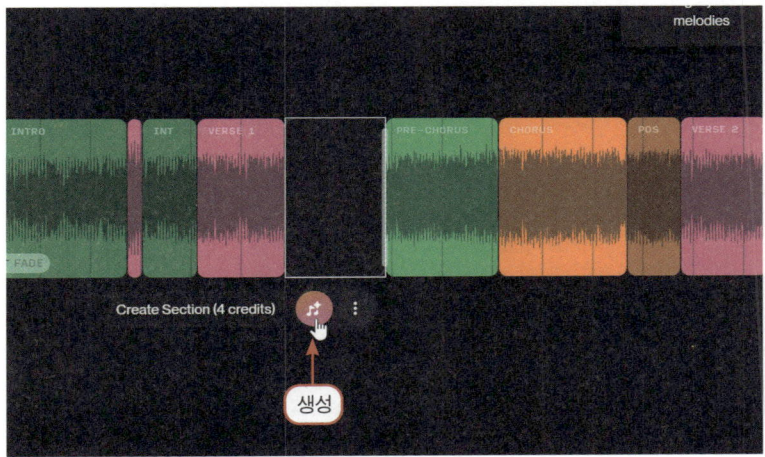

03 두 개의 Alternates가 생성되면 각각을 재생해 비교해 봅니다. 이후 마음에 드는 섹션의 Commit 버튼을 클릭하여 해당 내용을 적용합니다.

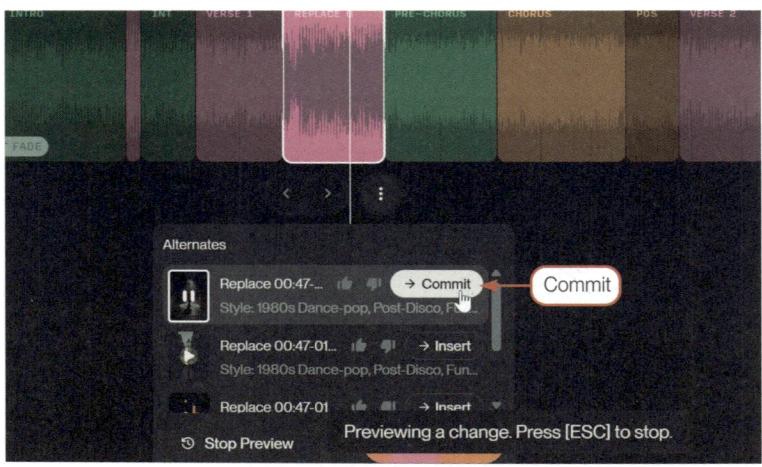

04 생성된 섹션이 앞뒤와 자연스럽게 연결되지 않는 경우, 점 세 개로 표시된 메뉴 버튼을 클릭한 뒤 Heal Edits를 선택합니다. 그러면 해당 섹션이 앞뒤 섹션과 다시 병합되어 보다 자연스럽게 연결됩니다.

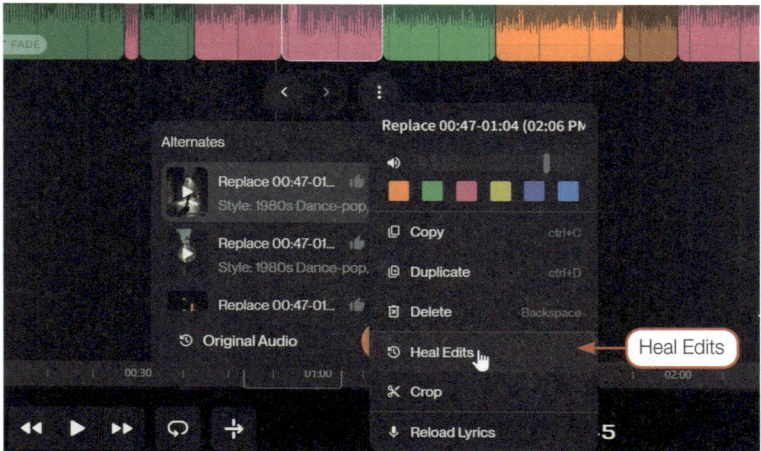

05 마우스 포인터가 손 모양으로 바뀌는 섹션의 이름 영역을 클릭한 뒤 좌우로 드래그하면, 곡의 구조를 자유롭게 재배치할 수 있습니다.

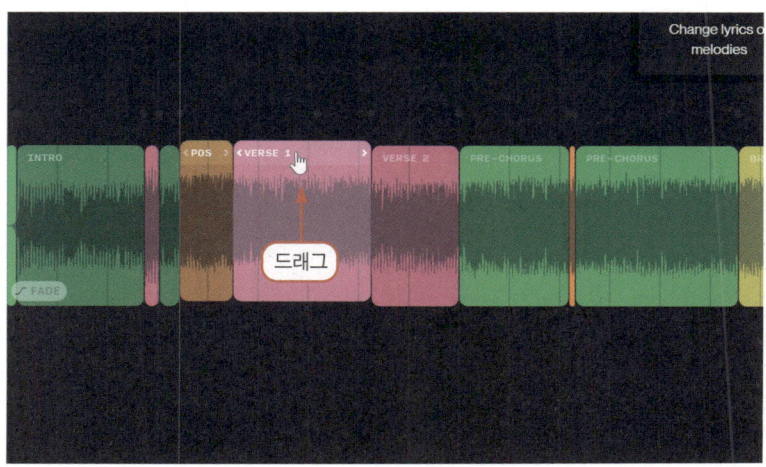

06 특정 위치를 잘라 편집할 수도 있습니다. 원하는 지점을 클릭해 커서를 위치시킨 뒤, 메뉴에서 Split을 선택하면 해당 섹션이 두 부분으로 분리됩니다.

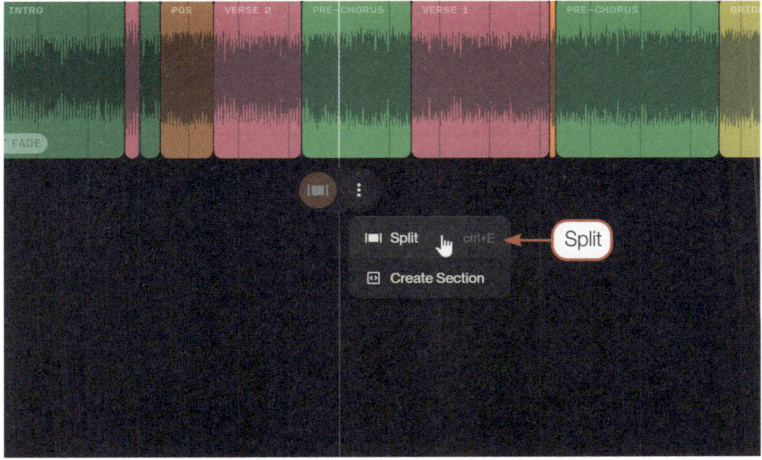

07 클립을 드래그하여 이동하는 것 외에도 복사나 삭제와 같은 편집 작업은 메뉴를 통해 실행할 수 있습니다.

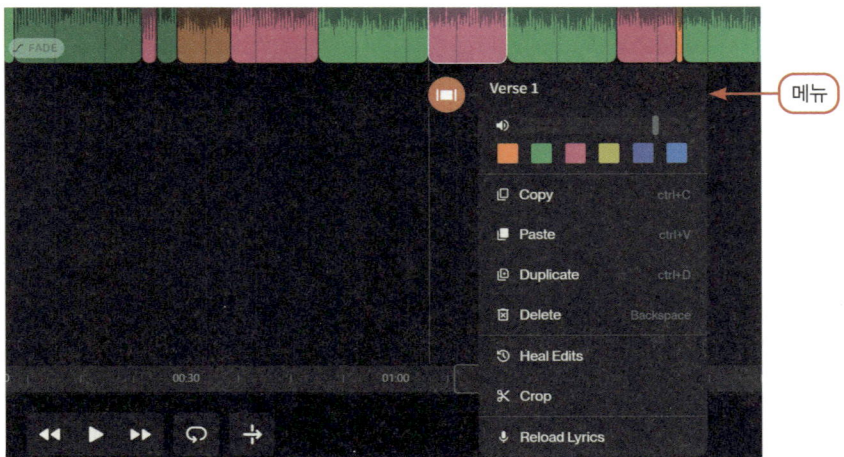

● Volume: 선택한 클립의 음량을 개별적으로 조절합니다. 특정 구간만 작게 또는 크게 만들고 싶을 때 사용하며, 마스터 볼륨과는 별도로 적용됩니다.

● Color: 클립의 색상을 변경합니다. 기능적 변화는 없지만, 섹션을 시각적으로 구분하여 편집 효율을 높일 수 있습니다.

● Copy: 선택한 클립을 복사합니다. 복사한 내용은 원하는 위치에 Paste로 붙여넣을 수 있습니다.

● Duplicate: 선택한 클립을 바로 옆에 동일하게 생성합니다. 클립을 연속으로 배치할 때 유용합니다.

● Delete: 선택한 클립을 제거합니다. 불필요한 구간을 정리하거나 구조를 단순화할 때 사용합니다.

● Crop: 범위는 마우스 드래그로 선택할 수 있으며, 선택한 범위의 앞과 뒤를 잘라 길이를 줄입니다.

● Reload Lyrics: 클립에 연결된 가사를 다시 불러옵니다. 가사 수정이 제대로 반영되지 않았을 때 유용합니다.

08 선택한 클립 또는 구간 아래에 표시되는 Replace 버튼을 클릭하면 해당 부분을 새로운 음악 스타일로 다시 생성할 수 있습니다. 결과는 두 개의 Alternates로 생성되며, 원하는 버전의 Commit 버튼을 클릭해 적용합니다.

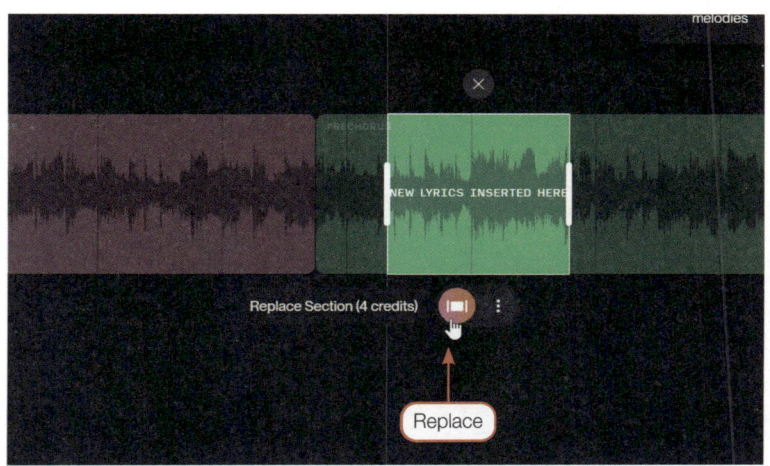

09 Editor에서 수정한 내용은 Save as New Song 버튼을 클릭하여 새 곡으로 저장합니다. 참고로 Crop과 Replace Section 기능은 워크스페이스의 Remix/Edit 메뉴에서도 바로 실행할 수 있습니다.

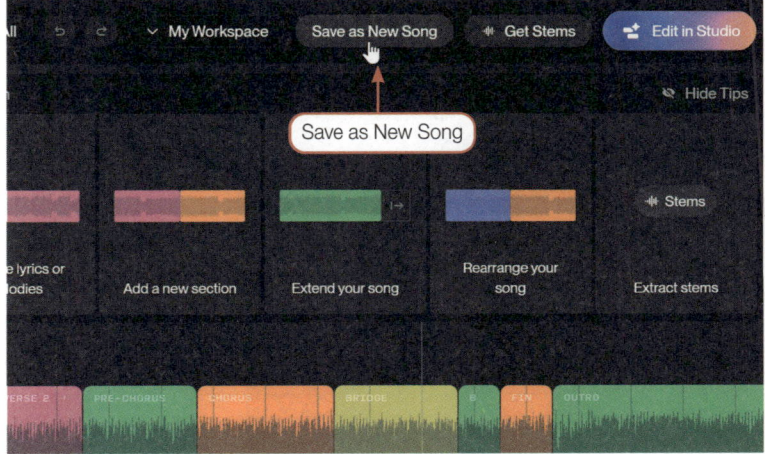

03 코드 수정하기

01 Logic Pro에서 빈 프로젝트를 만들고, 템포 항목을 클릭하여 '템포 - 프로젝트 템포 조정' 으로 변경합니다. 그리고 Suno에서 다운 받은 오디오 파일을 프로젝트 창으로 드래그하여 가져다 놓습니다.

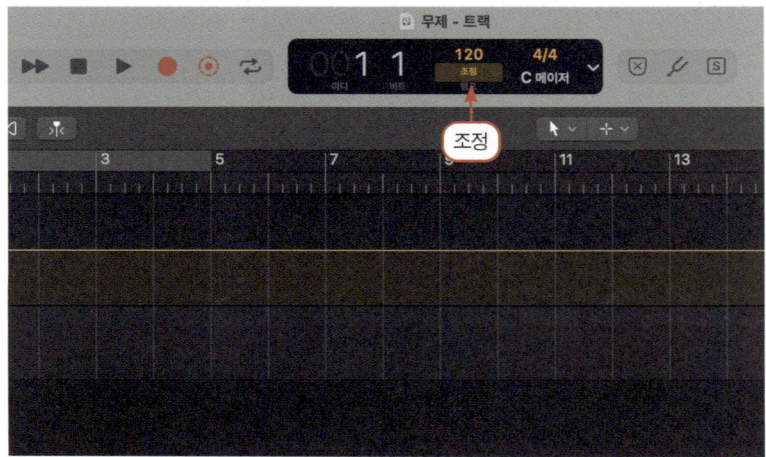

02 마우스 오른쪽 버튼을 클릭하여 단축 메뉴를 열고, Processing의 Stem Splitter를 선택합니다. 자주 사용하는 메뉴는 상단에 배치되므로 이를 이용할 수도 있습니다.

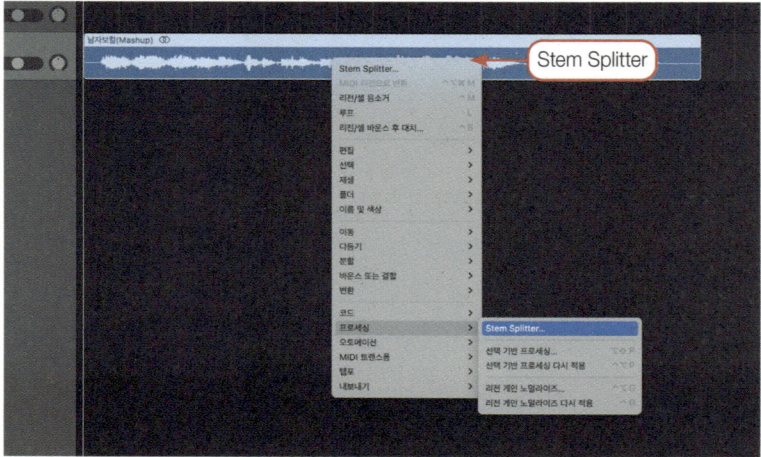

03 원곡에서 분리할 스템을 선택할 수 있는 옵션 창이 열립니다. 보컬, 드럼, 베이스, 기타, 피아노 및 그 외 모든 항목이 선택된 상태로 적용하여 모든 스템을 분리합니다.

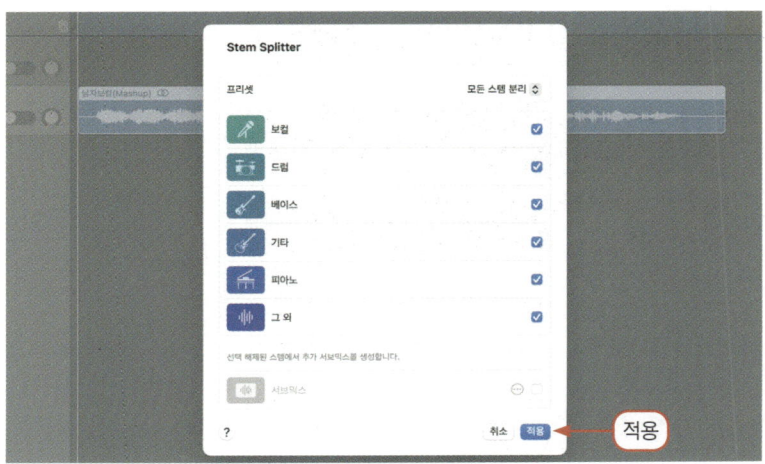

04 Suno에서 만든 곡을 가져올 때, 분석된 템포 트랙에서 마우스 오른쪽 버튼을 클릭해 단축 메뉴를 열고, 코드를 선택합니다.

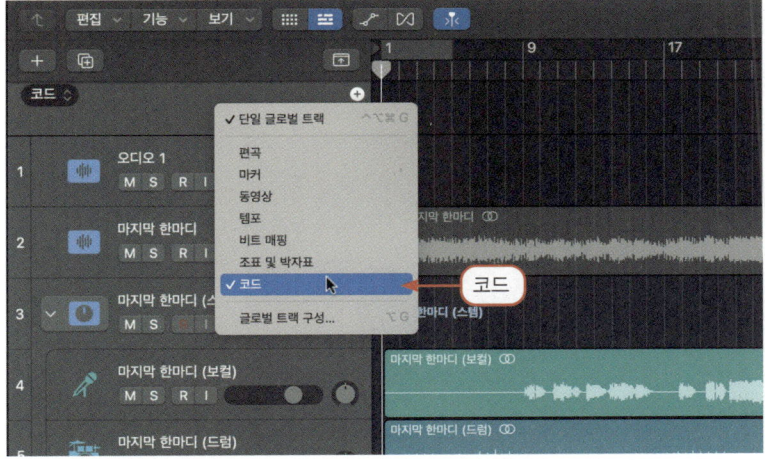

◆ '단일 글로벌 트랙' 옵션이 체크되어 있으면 코드 트랙만 열립니다

05 피아노, 신스, 기타 등 코드를 연주하는 트랙의 리전을 글로벌 트랙에 표시된 코드 트랙으로 드래그하면 코드가 자동으로 분석됩니다.

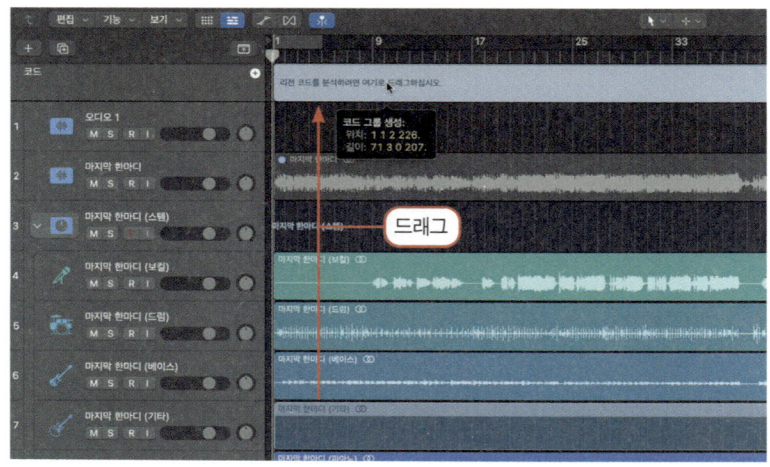

06 로직에서 제공하는 베이스 및 키보드 플레이어는 코드 트랙에 입력된 코드가 자동으로 적용되어 연주됩니다. 이를 사용하려면 트랙 추가 버튼을 클릭합니다.

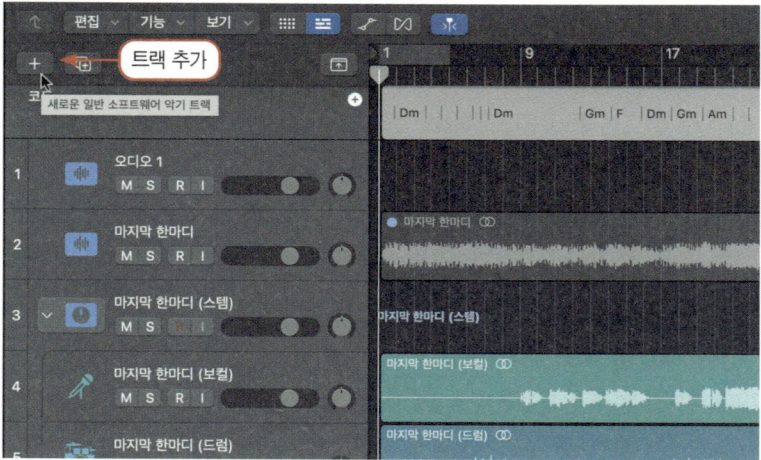

07 Session Player의 Keyboard Player를 선택해 트랙을 생성합니다. 코드 트랙이 미리 준비되어 있는 경우, 세부사항의 새로운 리전에 기본 코드 진행 사용 옵션과 관계없이 코드 트랙을 따르도록 설정됩니다.

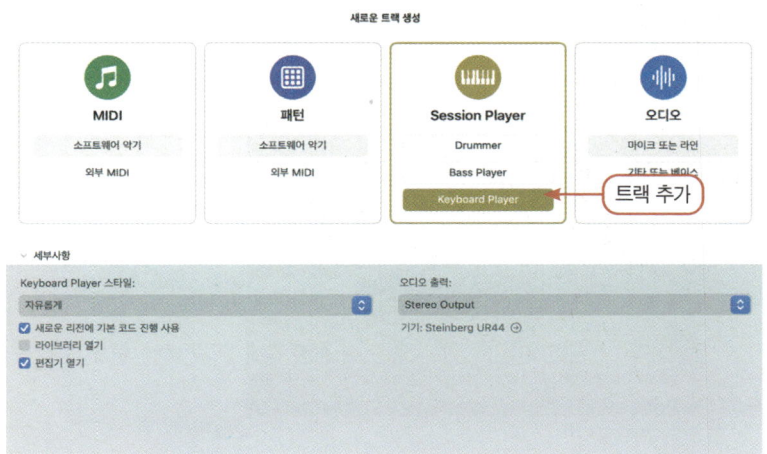

08 Keyboard Player는 신스와 피아노 유형을 제공하며, 기본값으로는 자유롭게 연주되는 피아노가 적용됩니다. 이를 변경하려면 화면 하단의 에디터 창에서 피아노 그림으로 표시되어 있는 아이콘을 클릭합니다.

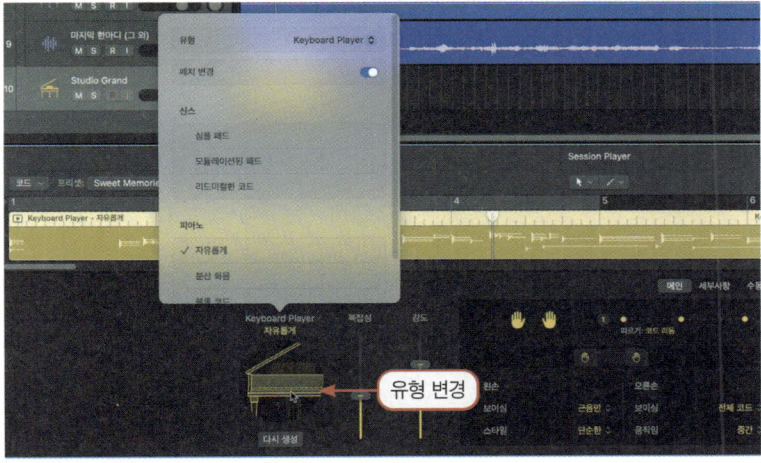

09 에디터 창에서는 연주 스타일을 변경할 수 있는 다양한 파라미터를 제공합니다. 먼저 복잡성과 강도 슬라이더를 사용해 연주의 복잡도와 강도를 조정할 수 있습니다.

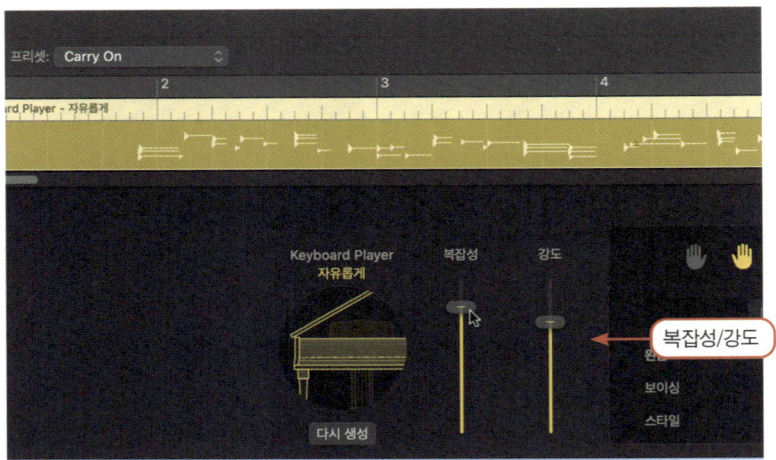

10 메인 창의 왼손 및 오른손 아이콘은 클릭하여 해당 파트가 연주되지 않도록 설정할 수 있습니다. 신스 유형을 사용할 경우에는 특별히 필요한 상황이 아니라면 왼손 베이스가 연주되지 않도록 설정하는 것이 좋습니다.

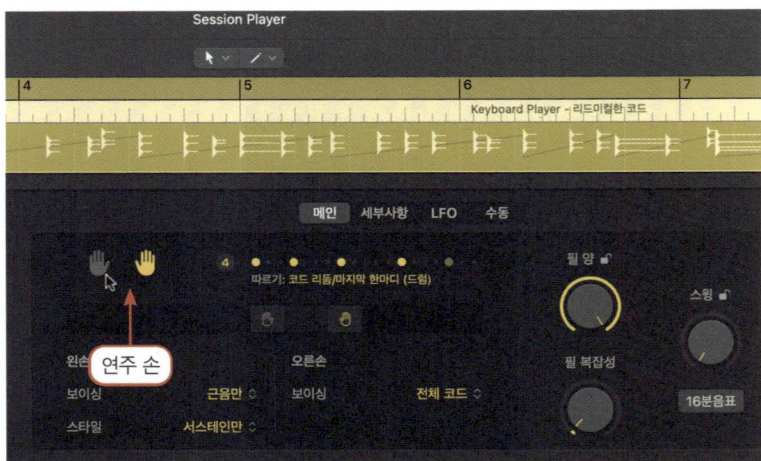

11 오른쪽의 패턴을 클릭하면 리듬을 변경할 수 있습니다. 또한 코드 및 트랙 리듬을 따르도록 설정하면 Suno에서 만든 곡과 리듬이 어긋나는 것을 방지할 수 있습니다. 일반적으로는 드럼이나 베이스와 같은 리듬 연주 트랙을 따르도록 설정합니다.

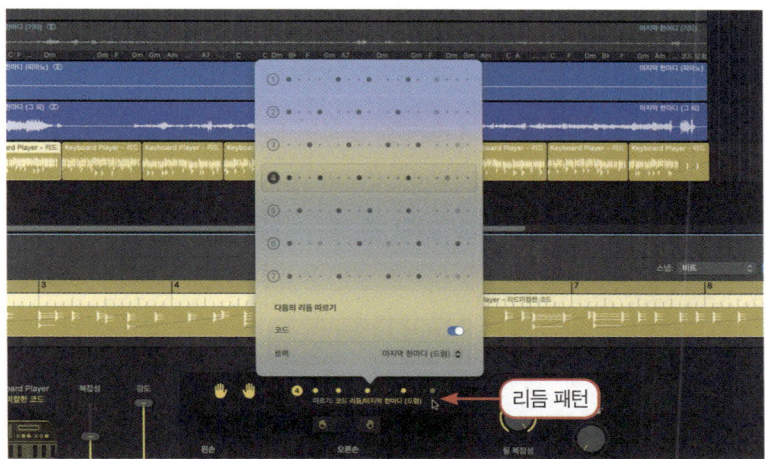

12 패턴 아래쪽의 손 아이콘은 드래그하여 연주 위치를 지정할 수 있으며, 왼손과 오른손에서 연주되는 보이싱과 스타일을 설정할 수 있습니다.

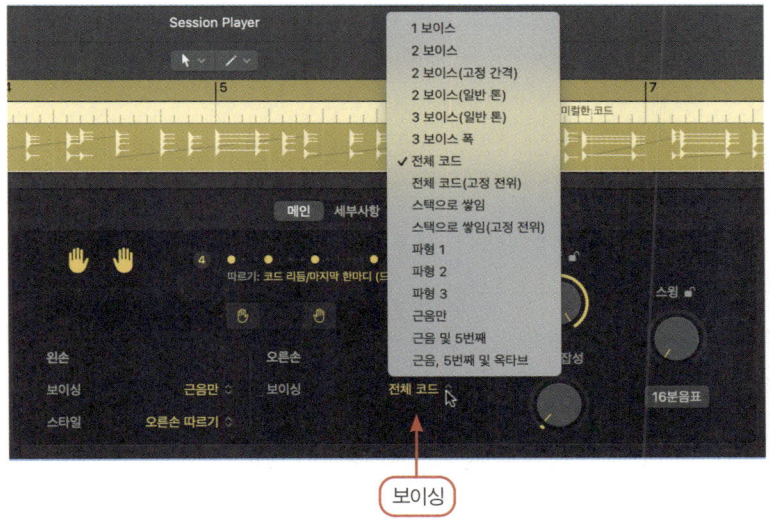

13 피아노에서도 다음 섹션으로 넘어가기 전 마디에서 짧은 멜로디를 추가하거나 리듬을 쪼개는 필인이 연주됩니다. 메인 창 오른쪽에는 필인의 양과 복잡성, 스윙 리듬을 조절할 수 있는 노브가 제공됩니다. 여기서 잠금 버튼을 활성화하면 스타일을 변경해도 해당 설정이 유지됩니다.

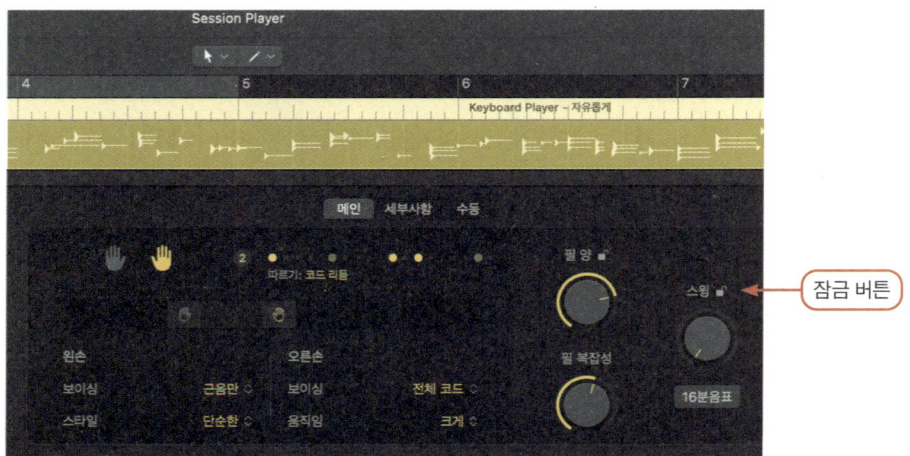

14 설정값은 프리셋 메뉴에서 저장을 선택해 저장할 수 있으며, 이를 통해 사용자만의 연주 스타일을 언제든지 불러와 사용할 수 있습니다. 기본적으로 다양한 프리셋이 제공되므로, 각각 선택해 보고 파라미터를 수정하는 방식으로 작업하는 것이 좋습니다. 피아노 아이콘 아래쪽의 다시 생성 버튼을 클릭하면 조금씩 변형된 결과가 생성됩니다.

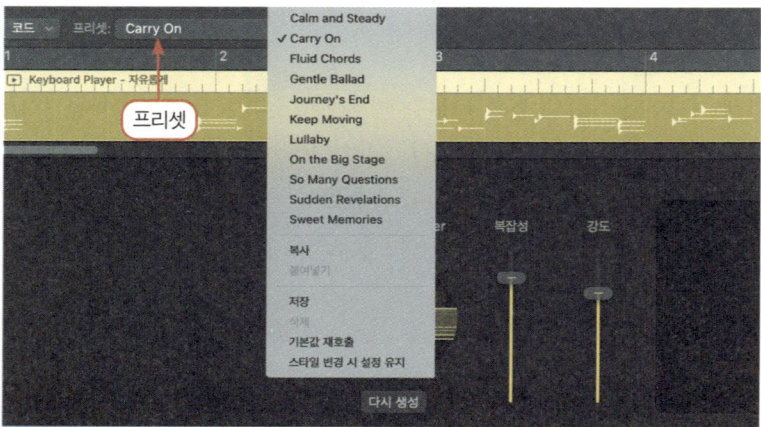

15 세부 사항에는 꾸밈음, 느낌, 템포, 다이나믹스, 휴머나이즈를 조절할 수 있습니다. 이를 통해 장식음의 사용 빈도, 연주의 분위기와 속도, 강약 표현, 그리고 인간적인 연주 느낌을 세밀하게 설정할 수 있습니다.

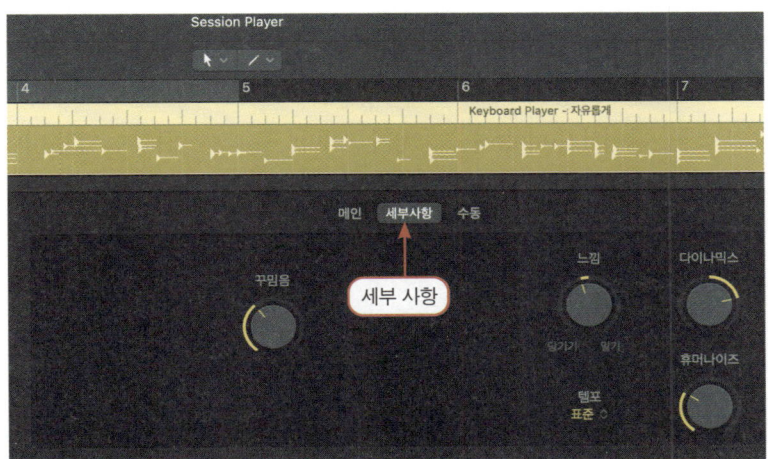

16 수동 옵션에서는 최대 4마디 길이의 사용자 연주 패턴을 직접 만들 수 있습니다. 이를 통해 사용자만의 리듬 패턴을 구현할 수 있습니다.

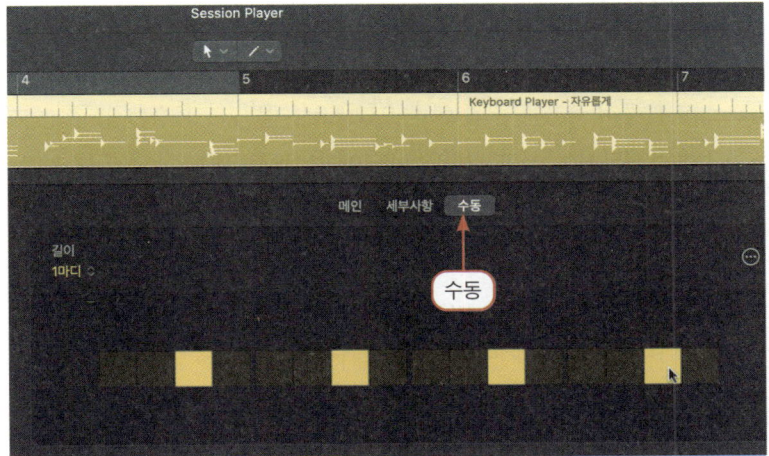

17 신스 유형에는 사운드의 어택, 홀드, 디케이 타임을 조절할 수 있는 엔벨로프 옵션이 추가로 제공됩니다. 또한 시작점 이동 및 정렬 옵션을 통해 연주의 시작 위치를 미세하게 조정하거나 타이밍을 스텝 기준 또는 피크 기준으로 설정할 수 있습니다.

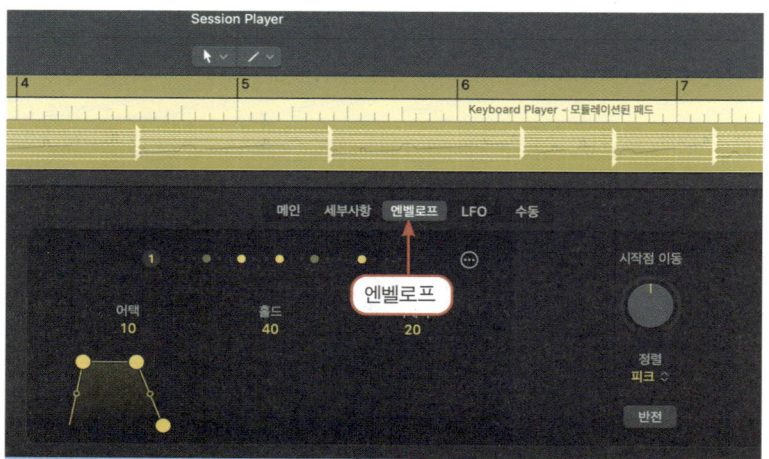

18 LFO는 파형, 시작점(Phase), 대칭(Symmetry), 속도, 동기화 및 강도를 설정할 수 있는 옵션을 제공합니다. 이는 신스 사운드의 음색을 결정하는 중요한 요소입니다.

19 코드는 이름을 더블 클릭하여 변경할 수 있습니다. Tab 키를 누르면 다음 코드로 이동하며, Shift+Tab 키를 누르면 이전 코드로 이동할 수 있습니다.

20 코드를 변경한 경우에는 Suno에서 다운로드한 곡의 베이스 트랙을 뮤트한 후 Bass Player를 추가합니다. 리전은 오른쪽의 + 버튼을 클릭해 추가하거나 상단 모서리를 드래그해 반복할 수 있습니다. 이렇게 리듬과 베이스를 변경하면 완전히 새로운 음악으로 재구성할 수 있습니다.

부분 수정과 사운드 제어의 메커니즘

1. 무작위성의 통제: 생성에서 설계로의 전환

Suno의 에디터 기능을 통해 특정 구간을 수정하는 과정은 단순한 오류 교정을 넘어 생성형 AI의 한계인 무작위성을 창작자의 의도 아래로 끌어오는 고도의 설계 작업입니다. 기존의 AI 음악 제작이 만족스러운 결과가 나올 때까지 전체 곡을 반복해서 생성하는 '운'에 의존했다면, 에디터는 창작자에게 곡의 세부 완성도를 직접 결정하는 총괄 프로듀서의 권한을 부여합니다. 이는 수동적인 수용자였던 제작자가 사운드의 마디 단위까지 개입하여 창의적 통제권을 행사하는 능동적인 주체로 변화했음을 의미합니다.

에디터라는 정교한 '음악적 메스'를 손에 쥔 창작자는 이제 발음의 미세한 뭉개짐이나 브릿지 구간의 어색한 전개를 타겟팅하여 정밀하게 수정할 수 있습니다. 이러한 기술적 진보는 AI 음악의 위상을 단순한 아이디어 스케치에서 상업적 경쟁력을 갖춘 완성형 음원 단계로 비약적으로 격상시켰습니다. 무작위 소스들을 목적에 맞게 다듬는 제어 시스템을 통해 제작자는 기술에 휘둘리지 않고 프로젝트의 요구사항에 부합하는 음악적 결과물을 설계할 수 있게 되었습니다.

2. 컨텍스트 보존과 국소적 데이터 치환의 원리

에디터 메커니즘의 정수는 기존 곡이 가진 화성적 흐름과 리듬 패턴, 음색적 문맥(Context)을 완벽히 유지하면서 특정 타임라인 내부의 데이터만을 새롭게 치환하는 데 있습니다. AI는 수정 범위 전후의 데이터를 분석하여 앞부분의 에너지가 어떻게 쌓여왔는지 파악한 뒤, 그 사이에 이질감 없는 새로운 소리를 삽입하기 위한 고도의 확률 연산을 수행합니다. 이러한 국소적 치환은 곡의 전체 서사를 무너뜨리지 않으면서도 결함이 있는 부분만을 정교하게 교체할 수 있는 기술적 토대가 됩니다.

이 과정에서 창작자는 AI의 연산에만 의존하지 않고, 텍스트와 프롬프트를 활용해 더 정확한 파형을 유도하는 능동적 가이드가 되어야 합니다. 가사를 실제 조음에 가깝게 교정하거나 스타일 태그에 세부 연주 지시어를 보충하는 행위는 AI에게 명확한 사운드 좌표를 제공하는 프로덕션의 핵심 전략입니다. 이러한 정밀 제어는 제작 시간을 획기적으로 단축하는 비약적인 효율성을 제공할 뿐만 아니라, 창작자가 마디 단위로 곡의 서사를 설계할 수 있게 함으로써 프로덕션의 완성도를 극대화합니다.

한국어 조음 원리와 발음 최적화

에디터 실습에서 가장 빈번하게 마주하는 과제는 한국어의 표기법과 실제 가창 시 발음 사이의 간극을 메우는 일입니다. 생성형 AI 보컬은 입력된 텍스트를 기반으로 파형을 생성하기 때문에 문법에 맞춘 표준 표기법이 오히려 부자연스러운 기계음이나 부정확한 발음을 초래하는 경우가 많습니다. 고품질의 AI 음원을 제작하기 위해서는 텍스트를 메시지 전달 수단이 아닌 '소리의 물리적 설계도'로 인식하는 관점의 전환이 필요합니다.

1. 표기법의 함정과 연음 법칙의 수동 제어

인간 가창자는 '꽃이'라는 가사를 볼 때 무의식적으로 [꼬치]라고 발음하며 부드럽게 연결하지만, AI는 텍스트 데이터에 충실한 나머지 '꽃'의 종성(ㅊ)을 지나치게 강조하거나 조사 '이'와 분절하여 인식할 때가 있습니다. 이로 인해 발음이 끊기거나 불필요한 마찰음이 발생한다면, 에디터의 가사 창에는 과감하게 소리 나는 대로의 발음을 입력해야 합니다.

- **연음화의 실례:** '무릎이'가 [무릅이]처럼 들린다면 [무르피]로, '겉으로'가 어색하다면 [거트로]로 수정합니다.
- **경음화 및 격음화:** '작다'의 종성이 뭉개진다면 [작따]로, '입학'이 부정확하다면 [이팍]으로 입력하여 소리의 명확도를 높일 수 있습니다. 이는 AI에게 언어적 해석을 맡기지 않고 파형의 결합 지점을 직접 지시하는 것과 같습니다.

2. 가창의 맛을 살리는 의도적 오기(Misspelling) 기법

노래의 장르나 감정선에 따라 특정 모음을 길게 늘리거나 비음의 섞임 정도를 조절해야 할 때가 있습니다. 이때 표준 맞춤법은 오히려 표현의 제약이 됩니다.

- **모음의 확장과 변형:** '사랑해'라는 마지막 음절을 길게 끌어주길 원한다면 가사창에 '사랑해에' 혹은 '사랑해이'와 같이 보조 모음을 덧붙입니다. AI는 이 추가된 모음을 음절의 지속 시간 확장에 대한 신호로 받아들입니다.
- **이중 모음의 전략적 분리:** '의미'라는 단어의 [의] 발음이 기계적으로 들린다면, 이를 [의이미] 혹은 [이이미]로 분절하여 입력해 봅니다. AI가 모음의 이동 경로를 더 세밀하게 계산하게 되어 훨씬 풍성하고 자연스러운 딕션을 확보할 수 있습니다.

3. 휴지기와 리듬 설계를 위한 문장 부호 활용

에디터는 가사 사이에 삽입된 기호를 리듬과 호흡의 단서로 해석합니다. 보컬의 호흡이 너무 급하거나 가사가 마디의 정박에 맞지 않을 때 다음 기법을 적용합니다.

- **하이픈(-)과 마침표(.):** '나의 마음'의 리듬이 흐릿하다면 '나-의 마-음'으로 입력하여 음절의 시작점을 고정하거나, '나.의.마.음'과 같이 마침표를 찍어 음절 끝을 짧게 끊어 치는 스테카토 창법을 유도할 수 있습니다.
- **쉼표(,)와 공백:** 가창 중간에 짧은 여백이 필요하다면 쉼표를 활용해 AI에게 해당 구간의 에너지를 낮추라는 신호를 보냅니다. 이는 보컬의 물리적인 흐름을 창작자가 직접 설계하는 핵심 테크닉입니다.

고품질 제작을 위한 핵심 가이드라인

1. 반복적 변수 통제와 최적의 판본 선별

성공적인 부분 수정의 완성도는 결코 우연히 얻어지지 않습니다. 이는 '반복적인 변수 통제와 비교'라는 정교한 과정을 통해 결정됩니다. Suno의 에디터는 단 한 번의 시도로 창작자의 머릿속에 있는 완벽한 정답을 내놓기보다 동일한 조건값 안에서 미세하게 결이 다른 여러 버전의 선택지를 제공합니다. 이때 창작자에게 요구되는 역량은 단순히 기술을 다루는 능력이 아니라, 원본이 가진 고유의 감정선과 에너지 레벨을 해치지 않으면서도 결함만 정확히 제거된 최적의 판본을 선별해내는 '프로듀서의 안목'입니다.

만약 첫 번째 결과물이 만족스럽지 않다면, 수정본을 다시 에디터의 원본으로 불러와 2차, 3차 수정을 가하는 '점진적 개선(Incremental Improvement)' 방식을 택해야 합니다. 이는 조각가가 거친 돌덩이에서 시작해 서서히 세부적인 형상을 깎아 나가는 과정과 같습니다. 한 번에 모든 문제를 해결하려 하기보다 처음에는 리듬의 어색함을 잡고, 그다음에는 발음의 명확성을, 마지막으로는 음색의 질감을 다듬는 식으로 단계별 목표를 설정하는 것이 고품질 음원을 얻는 가장 확실한 지름길입니다.

2. 사운드 밸런스에 따른 전략적 프롬프트 분리

에디터를 사용할 때 흔히 하는 실수는 곡 전체에 사용했던 방대한 스타일 태그를 수정 구간에도 그대로 유지하는 것입니다. 하지만 고품질 결과물을 위해서는 수정 대상이 '보컬'인지 아니면 '배경음(MR)'인지를 명확히 구분하여 전략적으로 접근해야 합니다.

- **보컬의 뉘앙스 및 가창 교정 전략:** 배경음은 만족스러우나 보컬의 발음이 뭉개지거나 특정 음정 처리가 불안정할 경우, 스타일 태그에서 악기 정보를 과감히 축소합니다. 대신 가사 입력창에 조음 기관의 움직임을 유도하는 의성어를 섞거나 대괄호를 활용한 발성 지시어(예: [Crisp Diction], [Breathive Voice])에 집중하여 AI의 연산 자원을 오직 보컬의 품질을 높이는 데 할당하도록 유도해야 합니다.

- **사운드 밀도 및 편곡 보강 전략:** 반대로 보컬의 가창은 훌륭하지만 해당 구간의 악기 편곡이 빈약하거나 에너지가 부족하다면, 가사는 원본 그대로 유지한 채 스타일 프롬프트에 구체적인 악기 명칭이나 사운드 질감을 설명하는 단어(예: Layered Synthesizer, Driving Bassline)를 추가합니다. 이를 통해 보컬의 캐릭터는 보존하면서도 배경 사운드의 밀도를 비약적으로 높여 상업 음원 특유의 꽉 찬 사운드를 구현할 수 있습니다.

3. 디지털 아티팩트 방지와 전후 맥락 모니터링

에디터 작업에서 기술적으로 가장 주의해야 할 요소는 수정 구간 경계면에서 발생하는 '디지털 아티팩트(잡음)'입니다. 이를 방지하기 위해서는 수정 범위를 설정할 때 단순히 귀로 들리는 구간보다 아주 미세하게 넓거나 좁게 조정하며 최적의 연결점을 찾아야 합니다. 특히 파형의 진폭이 가장 작아지는 지점을 눈으로 확인하며 범위를 지정하는 습관을 들인다면, 별도의 후보정 과정 없이도 매끄러운 연결성을 확보할 수 있습니다.

수정된 구간이 그 자체로는 완벽하더라도 앞뒤 섹션과 연결했을 때 전체적인 감정의 흐름이나 음량 밸런스가 튀어 보인다면 이는 실패한 수정입니다. 작업이 끝날 때마다 반드시 수정 구간의 5~10초 전부터 재생하여 감정의 고조가 자연스러운지, 갑자기 보컬의 위치가 변하지는 않았는지, 공간감의 깊이가 일정하게 유지되는지를 입체적으로 모니터링해야 합니다.

심화 전략 및 트러블슈팅

1. 심화 전략: 하이브리드 워크플로우와 조음 튜닝

에디터 기능을 단순히 오류 수정용이 아닌 '창의적 편곡 도구'로 확장하여 사용해야 합니다. 이를 위해 권장되는 전략 중 하나는 '점진적 레이어링(Progressive Layering)'입니다. 처음 생성된 곡의 에너지가 단조롭다면, 에디터를 통해 특정 구간마다 스타일 프롬프트를 조금씩 변형하며 재생성해 봅니다. 예를 들어, 2절 벌스에서는 Acoustic Guitar를 추가하고, 마지막 코러스에서는 Orchestral Strings를 더하는 방식으로 에디터를 반복 적용하면, AI가 한 번에 만들기 어려운 복잡하고 입체적인 곡 구조를 설계할 수 있습니다.

또한, 보컬이 기계적인 느낌을 줄 때는 문법적인 가사를 포기하고 '조음 튜닝(Phonetic Tuning)'을 시도합니다. '나의 마음'이 어색하다면 '나에 마암'이나 '나-의 마-음'처럼 소리 나는 대로 입력하거나 하이픈(-)을 활용해 호흡의 길이를 강제로 조정해 봅니다. 에디터는 이러한 미세한 텍스트의 변화를 파형에 즉각 반영하므로, 이를 통해 인간 가창자가 부르는 듯한 자연스러운 딕션을 확보할 수 있습니다.

2. 트러블슈팅: 음색 불일치와 에너지 단절 해결

에디터 작업 중 빈번하게 발생하는 문제는 수정 구간의 보컬 톤이 원본과 미세하게 달라지는 '음색 불일치(Vocal Inconsistency)'입니다. 이는 주로 수정 범위를 너무 짧게 잡았을 때 발생합니다. AI가 앞뒤 문맥을 파악할 충분한 데이터를 확보하지 못했기 때문입니다. 이럴 때는 수정 범위를 문제 지점의 앞뒤로 반 마디 정도 더 넓게 설정하여 AI에게 충분한 '학습 데이터'를 제공함으로써 해결할 수 있습니다.

또 다른 문제는 수정 구간만 갑자기 에너지가 튀는 '에너지 단절' 현상입니다. 이때는 스타일 태그에 Conserving energy, Low dynamics와 같은 제어용 프롬프트를 추가하여 재생성을 유도합니다. 에디터는 만능 해결사가 아니며, 후반 작업인 믹싱 단계에서 컴프레서(Compressor)나 EQ를 통해 질감을 통일시키겠다는 유연한 판단도 필요합니다. 에디터는 최적의 소스를 제공하는 도구임을 명심해야 합니다.

응용 연습

● ① 특정 단어의 발음 및 가창 뉘앙스 교정

생성된 곡 중 특정 단어가 부정확하거나 감정이 과잉된 구간을 에디터로 지정합니다. 가사 입력 창에 해당 단어를 소리 나는 대로 적어 발음을 교정하거나 대괄호 [ ]를 활용해 상세한 가창 지시어(예: [Whispering], [Powerful Belt])를 추가해 봅니다. 원본보다 전달력이 개선된 판본을 최소 5개 이상 생성하고, 곡의 전체 맥락과 가장 잘 어울리는 결과물을 선택하는 훈련을 합니다.

● ② 섹션 전환점의 에너지 설계 및 악기 레이어링

벌스(Verse)에서 코러스(Chorus)로 진입하기 직전의 긴장감을 극대화하는 연습입니다. 드럼 필인이 시작되거나 사운드가 빌드업되어야 하는 약 2마디 구간을 범위로 설정합니다. 이때 스타일 태그에 기존에 없던 악기(예: Cinematic Percussion, High-pitched Synth)를 추가하여 단순히 곡이 이어지는 것을 넘어 청자가 섹션의 변화를 확실히 체감할 수 있는 강력한 전환점(Transition)을 직접 설계해 봅니다.

● ③ 상업용 목적에 맞춘 15초/30초 맞춤형 엔딩 제작

곡의 임의 지점을 선택해 에디터로 짧고 강렬한 마무리 구간을 생성합니다. 곡이 중간에 끊기지 않고 자연스럽게 여운을 남기며 사라지는 페이드 아웃 형태나 모든 악기가 동시에 멈추며 강한 임팩트를 주는 엔딩을 의도적으로 유도합니다. 가사 입력창에 [Outro], [Big Finish] 등의 태그를 입력하여 광고나 영상 콘텐츠의 타임라인에 즉시 적용 가능한 최적화된 결말을 완성해 봅니다.

핵심 포인트

● **에디터는 완성이 아닌 '교정' 의 도구입니다:** 곡의 대세적인 구조를 흔들기보다, 완성도를 저해하는 미세한 디테일을 찾아내어 정교하게 깎아내는 데 집중합니다.

● **선택의 밀도가 음원의 품질을 결정합니다:** AI가 제시하는 수많은 대안 중 곡의 서사와 감정적 흐름에 가장 부합하는 소리를 선별해내는 것이 창작자의 가장 큰 역량입니다.

● **시각적 파형과 청각적 리듬을 결합합니다:** 화면상의 파형 대비를 통해 마디의 위치를 파악하고, 귀로 들리는 소리의 타이밍을 대조하며 편집점을 설정할 때 가장 완벽한 연결이 가능해집니다.

PART
4

창작을 넘어
확산과 비즈니스로

음악이 스튜디오 안에만 머문다면 그것은 미완의 기록일 뿐입니다. 이제 정교하게 다듬어진 사운드에 시각적 정체성을 입히고, 전략적인 마케팅 요소를 더해 세상 밖으로 내보낼 준비를 해야 합니다.

두 곡의 유전자를 결합하는 고차원적 융합부터 숏폼 시대에 최적화된 하이라이트 추출 및 영상화 전략을 다룹니다. 또한, 창작자의 권리를 보호하고 자산의 가치를 높이는 유통 로직을 실습합니다.

이 과정을 통해 여러분의 작업물은 단순한 오디오 파일을 넘어 하나의 완성된 콘텐츠이자 비즈니스 자산으로서 대중과 만나게 될 것입니다.

11 수노 스튜디오로 음악 설계하기

Suno Studio와 DAW 사이

무엇을 먼저 바꿔야 할까

대부분의 사용자는 AI 음악 도구를 실행하는 순간부터 작업이 시작된다고 인식합니다. 화면을 열고 설정을 조정하거나 명령을 입력하는 행위가 곧 제작 과정이라고 느끼기 때문입니다. 그러나 실제로 중요한 준비는 그 이전 단계에서 이루어집니다.

작업은 도구를 실행하는 순간 시작되는 것이 아니라, 어떤 관점으로 도구를 사용할 것인가가 정리되는 시점에서 시작됩니다. 이는 단순한 태도의 문제가 아니라 작업 효율과 결과 안정성을 좌우하는 실질적인 조건입니다. 우리가 흔히 간과하는 사실은 도구를 다루는 기술보다 먼저 정리되어야 할 것이 음악을 바라보는 방식과 결과를 해석하는 기준이라는 점입니다.

전통적인 음악 제작 환경에서 작업자는 능동적인 조작자의 위치에 있습니다. 사용할 소스를 선택하고 구조를 설계하며 세부 요소를 조정합니다. 우리는 이러한 조합과 편집 중심의 작업 방식에 익숙해져 있으며, 무엇을 추가하고 무엇을 제거할지 지속적으로 판단합니다. 결과는 점진적으로 형성되고 모든 변화는 직접적인 개입을 통해 이루어집니다.

이러한 작업 구조에서는 결과의 원인과 과정이 비교적 명확합니다. 특정 요소를 변경하면 어떤 변화가 발생하는지 예측할 수 있으며, 수정 과정 또한 선형적으로 이어집니다. 작업자는 전반적인 통제의 감각을 유지한 상태에서 제작을 진행합니다.

그러나 AI 기반 제작 환경에서는 이 흐름이 근본적으로 달라집니다. 음악의 상당 부분이 사용자의 직접 조작이 아니라 입력 조건과 해석 과정에서 형성됩니다. 작업자는 더 이상 모든 요소를 구성하는 위치에 있지 않으며, 대신 결과를 유도하고 선택하는 역할에 가까워집니다.

이 차이는 단순한 인터페이스의 변화가 아닙니다. 제작 구조 자체가 바뀌는 문제입니다. 기존 제작 환경이 조립 중심 구조라면, 생성형 환경은 조건 설계 중심 구조에 가깝습니다. 결과는 조작의 산물이 아니라 해석의 산물이 되며, 작업자의 역할 또한 구성자에서 지시자, 조정자로 이동합니다.

이 구조적 차이를 인식하지 못하면 작업은 쉽게 혼란에 빠집니다. 기대하는 통제 방식과 실제 시스템의 작동 방식 사이에 괴리가 발생하기 때문입니다. 사용자는 여전히 직접 제작의 감각을 기대하지만, 시스템은 확률적 생성 구조로 반응합니다. 이 불일치는 작업 피로와 판단 혼란의 주요 원인이 됩니다.

특히 스튜디오 단계에서는 또 다른 사고 전환이 필요합니다. 이곳은 새로운 결과를 만들어내는 공간이 아니라, 이미 생성된 결과를 다루는 공간이기 때문입니다. 무엇을 만들 것인가보다 무엇을 유지하고 무엇을 조정할 것인가가 작업의 핵심 기준으로 이동합니다.

이 지점에서 많은 사용자가 미묘한 혼동을 경험합니다. 생성 단계와 편집 단계의 작업 감각을 동일하게 적용하려 하기 때문입니다. 그러나 스튜디오 환경은 생성 공간이 아니라 해석 공간에 가깝습니다. 여기서의 작업은 새로운 아이디어를 요청하는 과정이 아니라, 이미 등장한 결과를 분석하고 선택하는 과정입니다.

생성 단계에서의 질문이 "어떤 음악을 만들 것인가"였다면, 스튜디오 단계에서의 질문은 "이 결과를 어떻게 발전시킬 것인가"로 바뀝니다. 작업의 중심축이 창조에서 조정으로 이동하며, 판단의 기준 또한 달라집니다.

이미 만들어진 결과를 다루는 과정에서는 완성도보다 구조적 판단이 중요해집니다. 어떤 요소가 곡의 정체성을 형성하는지, 어떤 부분이 수정 가능한 영역인지, 무엇을 고정하고 무엇을 변형해야 하는지를 구분해야 합니다. 이는 단순한 편집 기술의 문제가 아니라 전략의 문제입니다.

스튜디오 환경에서 작업자는 더 이상 빈 캔버스를 마주하지 않습니다. 대신 이미 존재하는 구조와 요소들을 기반으로 선택과 재구성을 수행하게 됩니다. 결과를 만드는 과정이 아니라 결과를 발전시키는 단계로 진입하는 것입니다.

이러한 작업 구조에서는 새로운 능력이 요구됩니다. 사운드를 만드는 능력이 아니라 결과를 읽는 능력, 추가하는 능력이 아니라 유지할 것을 판단하는 능력입니다. 무엇을 더할 것인가보다 무엇을 남길 것인가가 더 중요해지는 순간이 등장합니다.

스튜디오 실습에 들어가기 전 우리가 준비해야 할 것은 특정 기능의 사용법이 아니라 작업 전체를 관통하는 기준과 전략입니다. 어떤 방식으로 결과를 해석할 것인지, 어떤 기준으로 수정과 교체를 판단할 것인지, 반복 작업 속에서 무엇을 일관되게 유지할 것인지가 핵심적인 준비 요소가 됩니다.

기능은 이후에 익혀도 됩니다. 인터페이스는 빠르게 익숙해집니다. 그러나 작업 관점이 정리되지 않은 상태에서 스튜디오에 진입하면 모든 선택은 우연처럼 느껴지고 모든 수정은 불안 요소가 됩니다.

반대로 기준과 전략이 정리된 상태에서 작업을 시작하면 스튜디오 환경은 단순 편집 도구가 아니라 결과를 통제하고 발전시키는 공간으로 인식되기 시작합니다. 동일한 기능이 전혀 다른 의미를 갖게 되는 순간입니다.

스튜디오에 들어가기 전 우리가 먼저 바꿔야 할 것은 조작 방식이 아니라 사고 방식입니다. 어떤 결과를 만들 것인가가 아니라 어떤 결과를 어떻게 다룰 것인가에 대한 관점의 전환입니다.

이 관점이 정리되는 순간, 스튜디오 실습은 기능 학습이 아니라 작업 구조 이해의 과정으로 변화하게 됩니다.

AI 음악 제작에서 기준이 갖는 의미

전통적인 음악 제작 환경에서는 기준이 비교적 명확했습니다. 레퍼런스 트랙, 장르 규칙, 사운드 관습 등 다양한 판단 틀이 존재하며, 작업자는 이러한 기준을 참고해 결과를 평가하고 수정합니다.

이러한 환경에서 기준은 일종의 공통 언어로 기능합니다. 특정 장르가 요구하는 구조, 사운드의 배치 방식, 믹싱의 방향성 등은 축적된 관습과 기대치 위에 형성되어 있습니다. 작업자는 이 틀 안에서 결과를 조정하며 무엇이 자연스럽고 무엇이 어색한지를 비교적 안정적으로 판단할 수 있습니다.

기준은 작업을 제한하는 요소라기보다 판단을 단순화하는 장치에 가깝습니다. 선택의 범위를 줄이고 수정의 방향을 명확히 하며, 결과 평가의 기준점을 제공합니다. 제작 과정은 이러한 기준 위에서 점진적으로 정렬됩니다.

그러나 AI 기반 제작 환경에서는 이러한 기준들이 상대적으로 흐려집니다. 시스템은 규칙을 따르기도 하지만 동시에 변형하며, 예상 가능한 결과와 예외적인 결과를 함께 만들어냅니다.

AI는 특정 장르의 특성을 반영하면서도 완전히 동일한 방식으로 재현하지는 않습니다. 구조를 유지하는 듯 보이다가도 미묘하게 다른 전개를 제시하고, 익숙한 사운드 조합 속에서도 예상하지 못한 요소를 드러내기도 합니다. 이러한 특성은 생성형 시스템의 강점이지만, 동시에 작업자의 판단 구조를 불안정하게 만드는 요인이 되기도 합니다.

기존 제작 환경에서 기준과 결과 사이의 관계가 비교적 선형적이었다면, 생성형 환경에서는 그 관계가 확률적이고 가변적입니다. 동일한 조건에서도 결과는 달라질 수 있으며, 예상 가능한 범위와 예외적 결과의 경계 또한 명확하지 않습니다.

이 지점에서 필요한 것은 외부 기준의 강화가 아니라 작업자 스스로 설정한 내부 기준입니다.

외부 기준이 완전히 무의미해지는 것은 아닙니다. 장르적 맥락, 청취자의 기대, 사용 목적과 같은 요소들은 여전히 중요한 판단 기준으로 작용합니다. 그러나 생성형 작업에서는 이러한 외부 기준만으로 충분한 통제 구조를 확보하기 어렵습니다.

작업자는 결과를 단순히 평가하는 위치에 머무르지 않습니다. 어떤 결과를 선택하고 어떤 방향으로 발전시킬 것인가를 결정하는 위치에 놓이게 됩니다. 기준은 더 이상 참조 대상이 아니라 설계 대상에 가까워집니다.

어떤 요소를 유지할 것인가, 어떤 부분을 수정할 것인가, 무엇을 우선적으로 판단할 것인가와 같은 질문들이 작업의 방향을 형성합니다.

생성된 결과에는 수많은 선택지가 동시에 포함되어 있습니다. 사운드의 질감, 리듬의 밀도, 구조의 전개 방식, 감정적 분위기 등 다양한 요소들이 복합적으로 얽혀 있습니다. 이때 작업자는 무엇이 더 우수한가를 판단하기보다 무엇이 의도와 더 일치하는가를 판단해야 합니다.

이 차이는 매우 중요합니다. 생성형 환경에서는 객관적 우열보다 맥락적 적합성이 더 중요한 기준으로 작동하기 때문입니다. 동일한 결과라도 프로젝트의 목적과 사용 맥락에 따라 전혀 다른 의미를 갖게 됩니다.

내부 기준은 이러한 선택의 우선순위를 정렬하는 역할을 수행합니다. 어떤 변화가 허용되는지, 어떤 요소가 곡의 정체성을 구성하는지, 무엇을 고정 기준으로 삼아야 하는지가 명확해질수록 작업은 안정됩니다.

특히 생성 이후 단계에서는 이 기준이 더욱 중요해집니다. 결과를 개선하는 과정이 단순 편집이 아니라 선택과 해석의 문제로 바뀌기 때문입니다.

스튜디오 환경에서의 작업은 소리를 새로 만드는 과정이 아니라 이미 존재하는 구조를 재해석하는 과정에 가깝습니다. 수정은 기술적 조작이 아니라 판단의 결과이며, 편집은 단순 조정이 아니라 방향 설정의 행위가 됩니다.

이 단계에서 기준이 부재하면 작업은 반복적인 수정과 재선택의 순환에 빠지게 됩니다. 무엇을 고정해야 하는지, 어떤 변경이 의미 있는지 판단하기 어려워지기 때문입니다.

반대로 내부 기준이 명확하면 스튜디오 작업은 훨씬 전략적인 과정으로 전환됩니다. 결과는 평가 대상이 아니라 구성 재료로 인식되며, 모든 수정은 목적을 향한 조정으로 해석됩니다.

AI 음악 제작에서 기준은 더 이상 참고용 규칙이 아닙니다. 그것은 작업자가 결과와 관계를 맺는 방식이며, 생성과 편집을 연결하는 핵심적인 통제 구조입니다.

'좋은 결과'에 대한 오해

AI 음악 작업에서 사용자가 가장 쉽게 빠지는 함정 중 하나는 완성도 중심의 평가입니다. 생성된 결과가 얼마나 자연스러운지, 얼마나 세련되었는지를 기준으로 판단하려는 경향입니다.

이는 매우 자연스러운 반응입니다. 우리는 오랫동안 음악을 소비자의 관점에서 경험해 왔고, 완성된 결과물을 중심으로 가치를 판단하는 방식에 익숙해져 있습니다. 청취자의 위치에서는 완성도가 곧 품질이며, 자연스러움과 세련됨은 중요한 평가 기준으로 작동합니다.

문제는 이러한 관점이 작업 단계로 그대로 이동될 때 발생합니다. 생성형 AI 환경에서는 결과를 감상하는 기준과 결과를 다루는 기준이 반드시 동일하지 않기 때문입니다. 듣기에 좋아 보이는 결과가 항상 작업 목적에 적합한 결과는 아닙니다.

생성된 음악이 충분히 매끄럽고 완성도 높게 들리더라도, 그것이 프로젝트의 방향성과 일치하지 않는다면 작업 관점에서는 이상적인 결과라고 보기 어렵습니다. 반대로 다소 거칠거나 불완전하게 느껴지는 결과라도 의도한 구조나 분위기에 더 가깝다면 훨씬 유용한 출발점이 될 수 있습니다.

물론 완성도는 중요합니다. 그러나 이것이 유일한 판단 기준이 되는 순간 작업 구조는 쉽게 불안정해집니다.

완성도 중심의 판단은 본질적으로 변동성이 큰 기준입니다. 생성형 시스템의 특성상 결과의 변동성은 항상 존재하며, 모든 결과가 즉시 이상적인 형태로 등장하지는 않습니다. 이때 완성도만을 기준으로 평가하면 대부분의 결과는 부족하게 느껴지기 쉽습니다.

그 결과 작업자는 끊임없이 더 나은 결과를 찾으려 하거나 비교와 재생성의 순환에 빠지게 됩니다. 무엇이 문제인지 명확히 정의하지 못한 상태에서 결과만 교체하는 과정이 반복되며, 작업은 발전보다는 탐색에 머물게 됩니다. 판단 피로 또한 빠르게 누적됩니다.

더 중요한 문제는 판단 기준의 이동입니다. 완성도 중심의 접근에서는 작업의 목표 자체가 점차 흐려지기 쉽습니다. 처음에는 분명한 의도와 방향을 갖고 시작했더라도 어느 순간부터는 단순히 더 좋아 보이는 결과를 찾는 과정으로 변질되기 때문입니다.

실습의 목적은 완벽한 결과를 찾는 데 있지 않습니다. 그것은 결과를 다루는 기준과 통제 감각을 형성하는 과정에 가깝습니다.

특히 학습과 실습 단계에서는 결과 자체보다 작업 구조의 이해가 훨씬 중요합니다. 어떤 결과가 등장했는가보다 그 결과를 어떤 기준으로 해석하고 조정하는지가 핵심 경험이 됩니다. 생성형 작업에서는 완벽한 결과를 찾는 사고보다 활용 가능한 결과를 발견하는 사고가 더욱 중요해집니다.

결과는 평가 대상이 아니라 조정 가능한 재료이며, 작업자는 소비자가 아니라 구성 전략을 설계하는 위치에 놓입니다. 이 관점이 형성되지 않으면 작업은 쉽게 좌절 구조로 이동합니다. 기대하는 이상적 결과와 실제 생성 결과 사이의 간극은 항상 존재하기 때문입니다.

특히 스튜디오 단계에서는 무엇이 더 좋아 보이는가보다 무엇이 의도한 방향에 더 가까운가가 훨씬 중요한 판단 기준이 됩니다.

스튜디오 환경은 생성 결과를 재검토하고 발전시키는 단계입니다. 이곳에서의 판단은 미적 선호의 문제가 아니라 구조적 적합성의 문제에 가깝습니다. 무엇이 더 인상적인가가 아니라 무엇이 더 일관적인가, 무엇이 더 화려한가가 아니라 무엇이 더 목적에 부합하는가가 중요해집니다.

이미 생성된 결과를 다루는 과정에서는 항상 선택의 문제가 등장합니다. 어떤 요소를 유지하고 어떤 부분을 교체할 것인지, 무엇을 중심으로 구조를 재정렬할 것인지가 작업의 핵심이 됩니다. 이때 완성도 중심의 기준은 실질적인 도움을 제공하기 어렵습니다.

의도와 기준 중심의 판단 구조가 형성될수록 작업은 훨씬 안정됩니다. 결과는 우연적 산출물이 아니라 조정 가능한 구성 요소로 인식되며, 수정 과정 또한 명확한 방향성을 갖게 됩니다.

좋은 결과란 단순히 잘 만들어진 결과가 아닙니다. 그것은 작업자의 목적과 전략 안에서 의미를 갖는 결과입니다.

스튜디오 실습의 진짜 목적

스튜디오는 단순한 편집 공간이 아닙니다. 그것은 생성 이후의 결과를 해석하고 재구성하는 작업 공간에 가깝습니다.

많은 사용자는 스튜디오를 기존의 오디오 편집 도구와 유사한 개념으로 이해합니다. 구간을 자르고 구조를 정리하며 결과를 다듬는 공간으로 인식하는 것입니다. 이러한 기능들은 분명 스튜디오 작업의 일부입니다.

그러나 생성형 AI 기반 제작 환경에서 스튜디오의 의미는 그보다 넓습니다. 이곳은 소리를 수정하는 장소라기보다 이미 생성된 결과를 어떤 기준과 전략으로 다룰 것인가가 중심이 되는 공간입니다.

생성 단계에서 결과는 등장하는 대상이지만, 스튜디오 단계에서 결과는 다루어야 할 재료가 됩니다. 작업의 초점은 생성이 아니라 선택과 조정으로 이동합니다.

이 단계에서 중요한 것은 새로운 아이디어를 만들어내는 능력이 아니라, 어떤 요소를 유지하고 무엇을 변화시킬 것인가를 판단하는 능력입니다. 스튜디오 작업은 기술적 조작보다 구조적 해석에 가깝습니다.

실습을 통해 확보해야 할 핵심 경험은 세 가지로 정리할 수 있습니다.

1. 통제의 감각
생성형 작업 환경에서는 시스템이 모든 것을 결정하는 것처럼 느껴지는 순간이 자주 등장합니다. 결과는 예측하기 어렵고 동일한 조건에서도 변화가 발생합니다. 이러한 특성은 작업자에게 통제 불가능한 인상을 남기기 쉽습니다. 그러나 스튜디오 단계에서 작업자는 다른 형태의 통제를 경험하게 됩니다. 결과를 직접 만들어내는 통제가 아니라, 이미 존재하는 결과를 구성하고 재배치하는 통제입니다. 어떤 요소를 강조하고 어떤 구조를 유지할 것인지 선택하는 과정 속에서 작업자는 점진적인 통제 감각을 확보하게 됩니다.

2. 선택의 기준
스튜디오 작업에서 가장 중요한 능력 중 하나는 선택의 기준을 구축하는 일입니다. 생성된 결과는 항상 복수의 가능성을 포함하며, 어떤 요소도 절대적으로 고정되어 있지 않습니다. 이 환경에서는 무엇이 더 우수한가보다 무엇이 더 적합한가가 핵심 질문이 됩니다. 프로젝트의 목적, 사용 맥락, 의도한 분위기에 따라 선택 기준은 달라질 수밖에 없습니다. 실습 과정은 이러한 기준을 구체화하는 단계입니다. 결과를 비교하고 구조를 조정하며 유지와 수정의 경계를 설정하는 경험을 통해 작업자는 자신의 판단 구조를 형성하게 됩니다.

3. 재구성의 이해
전통적인 제작 환경에서 편집은 종종 보조적 단계로 인식되었습니다. 주요 창작 과정 이후에 이루어지는 정리 작업처럼 이해되기도 했습니다. 그러나 생성형 AI 환경에서는 재구성이 핵심 제작 과정으로 기능합니다. 이미 생성된 결과는 완성품이 아니라 조정 가능한 구성 요소이며, 스튜디오는 이를 다루는 중심 공간이 됩니다. 이 관점이 형성되는 순간, 스튜디오 작업은 단순 수정 과정이 아니라 창작 과정의 연장으로 인식되기 시작합니다.

스튜디오 실습의 진짜 목적은 특정 기능을 익히는 데 있지 않습니다. 그것은 생성 결과를 어떻게 해석하고 발전시킬 것인가에 대한 작업 감각을 형성하는 과정에 가깝습니다. 완성도 높은 결과를 즉시 얻는 것이 목표가 아닙니다. 대신 결과를 해석하고 조정하는 기준, 수정과 교체의 전략, 그리고 반복 작업 속에서의 판단 구조를 체험하는 과정이 됩니다.

Project

스튜디오에 들어가기 전 점검해야 할 관점

스튜디오 단계에 진입한다는 것은 새로운 결과를 만들어내는 과정에 들어가는 일이 아닙니다. 이미 생성된 결과를 어떻게 해석하고 어떤 방향으로 조정할 것인가를 결정하는 단계에 가깝습니다. 중요한 것은 기능을 얼마나 많이 사용하는지가 아닙니다. 무엇을 변경할지보다 무엇을 유지할지를 판단하는 과정, 그리고 결과를 바라보는 기준을 명확히 세우는 경험이 핵심이 됩니다. 생성형 환경에서 스튜디오는 단순한 편집 도구가 아니라 선택의 공간에 가깝습니다. 모든 조정은 기술적 조작이 아니라 판단의 결과이며, 작은 수정 하나에도 작업자의 기준이 개입하게 됩니다. 이 실습은 더 나은 결과를 찾는 과정이 아니라 결과를 다루는 방식을 정렬하는 과정입니다. 어떤 요소를 고정하고 무엇을 변화시킬 것인지, 그리고 그 판단을 어떤 기준으로 수행할 것인지에 집중하기 바랍니다.

01 스튜디오 열기

01 스튜디오는 사이드 메뉴에서 Studio를 선택하여 진입할 수 있으며, Create 패널과 라이브러리 패널은 필요에 따라 열거나 닫아 작업 화면을 정리할 수 있습니다. 또한 숫자 1-4 키를 사용해 각 패널의 표시 상태를 전환할 수 있습니다.

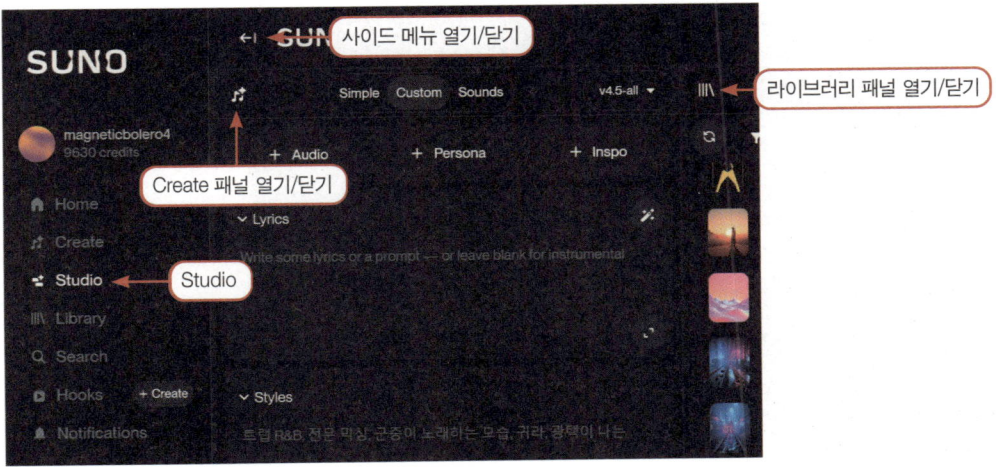

02 스튜디오에서 작업할 곡은 새로 생성(Create Song)하거나, 라이브러리에서 기존 곡을
   불러오거나(Open Library), 오디오 파일을 업로드(Upload Audio)하는 방식으로 준비
할 수 있습니다. 또한 좌측 라이브러리 패널에서 타임라인으로 직접 드래그하여 가져올 수도
있습니다.

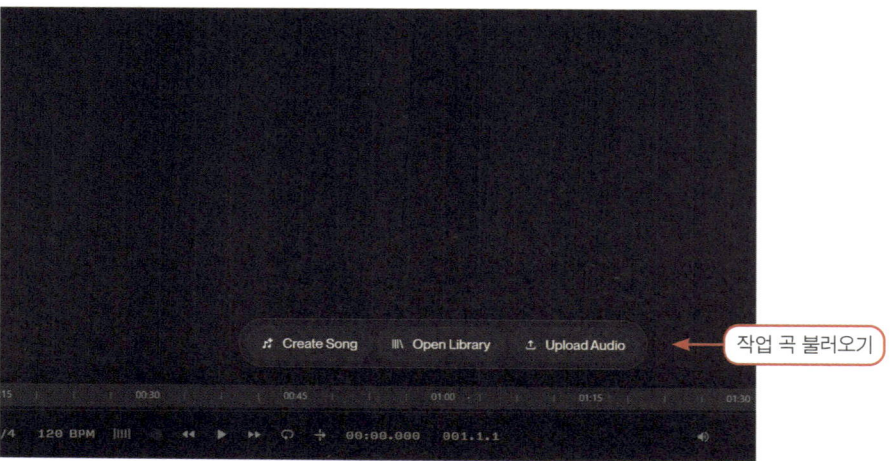

03 일반적으로 스튜디오에서는 새로운 곡을 생성하기보다 이미 만들어진 곡을 편집하는
   경우가 많습니다. 따라서 라이브러리에서 작업할 곡을 선택한 뒤, Remix/Edit 메뉴의
Open in Studio를 선택하여 불러오는 방식을 주로 사용합니다.

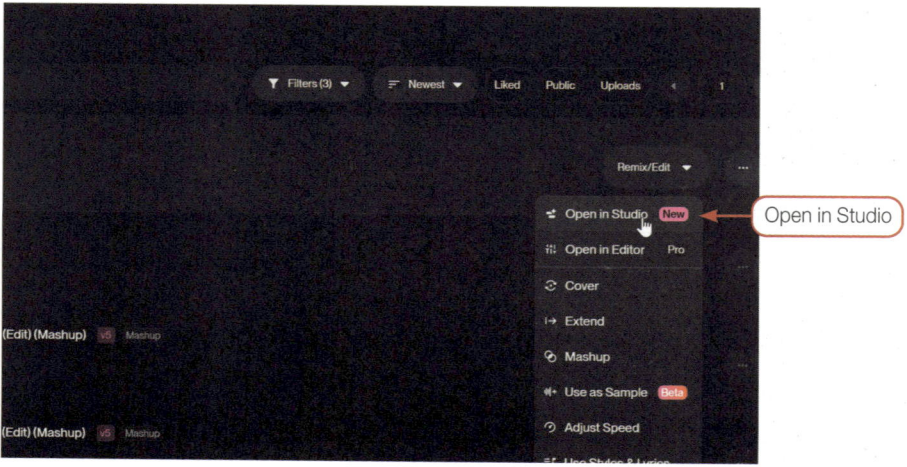

04 Suno 스튜디오의 작업 화면은 일반적인 DAW와 유사한 구조를 갖습니다. 가로로 배치된 라인은 각각의 트랙을 의미하며, 오디오 요소들은 트랙 위에 클립 형태로 배치됩니다. 세로 라인은 음악의 마디 및 시간 위치를 나타냅니다.

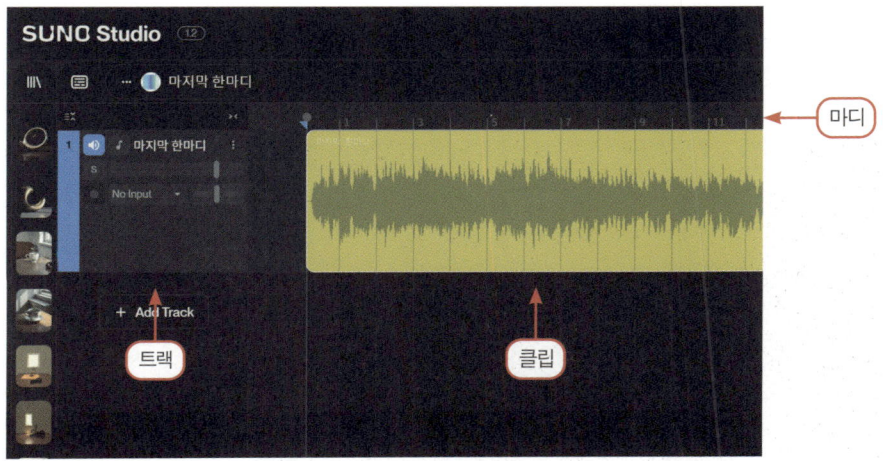

05 클립이 배치되는 작업 공간은 Ctrl 키를 누른 상태에서 마우스 휠을 돌리거나 +/- 키를 눌러 확대 및 축소할 수 있습니다. 또한 스페이스 바를 눌러 프로젝트를 재생하면, 현재 재생 및 편집 위치를 나타내는 재생헤드(세로선)를 확인할 수 있습니다.

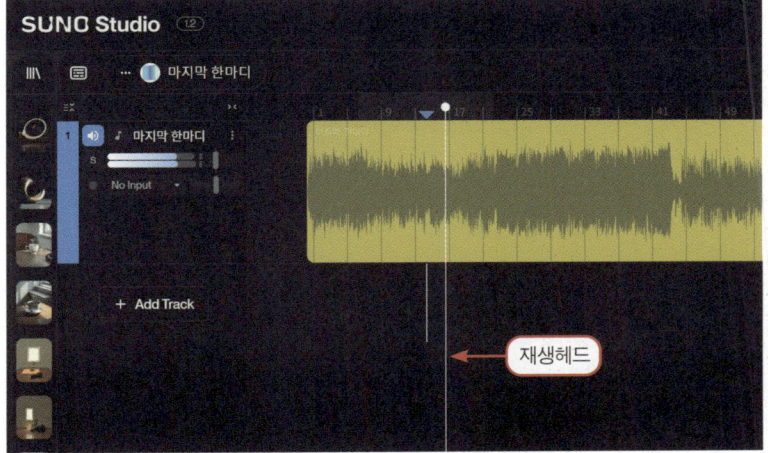

02 스템 분리

01 Suno Studio의 중요한 기능 중 하나는 곡에 포함된 악기와 요소를 개별 스템으로 분리할 수 있다는 점입니다. 클립을 선택하면 오른쪽에 상세 패널이 표시되며, 여기서 Extract Stems 버튼을 클릭하면 전체 요소를 분리하는 All Detected Stems와 보컬만 분리하는 Vocals+Instrumental 옵션을 선택할 수 있습니다.

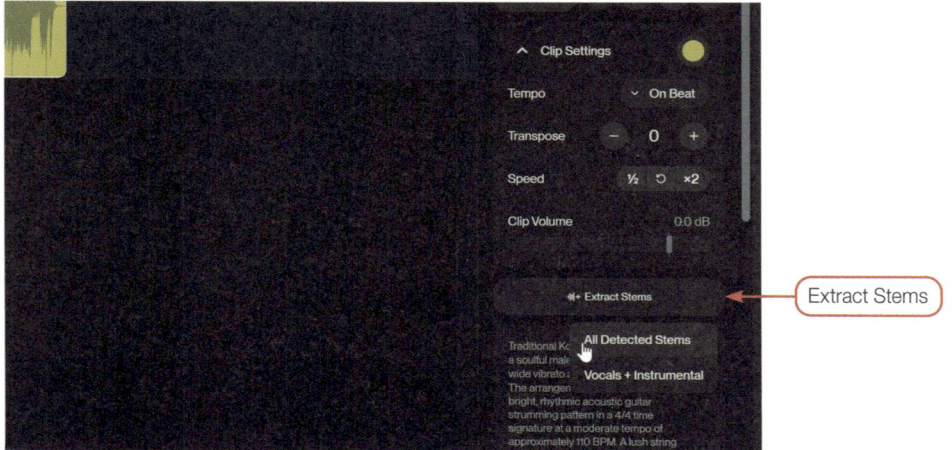

02 All Detected Stems을 선택하여 모든 스템을 분리하면, 분리된 스템이 목록으로 표시되고, Insert All을 선택하면 이들을 개별 트랙으로 한 번에 배치할 수 있습니다.

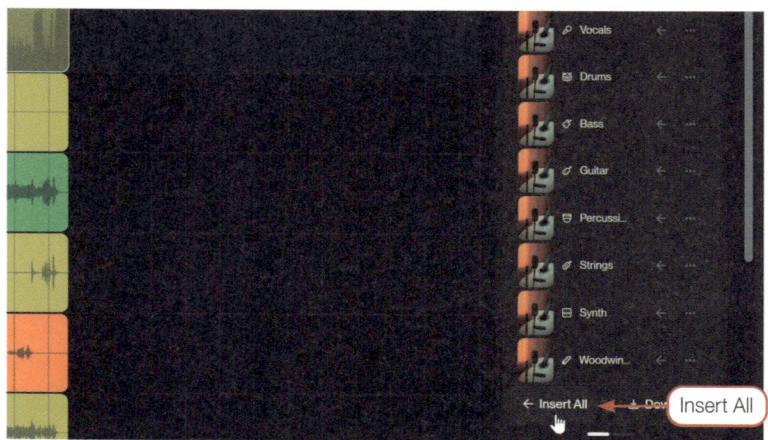

03 스템 분리 작업은 워크스페이스에서 원하는 곡을 마우스 오른쪽 버튼으로 클릭하면 열리는 단축 메뉴에서 Get Stems/MIDI를 선택하여 바로 실행할 수도 있습니다.

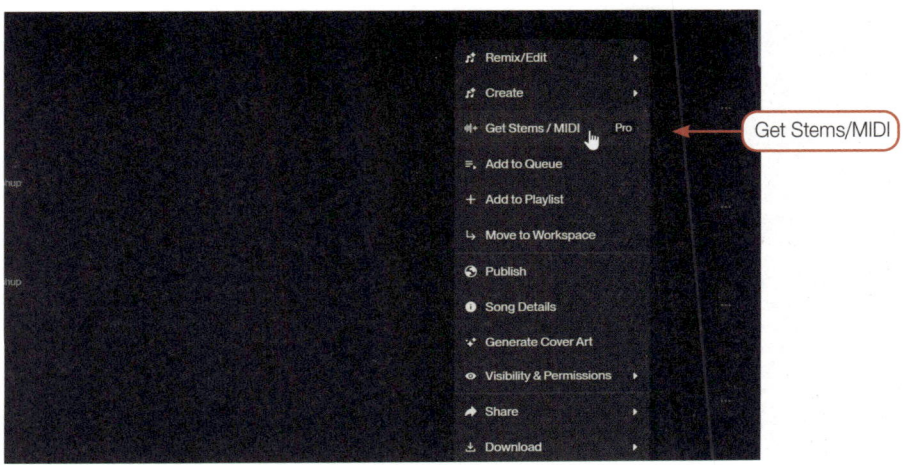

04 단축 메뉴에서 Get Stems/MIDI를 실행하면, 모든 스템을 분리할지(All Detected Stems) 또는 보컬만 분리할지(Vocal+Instrumental) 선택할 수 있습니다.

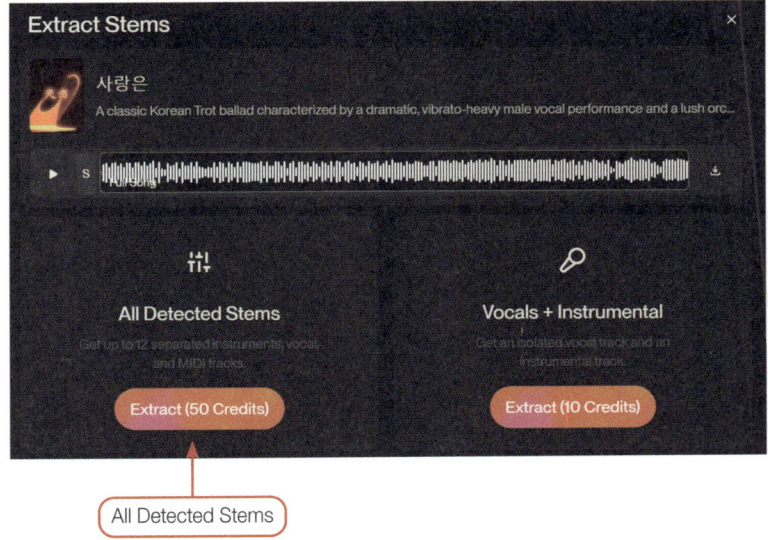

05 All Detected Stems를 선택해 분리하면, 버전별로 스템을 선택해 다운로드할 수 있으며 Edit in Studio 버튼을 클릭해 바로 스튜디오 편집 작업을 진행할 수 있습니다.

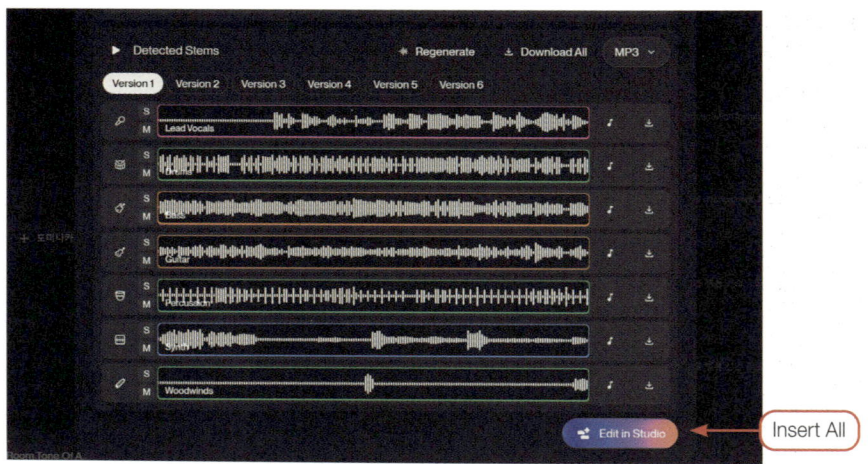

03 트랙 컨트롤러

트랙에는 뮤트(Mute), 솔로(Solo), 레코드 암(Arm), 인스트루먼트(Instrument), 입력(Input), 볼륨(Volume), 팬(Pan), 그리고 메뉴(Menu) 컨트롤이 포함되어 있습니다.

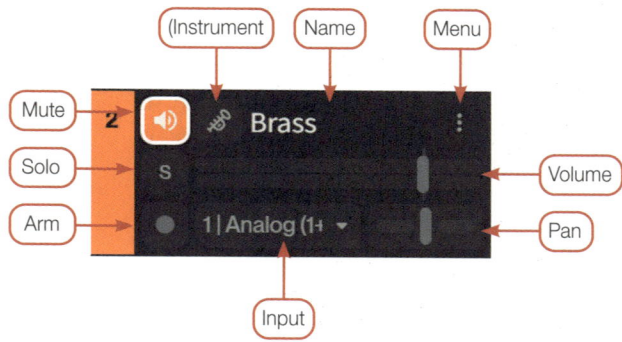

- Track Number: 트랙 번호를 클릭하면 트랙을 확장하거나 축소할 수 있습니다. 확장하면 트랙의 세부 컨트롤이나 레인이 더 잘 보이고, 축소하면 화면을 간결하게 정리할 수 있습니다. 여러 트랙을 동시에 작업할 때 화면 공간을 효율적으로 관리하는 데 도움이 됩니다.

- Mute: 해당 트랙의 소리를 일시적으로 끕니다. 단축키는 Shift+M 입니다.

- Solo: 선택한 트랙만 들리도록 합니다. 단축키는 Shift+S 입니다.

- Arm: 트랙의 녹음 기능을 활성화 합니다.

- Input: 녹음을 할 때 입력받을 장치를 지정합니다. 목록에서 사용자 컴퓨터에 연결된 오디오 인터페이스의 입력 채널을 선택합니다.

- Instrument: 트랙에서 사용할 악기를 설정합니다. 피아노, 신스, 드럼 등 원하는 소리를 선택할 수 있습니다.

- Name: 트랙 이름을 표시합니다. 더블 클릭하여 변경할 수 있습니다.

- Volume: 트랙의 소리 크기를 조절합니다.

- Pan: 소리가 좌우 스피커 중 어느 위치에서 들릴지 조절합니다.

- Menu: 다음과 같은 메뉴로 구성되어 있습니다.
  - Add Alternate Lane → 같은 트랙 안에 새로운 레인을 추가합니다. 다른 아이디어나 버전을 만들어 비교하거나 실험할 때 사용합니다.
  - Delete → 선택한 트랙 또는 레인을 삭제합니다. 더 이상 필요 없는 요소를 정리할 때 사용합니다.
  - Duplicate → 선택한 트랙 또는 레인을 복제합니다. 기존 설정이나 내용을 유지한 채 변형 작업을 하고 싶을 때 유용합니다.

04 클립 속성

화면 오른쪽에는 선택한 클립의 속성을 조정할 수 있는 Clip Settings 패널이 표시됩니다.

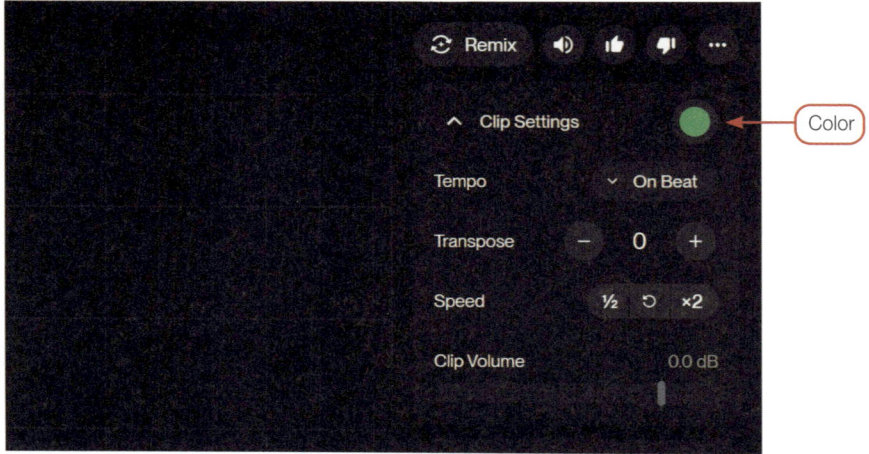

● Color: 클립의 색상을 변경할 수 있는 팔레트를 엽니다. 작업 화면에서 클립을 구분하기 쉽게 만드는 시각적 기능입니다.

● Tempo: 클립이 프로젝트 템포와 어떻게 동기화될지 결정합니다.
  ● On Beat → 프로젝트 템포 변화에 맞춰 클립의 길이가 자동으로 조정됩니다.
  ● Original → 프로젝트 템포 변화와 관계없이 클립의 원래 길이를 유지합니다.

● Transpose: 클립의 음높이를 조절합니다. 값 1은 반음(세미톤) 단위이며, 최대 ±24(2옥타브)까지 조정할 수 있습니다.

● Speed: 클립의 재생 속도를 느리게(1/2) 또는 빠르게(x2) 조정합니다. Reset 버튼을 클릭하면 원래 속도로 복구할 수 있습니다. 속도가 변경되면 재생 길이와 음높이도 함께 변합니다.

● Clip Volume: 해당 클립의 음량을 조절합니다. 트랙 전체가 아닌 선택한 클립에만 영향을 줍니다.

05 트랙 속성

01 트랙 번호가 표시된 색상 바를 더블 클릭하거나 Clip Settings 상단에서 Track을 선택하면 트랙 전체에 적용되는 EQ를 열 수 있습니다.

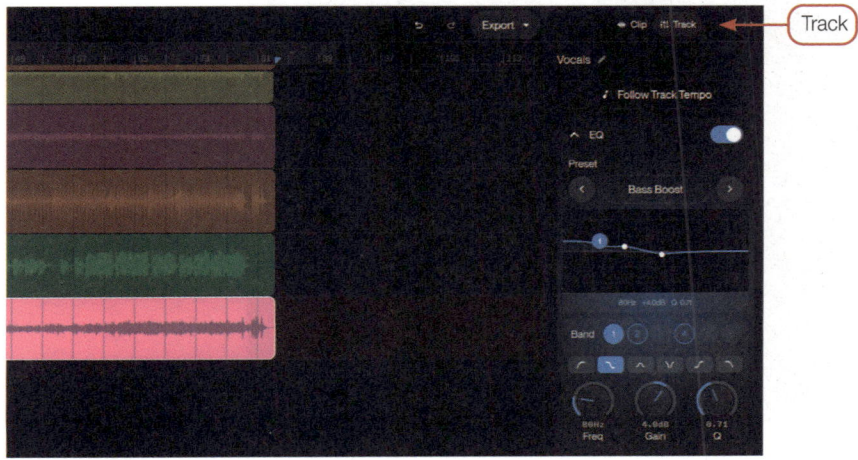

02 EQ는 On/Off 버튼을 클릭하여 적용 여부를 설정할 수 있으며, Preset에서 트랙 유형에 맞는 설정을 제공하므로 초보자도 손쉽게 사용할 수 있습니다.

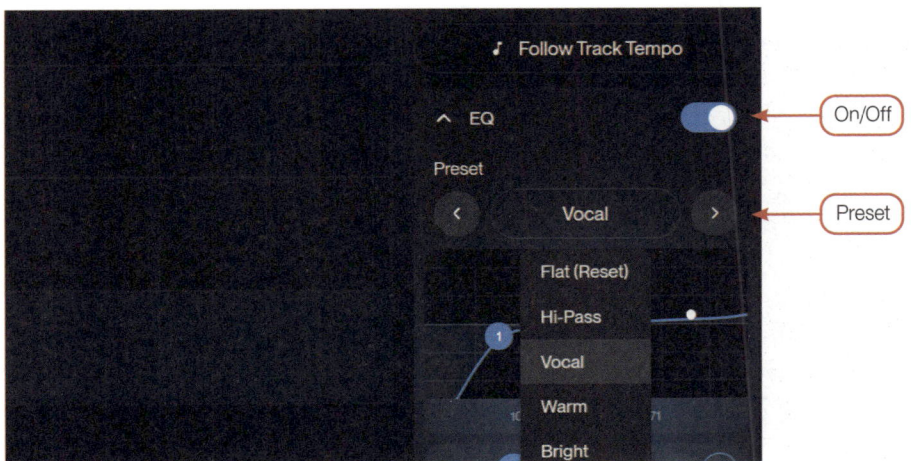

03 총 6밴드 EQ로 구성되어 있으며, 각 밴드의 활성 여부는 Band 버튼으로 설정할 수 있습니다. 밴드 타입은 하단의 Type 버튼을 클릭하여 High/Low-Pass, High/Low-Shelf, Peaking, Notch 중에서 선택할 수 있습니다.

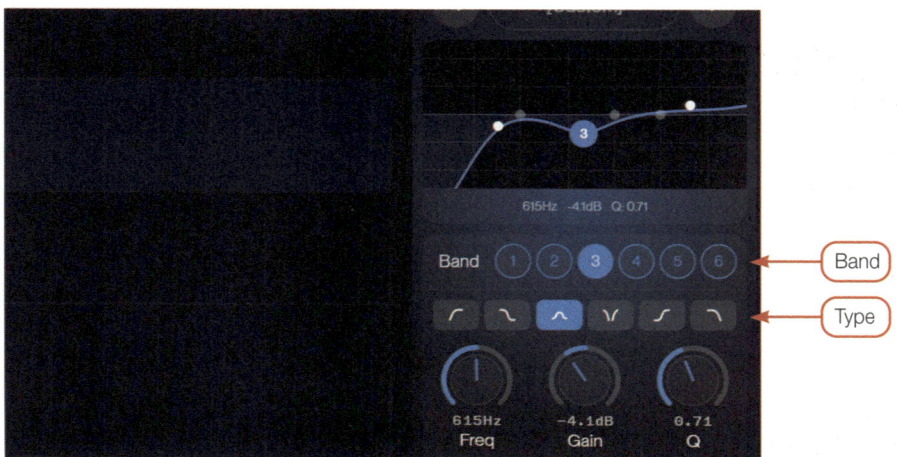

04 하단에는 조정할 주파수를 설정하는 Freq, 증감 폭을 조절하는 Gain, 그리고 대역 폭을 조절하는 Q 노브가 제공됩니다. 디스플레이에 표시되는 포인트를 드래그하여 직접 조정할 수도 있습니다.

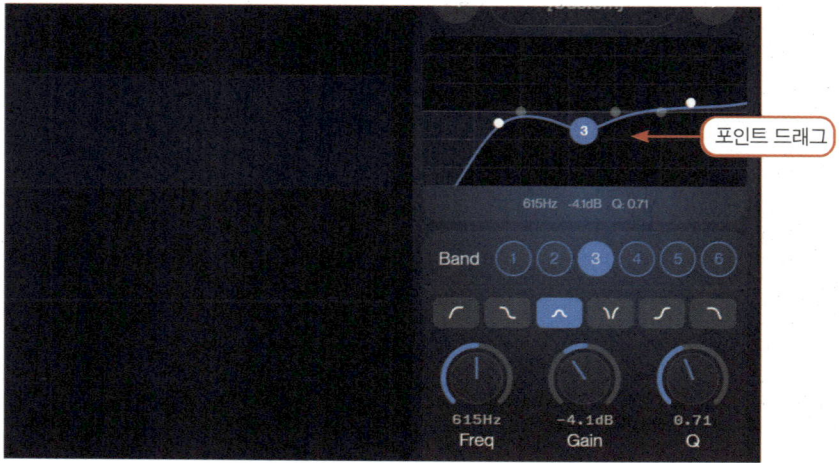

06 트랜스포트 바

화면 하단에는 곡의 재생, 정지, 녹음 등을 제어할 수 있는 트랜스포트 바(Transport Bar)가 있습니다.

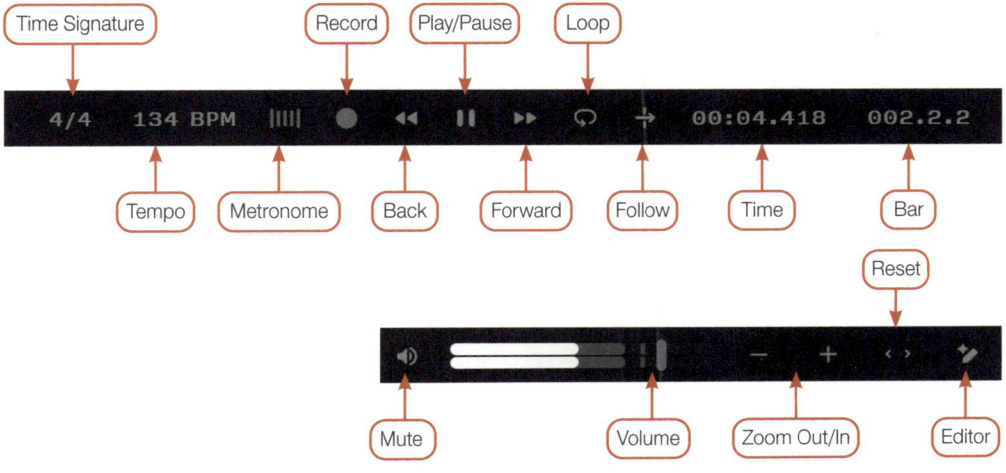

▶ Time Signature: 현재 곡의 박자 구조를 나타냅니다. 클릭하여 변경할 수 있습니다.

▶ Tempo: 곡의 재생 속도(BPM)를 나타냅니다. 클릭하여 변경할 수 있습니다.

● Manual BPM: 사용자가 값을 직접 지정하는 모드로 프로젝트 템포를 고정합니다.
- 프로젝트 전체 템포가 일정하게 유지됩니다.
- 리듬 기반 작업이나 비트 중심 편집에 가장 일반적으로 사용됩니다.
- 드럼, 루프, EDM, 팝 제작에서 표준 방식입니다.

● Follow Track: 트랙(오디오)의 원래 템포 변화를 따르는 모드입니다. 템포가 일정하지 않은 음악에 적합합니다.
- 소스 오디오에 템포 변화가 포함되어 있을 때 유용합니다.
- 재생 중 템포가 자연스럽게 변할 수 있습니다.
- 라이브 연주, 루바토, 템포 드리프트가 있는 녹음에 적합합니다.

▶ Metronome: 메트로놈 소리를 켜거나 끕니다. (C 키를 사용할 수 있습니다.)

▶ Record: Arm 버튼이 활성화 되어 있는 트랙에 녹음을 시작합니다.

▶ Back: 재생헤드를 시작 위치로 이동합니다.

▶ Play / Pause: 곡을 재생하거나 일시 정지합니다. (스페이스 바키를 사용할 수 있습니다.)

▶ Forward: 재생헤드를 곡의 끝 위치로 이동합니다.

▶ Loop: 선택한 구간을 반복 재생합니다.

▶ Follow: 재생헤드를 기준으로 화면이 자동으로 이동하도록 설정합니다.

▶ Time: 현재 재생 위치를 시간 단위로 표시합니다.

▶ Bar: 현재 재생 위치를 마디 및 박자 단위로 표시합니다.

▶ Mute: 전체 출력을 일시적으로 음소거합니다.

▶ Volume: 전체 출력 음량을 조절합니다.

▶ Zoom Out/In: 작업 화면을 축소하거나 확대합니다.

▶ Reset: 화면 확대/축소 상태를 기본값으로 되돌립니다.

▶ Editor: 클립 편집 창을 엽니다. (클립을 더블 클릭하여 열 수 있습니다.)

07 트랙 추가하기

01 스튜디오에서 새로운 트랙을 추가하는 방법은 여러 가지가 있습니다. 기본적으로 트랙 리스트 하단의 Add Track 버튼을 선택하여 트랙을 추가할 수 있습니다.

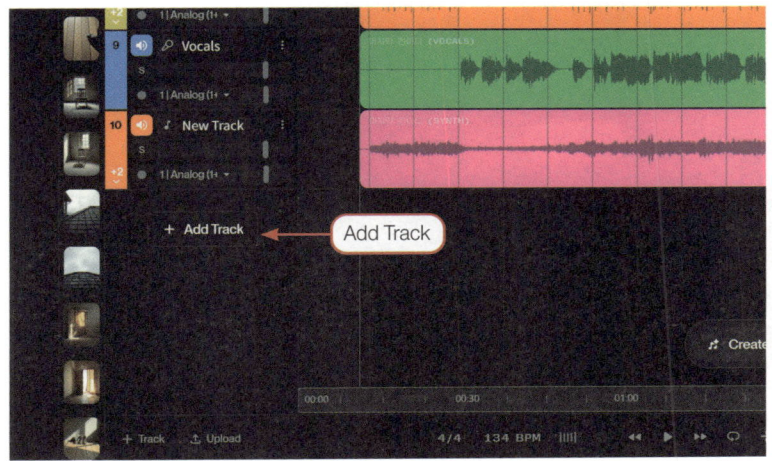

02 추가된 트랙에서 사용할 악기를 선택한 후 Create 버튼을 클릭하면, 곡에 어울리는 클립이 자동으로 생성됩니다. 필요에 따라 Styles 항목에 원하는 내용을 입력하거나 패널을 확장하여 More Options을 설정하면 보다 의도에 맞는 결과를 얻을 수 있습니다.

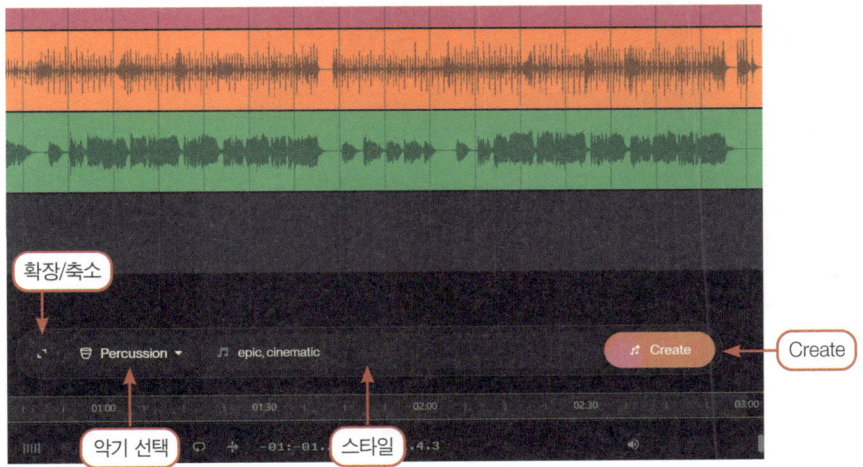

03 트랙 전체가 아닌 일부에만 적용되는 클립을 생성하려면, 원하는 범위를 드래그하여
선택한 후 Create를 실행하면 됩니다.

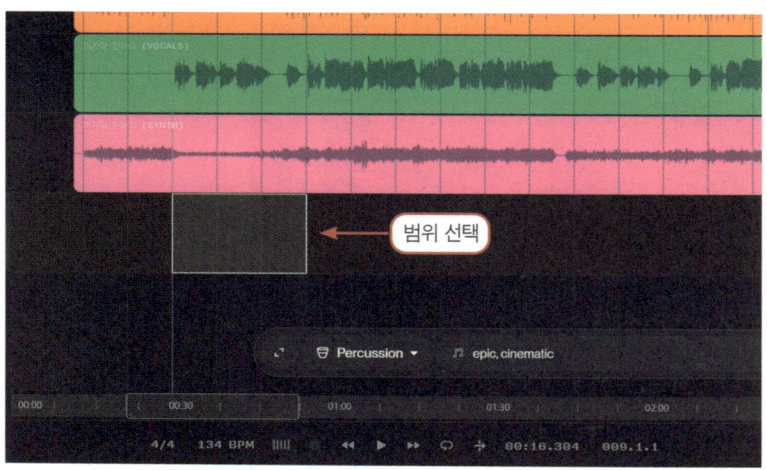

04 연주는 두 개의 버전으로 생성됩니다. 원하는 클립을 선택한 후 Copy to Main Track
버튼을 클릭하여 메인 트랙에 배치합니다.

05 Version 1과 Version 2 중 선호하는 구간이 서로 다를 수 있습니다. 이 경우, 사용하지 않는 버전의 클립을 빈 공간으로 드래그하여 두 버전을 모두 활용할 수 있습니다.

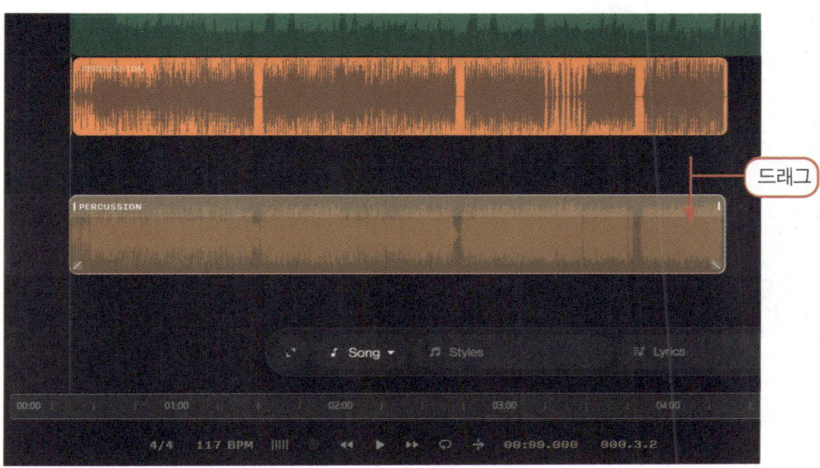

06 두 개의 버전이 생성된 트랙에는 Alternates 트랙을 열거나 닫을 수 있는 Show 버튼이 표시됩니다. 해당 버튼을 클릭하여 Alternates 트랙을 닫을 수 있습니다.

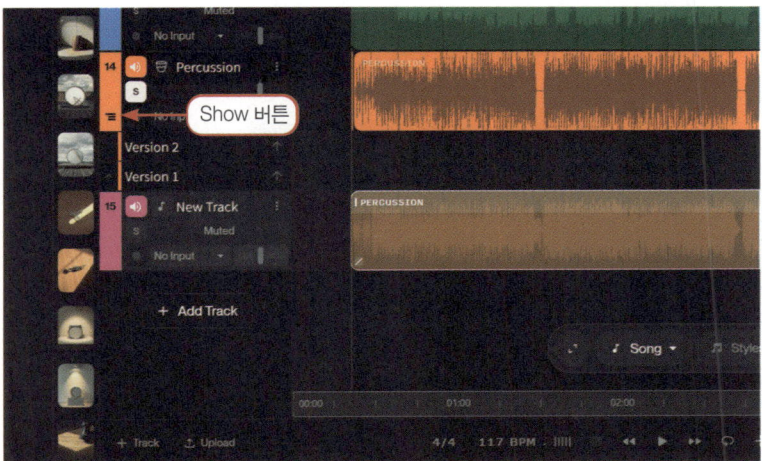

07 클립은 상단 모서리를 드래그하여 길이를 조정할 수 있습니다. 이때 Ctrl 키를 누르면 스냅(Step) 기능이 일시적으로 비활성화되어 보다 미세한 조정이 가능합니다.

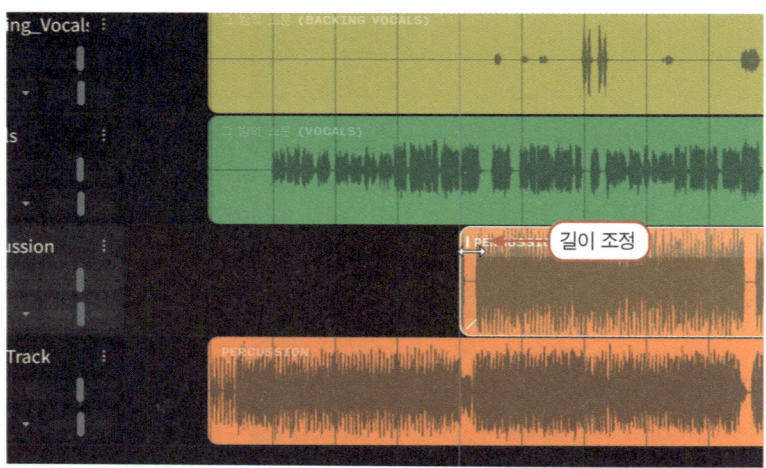

08 클립의 하단 모서리를 드래그하면 시작 지점에서는 볼륨이 서서히 증가하는 페이드 인, 끝 지점에서는 서서히 감소하는 페이드 아웃 효과를 적용할 수 있습니다.

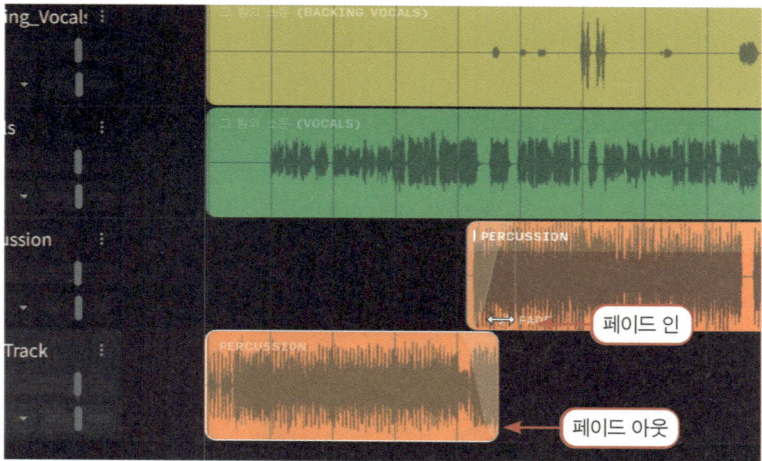

09 클립 이름이 표시되는 상단 영역을 클릭하면 클립이 선택됩니다. 편집 위치를 변경하려면 하단 영역을 클릭하여 재생헤드를 이동시킵니다. 이후 Ctrl+E 키를 누르면 클립이 분할되며, 필요 없는 클립은 선택한 후 Delete 키로 삭제할 수 있습니다.

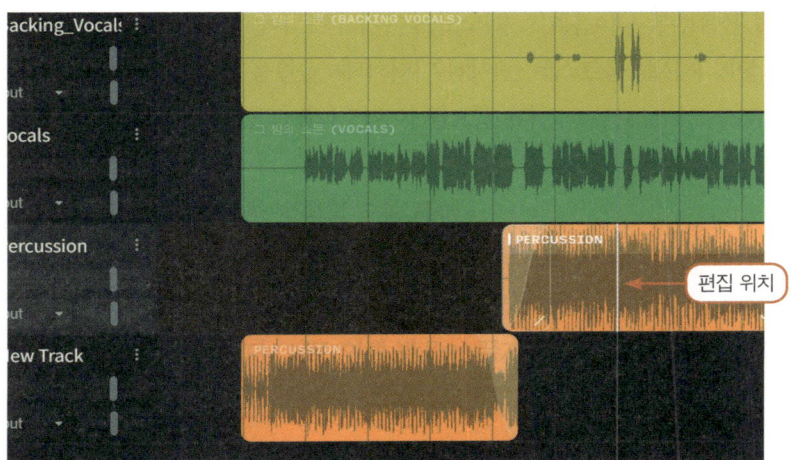

10 클립을 선택한 상태에서 드래그하면 위치를 이동시킬 수 있으며, Alt 키를 누른 상태로 드래그하면 복사할 수 있습니다. 또한 Ctrl+D 키를 눌러 클립을 반복할 수 있습니다. 이러한 편집 기능을 활용하면 앞서 생성한 두 개의 버전에서 필요한 구간만 선택하여 사용할 수 있습니다. 필요 없는 트랙은 선택한 후 Delete 키로 삭제할 수 있습니다.

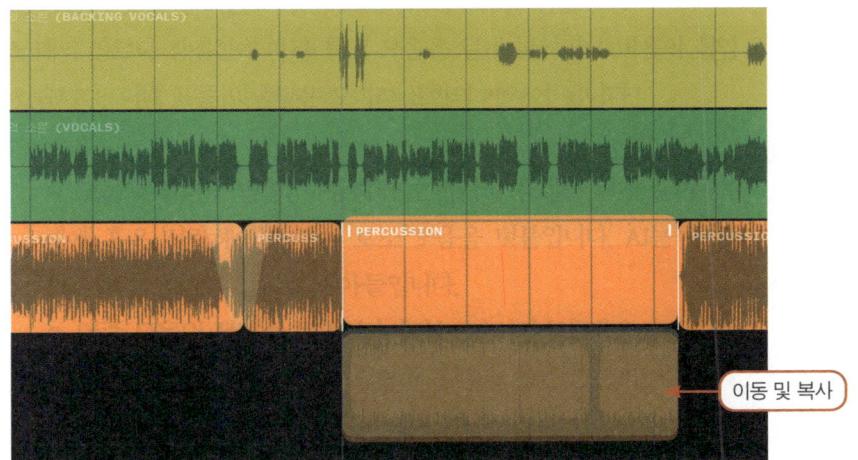

08 목소리를 악기 연주로 바꾸기

01 스튜디오의 가장 놀라운 기능은 사용자가 흥얼거린 멜로디를 다양한 악기 연주로 변환할 수 있다는 점입니다. 녹음 기능을 사용하려면 웹 브라우저 주소창 왼쪽에 있는 ① 정보 버튼을 클릭한 후, ② 마이크 권한을 허용해야 합니다.

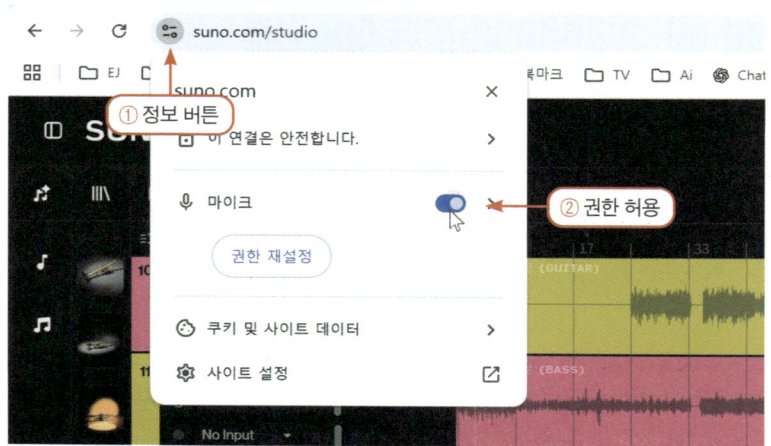

02 새로운 트랙을 생성한 후, 입력 설정에서 마이크 입력 포트를 선택합니다. 이 과정에서는 음질이 크게 중요하지 않으므로 시스템 마이크를 사용해도 좋습니다. 단, 재생 중인 소리가 마이크로 다시 입력되지 않도록 반드시 헤드폰을 사용합니다.

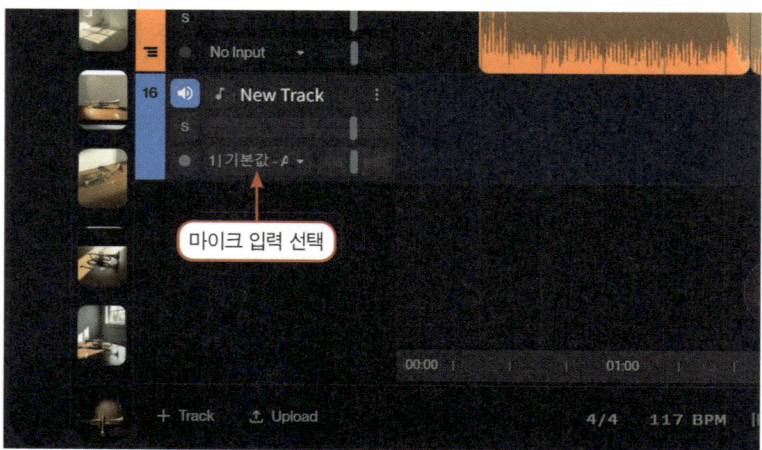

03 트랙의 ① Arm 버튼을 클릭하여 녹음 대기 상태로 전환한 후, 녹음을 시작할 위치를 클릭하여 ② 재생헤드를 이동시킵니다. 이후 트랜스포트 바의 ③ Record 버튼을 클릭하여 녹음을 시작합니다.

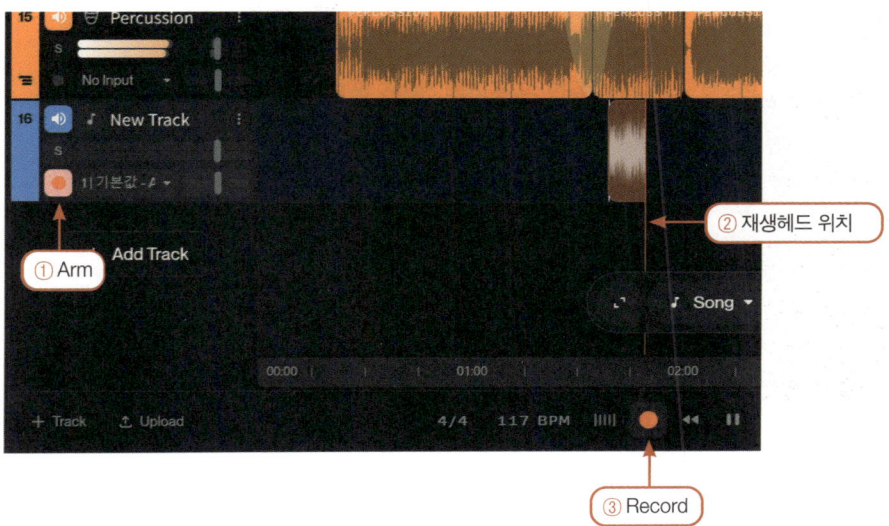

04 녹음이 끝나면 Space 키를 눌러 재생을 정지한 후, 녹음한 멜로디를 변환할 악기 유형을 선택합니다. 현재는 Vocal을 제외한 10가지 악기 유형이 제공됩니다.

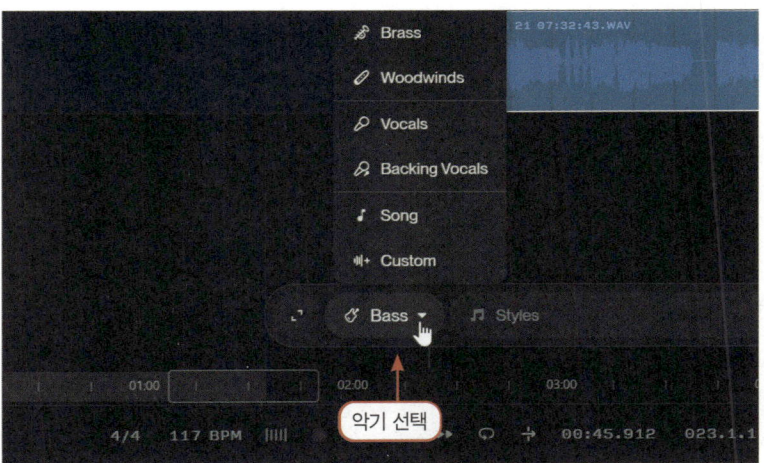

05 스타일 항목에 원하는 솔로 악기 이름을 입력합니다. 기본 설정만으로도 충분하지만, 생성 결과의 정확도를 높이려면 확장 버튼을 클릭하여 추가 옵션을 엽니다.

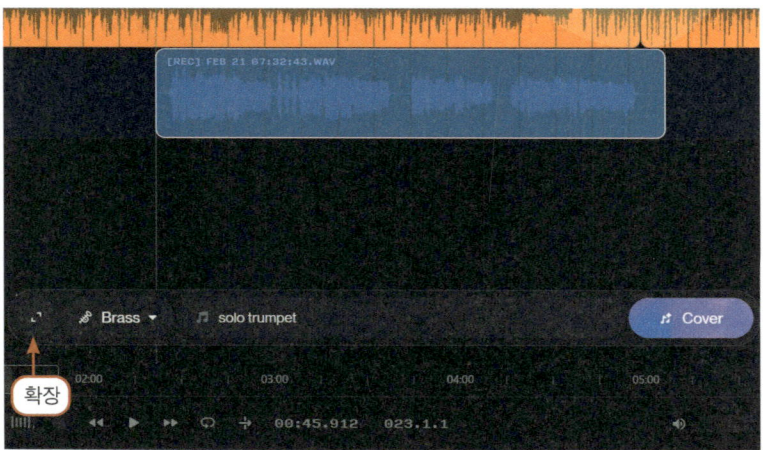

06 Exclude Styles 항목에 제외하고 싶은 악기 유형을 입력합니다. 현재 스튜디오에서는 10가지 악기 유형이 제공되므로, 생성 결과의 정확도를 높이려면 나머지 9가지 유형을 입력하면 됩니다.

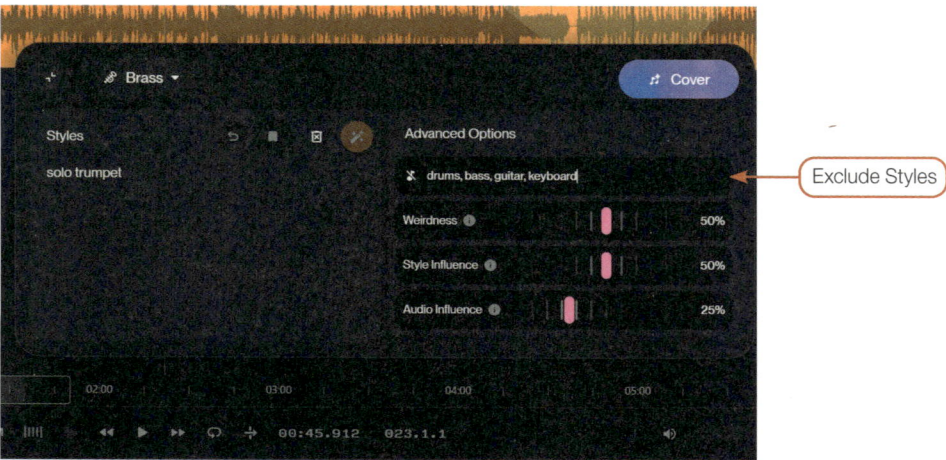

07 사용자가 지정한 솔로 악기 스타일을 더 강하게 반영하려면 Style Influence 값을 80% 이상으로 설정한 후, Cover 버튼을 클릭하여 생성합니다.

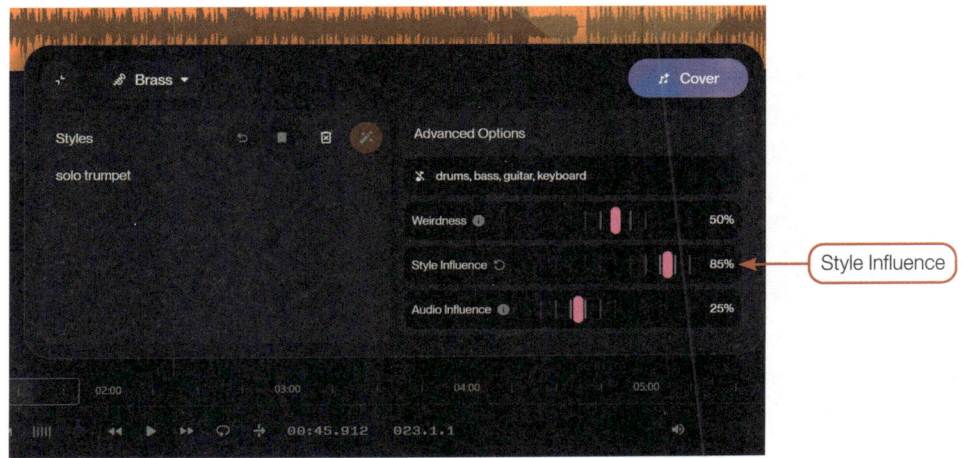

08 일반적으로 생성된 두 버전 중 최소 한 가지에서는 원하는 솔로 연주가 포함됩니다. 만약 솔로 연주가 생성되지 않았다면 Cover 버튼을 클릭하여 다시 시도합니다. 이후 마음에 드는 버전을 Copy to Main Track으로 배치합니다.

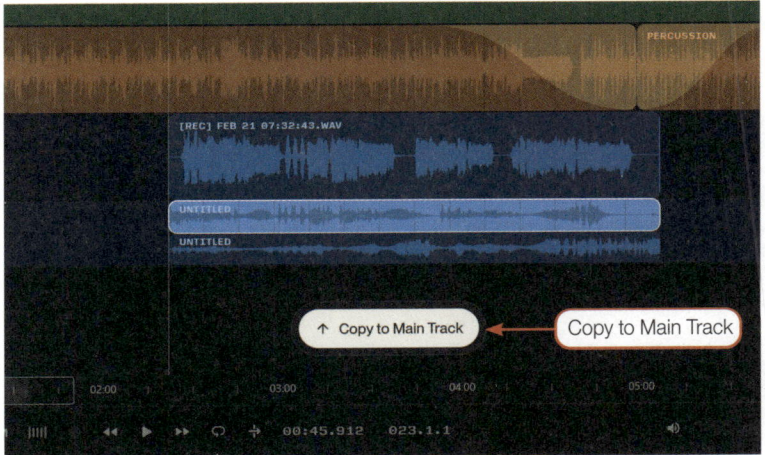

09 생성된 두 버전 모두 솔로 연주가 포함되지 않았을 때, Cover를 다시 시도하는 대신 오른쪽 클립 패널에서 Extract Stems의 All Selected Stems 옵션을 선택하여 스템을 분리할 수도 있습니다.

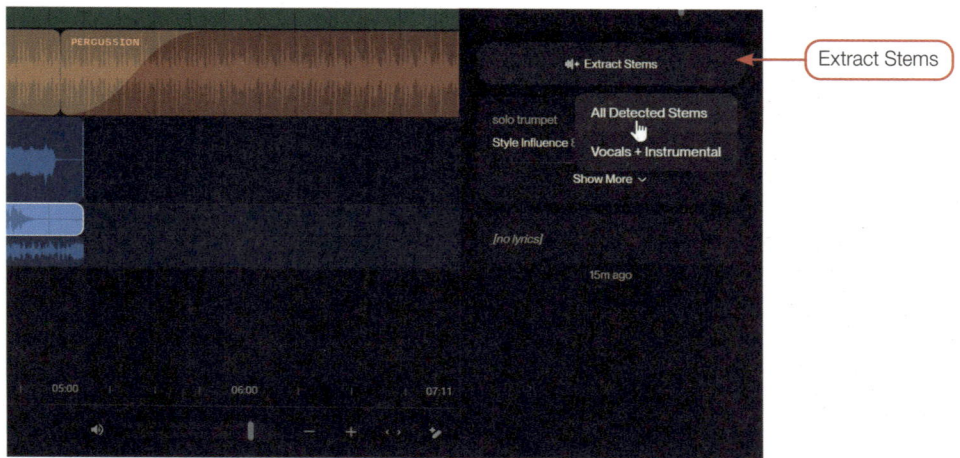

10 분리된 스템 중 솔로로 연주된 스템의 Insert 버튼을 클릭하여 새로운 트랙에 배치합니다. 사용자가 녹음한 음성 트랙은 더 이상 필요하지 않으므로 Mute 처리합니다.

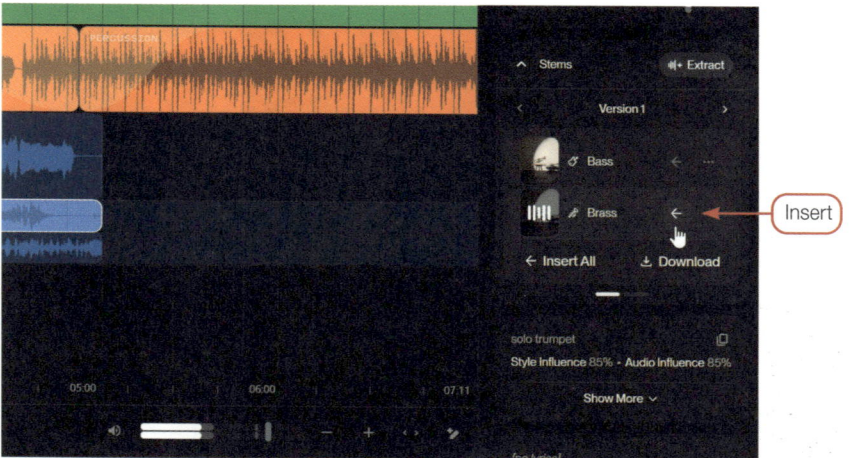

09 클립 에디터

01 생성된 클립을 더블 클릭하면 녹음 과정에서 어긋난 박자를 정교하게 수정할 수 있는
에디터 창이 열립니다. 창을 닫으려면 오른쪽 상단의 X 버튼을 클릭합니다.

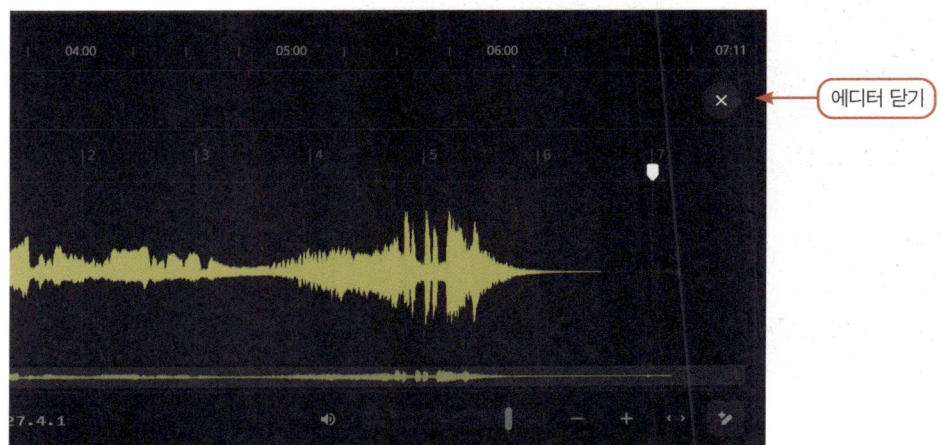

에디터 닫기

02 편집 창은 Ctrl 키를 누른 상태에서 마우스 휠을 돌려 확대하거나 축소할 수 있습니다.
정교한 작업을 위해 화면을 확대한 후, 마디 표시 라인 아래쪽을 클릭하여 새로운 마
커를 추가하고 드래그하여 박자를 수정할 수 있습니다.

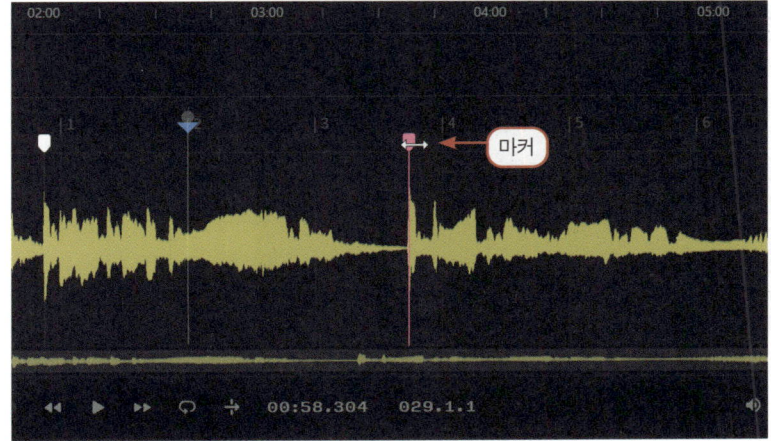

마커

03 박자를 자동으로 정렬하려면 Quantize 항목을 클릭한 후 원하는 박자 값을 선택합니다. 박자 단위로 검출된 트랜지언트 위치에 마커가 생성되며, 자동으로 정렬됩니다.

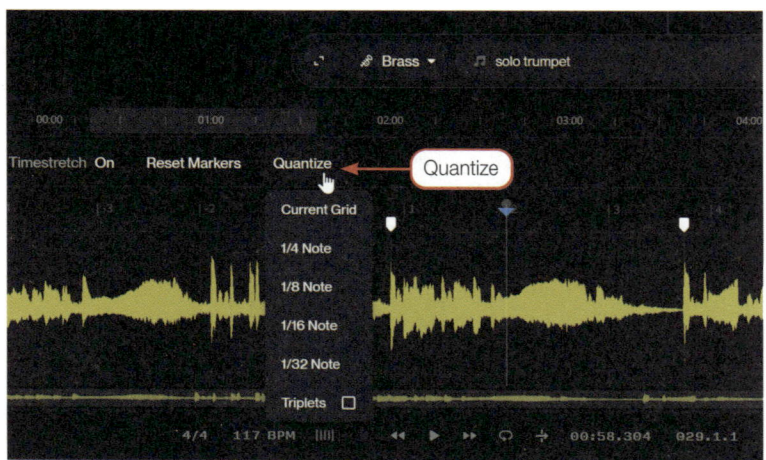

04 Reset Markers를 클릭하면 박자 단위로 생성된 On Beat, 노트의 시작점에 생성된 Transients, 시작과 끝 위치의 Start and End 마커를 초기화 할 수 있습니다.

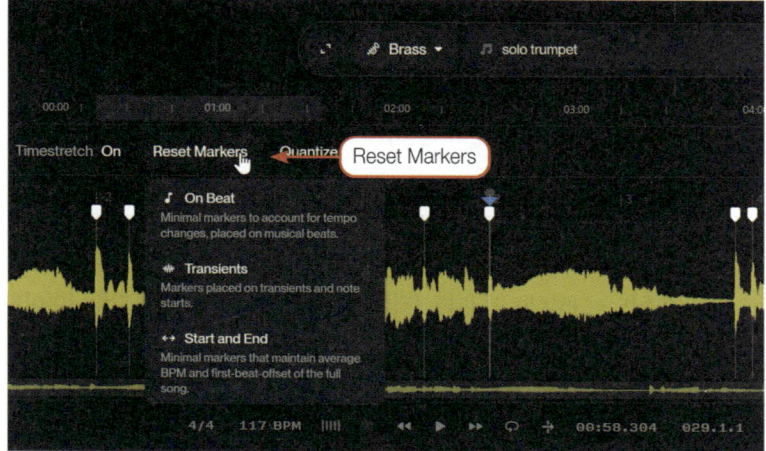

10 작업 히스토리

01 스튜디오에서 작업 중인 내용은 자동으로 저장됩니다. 이전 상태로 되돌리려면 상단의 제목을 클릭하여 메뉴를 연 후 Versions를 선택합니다.

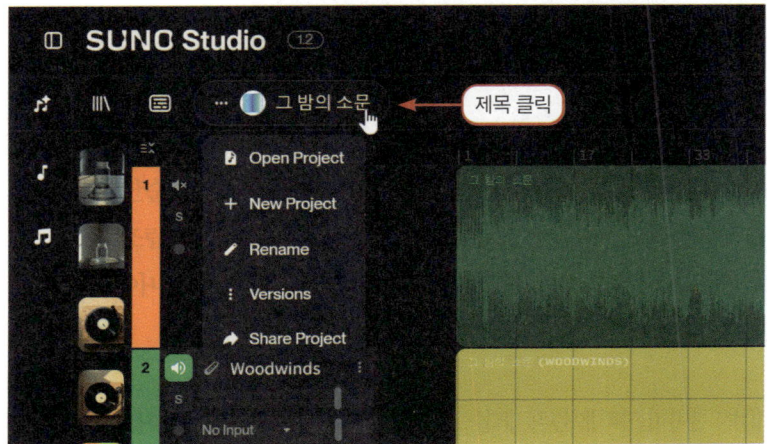

● Open Project: 기존 프로젝트를 불러옵니다. 이전에 작업한 세션을 다시 열거나 이어서 편집할 때 사용합니다.

● New Project: 새로운 프로젝트를 생성합니다. 현재 작업과 별개의 새로운 작업을 시작할 때 선택합니다.

● Rename: 현재 프로젝트의 이름을 변경합니다. 프로젝트 관리 및 검색 편의성을 위해 사용합니다.

● Versions: 프로젝트의 이전 저장 상태를 확인하고 원하는 시점으로 되돌릴 수 있습니다. 작업 과정 중 발생한 변경 사항을 비교하거나 복구할 때 유용합니다.

● Share Project: 프로젝트를 다른 사용자와 공유합니다. 협업, 검토, 백업 등의 목적으로 활용할 수 있습니다.

02 Versions 메뉴를 실행하면 작업 과정에서 저장된 시점들이 목록으로 표시됩니다. 편집 작업이 이루어질 때마다 자동으로 저장되며, 원하는 시간을 선택한 후 스페이스 바 키를 눌러 들어 볼 수 있습니다.

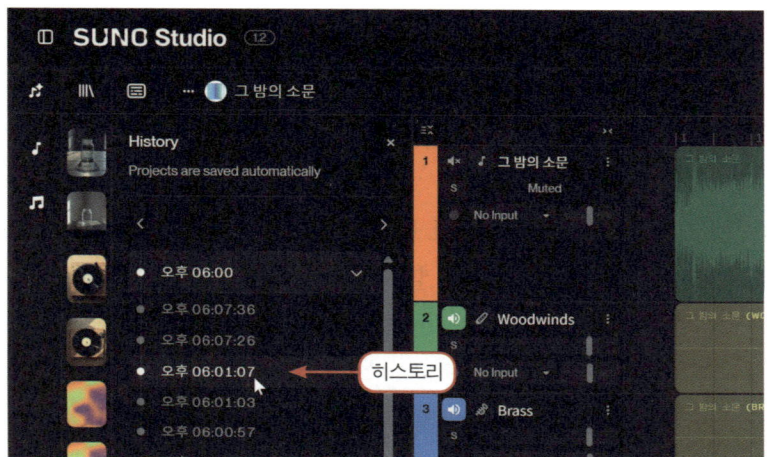

03 되돌리려는 버전이 확실하다면 화면 오른쪽 상단의 Restore this version을 클릭하여 적용합니다. 또한 왼쪽의 Undo 및 Redo 기능을 사용해 작업 순서에 따라 취소하거나 다시 실행할 수 있습니다.

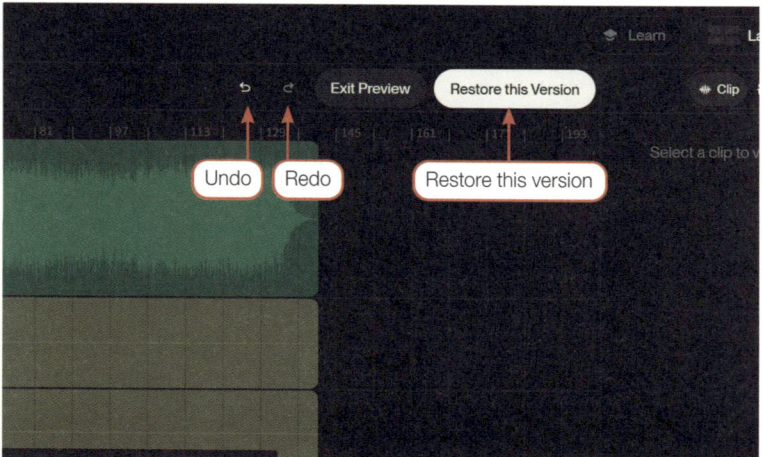

04 완성된 곡을 다운로드하기 전에 필요하다면 보컬 클립을 마우스 오른쪽 버튼으로 클릭하여 단축 메뉴를 열고, Remove FX를 선택하면 리버브를 제거할 수 있습니다.

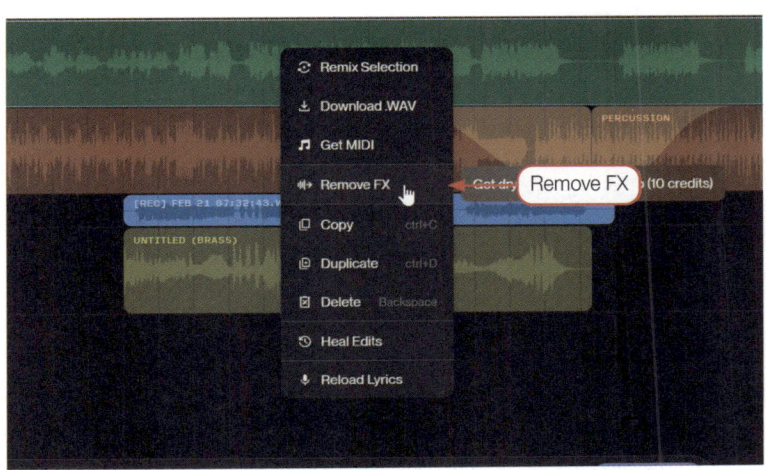

05 오른쪽 상단의 Export 메뉴에서 Multitrack을 선택하면 개별 스템으로 다운로드할 수 있습니다. 이때 Mute된 트랙도 모두 포함됩니다. 필요 없는 트랙은 다운로드하기 전에 Delete 또는 Backspace 키를 눌러 삭제합니다.

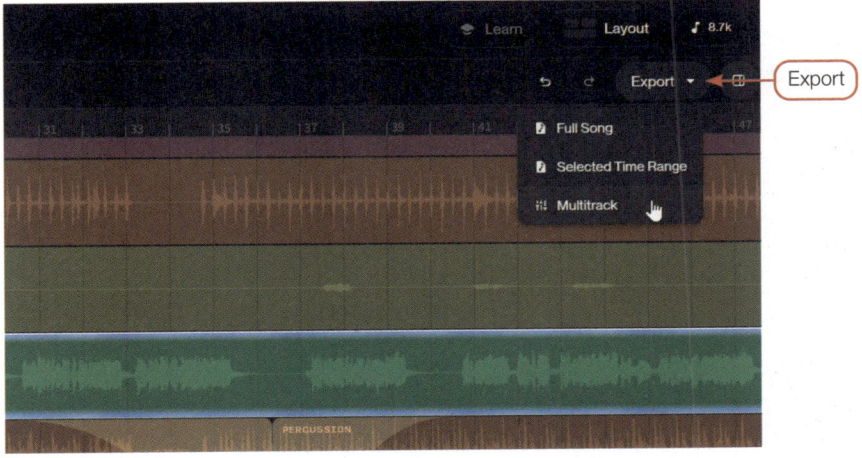

11 마스터링

01 트랜스포트 패널의 템포 항목에 표시된 '유지' 부분을 클릭하여 메뉴를 열고, '조정 - 프로젝트 템포 조정' 을 선택합니다.

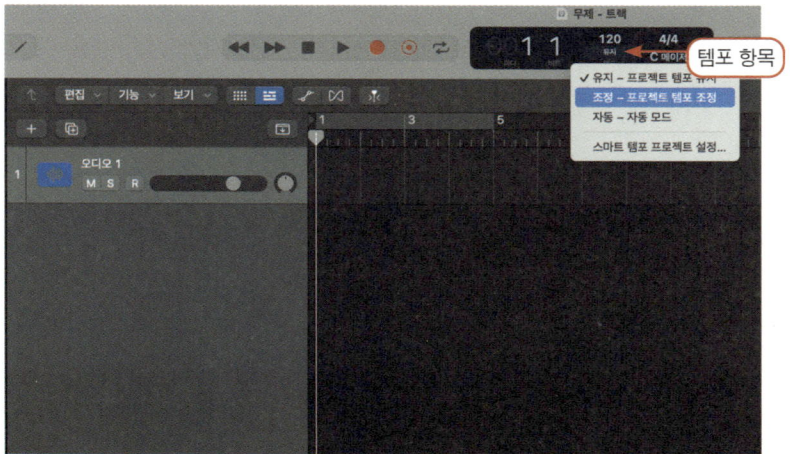

02 다운로드한 스템 오디오 파일을 모두 선택한 후 프로젝트 창으로 드래그하여 가져옵니다. 이때 새로운 트랙 생성 옵션이 활성화되어 있는지 확인합니다.

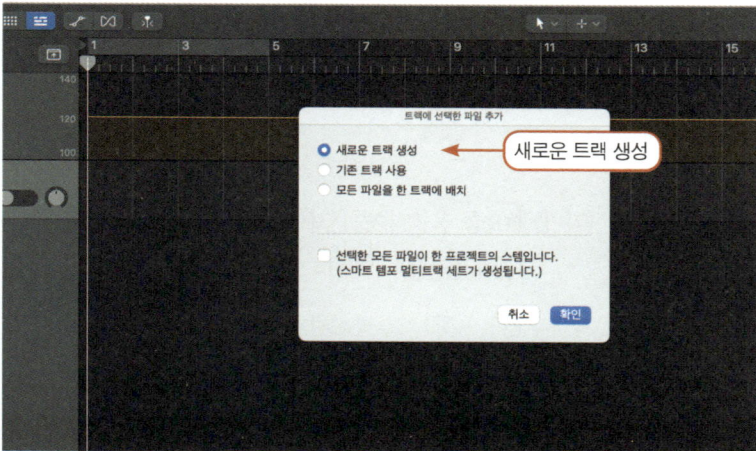

03 리버브는 공간감을 형성하는 효과이므로 센드 방식으로 사용하는 것이 일반적입니다.
보컬 트랙의 채널 스트립에서 센드 슬롯을 클릭한 후 Bus 1을 선택합니다.

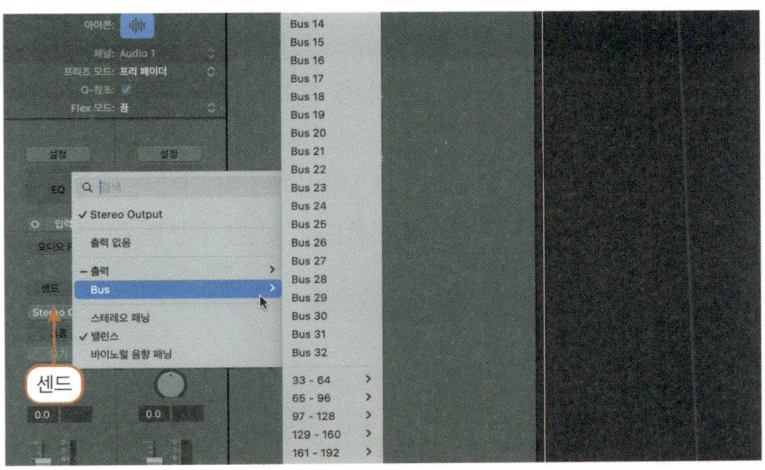

04 오른쪽 채널 스트립이 버스 채널로 전환됩니다. 해당 버스 채널의 Audio FX 슬롯에서
Reverb의 ChromaVerb를 선택합니다.

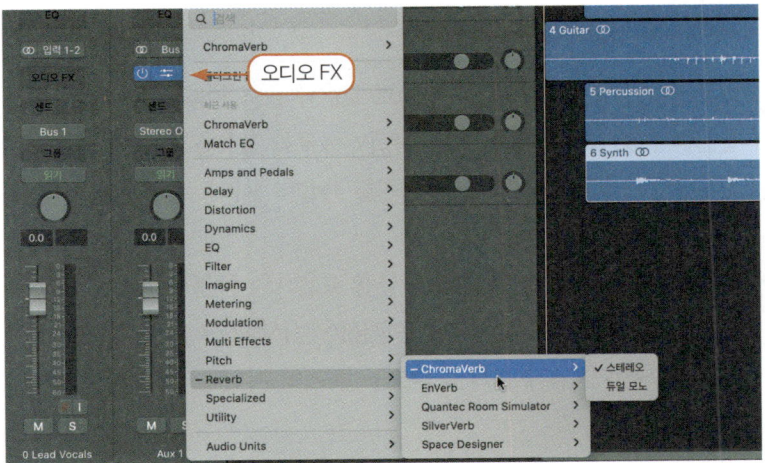

05 이펙트 설정은 프리셋(Preset)에서 시작하는 것이 효율적입니다. 프리셋 목록에서 Hall의 Vocal Plate를 선택합니다.

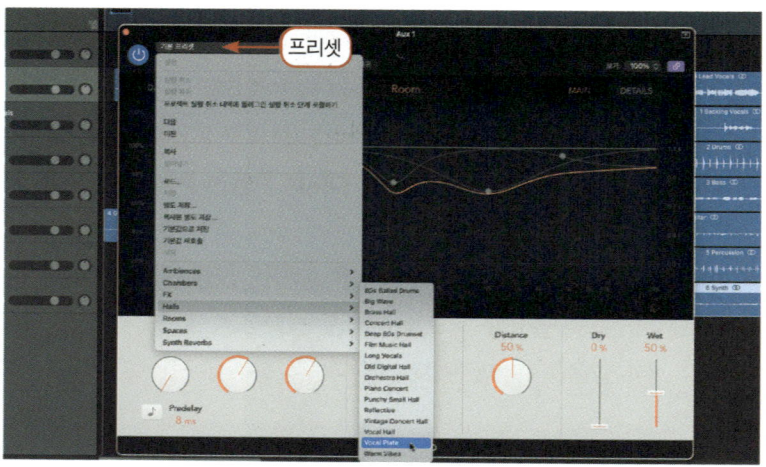

06 리버브를 센드 방식으로 사용하는 경우 ① Dry 값은 0%, ② Wet 값은 100%로 설정합니다. 또한 ③ Pre-Delay 값은 일반적으로 20-50ms 범위에서 조정하여 원 신호가 리버브에 묻혀 흐릿해지는 현상을 방지합니다.

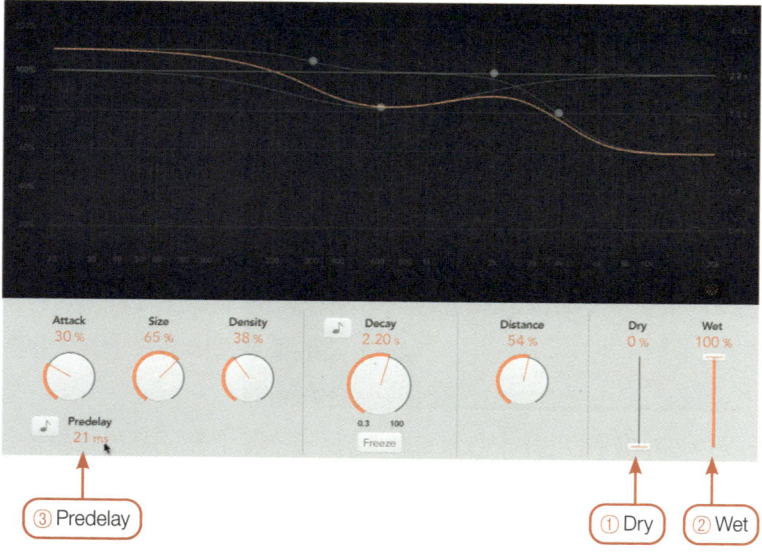

07 보컬 트랙의 센드 값을 -20dB에서 -10dB 범위로 조정합니다. 동일한 방식으로 악기 트랙의 센드에서도 리버브가 적용된 Bus1을 선택하고 값을 설정합니다. 센드 방식을 사용하면 하나의 리버브를 여러 채널에서 공유할 수 있어 시스템 자원을 효율적으로 활용할 수 있으며, 동일한 공간에서 연주되는 자연스러운 공간감을 일관되게 형성할 수 있습니다.

08 X 키를 눌러 믹서 창을 열고, Stereo Out 채널을 보면 오디오 FX 슬롯에 Mastering 이펙트가 비활성화 되어 있는 것을 확인할 수 있습니다. 이를 클릭하여 활성화합니다.

09 마스터링을 활성화하면 시스템이 곡을 분석하여 EQ, 다이내믹, 스테레오 이미지, 라우드니스 등 다양한 요소를 기반으로 마스터링 설정을 제안합니다. 필요에 따라 Character 옵션에서 원하는 톤과 질감을 선택할 수 있습니다.

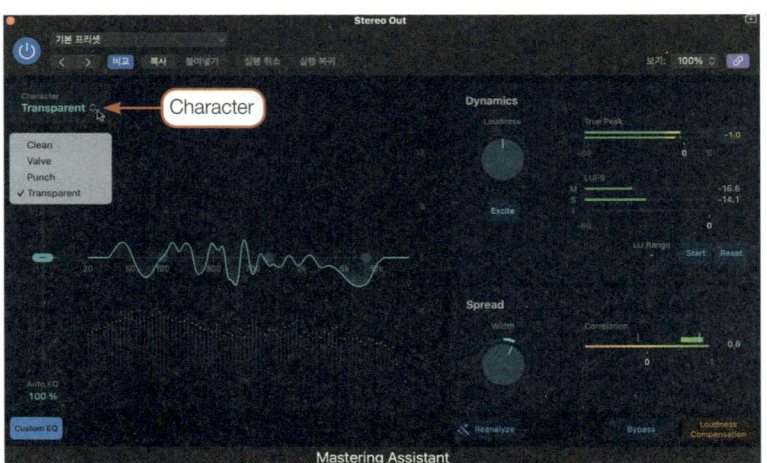

Mastering Assistant

● **Clean:** 착색을 최소화하고 밸런스와 선명도를 중심으로 정돈된 사운드를 만듭니다. 저역은 타이트하게, 고역은 깨끗하게 유지되며 전체적으로 현대적인 느낌을 제공합니다.
(팝 / 댄스 / 어쿠스틱 / 전반적으로 깔끔한 마스터를 원할 때 추천)

● **Valve:** 아날로그 튜브 특유의 포화감과 하모닉을 더해 사운드에 따뜻함과 두께감을 부여합니다. 중역대의 존재감이 살아나며 질감과 캐릭터가 강조됩니다.
(록 / 힙합 / 밴드 음악 / 디지털 느낌을 완화하고 싶을 때 추천)

● **Punchy:** 트랜지언트와 다이내믹의 임팩트를 강조해 보다 힘 있고 에너지 넘치는 사운드를 만듭니다. 킥, 스네어, 베이스 등의 어택이 또렷하게 느껴지는 스타일입니다.
(EDM / 힙합 / 트랩 / 리듬과 타격감이 중요한 곡에 추천)

● **Transparent:** 원본의 톤과 공간감, 다이내믹을 최대한 유지하면서 자연스럽게 음압을 확보합니다. 처리 느낌이 적고 믹스의 개성을 보존하는 데 초점을 둡니다.
(클래식 / 재즈 / 발라드 / 이미 잘 완성된 믹스를 유지하고 싶을 때 추천)

10 ① Auto EQ는 입력 신호의 주파수 분포를 분석하여 EQ 보정을 적용합니다. 기본값은 100%이며, 변화가 과도하게 느껴질 경우 값을 낮춰 자연스럽게 조정할 수 있습니다. ② Custom EQ가 활성화되면 디스플레이에 표시된 저음, 중음, 고음 ③ 포인트를 드래그하여 수동으로 세밀한 조정이 가능합니다.

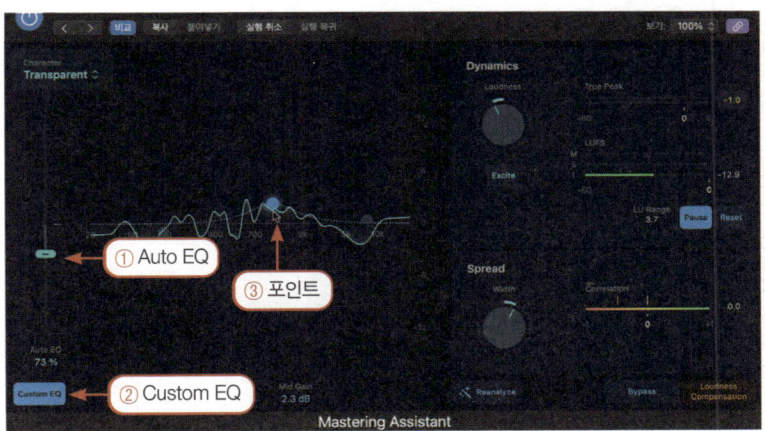

11 ① Loudness는 마스터의 목표 음압(LUFS)을 설정하는 핵심 파라미터입니다. ② Start 버튼을 눌러 현재 음압을 측정할 수 있으며, 대부분의 스트리밍 플랫폼에서는 -14 LUFS 내외가 기준으로 사용됩니다. ③ Excite를 활성화하면 하모닉 성분과 고역이 강조되어 사운드의 존재감과 명료도를 향상시킬 수 있습니다.

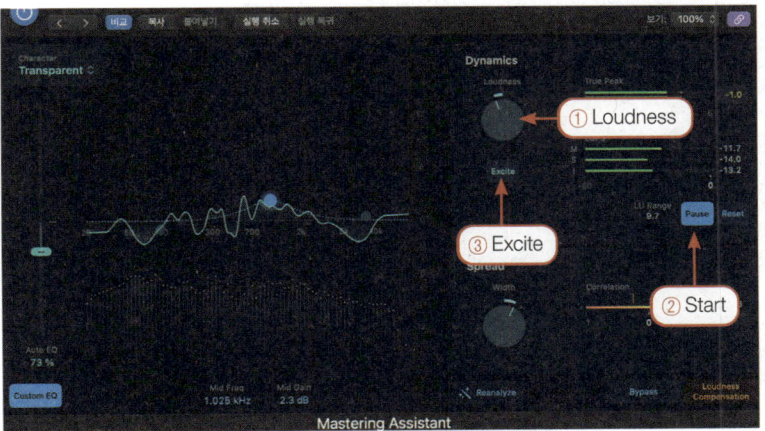

12 ① Width는 스테레오 이미지의 넓이를 조정하는 기능입니다. ② Correlation 미터는 좌우 채널 간 위상 관계를 표시하며, 값이 +1에 가까울수록 모노 호환성이 안정적입니다. 일반적으로 0 이상을 유지하는 것이 권장됩니다.

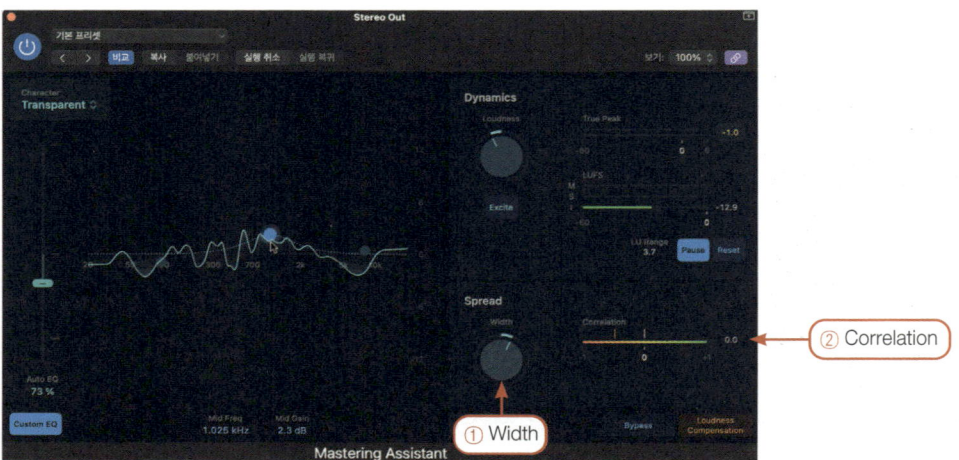

13 ① Reanalyze는 신호 분석을 다시 수행하며, ② Bypas는 Mastering Assistant 적용 전후의 사운드를 비교할 수 있습니다. ③ Loudness Compensation는 처리된 신호와 원본 신호를 유사한 음압으로 보정하여 보다 공정한 청취 비교가 가능합니다.

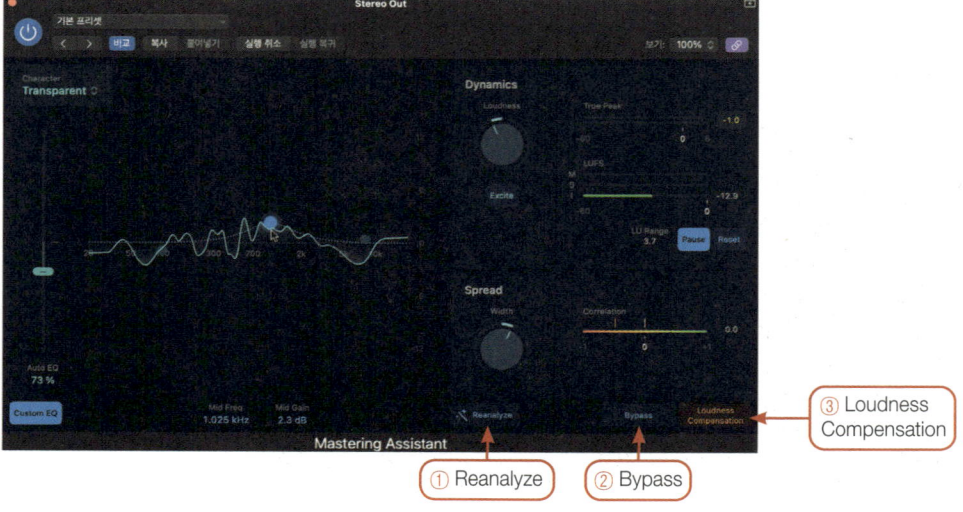

레벨 전쟁에서 라우드니스 기준까지

음악 시장은 레벨 전쟁이라고 할 만큼 너도 나도 레벨을 키우는데 중점을 두고 있습니다. 이런 현상은 과거부터 있었습니다. 레벨이 크면 좀 더 좋게 들리기 때문에 어쩌면 당연한 흐름입니다. 특히, 한 번에 시선을 끌어야 하는 광고 음악에서 더욱 심했습니다. 그래서 과거에는 드라마를 보다가 광고가 나오면 깜짝 놀래며 볼륨을 줄여야 하는 일이 빈번했습니다. 결국 유럽 방송 연합회 EBU, 국제 전기 통신 연합회 ITU-R, 미국 방송 연합회 ATSC 등에서 방송 및 온라인 레벨 규약을 내놓았고, 각국의 방송국이나 플랫폼은 이를 따르게 되었습니다. 이때 사용하는 레벨이 라우드니스(Loudness)이며, 단위는 ATSC의 LUFS(LU) 또는 EBU의 LKFS로 표기합니다.

인간의 귀는 적응력이 있습니다. 그래서 천둥 소리가 한 두 번 울리면 깜짝 놀래지만, 계속 울리면 놀라지 않습니다. 이미 적응을 했기 때문입니다. 즉, 레벨이 일정하더라도 주파수 분포도 및 지속 시간에 따라 인간이 느끼는 레벨이 달라진다는 연구 결과에 의해 만들어진 것이 라우드니스이며, 각국의 방송 및 영화는 이 라우드니스 레벨 제한을 지키고 있습니다. 국내 방송은 미국 방송 연합회 ATSC에서 제안한 규약을 따르고 있으며, 방송은 -24LUFS, 영화는 -26LUFS입니다. 이것은 방송이나 영화뿐만 아니라 온라인에서도 따르고 있는데, 유튜브는 -14LUFS, 애플 뮤직은 -16LUFS, 넷플릭스는 -27LUFS 등, 플랫폼마다 다릅니다. 결국 마스터링의 최종 단계는 자신이 만든 음악이 업로드 될 플랫폼의 라우드니스 제한에 맞추는 것입니다.

플랫폼	라우드니스	허용 범위	트루 피크
Spotify	-11 LUFS	±1,0 LU	-2 dBTP
YouTube	-14 LUFS	±1,0 LU	-1 dBTP
Amazon Music	-14 LUFS	±1,0 LU	-2 dBTP
Tidal	-14 LUFS	±1,0 LU	-1 dBTP
Dezzer	-15 LUFS	±1,0 LU	-1 dBTP
Apple Music	-16 LUFS	±1,0 LU	-1 dBTP
Apple Podcasts	-16 LUFS	±1,0 LU	-1 dBTP
TV 및 라디오 방송	-24 LUFS	±2,0LU	-2 dBTP
Netflix	-27 LUFS	±2,0 LU	-2 dBTP
Disney	-27 LUFS	±2,0 LU	-2 dBTP

흔히 발생하는 문제와 관점의 전환

스튜디오 공정은 단순히 기술적인 숙련도를 시험하는 장이 아니라 AI가 생성한 결과물과 제작자 사이의 '주도권'을 재설정하는 과정입니다. 많은 입문자가 AI가 내놓은 결과물을 '수정 불가능한 완성본'으로 받아들이지만, 진정한 프로덕션은 그 결과물을 '가공 가능한 원료'로 바라보는 관점의 전환에서 시작됩니다. 이 단계에서 마주하게 되는 대표적인 문제들과 이를 해결하기 위한 사고의 변화를 깊이 있게 살펴봅니다.

1. 원본 소스 질감의 상실과 과도한 보정의 함정

가장 흔히 발생하는 문제는 로직 프로의 '마스터링 어시스턴트'를 적용했을 때, Suno가 생성한 원곡 특유의 매력적인 질감이 사라지는 현상입니다.

- **현상과 원인:** 마스터링 어시스턴트의 알고리즘은 기본적으로 '가장 표준적이고 깨끗한 사운드'를 지향합니다. 이 과정에서 Suno가 만들어낸 독특한 로우파이(Lo-Fi) 감성, 빈티지한 노이즈, 혹은 의도된 거친 질감이 '제거해야 할 오류'로 인식되어 강제로 깎여 나갑니다. 결과적으로 소리는 매끈해지지만, 곡이 가진 본연의 색깔과 '맛'이 무색무취하게 변하는 부작용이 발생합니다.

- **관점의 전환:** 마스터링은 모든 소리를 똑같이 만드는 '평균화' 작업이 아니라 곡이 가진 고유의 캐릭터를 극대화하는 '강화'의 과정이어야 합니다. AI의 분석 결과가 원곡의 예술적 의도를 훼손한다고 판단되면, Auto EQ 슬라이더를 50~70% 수준으로 과감히 낮추는 결단이 필요합니다. 이는 기술적인 후퇴가 아니라 제작자가 사운드의 최종 결정권을 쥐고 AI를 도구로서 통제한다는 능동적인 개입의 증거입니다.

2. 스템(Stem) 분리 후 발생하는 사운드의 빈 공간과 심리적 괴리

Suno 스튜디오의 핵심 기능인 '스템 분리'를 실행했을 때, 많은 제작자가 당혹감을 느낍니다. 하나로 합쳐져 있을 때는 풍성했던 노래가 악기별로 쪼개지는 순간 갑자기 초라하게 느껴지기 때문입니다.

- **현상과 원인:** 통파일(Full Mix) 상태에서는 여러 주파수가 서로 중첩되며 빈틈을 메워주는 '마스킹 효과' 덕분에 소리가 꽉 차게 들립니다. 하지만 보컬, 드럼, 베이스 등으로 소리를 분리하는 순간, 가려져 있던 AI 생성 음원의 해상도 한계가 드러납니다. 소리가 얇아지거나 악기 사이의 연결감이 사라져 마치 텅 빈 방 안에서 연주하는 듯한 이질감이 발생합니다.

- **관점의 전환**: 분리는 '파괴'가 아니라 '더 정교한 재구축을 위한 해체'로 보아야 합니다. 분리된 후 느껴지는 빈 공간은 실패의 흔적이 아니라 제작자가 창의적으로 개입할 수 있는 '기회의 공간'입니다. 로직 프로의 ChromaVerb를 통해 각 악기에 최적화된 공간감을 다시 부여하거나 컴프레서와 이퀄라이저를 활용해 개별 악기의 두께감을 만드는 과정을 거쳐야 합니다. "AI가 준 대로 쓴다"는 생각에서 벗어나 "분리된 소리는 내가 요리할 식재료"라는 엔지니어적 관점으로 접근할 때 비로소 상업적 음원의 퀄리티에 다가설 수 있습니다.

3. 라우드니스(Loudness) 집착과 청각적 피로도

초보 제작자들은 종종 '소리가 무조건 커야 프로의 음악처럼 들린다'는 강박에 빠지곤 합니다. 이는 현대 음악 제작에서 가장 경계해야 할 태도 중 하나입니다.

- **현상과 원인**: Loudness 노브를 과도하게 올려 음압을 높이면, 단기적으로는 시원하고 강렬하게 들릴 수 있으나 곡의 다이내믹(소리의 강약 조절)이 완전히 무너집니다. 이는 청취자에게 금방 피로감을 주며, 무엇보다 유튜브나 애플 뮤직 등 스트리밍 플랫폼의 '라우드니스 정규화(Normalization)' 기능에 의해 오히려 전체 볼륨이 강제로 줄어드는 역효과를 낳습니다. 결과적으로 소리는 작아지고 질감만 뭉개진 최악의 결과물이 될 위험이 큽니다.
- **관점의 전환**: 이제는 '절대적인 크기'가 아닌 '청각적 밸런스'를 우선시해야 합니다. Loudness Compensation 버튼을 적극적으로 활용하여 마스터링 전후의 볼륨을 동일하게 맞춘 상태에서도 소리의 질감이 실제로 좋아졌는지 냉정하게 판별하십시오. 소리를 키우는 기술보다 중요한 것은 작은 볼륨에서도 각 악기의 위치가 선명하게 들리고 보컬의 숨소리가 전달되는 '해상도'를 확보하는 것입니다.

4. 시각적 수치와 청각적 감각의 균형

마지막으로 겪는 문제는 미터기(Meter)의 수치에만 지나치게 의존하는 것입니다.

- **현상과 원인**: True Peak가 0dB를 넘지 않는지, LUFS 수치가 정확히 -14인지에만 집중하다 보면 정작 음악이 주는 감동과 톤의 조화를 놓치게 됩니다. 데이터는 안전한 가이드라인일 뿐, 음악의 완성도를 보장하는 절대 기준은 아닙니다.
- **관점의 전환**: 수치는 '안전벨트'로 사용하고, 최종 판단은 항상 '귀'로 해야 합니다. Bypass 버튼을 수시로 누르며 "이 보정이 정말로 음악을 듣기 좋게 만들었는가?"라고 스스로에게 질문합니다. 엔지니어의 관점이란 수치를 맞추는 능력이 아니라 수치가 알려주지 못하는 소리의 미세한 결을 느끼고 조정하는 감각을 말합니다.

실무에서 체감되는 변화

스튜디오 기능을 체득하고 마스터링 공정을 내면화한 제작자는 더 이상 생성형 AI가 주는 '우연한 행운'에만 기대지 않습니다. 이는 단순히 작업 속도가 빨라지는 수준을 넘어 제작 공정 전반에 걸쳐 창작자의 위상과 결과물의 가치를 근본적으로 바꾸어 놓는 질적 도약을 이끌어냅니다.

1. 후보정의 무한한 자유도와 정밀한 믹스 컨트롤

기존의 AI 음악 제작 방식에서 가장 큰 한계는 결과물이 수정 불가능한 '통파일(Full Mix)' 형태로 제공된다는 점이었습니다. 하지만 스튜디오 공정을 마스터하면 이러한 폐쇄적 구조에서 완전히 벗어나게 됩니다.

- **변화의 핵심:** Suno의 스템 분리 기술을 통해 악기들을 독립된 트랙으로 확보함으로써 기성 프로 음반 제작 공정과 동일한 수준의 '멀티 트랙 믹싱'이 가능해집니다. 이제 보컬 소리가 반주에 묻힌다면 전체를 다시 생성할 필요 없이 해당 보컬 트랙의 볼륨만 조절하거나 로직의 이펙터를 활용해 선명도를 높이면 됩니다.
- **실무적 가치:** 이는 창작자에게 '무한한 수정의 기회'를 제공합니다. 특정 악기의 질감이 마음에 들지 않을 때 그 부분만 교체하거나 노래의 특정 구간에서만 베이스를 강조하는 등의 정밀한 연출이 가능해집니다. 결과적으로 "AI가 만들어준 대로 듣는다"는 수동적 입장에서 "내가 원하는 대로 소리를 재배치한다"는 능동적 프로듀서의 입지로 변화하게 됩니다.

2. 콘텐츠의 상업적 자산 가치 격상

방금 만든 곡이 내 컴퓨터 안에서만 들리는 '연습용 파일'이 될 것인지, 전 세계인이 듣는 '상업용 음원'이 될 것인지는 스튜디오 공정의 유무에 달려 있습니다.

- **변화의 핵심:** 로직 프로의 마스터링 어시스턴트를 통해 산출된 결과물은 글로벌 스트리밍 플랫폼(유튜브, 애플 뮤직, 스포티파이 등)이 요구하는 표준 라우드니스(-14 LUFS)와 트루 피크(-1 dBTP) 규격을 완벽하게 충족합니다. 이는 기술적 규격을 맞추는 것을 넘어 청취자가 어떤 환경(이어폰, 자동차 스피커, 대형 스피커 등)에서 음악을 듣더라도 균일하고 전문적인 소리를 경험하게 함을 의미합니다.

- **실무적 가치:** 정교하게 마감된 사운드는 콘텐츠의 '신뢰도'를 결정합니다. 소음이 섞여 있거나 볼륨이 들쭉날쭉한 음악은 청취자에게 외면받기 쉽지만, 스튜디오 공정을 거친 고품질 사운드는 창작자의 전문성을 대변합니다. 이는 음원 유통을 통한 수익 창출이나 포트폴리오로서의 활용 등 음악이 가진 비즈니스적 자산 가치를 극대화하는 결정적인 계기가 됩니다.

3. 1인 제작자의 역할 확장: 명령어 입력자에서 총괄 프로듀서로
가장 고무적인 변화는 창작자 본인의 역할 정의가 완전히 달라진다는 점입니다.

- **변화의 핵심:** 작곡과 편곡의 초안은 AI의 도움을 받지만, 최종적인 사운드 디자인과 마스터링은 제작자의 미적 감각과 판단으로 완성되는 구조가 정착됩니다. 과거에는 작곡가, 편곡가, 믹싱 엔지니어, 마스터링 엔지니어가 각각 수행하던 역할들을 이제는 한 명의 제작자가 스튜디오 공정 안에서 통합적으로 제어하게 됩니다.
- **실무적 가치:** 이는 창작자를 단순한 '프롬프트 입력자'라는 편견에서 해방시킵니다. 기술적 도구를 활용해 소리의 결을 만지고 최종 승인을 내리는 과정 자체가 창작자의 고유한 '인장(Signature)'이 되기 때문입니다. AI를 부하 직원처럼 부리며 최종 결과물의 품질을 책임지는 '총괄 프로듀서(Executive Producer)'로서의 정체성을 확립하게 되며, 이는 향후 더 복잡한 프로젝트를 이끌어갈 수 있는 강력한 실무 역량이 됩니다.

4. 창작 사이클의 가속화와 실험적 시도의 증대
스튜디오 공정의 효율화는 창작의 진입장벽을 낮추는 동시에 새로운 실험을 가능하게 합니다.

- **변화의 핵심:** 과거에는 믹싱과 마스터링에 수일이 걸리거나 큰 비용이 발생했으나 이제는 로직과 AI 기술을 결합해 단시간 내에 고품질의 결과물을 뽑아낼 수 있습니다. 이로 인해 '완벽한 한 곡'을 만들기 위해 고군분투하기보다 여러 버전의 마스터링 결과물을 만들어 비교하거나 다양한 장르적 실험을 짧은 주기로 반복할 수 있게 됩니다.
- **실무적 가치:** 실패의 비용이 줄어들면 창의성은 증폭됩니다. 다양한 Character 프리셋을 적용해 보며 내 음악에 가장 적합한 톤이 무엇인지 탐색하는 과정 자체가 제작자의 귀를 훈련시키고 사운드에 대한 안목을 높여줍니다. 이러한 경험의 축적은 결과적으로 제작자만의 독보적인 사운드 스타일을 구축하는 밑거름이 됩니다.

응용 연습

스튜디오 공정의 이론과 관점을 실제 프로젝트에 적용해 보는 단계입니다. 세 가지 대표적인 시나리오를 통해 상황별 마스터링 전략을 체득합니다.

연습 1. 보컬의 존재감을 극대화하는 팝(Pop) 스타일 마스터링

- **목표:** Suno에서 생성된 보컬의 질감을 보존하면서 반주 위로 선명하게 도드라지는 현대적인 팝 사운드를 구현합니다.
- **실행 가이드:**
  1. Suno 스튜디오에서 분리한 보컬 트랙에 ChromaVerb를 적용하여 화사한 잔향을 부여합니다.
  2. 마스터링 어시스턴트의 Character를 [Clean]으로 설정하여 전체적인 해상도를 높입니다.
  3. Custom EQ를 활성화하고, 중고음역대(약 3kHz~5kHz)를 1.5dB 정도 완만하게 올려 보컬의 명료도를 확보합니다.
- **검증:** Loudness Compensation을 켜고 전후를 비교했을 때, 보컬의 가사 전달력이 개선되었는지 확인합니다.

연습 2. 대사 전달이 중요한 영상 배경음악(BGM) 최적화

- **목표:** 음악의 에너지는 유지하되, 나레이션이나 대사가 들어갈 주파수 공간을 비워주는 '배려하는 마스터링'을 실습합니다.
- **실행 가이드:**
  1. 마스터링 어시스턴트에서 Character를 [Transparent]로 설정하여 원곡의 다이내믹을 최대한 보존합니다.
  2. Custom EQ에서 중음역대(약 1kHz~2kHz) 포인트를 찾아 2dB 정도 낮춥니다. 이 구간은 사람의 목소리가 가장 잘 들리는 대역입니다.
  3. Width 노브를 중앙보다 오른쪽으로 살짝 이동시켜 소리를 양옆으로 펼쳐줌으로써 가운데 위치할 목소리와의 충돌을 피합니다.
- **검증:** 실제 목소리 녹음본과 함께 재생하며 음악이 목소리를 방해하지 않는지 모니터링합니다.

연습 3. 강력한 타격감을 위한 EDM 및 힙합 피니싱

● **목표:** 저음의 펀치력을 극대화하고 클럽이나 대형 스피커에서도 힘 있는 사운드를 출력하도록 튜닝합니다.

● **실행 가이드:**

1. Character를 [Punchy]로 설정하여 드럼의 어택감을 강조합니다.

2. Excite 버튼을 활성화하여 저음과 고음역대에 풍부한 배음을 추가, 소리를 더욱 꽉 차게 만듭니다.

3. True Peak 미터를 주시하며 Loudness 노브를 올려 음압을 확보하되 빨간색 클리핑이 과도하게 발생하지 않는 지점을 찾습니다.

> ### 핵심 포인트
>
> ● **스튜디오는 가치를 확정하는 최종 마침표입니다:** Suno의 스템 분리 기능과 로직의 정밀한 프로세싱이 결합될 때, AI 음악은 비로소 창작자의 개성이 투영된 '작품'으로서의 마감(Finishing)을 갖게 됩니다.
>
> ● **통제된 AI만이 최상의 품질을 보장합니다:** 마스터링 어시스턴트의 자동화 기능은 훌륭한 길잡이일 뿐입니다. 제작자는 항상 Bypass와 Loudness Compensation을 통해 AI의 제안을 비판적으로 검토하고 수정해야 합니다.
>
> ● **품질의 기준은 매체와 맥락에 있습니다:** 무조건 크고 화려한 소리가 정답이 아닙니다. 곡이 쓰일 장르와 유통될 매체의 특성에 맞춰 최적의 질감과 음압을 선택하는 것이 진정한 프로듀서의 역량입니다.
>
> ● **정교한 마감이 자산 가치를 결정합니다:** 세밀하게 다듬어진 사운드는 단순히 소비되고 잊히는 파일을 넘어 유통과 확산이 가능한 강력한 비즈니스 자산이 됩니다. 품질에 대한 집요함이 창작자의 권익을 보호하는 가장 확실한 방책임을 기억합니다.

12 공유와 멀티 플랫폼 발표

저작권 확보 및 글로벌 유통 전략

수노 내부 공유 매커니즘의 이해

1. 공유 매커니즘: 창작에서 자산 관리로의 전환

Suno의 인터페이스에서 곡 생성을 마치고 'Create' 버튼을 누르는 순간, 제작자는 단순히 음악을 만드는 단계를 넘어 이 결과물을 유통하고 관리하는 '디지털 음악 자산 관리자(Digital Music Asset Manager)'로 역할이 전환됩니다. 전통적인 음악 산업에서 프로듀서가 녹음실에서의 작업을 마친 후 마스터 테이프의 권리를 관리하듯, AI 음악 제작 환경에서도 생성된 음원의 권한을 어떻게 설정하느냐에 따라 그 가치가 결정됩니다.

여기서 '공유'란 단순히 타인에게 링크를 보내는 일시적 행위를 의미하지 않습니다. 이는 음원의 희소성(Scarcity)을 통제하고, 향후 발생할 수 있는 저작권 주장을 위한 기초 데이터를 확정하며, 유튜브나 스포티파이 같은 멀티 플랫폼 유통을 위한 최종 검수를 진행하는 고도의 전략적 공정입니다.

Suno의 내부 시스템은 사용자가 만든 곡에 대해 매우 세밀한 접근 권한 설정을 제공합니다.

이를 정확히 이해하지 못하고 무분별하게 결과물을 노출할 경우, 향후 정식 발표 시 음원의 신선도가 떨어지거나 원치 않는 경로로 음원이 무단 복제되는 리스크를 안게 됩니다. 따라서 실습에 앞서 우리는 공유 설정이 갖는 단계별 의미와 그에 따른 데이터 관리 철학을 심도 있게 학습하여, AI가 만든 소리를 '나만의 자산'으로 치환하는 법을 배워야 합니다.

2. 공개 설정의 이분법적 구조와 전략적 활용

Suno의 라이브러리(Library)에 저장된 모든 프로젝트는 제작자의 선택에 따라 'Public(공개)'과 'Private(비공개)'이라는 두 가지 명확한 상태를 가집니다. 이 선택은 플랫폼 내에서의 단순한 가시성을 넘어 해당 음원이 향후 가질 상업적·법적 지위를 결정짓는 첫 번째 관문이 됩니다.

① 공개(Public) 모드: 커뮤니티 데이터베이스와 알고리즘의 결합

곡을 'Public'으로 설정하면 Suno가 구축한 글로벌 탐색(Explore) 엔진과 추천 알고리즘에 나의 곡이 정식으로 등록됩니다. 이는 전 세계 수백만 명의 사용자에게 나의 음악적 페르소나를 노출하는 행위입니다.

- **시장성 테스트베드(Test-bed)로서의 기능:** 공개된 곡은 전 세계 사용자들의 피드에 무작위 혹은 취향 기반으로 노출됩니다. 여기서 발생하는 재생 수, 좋아요, 리믹스 횟수 등의 지표는 해당 곡이 대중에게 어필할 수 있는 상업적 잠재력을 판단하는 가장 객관적인 데이터가 됩니다. 제작자는 이 데이터를 바탕으로 어떤 곡에 DAW 편집 리소스를 더 집중 투여하여 정식 음원화할지 결정하는 전략적 판단(A&R 기획)을 수행할 수 있습니다.

- **브랜딩의 가시화:** 앞선 장에서 구축한 '페르소나'를 기반으로 제작된 곡들이 공개 피드에 축적되면서 Suno 내부에서 아티스트로서의 정체성이 확립됩니다. 이는 글로벌 음원 사이트 유통 전, 나만의 음악적 색깔을 지지하는 초기 팬덤을 확보하는 중요한 경로가 됩니다.

- **노출의 양면성(Double-edged Sword):** 대중의 반응을 즉각적으로 살필 수 있다는 장점이 있지만, 정식 발매 전 음원의 희소성이 희석될 수 있다는 단점도 존재합니다. 따라서 모든 초안을 공개하기보다는 충분히 정제된 '마스터 피스'만을 선별적으로 공개하여 아티스트로서의 퀄리티를 유지하는 절제력이 필요합니다.

② 비공개(Private) 모드의 자산적 보호

'Private' 설정은 오직 제작자 본인만이 음원에 접근하고 관리할 수 있는 폐쇄적이고 안전한 창작 환경을 구축하는 것을 의미합니다.

- **자산의 독점적 권리 유지:** 외부 DAW로 음원을 가져가 2차 편곡, 믹싱, 마스터링을 진행하기 전까지 음원의 원형(Raw Source)이 외부로 유출되는 것을 원천 차단합니다. 이는 향후 저작권 등록이나 분쟁 발생 시, 내가 해당 음원의 최초 창작자임을 증명하는 강력한 내부 증거력을 갖게 합니다.

- **창작적 보안 및 아카이빙:** 가사를 수정하거나 스타일 파라미터를 변경하며 생성된 수많은 'B-Side' 트랙들을 외부에 노출하지 않고 보관할 수 있습니다. 이는 창작 프로세스의 노하우를 보호함과 동시에 최적의 결과물만을 골라내기 위한 충분한 시간적·심리적 여유를 제작자에게 제공합니다.

3. 링크 공유(Link Sharing): 전문적 협업과 검증 시스템

Suno의 공유 시스템 중 가장 실무적인 기능은 바로 '비공개 링크 공유(Private Link Sharing)'입니다. 이는 곡을 대중에게 완전히 공개하지 않으면서도 특정 파트너와 정보를 나눌 수 있는 프라이빗한 소통 창구 역할을 합니다.

- **전문적 모니터링 및 피드백:** 유튜브나 음원 사이트에 공식 발표하기 전, 동료 제작자나 음악 전문가에게 비공개 링크를 전송하여 모니터링을 요청할 수 있습니다. 창작자의 주관적 판단에 매몰되지 않고 객관적인 품질 검수(QC)를 진행하는 필수적인 과정입니다.

- **협업 프로세스의 효율화:** 정식 배포 전 영상 편집자에게 배경음악 소스를 미리 전달하거나 마케팅 담당자에게 홍보 방향 설정을 위한 사전 청취 기회를 제공할 때 유용합니다. 링크를 가진 사람만 접근 가능하므로 보안을 철저히 유지하면서도 업무 협업의 속도를 비약적으로 높여줍니다.

4. 메타데이터(Metadata) 관리를 통한 창작자 증명

공유 기능을 다룰 때 창작자들이 흔히 간과하지만 가장 중요한 요소가 바로 '메타데이터'입니다. Suno 내부에서 기입하는 곡 제목, 스타일 태그, 가사 정보는 곡이 플랫폼 밖으로 나갈 때 따라 붙는 영구적인 '디지털 명찰'이자 '지문'입니다.

- **페르소나 정보의 명문화:** 이전 파트에서 정의한 보컬 페르소나 정보를 아티스트 필드 (Artist Field)와 설명란에 명확히 기입해야 합니다. 이는 Suno 내부의 데이터 정리는 물론, 이후 멀티 플랫폼 발표 시 해당 곡의 출처와 창작적 계보를 입증하는 행정적 근거가 됩니다.

- **검색 최적화(SEO)와 알고리즘 타겟팅:** 공유 전, 곡의 장르와 무드를 상징하는 핵심 키워드를 태그에 세밀하게 포함시켜야 합니다. 이는 Suno의 알고리즘이 해당 곡을 가장 선호할 만한 청취자 그룹에게 정확히 배달해 주는 기준이 되며, 공유 이후의 파급력을 결정짓는 핵심 변수입니다.

5. DAW 연동을 위한 내보내기(Export) 전략

공유의 최종 단계는 Suno 플랫폼의 경계를 넘어 음원을 추출하는 '내보내기'입니다. 실습에서 다룰 DAW 연동을 위해 우리는 단순 감상용 파일이 아닌 '제작 소스용 데이터'로서의 추출 방식을 이해해야 합니다.

- **고해상도 음원 확보의 필연성:** 전문적인 후작업을 위해서는 손실이 적은 고음질 포맷 (WAV 등) 확보가 필수적입니다. 이는 음질 저하 없는 마스터링을 가능하게 하며, 글로벌 음원 사이트들이 요구하는 엄격한 기술 규격(Loudness, 샘플링 레이트 등)을 충족하기 위한 가장 기초적인 작업입니다.

- **스템(Stems) 분리 기능의 적극적 활용:** 보컬과 반주를 분리하여 추출하는 기능을 반드시 활용해야 합니다. 보컬 트랙만을 따로 확보해두면 DAW에서 보컬의 EQ를 만지거나 리버브를 다시 거는 등 미세한 톤 보정이 가능해집니다. 또한 사용자만의 새로운 악기를 덧입히는 편곡 과정을 통해 단순한 AI 생성물을 넘어선 '인간의 창의적 개입이 증명된 나만의 저작물'로 승화시킬 수 있는 강력한 무기를 얻게 됩니다.

하이브리드 제작과 저작권 확보

1. 하이브리드 제작 방식의 정의와 패러다임의 전환

생성형 AI 기술의 비약적인 발전은 음악 제작의 문턱을 획기적으로 낮추었습니다. 이제 복잡한 화성학 지식이나 숙련된 악기 연주 능력이 없어도 Suno와 같은 도구를 통해 단 몇 초 만에 수준 높은 음원을 얻을 수 있습니다. 그러나 AI가 단독으로 생성한 결과물을 가공 없이 그대로 발표하는 행위는 창작자로서의 정체성 확보와 법적 저작권 보호라는 두 가지 측면에서 명확한 한계를 지닙니다. 이를 극복하기 위한 필연적인 해답이 바로 '하이브리드 제작(Hybrid Production)' 방식입니다.

하이브리드 제작이란 AI의 압도적인 아이디어 도출 능력과 인간 프로듀서의 정교한 편집 및 예술적 판단력을 결합하는 프로세스를 의미합니다. 단순히 AI가 준 결과물을 수동적으로 수용하는 것이 아니라, 이를 '원재료(Raw Material)' 혹은 '음악적 영감의 초안'으로 취급하여 DAW(Digital Audio Workstation) 환경에서 해체, 변형, 재조립하는 과정을 거칩니다. 이 과정은 음원의 품질을 높이는 기술적 단계를 넘어, AI 생성물에 창작자의 '사상과 감정'을 물리적으로 투영하여 법적 저작물로서의 지위를 부여하는 결정적인 장치입니다. 이제 프로듀서의 역할은 무(無)에서 유(有)를 창조하는 것을 넘어 AI가 제안한 수많은 유(有) 중에서 가치 있는 것을 선택하고 재구성하는 방향으로 진화하고 있습니다.

2. DAW 편집을 통한 '인간의 창의적 기여'와 법적 논거

현행 글로벌 저작권법 체계는 '인간이 창작한 저작물'만을 보호의 대상으로 삼고 있습니다. AI가 스스로 만든 데이터는 법적으로 '공공 영역(Public Domain)'에 속할 위험이 크며, 이는 창작자의 수익권과 독점권 보호에 치명적인 약점이 됩니다. 하이브리드 제작은 다음과 같은 구체적인 '인간의 개입'을 통해 이 문제를 정면으로 돌파합니다.

- **구조적 재설계(Structural Re-composition):** Suno가 제안한 곡의 구조(Intro-Verse-Chorus-Bridge 등)를 그대로 사용하지 않고, DAW 상에서 마디를 자르고 배치 순서를 바꾸며 전체적인 기승전결을 재구성하는 행위는 곡의 서사를 결정하는 프로듀서의 고유한 창의적 선택입니다. 이는 음악적 건축 설계를 인간이 직접 수정했음을 증명합니다.

● **사운드 레이어링과 텍스처 보강:** AI 음원 위에 가상 악기(VSTi)를 활용해 새로운 리듬 섹션을 추가하거나 실제 악기 연주를 덧입히는 작업은 원곡의 편곡을 완전히 새롭게 정의합니다. 이는 단순한 보정이나 믹싱을 넘어 '2차적 저작물'을 생성하는 능동적 창작 행위로 인정받을 수 있는 핵심 근거가 됩니다.

● **보컬 프로세싱 및 감정적 튜닝:** Suno의 페르소나 기능을 통해 생성된 보컬 트랙을 DAW로 가져와 미세한 음정 보정(Auto-tune), 타이밍 수정, 그리고 고유한 이펙팅(Reverb, Delay, Saturation 등)을 적용하는 공정입니다. AI 보컬에 인간 제작자 특유의 질감과 아티스트적 해석을 주입함으로써 목소리의 정체성을 제작자의 완벽한 통제하에 두게 됩니다.

이러한 공정들은 법적으로 '편곡 저작권' 또는 '편집 저작물'로서의 권리를 주장할 수 있는 강력한 토대가 됩니다. AI는 창작의 '협업자'로서 재료를 제공하고, 인간은 '총괄 프로듀서'로서 최종 결과물에 대한 예술적 책임을 지는 구조를 확립하는 것입니다.

3. 저작권 보호 및 권리 증명을 위한 전략적 아카이빙

AI 음악의 저작권을 공고히 하기 위해서는 제작 과정의 '데이터 흔적'을 관리하는 전략이 필수적입니다. 하이브리드 제작 방식은 권리 주장을 위한 강력한 증거 자료를 자연스럽게 생성해 줍니다.

● **제작 단계별 데이터 보존(Version Control):** Suno에서 생성된 최초의 프롬프트와 결과물, 그리고 이를 DAW로 가져와 수정한 프로젝트 파일(.als, .logic, .cpr 등)을 단계별로 저장해야 합니다. 이는 향후 저작권 분쟁 시, 결과물이 단 한 번의 클릭으로 만들어진 것이 아니라 인간의 구체적인 편집 노력이 시간 순서에 따라 누적되어 탄생했음을 증명하는 가장 확실한 물리적 자료가 됩니다.

● **상업적 이용권의 권원(Root of Title) 확보:** Suno의 유료 플랜 사용을 통해 확보한 상업적 권한과 제작자의 편집 노력을 결합하여 유통사나 저작권 협회에 당당하게 권리를 주장할 수 있는 법적 토대를 마련합니다. 이는 단순한 약관 준수를 넘어 상업 음원으로서의 '족보'를 완성하는 일입니다.

● **투명한 메타데이터 기입과 라벨링**: "AI를 활용해 초안을 작성하고 DAW를 통해 독창적으로 재편곡 및 마스터링을 진행했다"는 기술적 상세 설명을 메타데이터에 포함시키는 것은 글로벌 플랫폼의 정책을 준수함과 동시에 아티스트의 정직성과 전문성을 강조하는 현명한 브랜딩 전략입니다.

4. 글로벌 유통 규격과 기술적 완성도의 확보

저작권 확보만큼 중요한 것이 대중이 소비하기에 적합한 '산업적 음질'을 확보하는 것입니다. Suno 음원을 그대로 공유하는 것과 DAW를 거쳐 정식 발표하는 것은 아티스트의 브랜드 가치 측면에서 천양지차입니다.

● **전문적 마스터링(Mastering)의 필연성**: 스포티파이, 유튜브 뮤직 등 스트리밍 플랫폼은 음압(Loudness)에 대한 엄격한 표준 규격(예: -14 LUFS)을 가지고 있습니다. DAW를 통한 마스터링은 Suno 음원의 불안정한 밸런스를 정리하고, 기성 곡들과 나란히 재생될 때 품질의 이질감이 없도록 최종 톤과 음압을 완성하는 필수 과정입니다.

● **스테레오 이미지 및 공간감 설계**: AI 음원이 갖기 쉬운 평면적이고 답답한 소리를 DAW의 전문 플러그인을 활용해 입체적인 사운드 스테이지로 확장해야 합니다. 이는 청취자에게 몰입감을 제공하며, AI 음악이 단순한 '기술 시연'이 아닌 '전문적인 예술품'으로 인식되게 하는 결정적 차이를 만듭니다.

5. 하이브리드 제작의 궁극적 가치

핵심은 AI 음악을 '완성된 결과물'이 아닌 '무한한 가능성을 가진 최고의 재료'로 바라보는 시각의 교정입니다. 하이브리드 제작은 다음과 같은 세 가지 가치를 실현합니다.

1. **권리의 주체성 확보**: DAW 편집은 저작권법이 보호하는 '인간의 창의적 노력'을 객관적으로 증명하는 유일한 길입니다.
2. **독창성의 차별화**: AI 생성물을 그대로 쓰는 것은 기술의 영역이지만, 이를 재가공하여 자신만의 색을 입히는 것은 오직 인간 제작자만이 할 수 있는 예술적 영역입니다.
3. **전문성의 증명**: 기술적 완성도를 높이는 마스터링 공정을 통해 AI 음악이 가진 휘발성을 극복하고 시장에서 영구적인 음원 자산으로서의 가치를 획득하게 됩니다.

Hook 기능을 활용한 콘텐츠 다각화

1. Hook: 청각적 각인을 시각적 경험으로 전환하는 기술

현대 음악 시장에서 곡의 성공 여부는 단순히 '멜로디가 얼마나 좋으냐'를 넘어 '얼마나 시각적으로 잘 공유되고 바이럴(Viral)되느냐'에 달려 있습니다. 특히 틱톡, 릴스, 쇼츠와 같은 숏폼 플랫폼이 음악 소비의 중심이 되면서 전체 곡 중 청중의 귀를 단번에 낚아챌 수 있는 '킬링 파트'의 중요성은 그 어느 때보다 높아졌습니다.

Suno의 'Hook' 설정은 사용자가 생성한 곡 중 가장 매력적인 구간을 정밀하게 지정하는 프로세스입니다. 이 기능은 단순히 음악의 특정 지점을 표시하는 데 그치지 않고, 후속 공정인 'Edit Hook' 시스템과 연동되어 해당 구간을 즉각적인 숏폼 비디오(Short-form Video) 콘텐츠로 전환할 수 있는 기초 데이터를 제공합니다. 과거에는 음악 제작 후 별도의 영상 편집 프로그램을 사용하여 가사를 일일이 입력하고 이미지를 합성해야 했으나 Suno는 Hook 설정을 통해 정의된 메타데이터를 기반으로 이 과정을 '지능형 자동화'로 해결합니다.

2. Edit Hook 기능을 통한 숏폼 콘텐츠 최적화 전략

Suno의 Hooks Create 설정 직후 실행되는 'Edit Hook' 기능은 현대 소셜 미디어 생태계가 요구하는 기술적 규격을 완벽하게 충족하는 콘텐츠를 생산합니다. 이 기능의 핵심적 가치는 다음 세 가지 요소에 기반합니다.

- **자동 가사 동기화(Auto-Sync Lyrics)의 마케팅 효과:** Hook으로 지정된 구간의 가사는 음악의 파동에 맞춰 영상 내에 자막으로 자동 생성됩니다. 대다수의 모바일 사용자가 무음 상태로 피드를 넘겨본다는 점을 고려할 때, 자막은 청중이 소리를 듣지 못하는 상황에서도 곡의 감성과 메시지를 전달받게 하는 결정적인 장치입니다. 이는 시청 지속 시간을 늘리고, 플랫폼 알고리즘이 해당 영상을 '우수한 콘텐츠'로 분류하게 만드는 트리거가 됩니다.

- **시각적 정체성(Visual Identity)의 부여:** 곡 생성 단계에서 정의된 이미지나 아티스트 페르소나의 비주얼이 영상의 배경과 연출에 그대로 반영됩니다. 이는 음악과 시각 이미지가 결합된 하나의 '브랜드 패키지'를 형성하며, 청중이 단순히 노래를 듣는 것을 넘어 해당 아티스트의 정체성을 강력하게 각인하게 만듭니다.

● **모바일 최적화 규격(9:16 Vertical):** Hook 기능을 통해 생성된 영상은 스마트폰 화면에 꽉 차는 세로형(9:16) 규격을 지원합니다. 이는 별도의 재가공 없이 SNS에 즉시 업로드할 수 있는 '배포 준비 상태(Release-ready)'를 의미하며, 제작자의 작업 피로도를 줄여주는 동시에 플랫폼 노출 빈도를 극대화합니다.

3. 숏폼 플랫폼별 Hook 활용 및 바이럴 마케팅 전략

전략적으로 설정된 Hook 구간은 각 소셜 미디어 플랫폼의 특성에 맞춰 서로 다른 마케팅 목표를 수행해야 합니다.

● **틱톡(TikTok) & 릴스(Reels): '챌린지 유도 및 오디오 점유'** :
가장 중독성 있고 따라 하기 쉬운 15~30초 구간을 Hook으로 지정합니다. 'Edit Hook'로 만든 가사 영상을 선제적으로 배포함으로써 다른 사용자들이 해당 음원을 자신의 영상 배경음악(BGM)으로 사용하도록 유도해야 합니다. 플랫폼 내에서 내 음원이 사용된 영상의 수가 늘어날수록 곡의 저작권 가치와 아티스트의 인지도는 기하급수적으로 상승합니다.

● **유튜브 쇼츠(YouTube Shorts): '본편 유입의 징검다리'** :
전체 곡 중 가장 궁금증을 자아내거나 감정적 고조가 극에 달하는 구간을 Hook으로 설정하여 영상화합니다. 영상 하단이나 고정 댓글에 고음질 풀 버전(Full Version) 혹은 뮤직비디오 링크를 배치하여 숏폼의 폭발적인 도달력이 실제 음원 청취 및 채널 구독으로 이어지는 유입 경로(Funnel)를 정교하게 설계합니다.

● **반복 재생(Loop)의 심리적 설계:**
Hook 영상은 짧고 강렬해야 합니다. 시청자가 영상을 무한 반복 시청해도 지루하지 않도록 가장 리드미컬하고 사운드 텍스처가 풍부한 구간을 정밀하게 타격해야 합니다. 반복 시청률은 알고리즘이 영상을 추천 피드에 띄우는 핵심 지표 중 하나입니다.

4. 영상 기반 메타데이터와 디지털 지문 보호

Hook을 통해 생성된 영상은 단순한 홍보 수단을 넘어 해당 음원의 소유권과 창작적 출처를 증명하는 디지털 자산입니다.

- **시각적 라벨링과 투명성 가이드:** 영상 제작 시 AI 기술 활용 여부를 적절히 명시하는 것은 글로벌 플랫폼(Google, Meta 등)의 최신 AI 가이드라인을 준수하는 행위입니다. 이는 계정의 안정성을 확보함과 동시에 AI를 도구로 사용하는 차세대 아티스트로서의 전문성을 투명하게 공개하여 팬들과 깊은 신뢰 관계를 구축하는 토대가 됩니다.

- **음원 식별 데이터의 보존:** 영상이 공유될 때 함께 전달되는 음원 메타데이터는 이후 음원 사이트 정식 등록 시 해당 곡이 소셜 미디어에서 이미 검증되었음을 입증하는 강력한 데이터 자료로 활용됩니다.

5. 영상 제작 시스템으로서의 Hook

본 장의 학습 목적은 Hook 기능을 단순히 음악의 한 부분을 자르는 편집 도구가 아닌, '지능형 비디오 프로덕션 시스템'으로 인식하는 데 있습니다.

1. **시각적 자산화:** 음악의 가장 빛나는 순간을 가사 자막 영상으로 전환하여 콘텐츠의 생명력을 연장합니다.
2. **플랫폼 적응형 배포:** 쇼츠, 릴스 등 각 플랫폼 규격에 맞춘 영상 생성을 통해 마케팅 효율을 높이고 제작 리소스를 절감합니다.
3. **바이럴 거점 구축:** 전략적으로 설계된 Hook 영상을 통해 대중이 나의 음악적 페르소나를 발견하고 소비하게 만드는 강력한 네트워크 효과를 창출합니다.

글로벌 플랫폼 발표 및 아티스트 브랜딩

1. AI 음악의 자산화와 공식 아티스트 데뷔

Suno 라이브러리에 머물던 창작물은 전 세계 청중이 모이는 글로벌 플랫폼으로 확장되어야 합니다. 공유 메커니즘을 이해하고, DAW를 통한 하이브리드 편집과 Hook 영상 제작을 거치는 궁극적인 목적은 하나입니다. AI 생성물을 단순한 개인 기록물이 아닌, 상업적 가치를 지닌 '디지털 음원 자산'으로 격상시키는 것입니다.

유튜브, 스포티파이, 애플 뮤직 등 주요 플랫폼 발표 시 준수해야 할 기술적 표준과 AI 라벨링 가이드, 지속 가능한 아티스트 브랜딩 전략을 적용합니다. 이는 AI 음악의 휘발성을 극복하고 제작자에게 지속적인 권익을 부여하는 아티스트로서의 최종 공정입니다.

2. 글로벌 유통을 위한 기술적·행정적 규격 준수

글로벌 스트리밍 플랫폼은 일관된 청취 경험을 위해 엄격한 기술 표준을 요구합니다. Suno 원본 파일을 가공 없이 업로드하면 알고리즘에 의해 저품질 콘텐츠로 분류될 수 있습니다.

- **최종 음압(Loudness) 규격화**: 플랫폼별 고유 라우드니스 정규화 기준(예: 스포티파이 약 -14 LUFS)을 준수해야 합니다. 마스터링 단계에서 이 수치를 맞추지 않으면 소리가 왜곡되거나 전문성이 결여되어 들립니다.

- **무손실 음원(WAV) 포맷 확보**: 공식 유통을 위해 최소 44.1kHz / 16bit 이상의 무손실 WAV 파일이 필수입니다. 이는 음원 해상도를 결정하는 최소한의 품질 보증서입니다.

- **디지털 배급사(Distributor) 활용**: 디스트로키드(DistroKid), 튠코어(TuneCore) 등 글로벌 배급사를 통해 곡을 등록합니다. ISRC(국제표준녹음코드) 발급을 통해 음원의 고유 식별 번호를 관리하는 행정적 정밀함이 필요합니다.

3. AI 라벨링과 윤리적 가이드라인 수립

글로벌 콘텐츠 시장의 핵심은 'AI 생성 콘텐츠의 투명성'입니다. 플랫폼의 AI 라벨링(Labeling) 요구를 준수하는 것은 아티스트의 장기적인 신뢰도와 직결됩니다.

- **투명성을 통한 신뢰 구축**: AI 활용 사실을 숨기기보다 기술적 보조 도구로서의 활용 범위를 밝히는 것이 유리합니다. "AI 기술과 프로듀서의 하이브리드 편곡"이라는 설명은 기술적 선구자로서의 전문 이미지를 강화합니다.

- **법적 리스크 관리**: 실존 인물의 목소리를 무단 복제한 음원은 제재 대상입니다. Suno에서 생성된 고유 보컬 페르소나를 활용하는 것이 법적 리스크를 회피하고 독창적 권리를 확보하는 안전한 경로입니다.

- **메타데이터의 정교한 기입**: 작곡가 항목에 AI 서비스명을 병기하거나 본인을 '총괄 프로듀서'로 명시하여 창작적 기여도를 구분합니다. 이는 향후 저작권료 정산 시 권리 관계를 명확히 하는 기초 데이터가 됩니다.

4. 멀티 플랫폼 브랜딩: 페르소나의 일관된 확장

단순 업로드는 '발매'일 뿐입니다. 기억에 남는 아티스트가 되기 위해서는 모든 접점에서 일관된 브랜딩 전략을 전개해야 합니다.

- **시각적 정체성(Visual Identity) 통일**: 유튜브, 스포티파이, SNS 계정에 동일한 보컬 페르소나 이미지와 테마 컬러를 적용합니다. 어떤 경로에서도 동일한 아티스트임을 즉각 인지할 수 있도록 일관성을 유지합니다.

- **플랫폼별 콘텐츠 믹스(Mix) 전략**:
  - **유튜브**: 공식 가사 영상과 DAW 활용 '제작 비하인드'를 통해 전문성을 강조합니다.
  - **숏폼(쇼츠/릴스/틱톡)**: 핵심 구간 영상을 마케팅 전면에 배치하여 유입을 극대화합니다.
  - **스포티파이**: 정식 음원으로서의 가치를 증명하고 팬들의 플레이리스트 안착을 최종 목표로 삼습니다.

- **스토리텔링을 통한 팬덤 구축**: 제작 과정의 고민과 AI의 한계를 인간적 감성으로 극복한 사례 등을 공유하여 청취자와 정서적 유대감을 형성합니다. 이는 단순 청취자를 충성도 높은 팬덤으로 전환하는 핵심 기제입니다.

5. 프로페셔널 아티스트의 지향점

AI를 활용해 시장에서 통용되는 프로페셔널 아티스트 브랜드를 완성하는 것이 핵심입니다.

1. **기술적 완결성**: 글로벌 유통 규격을 엄격히 준수하여 AI 음악에 대한 편견을 극복합니다.
2. **투명한 권리 관계**: AI 라벨링과 메타데이터 관리를 통해 법적·윤리적 기반 위에서 창작을 지속합니다.
3. **브랜드 일관성**: 페르소나 기반의 일관된 메시지로 글로벌 청중에게 독보적인 존재감을 각인시킵니다.

음원 공유 및 자산화 전략

Suno에서 곡 생성을 마친 제작자는 생성된 결과물을 유통하고 관리하는 '디지털 음악 자산 관리자' 로 역할이 전환됩니다. 이때 '공유' 는 단순히 링크를 보내는 행위를 넘어 음원의 희소성을 통제하고 향후 저작권 주장을 위한 기초 데이터를 확정하는 전략적 공정입니다. Suno의 세밀한 접근 권한 설정을 정확히 이해하지 못하고 무분별하게 노출할 경우, 정식 발표 시 음원의 가치가 떨어지거나 무단 복제되는 리스크가 발생할 수 있습니다. 따라서 실습에 앞서 공유 설정의 단계별 의미를 이해하는 것은 AI가 만든 소리를 가치 있는 '음악 자산' 으로 바꾸는 첫걸음이며, 이는 곧 창작자의 권익 보호와 직결됩니다.

01 내 노래 공유하기

01 Suno는 생성한 곡을 다운 받거나 공유하기 전에 음질을 개선할 수 있는 기능을 제공합니다. 원하는 곡을 마우스 오른쪽 버튼으로 클릭하여 단축 메뉴를 연 뒤, Create 메뉴의 Remaster를 선택합니다.

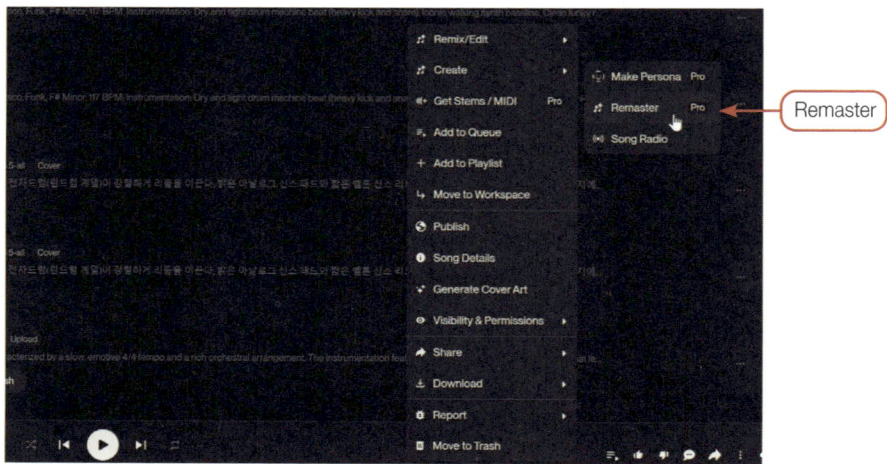

02 리마스터는 단순히 소리를 크게 만드는 것이 아니라 내 곡을 디지털 자산으로서 어떤 이미지로 포장할지 결정하는 과정으로 세 가지 옵션을 제공합니다.

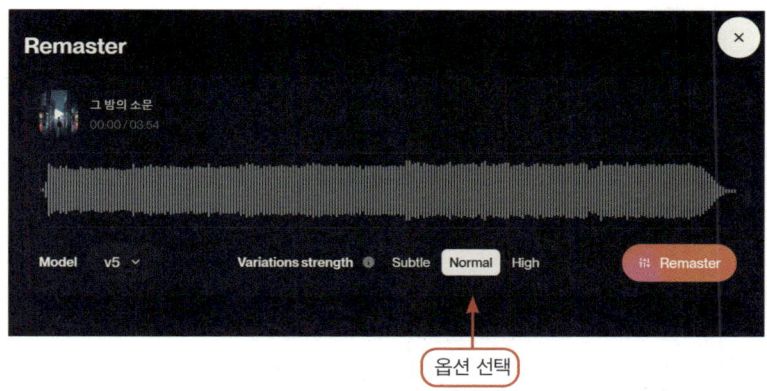

옵션 선택

● **Subtle(섬세한 보정):** 원곡이 가진 본연의 느낌과 악기 간의 밸런스를 최대한 보존하는 데 집중합니다. 감상을 방해하는 지저분한 노이즈만을 정교하게 제거하며, 음색을 조절하는 EQ 변화를 최소화하고 소리의 크고 작은 폭인 다이내믹을 크게 건드리지 않아 자연스러운 공간 감이 유지됩니다. 이미 생성된 곡의 구성에 만족하면서 전체적인 음질만 매끄럽게 다듬고 싶을 때 가장 적합한 선택이 됩니다.

● **Normal(표준 보정):** 스포티파이나 애플 뮤직과 같은 현대적인 음원 스트리밍 서비스의 표준 음압과 음색 규격에 맞추어 사운드를 최적화합니다. 보컬의 명료도를 높여 목소리를 앞으로 당기고 저음과 고음을 적절히 보강하여 대중적인 사운드를 만들어내며, 마치 전문적인 컴프레서를 통과시킨 듯 소리의 질감이 단단하고 밀도 있게 변하는 것이 특징입니다. 이는 대부분의 장르에서 가장 안정적인 결과물을 보장하며 별도의 추가 작업 없이 바로 유통하기에 가장 좋은 상태를 제공합니다.

● **High(강력한 보정):** 청각적 임팩트를 극대화하기 위해 소리의 질감을 공격적이고 화려하게 재구성합니다. 풍부한 배음을 추가해 고역대를 밝게 강조하고 깊은 컴프레션을 적용함으로써 모든 악기 소리가 귀에 꽉 차게 들리는 강력한 에너지를 전달합니다. 다만 소리가 다소 딱딱하게 느껴질 수 있으므로, 힙합이나 EDM처럼 강렬한 사운드가 요구되는 장르 혹은 원곡의 음색이 지나치게 먹먹하여 사운드 자체에 파격적인 변화가 필요할 때 전략적으로 활용됩니다.

03 Remaster가 완료되면 개선된 두 개의 곡이 생성됩니다. 공유할 곡을 마우스 오른쪽 버튼으로 클릭하여 Share 메뉴의 Share to를 선택합니다. Copy Link를 선택하면 링크를 복사하여 전달할 수 있으며, Copy Link at Current Time을 선택하면 현재 재생 위치부터 시작되는 링크를 생성할 수 있습니다.

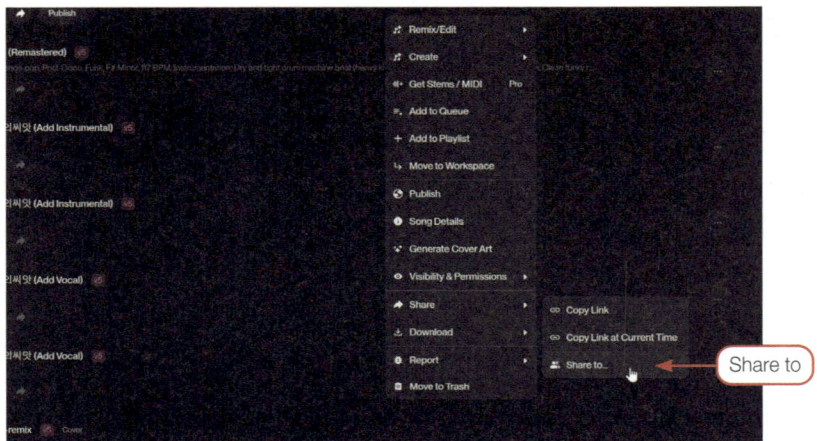

04 X(Twitter), Facebook, Reddit 등 주요 SNS 항목을 선택하면 해당 플랫폼의 게시물 작성 창이 열리며, 링크와 미리보기 이미지가 자동으로 포함됩니다. 또한 Email을 선택하면 친구에게 링크를 직접 전달할 수 있으며, Embed를 사용하여 내 블로그나 홈페이지에 플레이어를 삽입할 수도 있습니다.

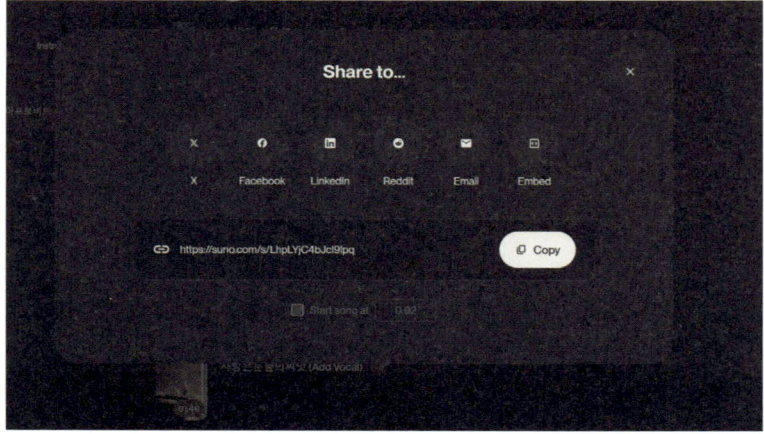

05 Suno에서 만든 곡을 프로필에 게시하고 다른 사용자가 검색할 수 있도록 하려면, 곡을 마우스 오른쪽 버튼으로 클릭하여 단축 메뉴를 연 뒤 Publish를 선택합니다.

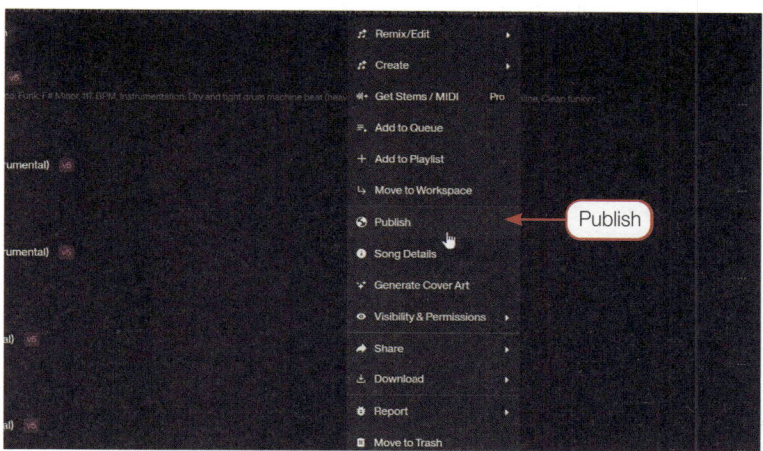

06 곡 정보를 입력하거나 편집할 수 있는 창이 열립니다. 여기서 Style Summary 항목은 검색 노출과 큐레이션에 직접적인 영향을 주는 중요한 메타데이터이므로 반드시 작성합니다. 불필요하게 긴 설명보다는 Future Bass, High Energy, Synth-pop과 같이 핵심 키워드를 쉼표로 구분하여 입력하는 것이 검색 최적화에 효과적입니다.

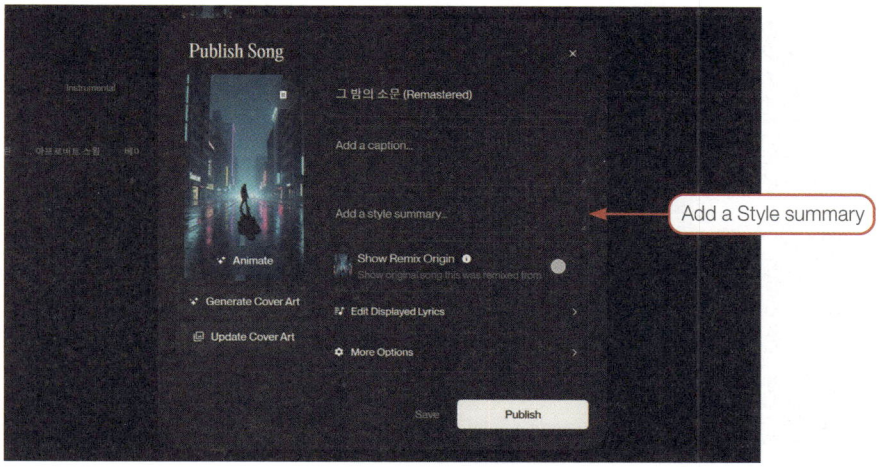

07 YouTube에서 클릭률에 큰 영향을 미치는 요소가 썸네일이듯, Suno의 커버 아트는 곡의 첫인상을 형성하는 중요한 시각 자산입니다. 자동 생성된 커버는 Generate Cover Art 또는 Update Cover Art 기능을 통해 변경할 수 있습니다.

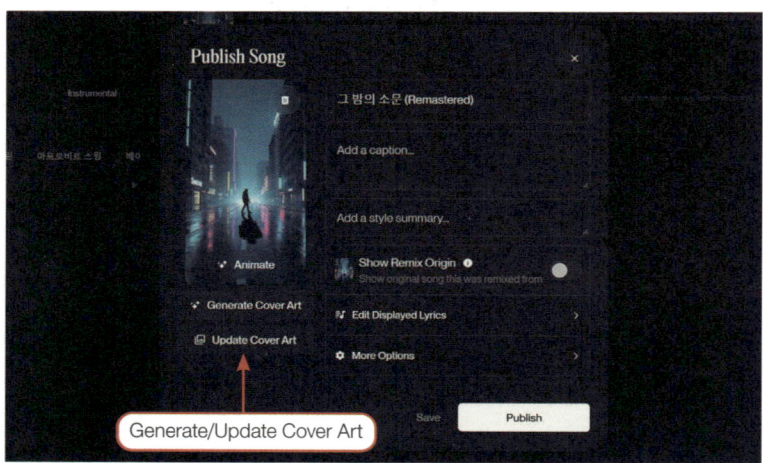

08 Generate Cover Art를 사용하면 사용자 이미지 또는 프롬프트를 활용해 Image to Video, Text to Video, Text to Image 방식으로 커버를 제작할 수 있고, Update Cover Art를 사용하면 이미지를 직접 업로드하여 커버로 설정할 수 있습니다.

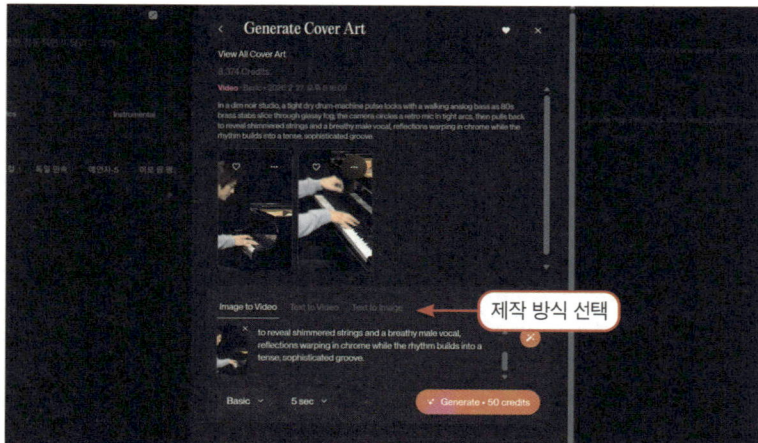

09 More Options는 곡 공개 이후 리스너의 상호작용 방식과 프로필 내 노출 방식을 설정할 수 있는 메뉴입니다.

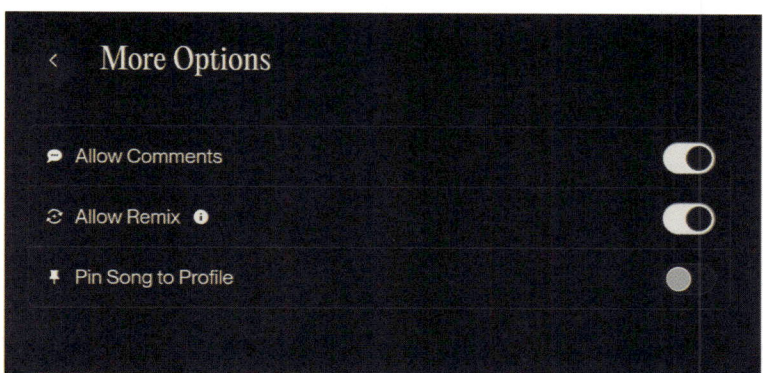

● **Allow Comments (댓글 허용)**: 내 노래가 공개된 페이지에서 리스너들이 자유롭게 의견을 남길 수 있는 소통 창구를 여는 기능입니다. 댓글 기능을 활성화하면 팬들의 실시간 피드백을 받을 수 있고, 활발한 댓글 반응은 곡의 인기를 증명하는 사회적 증거(Social Proof)가 됩니다. 리스너와의 활발한 교류를 통해 팬덤을 형성하고 싶다면 이 옵션을 켜두는 것이 유리하며, 오직 음악 감상에만 집중할 수 있는 정돈된 환경을 원한다면 비활성화할 수 있습니다.

● **Allow Remix (리믹스 허용)**: 내 곡의 스타일이나 멜로디를 다른 사용자들이 가져가서 자신만의 버전으로 다시 제작(Cover, Extend 등)할 수 있게 권한을 부여하는 설정입니다. Suno 커뮤니티에서는 타인의 곡을 리믹스하며 노는 문화가 매우 발달해 있으므로, 내 곡이 하나의 '챌린지' 나 '트렌드' 가 되어 널리 퍼지길 원한다면 이 옵션을 활성화하는 것이 전략적입니다. 리믹스가 많이 될수록 원곡으로 돌아오는 링크를 통해 원작자인 나의 인지도도 함께 상승하는 효과를 얻을 수 있습니다.

● **Pin Song to Profile (프로필에 고정)**: 내 프로필 페이지를 방문하는 사람들에게 가장 먼저 보여줄 '대표곡' 을 지정하는 기능입니다. 유튜브의 채널 트레일러처럼 내가 만든 수많은 곡 중 가장 자신 있는 곡이나 최신 화제작을 상단에 고정함으로써 방문자에게 나의 음악적 색깔과 실력을 즉각적으로 어필할 수 있습니다. 아티스트로서의 첫인상을 결정짓는 중요한 도구이므로, 내 포트폴리오의 얼굴이 될 만한 곡을 신중히 선택하여 고정해 두는 것이 좋습니다.

10 필요한 옵션을 모두 설정한 후 Publish 버튼을 클릭하면 곡이 공개되며 사용자 프로
필에 등록됩니다. 프로필은 사용자 아이디를 클릭한 뒤 표시되는 메뉴에서 Profile을
선택하여 열 수 있습니다.

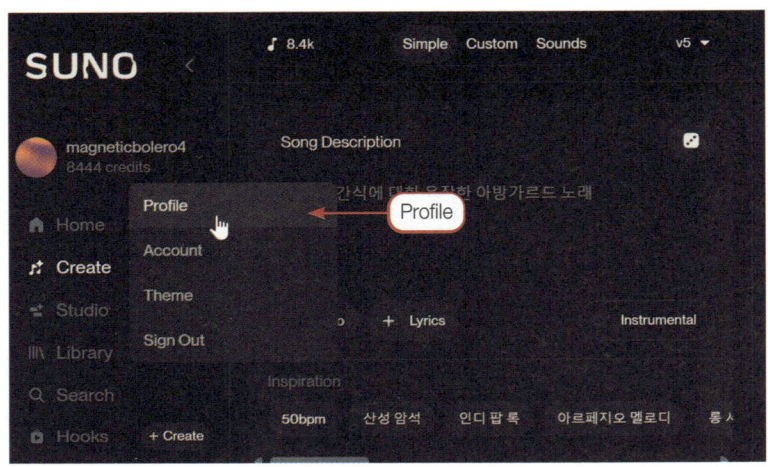

11 프로필은 유튜브의 내 채널과 같은 공간으로, 내가 제작한 곡과 아티스트 정보를 보여
주는 페이지입니다. Edit 버튼을 클릭하여 프로필 사진, 이름 등 나를 상징하는 정보
를 수정하고 설정할 수 있습니다.

02 Hooks 제작하기

01 프로필에는 내가 만든 곡의 킬링 파트를 YouTube Shorts나 Instagram Reels와 같은
숏폼 영상으로 제작하여 등록할 수 있습니다. Hooks 메뉴의 Create를 선택합니다.

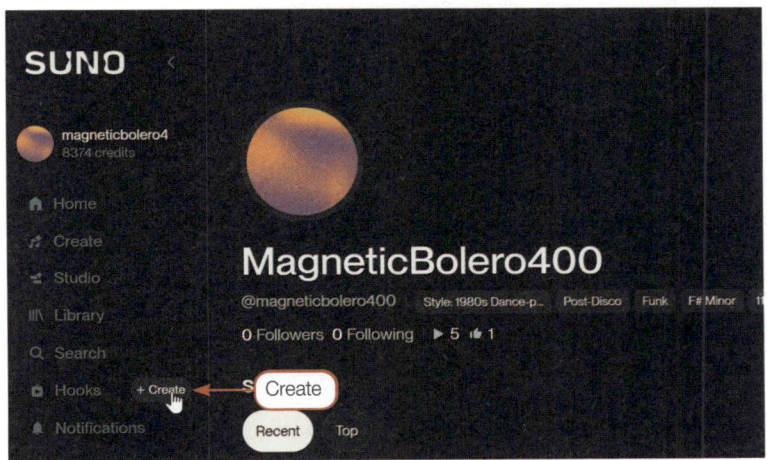

02 All(전체), Public(공개된 곡), Liked(좋아요 표시한 곡) 목록 중에서 영상으로 제작할 곡
을 선택합니다.

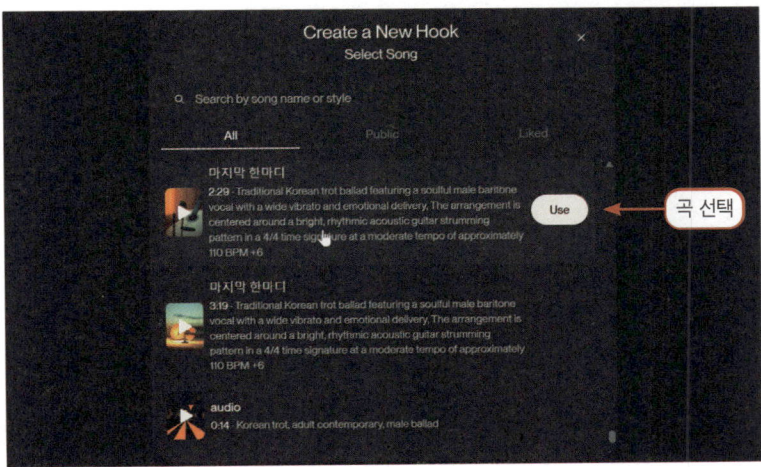

03 곡에 연결할 영상을 업로드할 수 있는 창이 열립니다. 영상은 Gemini와 같은 AI 도구를 활용해 미리 제작해 둘 수 있습니다.

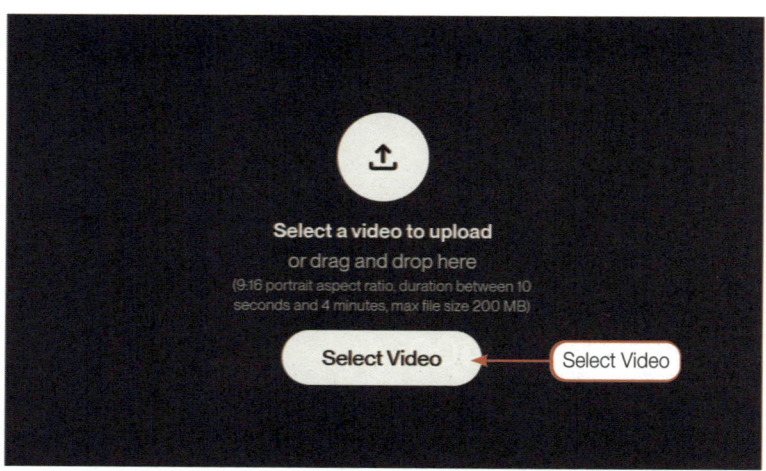

04 영상에 연결할 곡의 하이라이트 구간을 선택할 수 있는 창이 열립니다. 오디오 파형을 드래그하여 원하는 범위를 설정합니다.

05 오른쪽의 가위 모양 Cut 버튼을 사용하면 영상의 재생 범위를 수정할 수 있습니다. 또한 음표 모양 버튼을 통해 자막 표시 여부를 설정할 수 있으며, 스피커 모양 버튼을 통해 영상에 포함된 오디오 사용 여부를 선택할 수 있습니다.

06 범위를 설정한 후 Next 버튼을 클릭하면 Caption과 댓글 허용 여부를 설정할 수 있는 창이 열립니다. 필요한 내용을 입력한 뒤 Post 버튼을 클릭하면 공개됩니다.

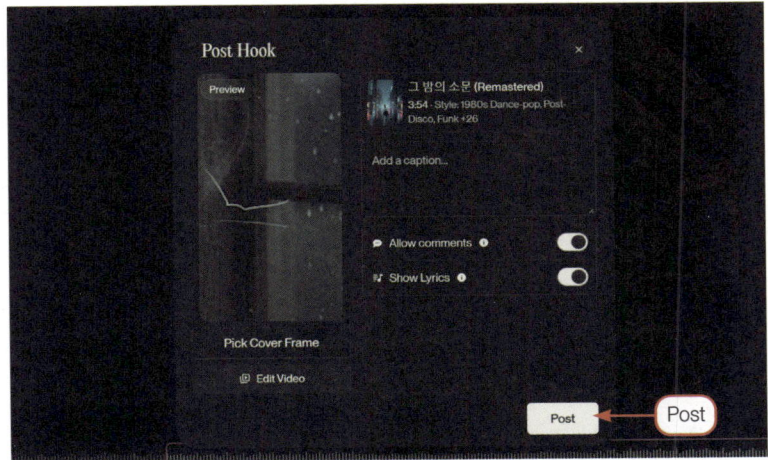

배급 전 최종 점검

음원을 유통사에 전달하기 전 수행하는 QA(Quality Assurance) 과정은 생성된 결과물을 단순한 '오디오 파일'에서 상업적 가치를 지닌 '음원 자산'으로 승격시키는 필수 절차입니다. AI가 생성한 음악은 태생적으로 디지털 아티팩트(유물)와 비표준적 데이터를 포함할 확률이 높으므로, 일반적인 음악 제작 공정보다 훨씬 엄격하고 세밀한 검증이 필요합니다. 이에 따라 완벽한 음원 유통을 위한 네 가지 핵심 페이즈를 입체적으로 분석합니다.

[Phase 1] 기술적 무결성 점검 (Technical Integrity)

기술적 무결성은 청취자가 어떤 환경에서 음악을 듣더라도 기술적인 결함(깨짐, 노이즈, 왜곡)을 느끼지 않게 하는 기초 공사입니다.

① 피크 디스토션 및 트루 피크(True Peak) 제어

AI 엔진, 특히 Suno와 같은 모델은 청감상 에너지를 극대화하기 위해 출력 레벨을 한계치까지 높여 추출하는 경향이 있습니다. 이 과정에서 파형의 끝부분이 잘려 나가는 클리핑(Clipping) 현상이 빈번히 발생합니다.

- **샘플 피크와 트루 피크의 차이:** 일반적인 디지털 미터가 잡아내지 못하는 '샘플 사이의 피크(Inter-sample Peak)'가 존재합니다. 디지털 신호가 아날로그로 변환될 때 이 피크가 0dB를 초과하면 치명적인 왜곡이 발생합니다.
- **표준 가이드:** 최종 마스터 트랙의 True Peak 수치를 -1.0 dBTP 이하로 설정합니다. 이는 스트리밍 플랫폼이 음원을 손실 압축 포맷(Ogg, AAC 등)으로 변환할 때 발생하는 레벨 상승에 대비한 안전장치입니다.
- **조치 방법:** DAW의 마스터 버스에 신뢰할 수 있는 리미터(Limiter)를 설치하고, 'True Peak Limiting' 기능을 활성화하여 실링(Ceiling) 값을 조절합니다.

② 샘플 레이트와 비트 뎁스의 업샘플링 오류 방지

유통사(Distributor)가 요구하는 표준 규격은 최소 44.1kHz / 16bit입니다. 그러나 소스 자체의 품질이 낮다면 단순히 컨테이너(형식)만 바꾼다고 해서 해결되지 않습니다.

- **가짜 고음질 주의:** 128kbps MP3 파일을 강제로 48kHz WAV로 변환하는 '껍데기 갈이' 행위는 유통사의 자동 검수 시스템에서 저품질 음원으로 분류될 위험이 큽니다.
- **원본 소스 관리:** Suno의 유료 플랜에서 제공하는 무손실 다운로드 기능을 우선적으로 활용합니다. 만약 부득이하게 저음질 소스를 사용해야 한다면, 고역대 복원 플러그인 (Exciters, Harmonic Enhancers)을 사용하여 손실된 배음을 인위적으로 보충한 뒤 표준 규격으로 출력합니다.

③ 위상(Phase) 분석과 모노 호환성 (Mono Compatibility)

현대 음악은 넓은 스테레오감을 지향하지만, 스마트폰 스피커나 공공장소의 출력 환경은 여전히 '모노'인 경우가 많습니다.

- **위상 캔슬링(Phase Cancellation):** 좌우 채널의 파동이 서로 반대일 때, 모노로 합쳐지면 소리가 상쇄되어 사라지는 현상입니다. AI가 생성한 과도한 리버브나 코러스 효과는 위상 문제를 자주 일으킵니다.
- **검수 방법:** 상관관계 미터(Correlation Meter)를 확인합니다. 수치가 -1에 가까울수록 위상 문제가 심각하다는 신호입니다. 모노 버튼을 눌렀을 때 트럼펫 솔로의 음색이 얇아지거나 멀어지지 않는지 반드시 확인합니다.

[Phase 2] 청취 환경별 최적화 (Environment-Specific Testing)

음악은 스튜디오가 아닌 일상에서 소비됩니다. 다양한 재생 기기에서의 편차를 줄이는 것이 프로페셔널의 기준입니다.

① 모바일 기기 및 초소형 스피커 최적화

대부분의 청취자는 스마트폰 내장 스피커로 첫 청취를 경험합니다.

- **중역대(Mid-range)의 중요성:** 스마트폰 스피커는 물리적 한계로 저음과 초고음을 재생하지 못합니다. 곡의 핵심 멜로디와 트럼펫의 에너지가 300Hz ~ 5kHz 대역에 충분히 분포되어 있는지 확인합니다.
- **청감상 저음(Phantom Bass):** 저음이 직접 들리지 않는 기기에서도 베이스를 느낄 수 있도록, 베이스 악기의 배음을 강조하는 '심리 음향적 보정'이 적절히 이루어졌는지 점검합니다.

② 카 오디오와 저역대 부밍(Booming) 제어

자동차 내부 환경은 정재파(Standing Wave)로 인해 특정 저역대가 비정상적으로 크게 증폭되기 쉽습니다.

- **100Hz 이하 대역 정리**: 킥 드럼과 베이스, 혹은 트럼펫의 낮은 저역대가 겹쳐 '웅웅'거리는 소음으로 변하지 않았는지 점검합니다.
- **다이내믹스 확보**: 엔진 및 노면 소음이 존재하는 환경에서도 트럼펫 솔로가 묻히지 않고 선명하게 들리는지 확인하기 위해 실제 차량 테스트를 권장합니다.

③ 라우드니스(Loudness) 정규화와 LUFS

과거의 '음량 전쟁' 시대와 달리, 현대의 스트리밍 플랫폼은 알고리즘에 의해 자동으로 음량을 조절합니다.

- **-14 LUFS의 기준**: 유튜브와 스포티파이의 표준인 -14 LUFS를 목표로 삼습니다. 이보다 너무 크게 제작하면 플랫폼이 강제로 볼륨을 줄이는데, 이때 곡의 트랜지언트(타격감)가 무너져 음악이 둔탁하게 변할 수 있습니다.
- **다이내믹 레인지 보존**: 청감상 에너지를 유지하되, 음악의 숨통을 조이지 않는 적절한 컴프레션이 이루어졌는지 체크합니다.

[Phase 3] 예술적 완성도 및 노이즈 검수

기술적 기준을 통과했다면, 이제 음악적 귀로 '옥에 티'를 찾아낼 차례입니다.

① 디지털 아티팩트와 프리링잉(Pre-ringing) 제거

AI 생성 음원은 고음역대에서 금속적인 쇳소리나 '지익지익'거리는 디지털 노이즈가 섞일 때가 많습니다.

- **솔로 악기 집중 점검**: 트럼펫 독주 구간의 빈틈(Silence)에 섞인 배경 소음을 추적합니다. 노이즈 게이트(Gate)를 사용하거나 해당 구간의 파형을 직접 편집하여 정갈한 무음을 확보합니다.

- **리버브 테일**: 곡이 끝난 뒤 잔향이 자연스럽게 사라지는지 점검합니다. 뚝 끊기는 느낌을 방지하기 위해 DAW에서 페이드 아웃(Fade Out)을 정밀하게 처리합니다.

② 음악적 구조의 재설계
AI는 종종 비논리적인 박자 변화나 이해할 수 없는 화성 진행을 내놓기도 합니다.

- **박자 정렬**: AI가 생성한 리듬이 미세하게 어긋난다면, 이를 DAW의 그리드에 맞춰 수정(Quantize)합니다. 이는 청취자의 몰입감을 높이는 결정적인 요소입니다.
- **반복의 미학**: 동일한 패턴이 무의미하게 반복된다면 이를 편집하여 줄이거나 필터 효과 등 변화를 주어 '인간 프로듀서의 터치'를 가미합니다.

[Phase 4] 행정적 및 시각적 검수 (Technical QA)
완성된 음원을 감싸는 포장지와 데이터 역시 음원 자산의 핵심 구성 요소입니다.

① 앨범 아트워크의 시각적 무결성
아트워크는 스트리밍 목록에서 유저의 클릭을 유도하는 유일한 시각적 도구입니다.

- **디지털 오류 수정**: AI 이미지 생성 도구를 사용했다면 트럼펫의 구조나 연주자의 신체 표현 등 비현실적인 부분을 세밀하게 수정합니다.
- **규격 준수**: 유통사 표준인 3000px 이상의 고해상도를 유지하며, 텍스트가 잘려 보이지 않도록 안전 영역(Safe Zone)을 확보합니다.

② 메타데이터 및 제출 파일 최종 확인
실제 등록 전 데이터의 일관성을 점검합니다.

- **텍스트 검수**: 활동명과 곡 제목의 오타를 확인하고, 영어 제목의 경우 대소문자 규정(Title Case) 준수 여부를 최종 체크합니다.
- **파일 명명 규칙**: 유통사 제출 전 파일명을 '곡제목_아티스트명_포맷' 등으로 정리하여 관리 효율을 높입니다.

디지털 배급사를 통한 실전 등록

디지털 배급은 아티스트와 전 세계 스트리밍 플랫폼(Spotify, Apple Music, YouTube Music 등) 사이를 연결하는 결정적인 가교 역할을 합니다. AI 아티스트로서 이 과정을 완벽히 수행하는 것은 향후 저작권 정산의 정확성을 확보하고 아티스트 브랜딩의 성패를 결정짓는 핵심 공정입니다.

[Phase 1] 아티스트 페르소나 및 배급 전략 수립
등록 버튼을 누르기 전, 당신의 음악이 디지털 시장에서 어떻게 분류되고 소비될지 결정하는 전략적 단계입니다.

1. 디지털 배급사(Aggregator)의 선택 기준
전 세계적으로 수많은 배급사가 존재하며, 본인의 활동 성향에 맞는 요금 체계와 서비스를 선택하는 것이 중요합니다.

- **DistroKid(디스트로키드):** 연간 고정비를 지불하면 무제한 업로드가 가능합니다. 창작 속도가 빠르고 다작을 하는 AI 아티스트에게 가장 유리하며, 발매 처리 속도가 매우 빠르다는 장점이 있습니다.
- **TuneCore(튠코어):** 곡당 혹은 앨범당 비용을 지불하는 구조로 보다 정밀한 매출 보고서와 아티스트 서비스를 제공합니다. 장기적인 수익 관리에 강점이 있습니다.
- **SoundCloud for Artists:** 사운드클라우드를 주력으로 활동하는 아티스트에게 뛰어난 연동성과 유통 편의성을 제공합니다.
- **선택 전략:** 실험적인 곡을 자주 발표하며 창작 주기가 짧다면 고정비 모델을 한 곡 한 곡의 완성도에 집중하여 장기적인 지표를 관리하고자 한다면 수익 배분율이 유리한 모델을 선택하는 것이 합리적입니다.

2. 아티스트 네이밍과 프로필 최적화
- **중복 및 식별 확인:** 스포티파이 등 주요 플랫폼에서 본인이 결정한 이름이 이미 사용 중인지 반드시 확인합니다. 중복될 경우 'Artist Name (2)'와 같이 강제로 구분되어 브랜딩에 치명적인 타격을 입을 수 있습니다.

- **장르 카테고리의 전략적 설정:** 'Primary Genre'와 'Secondary Genre'를 선택합니다. 트럼펫 솔로라면 Jazz를 기본으로 하되, 분위기에 따라 Cinematic이나 Easy Listening을 보조 장르로 설정하여 플랫폼 추천 알고리즘의 노출 범위를 극대화합니다.

[Phase 2] 콘텐츠 업로드 및 메타데이터 정밀 기입

이 단계는 플랫폼의 검색 결과 및 플레이리스트 분류와 직결되는 데이터베이스를 구축하는 과정입니다.

1. 음원 및 시각 데이터의 최종 제출

- **무손실 파일 업로드:** 검수 완료된 WAV(24bit 권장) 형식을 업로드합니다. 이는 청취자에게 'High-Res' 마크를 노출하고 고음질 서비스 환경을 보장하기 위한 필수 조건입니다.
- **아트워크의 시장성:** 3000x3000px 규격을 준수하되, 시각적 밀도를 점검합니다. 텍스트는 최소화하고 아티스트의 로고나 폰트 디자인이 곡의 정체성(예: 강렬한 트럼펫의 날카로움)을 직관적으로 대변해야 합니다.

2. 메타데이터(Metadata)의 기술적 기입

- **곡 제목(Track Title) 규정:** 플랫폼 표준인 'Title Case(단어 첫 글자 대문자)'를 엄격히 준수합니다. 피처링(Feat.)이나 리믹스(Remix) 정보는 배급사에서 제공하는 전용 입력칸에 정확히 기입해야 검수 거절을 피할 수 있습니다.
- **참여 아티스트(Contributor) 정보:** * Composer(작곡가): 본인의 실명 혹은 공식 필명을 기입하여 저작권을 명시합니다.
  - o Producer(프로듀서): 전체적인 사운드 디자인과 톤을 조율한 제작자로서 본인을 명시합니다.
  - o AI 참여 표기: 최신 스트리밍 산업의 정책에 따라, 보컬이나 작곡 과정에 AI 기술이 관여했음을 밝히는 체크박스를 정확히 확인하고 체크합니다.

[Phase 3] 법적 식별자 및 권리 관계 설정

음원이 전 세계로 배포될 때, 해당 곡의 소유권과 유통 경로를 증명하는 식별 코드를 설정합니다.

1. ISRC(국제표준녹음코드)의 발급과 관리

- **역할:** 모든 음원에는 고유한 12자리의 ISRC가 부여됩니다. 이 코드는 음원의 '주민등록번호'와 같아서 라디오 방송, 스트리밍, 상업적 이용 시 발생하는 저작권료가 아티스트의 계좌로 정확히 정산되게 합니다.
- **실무 지침:** 대부분의 배급사는 무료로 ISRC를 생성해 줍니다. 만약 기존에 발매했던 곡을 다른 배급사로 이전(Transfer)할 경우, 반드시 기존 ISRC를 그대로 입력해야 스트리밍 횟수(Play Count)와 기존 데이터가 보존됩니다.

2. UPC(범용 상품 코드)

- **역할:** 단일 곡이 아닌 앨범(EP, LP) 단위로 부여되는 바코드입니다. 앨범 전체의 판매량과 유통 경로를 추적하고 관리하는 데 사용됩니다.

[Phase 4] 발매 전략과 알고리즘 큐레이션 준비

업로드 버튼을 누른 순간부터 실제 발매일까지의 공백기는 마케팅의 '골든타임'입니다.

1. Pre-save 캠페인의 활용

배급사는 발매 전 팬들이 자신의 라이브러리에 곡을 미리 추가할 수 있는 'Pre-save' 링크를 생성해 줍니다. 발매 당일 이 수치가 높을수록 플랫폼 알고리즘은 해당 곡을 '기대작'으로 판단하여 공식 플레이리스트(New Music Friday 등)에 올릴 확률을 높입니다.

2. Spotify for Artists 연동 및 피칭

배포 절차가 시작되면 즉시 'Spotify for Artists' 계정을 인증받아야 합니다. 여기서 플레이리스트 편집자에게 직접 곡을 소개하는 'Pitching'을 진행할 수 있습니다. 트럼펫 솔로의 독창성과 제작 의도, 타겟 청취층을 상세히 적어 제출하는 것이 중요합니다.

[Phase 5] 최종 승인 및 트러블슈팅(Troubleshooting)

배급사의 검수 과정에서 발생할 수 있는 변수에 신속하게 대응하는 단계입니다.

1. 배포 상태 모니터링

- **검수 기간**: 통상적으로 2~5 영업일이 소요됩니다. 대시보드에서 'In Review(검수 중)', 'Sent to Stores(플랫폼 전송 완료)' 상태를 주기적으로 모니터링합니다.
- **플랫폼별 반영**: 배급사 승인이 완료되어도 스포티파이, 애플 뮤직 등 각 스토어에 실제 곡이 나타나는 시점은 플랫폼마다 약간의 시차가 있을 수 있습니다.

2. 주요 유통 거절 사유와 해결책

- **오디오 품질 부적격**: 비트레이트가 너무 낮거나 기계적 잡음이 발견되면 반려됩니다. 이 경우 챕터 1의 QA 과정을 재이행한 후 음원 파일을 교체하여 업로드합니다.
- **아트워크 부적합**: 저작권이 있는 타사의 로고가 포함되었거나 해상도가 낮을 때 발생합니다. 텍스트 레이아웃을 수정하거나 고화질 이미지로 재업로드합니다.
- **권리 증명 요구**: AI 보컬이 특정 실존 인물과 너무 흡사할 경우 증빙을 요구받을 수 있습니다. 이때는 Suno 유료 플랜 영수증과 고유 생성 로그를 증거로 제시하여 정당한 사용 권한을 입증합니다.
- **메타데이터 오류**: 제목의 대소문자 규정 위반이나 특수문자 남용 시 반려됩니다. 플랫폼 가이드라인에 맞춰 텍스트를 수정합니다.

아티스트의 주권과 자산 가치 극대화

AI 기술을 활용한 음악 제작의 패러다임은 이제 '누가 더 좋은 프롬프트를 입력하는가'의 단계를 넘어 '생성된 결과물을 어떻게 아티스트 개인의 독보적인 자산으로 승격시키는가'의 단계로 진입했습니다. AI가 출력한 오디오 파일은 그 자체로는 가공되지 않은 '디지털 데이터'에 불과하지만, 제작자의 의도적인 조율과 행정적 장치, 그리고 브랜딩이 결합될 때 비로소 상업적 가치를 지닌 '음악적 자산(Musical Assets)'으로 변모합니다.

1. 창작 주권 확보를 위한 프로듀싱 크레딧 설계 전략

AI 음악의 법적 지위가 정립되는 과도기에는 '인간의 창의적 개입 흔적'을 데이터로 남기는 것이 핵심적인 자산 보호 수단입니다. 이는 곡의 전 과정에서 제작자가 내린 '선택'에 법적·예술적 근거를 부여하여 창작 주권과 상업적 가치를 확립하는 과정입니다.

① 총괄 프로듀서(Executive Producer)로서의 지위 확립

현대 음악 산업에서 프로듀서의 역할은 단순히 악기를 연주하는 것에 국한되지 않습니다. 곡의 방향성을 설정하고, 기술적 도구를 선택하며, 수많은 생성 결과물 중 대중에게 선보일 최종안을 '승인(Approve)'하는 모든 과정이 창작의 핵심이 됩니다.

- **주권의 명문화**: 모든 음원 메타데이터, 보도자료, 배급사 등록 정보 및 아티스트 공식 프로필에 본인을 반드시 '총괄 프로듀서'로 명시합니다. 이는 해당 프로젝트의 기획과 자본, 기술적 통제권이 제작자 본인에게 있음을 선포하는 행위입니다.
- **창의적 선택(Human Selection)의 가치**: AI가 수천 개의 멜로디를 생성할 수 있다 하더라도, 그중 단 하나를 골라 곡의 테마로 결정한 것은 제작자의 미적 감각입니다. 이러한 '선택의 행위' 자체가 저작물에 인간의 혼을 불어넣는 결정적인 법적 근거가 됩니다.

② 세부 기여도 분할과 크레딧의 세분화(Granular Credits)

AI 소스를 활용하더라도 제작자가 DAW(Digital Audio Workstation)에서 수행한 후반 작업은 독립적인 저작권적 기여로 인정받아야 합니다. 이를 위해 크레딧을 다음과 같이 정교하게 분리하여 관리하는 것이 유리합니다.

- **Arrangement(편곡)**: AI가 생성한 단편적인 소스들을 재배치하고, 곡의 형식(Verse-Chorus-Bridge)을 설계하며, 악기 간의 밸런스를 조율한 공정을 명시합니다. 특히 트럼펫 솔로의 위치를 지정하고 잔향의 길이를 조절한 모든 편집 행위를 포함합니다.
- **Sound Engineering & Mastering**: 이퀄라이징(EQ), 컴프레션, 스테레오 이미징 등 기술적 처리를 통해 곡에 상업적 생명력을 불어넣은 공정입니다. 이는 '사운드의 질감'을 결정짓는 제작자 고유의 창작 영역입니다.
- **Lyricist(작사) 및 서사 설계**: AI가 제안한 가사를 아티스트의 고유한 세계관에 맞게 단어 하나까지 수정 보완하거나, 직접 작성한 텍스트를 통해 곡에 철학적 깊이를 더한 경우 이를 제작자의 독점적 권리로 기록합니다.

2. 고유 보컬 페르소나의 자산화 및 브랜드 관리

AI가 생성한 보컬은 아티스트 브랜드의 '청각적 얼굴'입니다. 시각적 로고만큼 강력한 각인 효과를 지닌 이 소스를 관리하는 방식에 따라 아티스트의 장기적인 브랜드 가치가 결정됩니다.

① **독점적 가상 아티스트(Virtual Persona) 브랜드 육성**

단순히 생성할 때마다 다른 목소리를 사용하는 것이 아니라 특정 음색과 창법을 브랜드의 '전속 보컬'처럼 활용하는 전략을 취합니다.

- **일관성의 미학**: 트럼펫의 날카로운 음색과 가장 잘 어우러지는 특정 보컬 톤을 설정하고 이를 모든 작업물에 반복적으로 사용합니다. 청중은 시간이 지남에 따라 그 목소리만 듣고도 아티스트의 정체성을 인지하게 됩니다.
- **페르소나의 확장**: 가상 보컬에 고유한 이름과 캐릭터 설정을 부여하는 것도 좋은 방법입니다. 제작자가 실제 가수를 고용하지 않고도 자신만의 '스타 아티스트'를 소유하고 통제하는 효과를 얻을 수 있습니다.

② **상업적 이용권(Commercial Rights)의 물리적 증빙 및 아카이빙**

AI 플랫폼을 통해 확보한 권리는 객관적인 데이터 형태의 증거가 뒷받침될 때 비로소 강력한 법적 효력을 발휘합니다.

- **로그 데이터의 자산화**: 곡을 생성할 때 사용한 구체적인 프롬프트, 시드(Seed) 번호, 생성 날짜, 그리고 해당 시점에 유지하고 있던 유료 플랜의 결제 영수증을 하나의 패키지로 묶어 관리합니다.
- **계약 시의 신뢰도 확보**: 향후 영화 음악, 게임 사운드트랙 등 B2B 계약 체결 시, 이러한 정제된 증빙 자료를 즉각 제시할 수 있는 역량은 시장에서 압도적인 전문성과 신뢰도를 입증하는 기준이 됩니다.

3. 하이브리드 제작 방식의 전문성 강조 전략

AI 아티스트가 가장 경계해야 할 부분은 '음악적 깊이가 부족하다'는 시장의 편견입니다. 이를 극복하기 위해 단순 생성이 아닌 '하이브리드 프로덕션(Hybrid Production)'의 전문성을 전면에 내세우는 마케팅적 접근을 강화합니다.

① **전문 용어를 활용한 기술적 장악력 표출**

음악을 소개할 때 단순히 AI를 언급하기보다 제작 과정의 복잡성과 엔지니어링적 가치를 드러내는 언어를 선택하는 것이 효과적입니다.

- **표현 전략**: "본 작품은 AI 알고리즘으로 추출한 원시 소스를 기반으로 수십 개의 멀티트랙 믹싱과 하이엔드 아웃보드 모델링 마스터링 과정을 거쳐 완성되었습니다."와 같은 서술을 활용합니다.
- **가치의 재정립**: 이러한 접근은 청중으로 하여금 제작자를 단순한 '도구 사용자'가 아닌, 기술을 자유자재로 다루는 '디지털 마에스트로'로 인식하게 만듭니다.

② 아티스트 바이오그래피(Bio)의 전략적 고도화
공식 프로필은 아티스트의 정체성을 규정하는 가장 강력한 텍스트 자산입니다.

- **포지셔닝**: "전통적인 재즈의 감수성과 미래형 생성 알고리즘의 결합을 추구하는 사운드 아키텍트"와 같은 정의를 사용합니다. 이는 창작 활동을 단순한 유흥이 아닌, 음악사의 새로운 패러다임을 여는 '실험적 예술'로 격상시킵니다.

4. 지속 가능한 창작을 위한 기술적 주권(Technical Sovereignty) 유지
특정 AI 서비스의 정책 변화나 엔진 업데이트에 아티스트의 자산이 휘둘리는 상황을 방지하기 위해 제작자만의 독자적인 워크플로우를 구축해 나갑니다.

① 소스의 파편화(Stems)와 독자적 라이브러리 구축
하나의 완성된 결과물(Full Mix)만 보관하는 것은 자산 관리 측면에서 위험 요소가 큽니다.

- **Stem 추출 및 보관**: 보컬, 드럼, 베이스, 트럼펫 등 각 트랙을 분리하여 저장합니다. 이렇게 파편화된 소스들은 훗날 다른 곡의 샘플로 재활용하거나 리믹스 작업을 위한 핵심 기초 자산이 됩니다.
- **샘플링의 주체성 확보**: AI가 생성한 소스를 그대로 사용하기보다 이를 다시 샘플러에 넣어 고유한 터치로 재가공합니다. 이는 아티스트의 개성을 부여하는 동시에 특정 기술에 대한 종속성을 끊어내는 행위입니다.

② 물리적 데이터 주권 확립
클라우드 서비스는 편리하지만 보안이나 영속성 측면에서 완벽하지 않습니다.

- **이중 백업 체계 운용:** 모든 프로젝트 파일, 무손실 소스, 증빙 서류를 별도의 외장 하드디스크나 NAS(네트워크 저장소)에 이중으로 백업합니다. 이는 플랫폼의 계정 이슈나 서비스 종료라는 변수로부터 전 재산과 다름없는 '음악 자산'을 보호하는 최후의 보루가 됩니다.

멀티 플랫폼 브랜딩 및 팬덤 구축 전략

음원 유통 절차와 자산 보호 설정을 마쳤다면, 이제는 디지털 공간 곳곳에 아티스트의 깃발을 꽂고 청중을 강력한 팬덤으로 전환하는 마케팅 실행 단계에 진입합니다. AI 음악은 생성 속도가 빠르고 효율적이라는 장점이 있지만, 역설적으로 '공급 과잉'과 '휘발성 소비'라는 위험이 공존합니다. 이를 방지하기 위해서는 단순한 음원 배포를 넘어 아티스트만의 독보적인 '페르소나'와 '서사'를 구축하여 대체 불가능한 브랜드 가치를 창출해야 합니다.

1. 시각적 정체성(Visual Identity)의 통일과 확장 전략

청중이 음악을 듣기 전 가장 먼저 마주하는 것은 시각적 이미지입니다. 정보 과잉 시대에 일관된 비주얼을 유지하는 것은 신뢰도와 브랜드 인지도를 높이는 가장 강력한 수단이 됩니다.

① **통일된 비주얼 에셋(Visual Assets)의 운용**

- **플랫폼 통합 프로필 최적화:** 유튜브, 스포티파이, 인스타그램, 틱톡 등 아티스트가 활동하는 모든 채널의 프로필 사진과 배경 배너를 하나의 핵심 테마로 통일합니다. 이는 청중이 어떤 경로로 아티스트를 발견하더라도 즉각적으로 동일 인물임을 인지하게 만드는 '시각적 동기화' 과정입니다.

- **AI 생성 이미지의 전략적 디렉팅:** 미드저니(Midjourney)나 스테이블 디퓨전(Stable Diffusion) 같은 도구를 활용할 때, 단순한 생성을 넘어 특정 화풍(Art Style), 질감(Texture), 색감(Color Palette)을 고정값으로 설정합니다. 예를 들어, 차가운 도시적 감성의 트럼펫 연주자 컨셉이라면 청색과 회색 톤, 네온 조명 효과를 지속적으로 노출하여 브랜드의 '온도'를 대중의 뇌리에 각인시킵니다.

② 앨범 아트워크의 브랜드 심볼화
- **시각적 레이아웃의 고정**: 단순히 곡 분위기에 맞춘 이미지를 나열하는 것이 아니라, 아티스트 고유의 로고나 심볼을 모든 앨범 커버의 특정 위치에 배치하는 규칙을 만듭니다. 이는 스트리밍 플랫폼의 방대한 리스트 사이에서 당신의 곡을 찾아내게 하는 '디지털 이정표' 역할을 수행합니다.
- **디지털 굿즈로의 세계관 확장**: 고품질로 제작된 아트워크를 PC/모바일 배경화면이나 한정판 디지털 엽서로 재가공하여 배포합니다. 팬들의 일상적인 디지털 기기 속에 아티스트의 시각적 언어가 스며들게 함으로써 브랜드 점유율을 높입니다.

2. 플랫폼별 맞춤형 숏폼(Short-form) 공략 전략
현재 글로벌 음악 시장의 흥행은 틱톡(TikTok), 릴스(Reels), 유튜브 쇼츠(Shorts)에서 결정됩니다. AI 음악의 제작 유연성을 무기로 알고리즘을 공략하는 정교한 전술이 필요합니다.

① 공식 음원(Official Audio) 기반의 바이럴 엔진 가동
- **음원 라이브러리 장악**: 배급사를 통해 등록된 공식 음원을 각 숏폼 플랫폼의 음악 라이브러리에 완벽히 동기화합니다. 본인이 제작하는 모든 홍보 영상에 반드시 이 '공식 음원' 태그를 사용하여 영상 시청자가 단 한 번의 클릭으로 전체 음원 스트리밍 사이트로 이동하도록 유입 경로를 단일화합니다.
- **청각적 훅(Hook)의 재편집**: 곡 전체를 들려주려 하기보다 청각적 쾌감이 극대화된 15~30초 구간을 별도로 추출하여 노출합니다. 트럼펫 솔로의 화려한 테크닉이나 AI 보컬의 독특한 음색이 강조된 구간을 배경음악으로 설정하여 청중의 '귀'를 먼저 사로잡습니다.

② 제작 공정의 서사화(Behind the Scene)
- **과정의 미학 공유**: AI가 프롬프트를 해석하여 음악을 생성하는 화면, DAW에서 파형을 조각하듯 편집하는 모습, 앨범 커버가 생성되는 찰나의 순간들을 감각적인 영상으로 편집합니다. 이는 '기술과 인간의 유기적 협업'이라는 독특한 서사를 시각적으로 증명하며 지적 호기심을 자극하는 콘텐츠가 됩니다.
- **전문적 엔지니어링 노출**: 믹싱 플러그인의 정밀한 움직임이나 이퀄라이징 수치 조절 과정을 짧게 보여줌으로써 이것이 단순한 '자동 생성'이 아닌 프로듀서의 섬세한 '설계'에 의한 결과물임을 강조합니다.

3. 스토리텔링과 양방향 소통을 통한 팬덤 구축

단순한 '음악 공급자'는 쉽게 대체되지만, '서사를 가진 창작자'는 팬덤의 지지를 받습니다. 팬들은 음악 그 자체를 넘어 창작자의 철학과 가치관에 매료됩니다.

① 창작 비하인드와 인간적 연결

● **시행착오의 기록**: 특정 곡을 기획하게 된 동기부터 AI와 협업하며 겪은 의외의 발견, 원하는 사운드를 얻기 위해 수백 번 재생성했던 고군분투의 과정을 공유합니다. 매끄러운 결과물보다 그 이면의 '인간적 고뇌'가 팬들에게는 훨씬 더 강력한 정서적 유대감을 제공합니다.

● **음악적 가이드라인 제시**: 곡에 내포된 철학이나 가사의 상징적 의미를 직접 설명합니다. 이는 청중이 음악을 단순한 배경음이 아닌 하나의 '작품'으로 진지하게 감상하게 만드는 장치가 됩니다.

② 참여형 창작 커뮤니티 활성화

● **공동 창작 경험 제공**: 팬들이 던져준 키워드나 이미지를 바탕으로 AI 음악을 즉석에서 제작하여 공유하는 이벤트는 강력한 팬 인게이지먼트를 이끌어냅니다. 자신의 아이디어가 음악으로 변모하는 과정을 지켜본 팬은 아티스트의 가장 강력한 옹호자가 됩니다.

● **정기적인 소통 채널 운용**: 댓글 답변이나 라이브 방송을 통해 기술적 도구에 대한 정보를 공유하거나 차기작의 힌트를 제공합니다. 기술적 신비주의와 인간적 친밀감 사이의 균형을 유지하며 접점을 넓힙니다.

4. 지속 가능한 성장을 위한 데이터 기반 알고리즘 최적화

플랫폼 알고리즘은 꾸준함과 데이터의 일관성을 신뢰합니다. 감에 의존하는 마케팅이 아닌, 수치에 기반한 전략적 접근이 필요합니다.

① 전략적 발매 주기와 시즌성 공략

● **알고리즘 신호 유지**: AI 프로덕션의 고효율성을 활용하여 2~4주 단위의 정기적인 발매 주기를 유지합니다. 이는 플랫폼 알고리즘에 해당 아티스트가 '매우 활발하게 활동 중'이라는 신호를 지속적으로 보내어 추천 목록이나 공식 플레이리스트(New Music Friday 등)에 진입할 확률을 높입니다.

- **트렌드 기반 테마 기획**: 계절의 변화, 특정 기념일, 혹은 현재 유행하는 사회적 트렌드에 맞춘 테마 곡을 발매하여 검색 트래픽과 연동된 노출 기회를 선점합니다.

② 데이터 분석을 통한 마케팅 정밀 타겟팅
- **사용자 지표의 다각도 분석**: 'Spotify for Artists'나 유튜브 스튜디오의 데이터를 분석하여 내 음악을 소비하는 주 연령층, 지역, 성별뿐만 아니라 팬들이 함께 선호하는 유사 아티스트를 파악합니다.
- **콘텐츠 톤앤매너 최적화**: 분석된 데이터를 바탕으로 SNS 광고 타겟을 재설정하거나 주 소비층이 선호하는 시각적 문법에 맞춰 홍보 콘텐츠의 스타일을 미세하게 조정하여 전환율을 극대화합니다.

플랫폼별 릴리즈 최종 체크리스트

음원 등록이 끝났다고 해서 모든 과정이 완료된 것은 아닙니다. 각 플랫폼에서 제공하는 아티스트 전용 관리 도구를 활용해 내 음악이 더 잘 노출되도록 '포장'하는 작업이 남았습니다. 초보자가 반드시 챙겨야 할 3대 플랫폼 핵심 설정입니다.

1. 스포티파이 (Spotify for Artists): 알고리즘의 간택을 받는 법
스포티파이는 아티스트가 직접 자기 곡을 홍보할 수 있는 관리자 페이지를 제공합니다.

- **에디터 피칭 (Editorial Pitching)**
  설명: 스포티파이 내부 편집자들에게 "내 음악을 공식 플레이리스트에 넣어달라"고 제안하는 과정입니다.
  방법: 유통사에 음원을 올린 후, 스포티파이에 실제 발매되기 최소 2주 전에 'Spotify for Artists' 사이트에 접속합니다. [Music] -> [Upcoming] 탭에서 해당 곡의 [Pitch a song]을 클릭합니다.
  팁: 사용된 악기(트럼펫), 분위기, 장르를 최대한 상세히 선택하고, 곡에 담긴 짧은 스토리를 적습니다.

- 캔버스 (Canvas) 업로드

  설명: 음악이 재생될 때 앨범 커버 대신 나오는 8초짜리 반복 영상입니다.

  효과: 단순히 정지 화면이 나오는 것보다 팬들이 자신의 인스타그램 스토리에 공유할 확률이 훨씬 높아집니다. 숏폼 영상 제작 도구로 만든 감각적인 영상을 등록합니다.

2. 유튜브 뮤직 (YouTube Music): 검색과 공유를 장악하는 법

유튜브는 세계에서 가장 큰 검색 엔진 중 하나입니다. 내 곡이 '음악'으로서 권위를 갖도록 설정해야 합니다.

- 공식 아티스트 채널 (OAC) 신청

  설명: 내 개인 채널에 '음표 마크'를 다는 작업입니다. 신청이 완료되면 내가 올린 영상과 유통사가 올린 음원이 한곳에 모여 관리하기 편해집니다.

  방법: 보통 이용 중인 음원 유통사(디스트로키드 등)의 설정 메뉴에서 'YouTube Official Artist Channel' 신청 버튼을 눌러 진행할 수 있습니다.

- 쇼츠(Shorts) 음악 태그 활용

  주의사항: 직접 편집한 영상에 음악을 입혀 올리면 유튜브는 이를 '음원'으로 인식하지 못할 수 있습니다.

  방법: 쇼츠 업로드 화면에서 [사운드 추가]를 눌러 내 곡의 제목을 검색해 선택합니다. 이렇게 해야 해당 영상의 조회수가 내 음원의 성적으로 집계됩니다.

3. 애플 뮤직 (Apple Music): 프로페셔널한 이미지 구축

애플 뮤직 사용자들은 사운드의 질감과 아티스트의 정돈된 프로필을 중시하는 경향이 있습니다.

- 고해상도 무손실 (Lossless) 배지 획득

  방법: 음원 유통사에 파일을 보낼 때, MP3가 아닌 24bit WAV 파일로 제출합니다.

  효과: 곡 제목 옆에 'Lossless' 마크가 붙어 청취자에게 "이 아티스트는 고음질 음악을 만드는 전문가"라는 인상을 줍니다.

- 아티스트 이미지와 바이오 업데이트

  방법: 'Apple Music for Artists' 앱이나 사이트를 통해 고화질의 프로필 사진을 올립니다.

  내용: 아티스트 소개글(바이오그래피)을 등록합니다. 텅 빈 프로필보다 정돈된 소개글이 있는 아티스트가 훨씬 더 신뢰감을 줍니다.

 **최이진 실용음악학원(02-887-8883)/hyuneum.com**

학원 선택?

누구에게 배울 수 있는지가 중요합니다!

세계 유일 특허 화성학 저자 최이진 직강!
EJ 엔터테인먼트가 직접 운영, 전속 계약 및 음악 활동 전격 지원

보컬
졸업과 동시에 프로 데뷔
연습반 졸업 시 EJ 엔터 전속 계약, 음반 및 방송 활동 전격 지원

재즈피아노
프로 배출의 요람
검증된 교육 시스템 기반 초급부터 프로까지 1:1 밀착 레슨

기타/베이스
장르 불문 실전 플레이
수많은 세션 경험으로 완성된 테크닉, 스타일별 맞춤형 교육

컴퓨터음악
표준 교재 저자 직강
음대 교재 저자가 직접 가이드하는 미디 실무 및 고난도 테크닉

방송음향/믹싱
현장 밀착형 노하우
교회·라이브·스튜디오 실전 경험 전수, 완벽한 실무 믹싱 마스터

작/편곡
세계 유일 화성학 특허
오직 이곳에서만 전수받는 독보적이고 압도적인 작곡 노하우

● 위치 : 서울대입구역 8번 출구 (2호선)

EJ 스튜디오 (음원 제작에서 발표까지 함께합니다.)

녹음실 선택?

B급 예산으로 완성하는 A급 명반 사운드

- **개인 음원 제작 |** 작곡부터 마스터링까지, 당신의 멜로디를 정식 음원으로 탄생시킵니다.
- **뮤지컬·연극 |** 넘버 작/편곡, 단원 트레이닝, 음반 제작까지 아우르는 올인원 솔루션.
- **오디오 북 |** 전문 성우 녹음과 몰입감을 더하는 고품격 음악·효과음 제작.
- **스페셜 녹음 |** 게임 음악, 오케스트라, 트로트, 교회 음악 등 장르 불문 최적의 사운드
※ 모든 과정마다 충분한 상담을 거쳐 후회 없는 결과물을 완성합니다.